LA RÉFORME DE L'ORGANISATION JUDICIAIRE DU SÉNÉGAL COMMENTÉE ET ANNOTÉE

Papa Assane TOURÉ

LA RÉFORME DE L'ORGANISATION JUDICIAIRE DU SÉNÉGAL COMMENTÉE ET ANNOTÉE

L'Harmattan

5-7, rue de l'École-Polytechnique ; 75 005 Paris

http://www.librairieharmattan.com
diffusion.harmattan@wanadoo.fr
harmattan1@wanadoo.fr

ISBN : 978-2-343-09837-1
EAN : 9782343098371

PRINCIPALES SIGLES ET ABRÉVIATIONS

Act. Jur. pén.	Actualité juridique pénal
AJDA	Actualité juridique de droit administratif
AJPI	Actualité juridique de la propriété immobilière
Al.	Alinéa
ALD	Actualité législative Dalloz
Ann. fr. dr. intern	Annuaire français de droit international
Arch. phil. dr.	Archives de philosophie du droit
Arch. pol.crim.	Archives de politique criminelle
Art.	Article
ASERJ	Association sénégalaise d'études et de recherches juridiques
AUDCG	Acte uniforme portant sur le droit commercial général
AUPCAP	Acte uniforme portant organisation des procédures collectives d'apurement du passif
AUPSRVE	Acte uniforme sur les procédures simplifiées de recouvrement et des voies d'exécution
AUSCGIE	Acte uniforme sur les sociétés commerciales et du groupement d'intérêt économique
Bull. civ.	Bulletin des arrêts de la Cour de cassation, chambres civiles
Bull. crim.	Bulletin des arrêts de la Cour de cassation, chambre criminelle
CA	Cour d'appel
CAE	Chambres africaines extraordinaires
CAE Ass.	Chambre africaine extraordinaire d'assises
CAFORD	Centre africain de formation de recherche et de documentation
Cah. dr. entr.	Cahier de droit de l'entreprise
Cass. Ass. plén	Assemblée plénière de la Cour de cassation
Cass. Req.	Chambre des Requêtes de la Cour de cassation
Cass.crim.	Chambre criminelle de la Cour de cassation
CCE	Cour des Communautés Européennes
CCJA	Cour Commune de Justice et d'Arbitrage
CE	Conseil d'État
CEDEAO	Communauté Économique des États de l'Afrique de l'Ouest
CEDH	Cour européenne des Droits de l'Homme
CF	Code de la famille

Ch.	Chambre
Ch. mil.	Chambre militaire
Ch. réun.	Chambres réunies
Chr.	Chronique
COA	Code des obligations de l'administration
COCC	Code des obligations civiles et commerciales
Coll.	Collection
Comm. instr.	Commission d'instruction
Concl.	Conclusions
Cons. const.	Conseil constitutionnel
CP	Code pénal
CPC	Code de procédure civile
CPP	Code de procédure pénale
CREI	Cour de répression de l'enrichissement illicite
CS	Cour Suprême du Sénégal
D. Aff,	Recueil Dalloz affaires
Délib.	Délibération
Dir.	Sous la direction de
Doc. fr.	La documentation française
Doct.	Doctrine
Dr. et patr.	Droit et patrimoine
Dr. pén.	Revue de droit pénal
Dr. soc.	Revue de droit social
EDJA	Éditions Juridiques Africaines
ERSUMA	École Régionale Supérieure de la Magistrature
Fasc.	Fascicule
Gaz. Pal.	Gazette du Palais
HCJ	Haute Cour de Justice
Ibid	Ibidem
I.D.E.F	Institut international de droit d'expression française
IR	Informations rapides (Dalloz)
J. Cl. pén	Juris-classeur pénal
JCP, éd. E.	Semaine juridique édition entreprise
JCP, éd. G.	Semaine juridique édition générale
J-Cl. Comm.	Juris-classeur communication
J-Cl. Intern	Juris-classeur international
J-Cl. pén.aff	Juris-classeur droit pénal des affaires
J-Cl. proc. pén.	Juris-classeur procédure pénale
J-Cl. propr. littér. artist.	Juris-classeur propriété littéraire et artistique
JME	Juge de la mise en état
JOAN	Journal officiel de l'Assemblée nationale
JOCE	Journal officiel des communautés européennes
JORS	Journal officiel de la République du Sénégal

JP	Justice de paix
JT	Journal des tribunaux
Juris-data	Bases de données juridiques
LGDJ	Librairie générale de droit et de jurisprudence
Les échos	Le journal des échos
Litec	Librairie technique
Mil.	Militaire
NEA	Nouvelles Editions Africaines
OAPI	Organisation Africaine de la Propriété Intellectuelle
Obs.	Observations
OHADA	Organisation pour l'Harmonisation du Droit des Affaires en Afrique
Ord.	Ordonnance
Op. cit.	Opere citato
Option Finance	Magazine Option finance
p. pp.	Page, pages
PA	Les petites affiches
Penant	Recueil Penant
Pouvoirs	La revue Pouvoirs
Procédures	Revue Procédures
Propr.intell.	Propriétés intellectuelles
PP	Premier président
PUAM	Presses universitaires d'Aix-Marseille
PUF	Presse universitaire de France
Rec. lég. et de jurisp.	Recueil de législation et de jurisprudence
Réf.	Référé
Rép. civ.	Répertoire civil
Rép. de jurisp. sén.	Répertoire de jurisprudence sénégalaise
Rép. Intern	Répertoire international
Rép. pén. et proc. pén.	Répertoire pénal et procédure pénale
Rev. adm.	Revue administrative
Rev. ass. sén.dr. pén	Revue de l'association sénégalaise de droit pénal
Rev. dr. publ.	Revue de droit public
Rev. dr. aff.	Revue de droit des affaires
Rev. fr. dr. adm.	Revue française de droit administratif
Rev. intern.dr.comp.	Revue internationale de droit comparé
Rev. jur. pol. ind.coop.	Revue juridique et politique indépendance coopération
Rev.sén.dr	Revue sénégalaise de droit
Rev. sén.dr. aff.	Revue sénégalaise de droit des affaires

Rev.dr. pén. crim	Revue de droit pénal et de criminologie
Rev.inter.pol. crim.	Revue internationale de police criminelle
Rev.intern.crim.pol .tech	Revue internationale de criminologie et de police technique
Rev.pénit. dr. pén	Revue pénitentiaire et de droit pénal
R.D.	Recueil Dalloz
RDP	Revue de droit public
RGCT	Revue générale des collectivités territoriales
RIDA	Revue internationale du droit d'auteur
RIDP	Revue internationale de droit pénal
RIPAS	Revue des institutions politiques et administratives du Sénégal
RRJ	Revue de recherche juridique et de droit prospectif
RSC	Revue de sciences criminelles et de droit pénal comparé
RTD civ.	Revue trimestrielle de droit civil
RTD com	Revue trimestrielle de droit commercial
RTDH	Revue trimestrielle de droits de l'homme
S.	Sirey (périodique)
Sem. Jur.	Semaine juridique
Soc.	Social
Somm.	Sommaires commentés (Dalloz)
TD	Tribunal départemental
TGI	Tribunal de grande instance
TGIHC	Tribunal de grande instance hors classe
TI	Tribunal d'instance
TIHC	Tribunal d'instance hors classe
TPI	Tribunal de première instance
TPOM	Travail et profession d'outre-mer
TR	Tribunal régional
Trib. corr.	Tribunal correctionnel
TT	Tribunal du travail
TTHC	Tribunal du travail Hors classe
UEMOA	Union Économique et Monétaire Ouest Africaine

PRÉFACE

L'histoire de l'organisation judiciaire au Sénégal peut être retracée en quelques dates, lesquelles constituent autant de points de repère d'une valse-hésitation entre l'unicité et la dualité de juridiction.

À l'indépendance, en 1960, compte tenu de l'insuffisance des moyens budgétaires et des ressources humaines, l'organisation était simplifiée avec réalisme et pragmatisme : au sommet, la Cour suprême, comprenant des sections, exerçait toutes les hautes fonctions juridictionnelles dans toutes les matières judiciaire, administrative, financière et constitutionnelle.

En 1984, une des premières grandes réformes intervient, concernant les juridictions dites de base : les tribunaux de première instance deviennent des tribunaux régionaux, les justices de paix sont désormais appelées les tribunaux départementaux.

En 1992, la réforme de la Cour suprême a pour résultat son éclatement en quatre hautes juridictions : le Conseil constitutionnel, le Conseil d'État, la Cour de cassation et, quelques années plus tard, la Cour des comptes. Il n'a pas été soutenu, à l'époque, que les conditions tenant aux ressources budgétaires et humaines fussent réunies : le motif avancé était plutôt la nécessaire spécialisation des magistrats, notamment en matière de contentieux administratif. Certes, l'intention était louable. Toutefois, une spécialisation au sommet a peu de chances de prospérer si, à la base, il n'y a aucune juridiction spécialisée comme les tribunaux administratifs et les cours administratives d'appel en France.

Cette réforme a été évaluée, négativement, au bout d'une quinzaine d'années et, la question des moyens demeurant entière sans préjudice de la rareté des effectifs de hauts magistrats, le constat prémonitoire du Professeur Babacar Kanté, selon lequel « l'unité de juridiction est moins coûteuse, plus simple et mieux adaptée à nos réalités », a prévalu.

La « nouvelle » Cour suprême est née en 2008, par la fusion en une juridiction unique du Conseil d'État et de la Cour de cassation. Le Conseil constitutionnel et la Cour des comptes ont été maintenus : le premier, pour sa valeur symbolique dans un État de droit selon les autorités de l'époque, et la seconde, en vertu de nos engagements au sein de l'UEMOA.

Il y a désormais une meilleure visibilité au sommet de la pyramide judiciaire.

La réforme actuelle de l'organisation judiciaire est portée par la loi n° 2014-26 du 3 novembre 2014 abrogeant et remplaçant la loi n° 84-19 du 2 février 1984.

Une réforme de plus, après celles de 1984, 1992 et 2008 ?

Sûrement pas, car, au-delà de la nouvelle carte judiciaire créant les tribunaux de grande instance (TGI), les tribunaux d'instance (TI), les chambres criminelles, etc., les principes directeurs du procès sont, pour la première fois, codifiés. Ils peuvent se résumer dans la formule désormais bien connue : « un procès équitable dans un délai raisonnable ».

Il faut aussi souligner les efforts méritoires de consolidation de deux tendances, objet d'une préoccupation constante du législateur : le rapprochement de la justice des justiciables et la promotion des modes non juridictionnels de règlement des litiges, tels que la médiation et la conciliation, par la généralisation d'un modèle de justice de proximité : les Maisons de justice.

L'impartialité et la célérité, entre autres, ne sont plus seulement une attitude et une pratique des plus consciencieux de nos juges mais aussi des principes qui s'imposent à tous, forts de leur récente base légale.

C'est ce que l'auteur du présent ouvrage a mis en évidence.

Et, il était temps que les magistrats sortent de leur tour d'ivoire pour s'investir, en tant que citoyens et patriotes, dans des activités à caractère scientifique, social ou artistique qui constituent, au demeurant, les rares exceptions à l'obligation de réserve qui s'impose à eux.

Dans cette perspective, le Juge Papa Assane Touré a effectué un travail digne, par sa rigueur scientifique, d'être cité en exemple. Après les rappels historiques, il s'est attelé à illustrer ses commentaires éclairés, portant sur les nouvelles dispositions, par des références jurisprudentielles et doctrinales, au plan national comme au plan international, variées et pertinentes.

Cela n'est pas surprenant de la part d'un jeune magistrat doublé d'un universitaire, voire d'un universitaire devenu magistrat : en effet, il est docteur en Cyber-droit, enseignant à l'Université Cheikh Anta Diop de Dakar et déjà l'auteur d'un ouvrage remarquable, Le traitement de la cybercriminalité devant le juge.

Il apporte ainsi aux magistrats, enseignants, chercheurs, étudiants et autres praticiens des professions juridiques et judiciaires une brillante contribution à l'élaboration d'un droit répondant aux exigences de notre temps et qui devrait, pour l'avenir, guider l'action de nos juridictions.

Le Juge Papa Assane Touré a bien compris que la progression du droit doit demeurer la préoccupation majeure des magistrats qui concourent à l'équilibre de notre société dont ils accompagnent les mouvements.

Par delà cette réforme, et bien d'autres, c'est grâce à la force vive de leur engagement que la Justice pourra répondre aux enjeux de ce millénaire.

À Dakar, le 30 juin 2016

MAMADOU BADIO CAMARA

Premier Président de la Cour suprême

AVANT-PROPOS

Le livre que vous tenez entre les mains est le résultat d'un constat : celui de l'indigence de la littérature juridique relative à l'organisation judiciaire du Sénégal. En effet, à part quelques rares articles de doctrine consacrés à la question, notamment ceux du Président Kéba MBAYE, aucun ouvrage n'est dédié au droit de l'organisation des juridictions au Sénégal.

Pourtant, les questions d'organisation judiciaire sont plus que jamais sous le feu de l'actualité. L'existence juridique de la Cour de répression de l'enrichissement illicite (CREI), les garanties de procédure devant cette juridiction et l'identité judiciaire des Chambres africaines extraordinaires (CAE) font souvent l'objet de discussions très passionnées.

Notre ouvrage, qui a trouvé un prétexte dans la réforme introduite par la loi n° 2014-26 du 03 novembre 2014 fixant l'organisation judiciaire, a pour ambition de combler cette lacune. Nous espérons qu'il constituera une référence sûre pour les professionnels, les théoriciens du droit, les étudiants ainsi que pour les citoyens désireux de mieux comprendre le système juridictionnel sénégalais.

L'ouvrage entretient un lien fusionnel avec les fonctions que j'exerce à la Primature. Le poste de Secrétaire général Adjoint du Gouvernement en charge des affaires législatives et réglementaires m'a placé au cœur du système de gouvernance normative. Cette station privilégiée m'a aussi donné l'occasion d'apprécier et de discuter, avec les acteurs impliqués, les textes de la réforme de l'architecture judiciaire avant leur adoption par le Conseil des Ministres. L'exercice passionnant de contrôle de l'activité législative m'a conforté dans mon ambition.

Le livre est d'un genre juridique particulier ; il se livre à un commentaire et à une annotation des différents articles de la loi n° 2014-26 du 03 novembre 2014 fixant l'organisation judiciaire et du décret n° 2015-1039 du 20 juillet 2015 portant aménagement de l'organisation judiciaire, à la lumière des dernières références législatives, doctrinales et jurisprudentielles sénégalaises et étrangères.

Cependant, la présentation des textes de la Justice article par article est une entreprise dont le succès n'est pas toujours assuré. Les périls de l'entreprise, éprouvés dans d'autres matières, sont liés à la grande complexité de l'exégèse juridique. En vérité, un article de loi ou de code n'a de sens que mis en rapport avec un dessein et un ensemble normatif dont il est à la fois le composant et bien souvent le captif. On ne lit pas un texte normatif comme un traité de géométrie par progression d'axiomes en théorèmes. Plus que n'importe quel corps de règles, le décryptage d'un acte législatif ou réglementaire exige une approche globale voire holistique.

Je trouve ici l'occasion de rendre un hommage mérité à Maître Doudou NDOYE pour le travail de recherche inestimable qu'il abattu, à travers l'annotation des différents Codes et textes sénégalais parus aux éditions juridiques africaines (EDJA). Les travaux de cet éminent juriste, qui a définitivement attaché son nom au droit sénégalais, nous ont servi de source intarissable d'inspiration.

Je nourris l'espoir que l'ouvrage sera le prélude au travail de commentaire et d'annotation des textes sénégalais pris en charge par le Ministère de la Justice pour fournir aux magistrats, avocats, professionnels et théoriciens du droit des instruments de travail et de recherche fiables.

Cet ouvrage n'est pas le résultat des seules réflexions de son auteur. Il est le fruit d'une combinaison d'efforts et de sacrifices de personnes qu'il convient par reconnaissance de remercier.

Je commence tout naturellement par ma famille. A mes parents, j'exprime toute ma reconnaissance pour m'avoir donné la vie ainsi qu'une bonne éducation, ce qui assure une résilience face aux troubles de la société.

Je ne trouve pas les mots justes pour remercier ma chère épouse Marie SAMB. Sans ses sacrifices, cet ouvrage ne serait jamais écrit et publié. Elle a toujours été à mes côtés pour me soutenir et m'encourager aussi bien lorsque mes réflexions étaient à l'état embryonnaire qu'au moment de la finalisation de la rédaction du manuscrit. Je n'oublie pas mes enfants, Libasse, Papy, Maman et Issa, qui m'ont toujours encouragé dans mes travaux.

J'exprime toute ma gratitude à l'endroit de Monsieur Mahammed Boun Abdallah DIONNE, Premier Ministre et à Monsieur Abdou Latif COULIBALY, Secrétaire général du Gouvernement pour leur appui décisif en vue de la publication de ce livre.

Mes remerciements vont également à Monsieur Mamadou Badio CAMARA, Premier Président de la Cour suprême, qui malgré ses nombreuses charges, m'a fait l'honneur de lire et de préfacer l'ouvrage.

Je remercie particulièrement mes collègues Monsieur Abdoulaye BA et Monsieur Lamine SAMB, respectivement, Conseiller juridique et Conseiller littéraire du Premier Ministre, qui avec une très grande rigueur, m'ont fait des suggestions fort utiles.

L'apport de mon collègue Amadou Moustapha FALL, Conseiller à la Cour d'appel de Dakar a été déterminant. Ce brillant magistrat a gracieusement mis à ma disposition des arrêts inédits rendus par la Cour d'appel de Dakar qui ont servi à alimenter mes commentaires et annotations. Moustapha m'a également apporté sa science et son expertise sur les grandes questions de droit qui traversent le texte.

Mes collègues magistrats ont été également des lecteurs fort avisés. Il s'agit de Mamadou Cissé FALL, Abdoul Aziz BARRO, Ousmane GUEYE, Pierre TINE, Kor SENE, Birame SENE et Idrissa SONKO. Qu'ils trouvent ici l'expression de ma profonde gratitude.

Je remercie Madame la Directrice de l'Imprimerie nationale qui m'a fait parvenir tous les textes relatifs à la Justice publiés au Journal officiel de la République du Sénégal.

Je m'en voudrais de ne pas associer à mes remerciements mes collègues de la Direction des services législatifs de la Primature. Ces techniciens de la légistique ont alterné avec un grand soin lectures et relectures du manuscrit en vue de l'épurer des coquilles et incorrections qui l'habitaient. Je pense à El Hadji Amadou Tidjane BA, Souleymane SAMB, Madame Dambo BADIOP, Oumar DIALLO, Abdou khadir FOFANA, Ismaila SANE et Madame Betty BA.

Papa Assane TOURÉ

LOI N° 2014-26 DU 03 NOVEMBRE 2014 ABROGEANT ET REMPLAÇANT LA LOI N° 84-19 DU 02 FÉVRIER 1984 FIXANT L'ORGANISATION JUDICIAIRE

EXPOSÉ DES MOTIFS

Les grandes réformes de l'organisation judiciaire opérées en 1984 et 1992, en dépit de leurs ambitions proclamées, n'ont pas atteint tous les objectifs escomptés pour l'avènement d'une justice égale pour tous, plus proche des justiciables, plus rapide et plus accessible.

En effet, l'étude de notre organisation judiciaire a révélé des goulots d'étranglement et des facteurs de blocage nuisant à l'efficacité globale du système.

C'est pourquoi, il est apparu nécessaire de réformer en profondeur l'organisation judiciaire pour asseoir un système judiciaire moderne et plus performant.

La nouvelle organisation judiciaire repose essentiellement sur trois innovations majeures :

- la définition d'une nouvelle carte judiciaire avec comme corollaire la création de tribunaux d'instance à la place des tribunaux départementaux et de tribunaux de grande instance à la place des tribunaux régionaux ;

- une nouvelle répartition des compétences pour faire des tribunaux d'instance de véritables juridictions de proximité ;

- la création de chambres criminelles au niveau des Cours d'appel et des tribunaux de grande instance.

Il est prévu, en même temps la création, dans les juridictions d'instance, de grande instance et d'appel, de chambres spécialisées en matières civile, commerciale et pénale.

Les modalités de dévolution et de règlement des procédures engagées devant les juridictions actuelles sont réglées par les articles 12 et 13 du présent projet de loi.

Telle est l'économie du présent projet de loi.

PARAGRAPHE I : BIBLIOGRAPHIE GÉNÉRALE

A. Ouvrages et thèses

DIAGNE (M.), *Le Conseil constitutionnel sénégalais. L'institution et ses techniques*, Dakar, Les éd. TCM, *2012*.

DIOP (EL. H. O.), *La justice constitutionnelle au Sénégal. Essai sur l'évolution, les enjeux et les réformes d'un contre-pouvoir juridictionnel*, Dakar, CREDILA-OVIPA, 2013.

DIOUKHANE (A.), Les *finances publiques dans l'UEMOA. Le budget du Sénégal*, Paris, L'Harmattan, 2015.

DIOUKHANE (A.), *Les juridictions financières dans l'UEMOA. La Cour des comptes du Sénégal*, Paris, L'Harmattan, 2016.

DIOUF (ND.), *Droit de la famille. La pratique du Tribunal départemental au Sénégal*, Dakar, Abis éd., mars 2011.

FALL (I. M.), *Les révisions constitutionnelles au Sénégal. Révisions consolidantes et révisions déconsolidantes de la démocratie sénégalaise*, Dakar, CREDILA, 2011.

FRICERO (N.), *Les institutions judiciaires 2015*, Paris, Gualino, Lextenso éd., 6e éd., 2015.

GAUTRON (J.C.) et ROUGEVIN BAVILLE(M.), *Droit public du Sénégal*, Paris, éd. Pédone, 2e éd., 1977.

ISSA-SAYEGH (J.), *Droit du travail sénégalais*, Paris, LGDJ, NEA, 1987.

KANTE (B.), *Unité de juridiction et droit administratif : l'exemple du Sénégal,* Thèse de doctorat d'Etat, Université d'Orléans, 1983.

KIRSCH (M.), *Le droit du travail africain*, Tome II, Paris, Travail et profession d'outre-mer, 1976.

MARTIN (D.), *Droit civil et commercial sénégalais*, Dakar-Abidjan-Lomé, NEA.

NDIAYE (M.) et ROBIN (N.), *Délinquance et politique pénale au Sénégal. Les chiffres clés de la Justice*, Institut de recherche pour le développement, ministère de la Justice, Organisation internationale des migrants, 2002.

NDIAYE (P.M.), *La renaissance de la Cour suprême,* Dakar, éd. de la Cour suprême, 2008.

NDOYE (D.), *Le pouvoir judiciaire face aux autres pouvoirs, doctrine politique et réalités*, Dakar, Les éd. du Caford. 2001.

NGOM (B.), *Comment renforcer l'indépendance de la magistrature au Sénégal ?*, Paris, L'Harmattan, 2016.

NZOUANKEU (J.M.), *Les grandes décisions de la jurisprudence administrative sénégalaise*, Tome I, Contentieux général de la légalité, Dakar, RIPAS, 2e éd., 1984, p. 30 et s.

THIAM (C.T.), *Droit public du Sénégal. Vol. I : L'État et le citoyen*, Dakar, Les éd. du CREDILA, 1993.

B. Articles de doctrine et communications

AURILLAC (M.), « La Cour suprême du Sénégal », *Rev. Jur. et pol.* 1969, p. 65

BA (A.A.), « L'ordre administratif de juridiction à fondement constitutionnel », *Revue EDJA*, n° 40, janvier-février-mars 1999, p. 29.

BODIAN (S.), « Réflexion sur la réforme judiciaire de 2014 instituant les chambres criminelles » : http://www.ums.sn/article_detail.php?idarticle=2057.

CAMARA (O.), « La Cour suprême du Sénégal », in *Les Cours suprêmes en Afrique*, Tome I, Paris, Economica, 1989, p. 307.

CAVERIVIERE(M.), « La réforme du service public de la justice au Sénégal (note de présentation des modifications législatives et réglementaires intervenues en 1984) », *RIPAS*, n° 12-13, janvier-juin, 1985, p. 247 et s.

D'ARBOUSSIER (G.), « Communication au Congrès africain à Lagos sur la primauté du droit », janvier 1961, in *La justice au Sénégal*, p. 5 et s.

D'ARBOUSSIER (G.), « La primauté du droit dans les nouvelles institutions de la République du Sénégal », *Penant*, n° 686, 1961, p. 13.

D'ARBOUSSIER (G.), « Le Sénégal : un exemple africain d'organisation judiciaire », *Penant*, n° 686, avril-mai 1961, 171 et s.

DIALLO (I.), « L'exception d'illégalité dans le système judiciaire sénégalais », *Nouvelles Annales africaines*, n° 1, 2010, p. 152.

DIARRA (M.), « Rôle constitutionnel de la Cour suprême du Sénégal », *Rev. Jur. et pol.* 1969, p. 1004 et s.

DIOP (A.), « L'organisation judiciaire sénégalaise en matière administrative », *Rev. Jur. Ind. et coop.*, n° 04, 1969, p. 940 et s.

DIOP (S. M.), « Suggestions en vue d'augmenter les compétences des tribunaux du travail et d'instaurer une forclusion pour l'introduction d'instance », *Rev.sén.dr.* n° 12, p. 257.

FAYE (A.), « État de droit et contrôle de l'exécutif : réflexions d'un privatiste sur l'exception d'illégalité en droit sénégalais », *EDJA*, n° 33, avril-mai-juin 1997, p. 29 et s.

GAUTRON (J. C.), « Réflexions sur l'autonomie du droit public sénégalais », *Annales africaines,* 1969, p. 29 et s.

GOUNELLE (M.), « La Cour suprême dans le système politique sénégalais », in *Les Cours suprêmes en Afrique*, Tome 2, Paris, Economica, 1989, p. 142.

GUILLABERT (A.), « La Cour suprême du Sénégal », *Penant* 1961, p. 496.

KANTE (A.), « Réflexions sur l'organisation judiciaire au Sénégal (1830-1992) », in M. BADJI et O. DEVAUX, *Droit sénégalais*, n° 05, *De la justice coloniale aux systèmes judiciaires africains contemporains,* Toulouse, Presses de l'Université des Sciences sociales de Toulouse, 2006, p. 199-221.

KIRSCH (M.), « La compétence des juridictions du travail », *Penant*, n° 751, janvier-février-mars 1976, p. 71 et s.

MADEMBA-SY (S. A.), « Le juge spécialisé sous l'ancien régime colonial », *Rev.sén.dr*, juin 1974, n° 15, 7e année, p. 5 et s.

MADEMBA SY (S.), « La Cour de discipline budgétaire du Sénégal », *Rev.sén.dr.* n° 03, 1969, p. 19.

MANGIN (G.), « L'organisation judiciaire des États d'Afrique et de Madagascar », Rev. Jur. et pol. d'outre-mer, 1962, n° 01, p. 77 et s.

MBACKE (M. M.), « La réforme de la justice : le Conseil d'État », *Revue EDJA*, n° 20, 1992, p. 2- 5.

MBACKE (M. M.), « Le contrôle juridictionnel de l'administration. Le recours pour excès de pouvoir », *Revue EDJA*, juin 1987, p. 9 et s.

MBAYE (K.), « L'expérience sénégalaise de la réforme du droit », *RIDC*, 1970, Vol. 22, n° 01, p. 35

MBAYE (K.), « L'organisation judiciaire », *Penant*, n° 705, janvier-février-mars, 1965, p. 27 ;

MBAYE (K.), « L'organisation judiciaire actuelle », in *Encyclopédie juridique de l'Afrique,* Tome IV, Dakar-Abidjan-Lomé, NEA, 1982, p. 38 et s.

MBAYE (K.), « Les garanties fondamentales des parties dans le procès civil au Sénégal », in *Les garanties des parties dans le procès civil*, Milan 1976, p. 595.

MBODJ (EL. H.), « Les incidences de la réforme judiciaire du 30 mai 1992 sur le contentieux administratif sénégalais », *Rev. ass. sén. dr.pén*, n° 02, juillet-décembre 1995, p. 26.

MBODJ (F.), « Les compétences du Conseil constitutionnel à l'épreuve des saisines. Quelques remarques sur les pouvoirs du juge constitutionnel au Sénégal », *EDJA*, n° 78, juillet-août septembre 2008, p. 7.

MICHELET (E.), « Les incidences de la réforme judiciaire du 1er novembre 1984 sur l'organisation et le fonctionnement des juridictions répressives sénégalaises », *Annales africaines*, 1983, p. 261 et s.

NDIAYE (Y.), « L'exception d'inconstitutionnalité et la question prioritaire de constitutionnalité. Étude comparative des droits sénégalais et français », Communication au Séminaire interne sur le fonctionnement du Conseil constitutionnel, 06 et 07 septembre 2011, Méridien Président, Dakar.

NDIAYE (A.) et Le Cabinet d'Avocats Maître KANDJO et KOITA, « Organisation judiciaire du Sénégal », in *Répertoire quinquennal OHADA. 2006-2010*, Tome I, UNIDA. OHADA.com, p. 375 et s.

NDIAYE (I. Y.), « Le Conseil constitutionnel sénégalais », *Les Nouveaux Cahiers du Conseil constitutionnel*, 2014/4, n° 45, p. 77 à 103.

NDOYE (D.), « Des principes de l'organisation judiciaire et la CREI », *Lex Hebdo*, n° 1236 du 11 août 2014, p. 8.

SAMB (M.), « État des lieux de la justice. Réflexions sur une gouvernance en crise », in M-C. DIOP, *Sénégal (2000-2012). Les institutions et politiques publiques à l'épreuve d'une gouvernance libérale*, Dakar-Paris, CRES-KARTHALA, 2013, p. 347.

SAMB (M.), « L'accès des justiciables à la justice au Sénégal. Vers une justice de proximité ? », in *Afrique contemporaine* 2014/2, n° 250, p. 168.

SAMB (M.), « La gouvernance judiciaire au Sénégal », in M. BADJI et O. DEVAUX (dir), *Droit sénégalais*, n° 05, *De la justice coloniale aux systèmes judiciaires africains contemporains*, Toulouse, Presses de l'Université des Sciences sociales de Toulouse, 2006, p. 335.

SY (D.), « Responsabilité administrative. Responsabilité du fait du service public de la justice. Détention préventive. Risque », *Annales africaines*, 1989-1990-1991, p. 195.

SY (D.), « Réflexions sur la création du droit administratif par le juge administratif », *Rev. ass. sén. dr.pén*, janvier 1996, p. 9.

SY (P. M.), « La responsabilité du service public de la justice au Sénégal », *EDJA*, n° 84, janvier-février-mars 2010, p. 46.

SY (P. M.), « Quelques remarques sur l'institution du recours pour excès de pouvoir au Sénégal depuis la création du Conseil d'État », *EDJA*, n° 53, avril-mai-juin 2002, p. 57 et s.

TOURE (M. M.), « Histoire de l'organisation judiciaire du Sénégal : l'unification des juridictions et l'unicité de la juridiction suprême », *Rev.sén. dr.* n° 17, juin 1975, p. 51.

TOURE (S.), « Le pouvoir judiciaire face aux autres pouvoirs », Discours d'usage de la rentrée solennelle des Cours et tribunaux de l'année 1991-1992, in D. NDOYE, *Le pouvoir judiciaire face aux autres pouvoirs, doctrine politique et réalités,* Dakar, Les éd. du Caford. 2001, p. 10.

PARAGRAPHE II : COMMENTAIRE GÉNÉRAL

1. L'architecture judiciaire au lendemain de l'indépendance. - L'efficacité de la Justice et la qualité de prestation judiciaire constituent des baromètres à l'aune desquels est appréciée la bonne gouvernance politique et économique.

Dès son accession à la souveraineté internationale, le Sénégal a adopté un système judiciaire simple à la mesure des contingences locales d'un jeune État aux ressources limitées caractérisé, à l'époque, par une insuffisante formation de son personnel.

En réaction à la complexité du système judiciaire colonial, l'ordonnance n° 60-56 du 14 novembre 1960 fixant l'organisation judiciaire dans la République sénégalaise ainsi que les principes fondamentaux applicables aux litiges de droit privé a mis en place un système judiciaire fondé sur l'unification de l'ordre juridictionnel, qui est la conséquence de la suppression des juridictions administratives (*A. DIOP, « L'organisation judiciaire sénégalaise en matière administrative », Rev. jur. ind. et coop, n° 04, 1969, p. 944*).

Ce système judiciaire s'est également adossé sur la promotion de la conciliation *(E. MICHELET, « La conciliation dans la procédure sénégalaise », Penant, 1980, p. 135)* et sur la généralisation du système du juge unique (*K. MBAYE, « L'organisation judiciaire actuelle », in Encyclopédie juridique de l'Afrique,* Dakar-Abidjan-Lomé, *NEA, 1982, Tome IV, p. 38 et s. ; K. MBAYE, « L'organisation judiciaire », Penant, n° 705, janvier-février-mars, 1965, p. 27*).

À une époque où le Sénégal disposait d'un effectif restreint de magistrats aptes à remplir de hautes fonctions judiciaires, la Cour suprême cumulait les attributions dévolues en France au Conseil constitutionnel, au Conseil d'État, à la Cour de cassation et à la Cour des comptes. En vertu de l'ordonnance n° 60-17 du 03 septembre 1960 portant loi organique sur la Cour suprême *(JORS, n° 3399 du lundi 12 septembre 1960, p. 926),* cette haute juridiction était chargée de veiller au respect de la Constitution ; elle était juge de l'excès de pouvoir des autorités exécutives et régulait l'activité des Cours et tribunaux *(art. 2 à 6 de l'ordonnance n° 60-17 du 03 septembre 1960 portant loi organique sur la Cour suprême)* (*sur la Cour suprême de 1960, M. AURILLAC, « La Cour suprême du Sénégal », Rev. Jur. et pol. 1969, p. 65 ; A. GUILLABERT, « La Cour suprême du Sénégal », Penant 1961, p. 496 ; G. D'ARBOUSSIER, « La primauté du droit dans les nouvelles institutions de la République du Sénégal », Penant, n° 686, 1961, p. 13 ; M. GOUNELLE, « La Cour suprême dans le système politique sénégalais », in Les Cours suprêmes en Afrique, Tome 2, Paris, Economica, 1989, p. 142 ; O. CAMARA, « La Cour suprême du Sénégal », in Les Cours suprêmes en Afrique, Tome I, Paris, Economica, 1989, p. 307*).

Ainsi, à part le choix pour le système de l'unité de juridiction et « *l'appellation américaine de Cour suprême* » donnée à la plus haute instance juridictionnelle, le Sénégal s'était plutôt inspiré du modèle judiciaire français (*I. M. FALL, Évolution constitutionnelle du Sénégal de la veille de l'indépendance aux élections de 2007,* Dakar, *CREDILA-CREPOS, 2007, p. 42*).

2. La réforme judiciaire du 02 février 1984.- Après quelques retouches ponctuelles (*V. notamment le décret n° 67-148 du 18 février 1967 ; la loi n° 67-18 du 28 février 1967 ; le décret n° 70-1286 du 20 novembre 1970 ; la loi n° 75- 79 du 09 juillet 1975),* la réforme introduite par la loi n° 84-19 du 02 février 1984 fixant l'organisation judiciaire *(JORS, n° 4992 du 03 mars 1984, p. 124-125)* a constitué une étape décisive de l'évolution du système judiciaire sénégalais. Ce texte majeur a procédé à une réorganisation de l'appareil judiciaire en vue de « *rapprocher la justice de la juridiction compétente* » *(Sur cette réforme, M. CAVERIVIERE, « La réforme du service public de la justice au Sénégal (note de présentation des modifications législatives et réglementaires intervenues en 1984) », RIPAS, n° 12-13, janvier-juin, 1985, p. 247 et s. ; E. MICHELET, « Les incidences de la réforme judiciaire du 1er novembre 1984 sur l'organisation et le fonctionnement des juridictions répressives sénégalaises », Annales africaines, 1983, p. 261 et s.).*

La réforme de 1984 qui, pour l'essentiel a validé les recommandations du Conseil interministériel sur la Justice du 18 novembre 1976 *(Conseil interministériel sur la justice du 18 novembre*

1976, Rapport introductif), a remplacé les justices de paix par les tribunaux départementaux et les tribunaux de première instance par les tribunaux régionaux.

3. Le système de l'inspection judiciaire. - La loi du 02 février 1984 s'est attachée à assurer un contrôle plus soutenu de l'activité des juridictions par l'institution, au niveau du ministère de la Justice, d'une Inspection centrale des services judiciaires. Cette instance de contrôle avait pour mission de s'assurer du fonctionnement normal des juridictions de première instance et des services relevant du ministère de la Justice.

Mais, la création de l'Inspection centrale des services judiciaires n'avait pas pour autant entraîné la disparition de l'Inspection générale des Cours et tribunaux et de l'Inspection générale des parquets, créées respectivement par la loi n° 75-79 du 09 juillet 1975 modifiée, notamment par la loi n° 92-29 du 04 juin 1992 et par la loi n° 75-707 du 26 juin 1975. En effet, l'Inspection générale des Cours et tribunaux et l'Inspection générale des parquets ont été maintenues en activité pour les besoins de l'accomplissement de missions ponctuelles *(V. exposé des motifs de la loi n° 84-19 du 02 février 1984 fixant l'organisation judiciaire)*.

La création de l'Inspection générale des Cours et tribunaux et de l'Inspection générale des parquets tire son origine d'une « *brouille* » entre le Président SENGHOR et le juge Kéba MBAYE, lorsque le Président de la République de l'époque avait décidé que l'Inspection générale d'État (*IGE*) devait également étendre ses compétences aux magistrats qui ne sauraient être « *les seuls agents incontrôlables de la République* ».

« *Je ne suis pas de votre avis, M. le Président de la République* », lui rétorquait Kéba MBAYE. « *L'indépendance de la justice est incompatible avec la sanction de son activité par un corps de contrôle logé à la Présidence de la République et dépendant directement de vous* ». Mais Senghor persiste et annonce même une date pour le début du passage de l'IGE dans les juridictions. Agacé, Kéba MBAYE se braque et le défie : « *Avec tout le respect que je vous dois, M. le Président de la République, je ne peux pas laisser faire. Je vais ordonner aux magistrats de décerner un mandat de dépôt, pour forfaiture, abus d'autorité et violation du principe constitutionnel de la séparation des pouvoirs, contre tout inspecteur général d'État qui franchit la porte d'une juridiction ».* Devant l'impasse, SENGHOR recule, non sans asséner : *« Je ne peux tolérer le statu quo. Il faut que vous me trouviez une solution de rechange au plus vite ».*

Le juge MBAYE revient quelques jours plus tard vers lui porteur d'un texte qui porte création et fixe les règles d'organisation et de fonctionnement d'une institution de contrôle devant être animée par des magistrats. L'inspection générale des Cours et tribunaux venait de voir le jour *(V. Ch. Y. SECK, Kéba MBAYE. Parcours et combats d'un grand juge, Paris, éd. Karthala, 2009, p. 85 et 86).*

Dans un contexte marqué par la redynamisation de l'inspection judiciaire, la loi n° 98-23 du 26 mars 1998 instituant l'Inspection Générale de l'Administration de la Justice *(IGAJ)* a procédé au regroupement des organes de contrôle de la justice en une seule structure centralisatrice. Il s'agissait d'assurer une plus grande efficacité et une plus grande homogénéité des inspections judiciaires.

Mais, de façon assez curieuse, le décret n° 2011-84 du 18 janvier 2011 *(JORS n° 6581 du samedi 09 avril 2011, p. 412)* et le décret n° 2011-85 du 18 janvier 2011 *(JORS n° 6581 du samedi 09 avril 2011, p. 413),* pris en application de la loi organique n° 2008-35 du 07 août 2008 portant création de la Cour suprême, ont réintroduit dans le système sénégalais de l'inspection judiciaire, l'Inspection générale des Cours et tribunaux et l'Inspection générale des parquets, placées respectivement sous l'autorité et la responsabilité du Premier Président de la Cour suprême et du Procureur général près ladite cour.

Ces inspections portent sur le fonctionnement des Cours et tribunaux et des parquets, notamment sur la qualité des services, le rythme de la distribution de la Justice, la productivité professionnelle ainsi que la conduite des magistrats et des personnels judiciaires aux plans éthique et déontologique *(V. art. 4 du décret n° 2011-84 du 18 janvier 2011 relatif à l'Inspection générale des Cours et tribunaux).*

Sans mettre en cause l'indépendance et l'impartialité du juge, l'instauration de ces deux structures d'inspection de l'activité judiciaire a été justifiée par les conséquences décisives des décisions de justice en matière économique et sociale *(V. Rapport de présentation du décret n° 2011-84 du 18 janvier 2011 relatif à l'Inspection générale des Cours et tribunaux).*

Mais, l'analyse des textes régissant ces instances de contrôle de l'activité de la Justice révèle qu'elles ont presque les mêmes attributions, même si leurs modalités de saisine et de fonctionnement présentent quelques particularités. Ainsi, les chevauchements de compétence seront inévitables dans la pratique.

4. L'institution du Secrétariat général de la Cour d'appel. - La réforme du 02 février 1984 a innové en instituant le Secrétariat général de la Cour d'appel. L'article 29 du décret n° 84-1194 du 22 octobre 1984 fixant la composition et la compétence des Cours d'appel, des tribunaux régionaux et des tribunaux départementaux *(JORS, n° 5031 du 23 octobre 1984, p. 687-691)* a assigné au Secrétaire général de la Cour d'appel une mission consistant à assister le Premier Président de la Cour d'appel dans ses attributions administratives. Il s'assure de la répartition des dossiers entre les différentes chambres de la Cour et veille à la mise en état des procédures, en donnant aux parties toutes injonctions paraissant opportunes *(M. CAVERIVIERE, op.cit., p. 254).*

Mais, la réorganisation juridictionnelle opérée par la loi du 02 février 1984 n'a pas bouleversé les principes fondamentaux fixés par l'ordonnance de 1960. L'unicité des juridictions a été réaffirmée. Si le manque de personnel et l'insuffisance des moyens n'étaient pas aussi drastiques qu'au moment de l'indépendance, la volonté de rapprochement de la justice du justiciable a suffi à justifier le maintien du système du juge unique dans le fonctionnement tant des tribunaux départementaux que des tribunaux régionaux.

5. La réforme des hautes juridictions de 1992. - Au Sénégal, l'histoire des juridictions supérieures, en particulier celle de la Cour suprême, est marquée par un mouvement de balancier entre l'unité et la dualité juridictionnelle, par une sorte de « *valse institutionnelle au sommet* » (*Eh. D. BA, Procédures fiscales, Paris, L'Harmattan, 2016, p. 155*).

La révision constitutionnelle introduite par la loi n° 92-22 du 30 mai 1992 portant révision de la Constitution (*JORS, n° 5469 du 1er juin 1992, p. 238)* a entraîné un bouleversement du droit constitutionnel de la Justice *(I. M. FALL, Les révisions constitutionnelles au Sénégal. Révisions consolidantes et révisions déconsolidantes de la démocratie sénégalaise, Dakar, CREDILA, 2011, p. 133)*. Elle a inauguré une spécialisation au sommet de la hiérarchie judiciaire, par la création de juridictions suprêmes spécialisées.

La Cour suprême a été éclatée et de ses cendres étaient nées trois juridictions suprêmes. Il s'agit du Conseil constitutionnel, du Conseil d'État et de la Cour de cassation.

Le Conseil constitutionnel était juge du contrôle de la constitutionnalité des lois et des engagements internationaux ainsi que du contentieux électoral *(loi organique n° 92-23 du 30 mai 1992 sur le Conseil constitutionnel, JORS, n° 5469 du 1er juin 1992, p. 240)* (*Sur le Conseil Constitutionnel, M. DIAGNE, Le Conseil constitutionnel sénégalais. L'institution et ses techniques, Dakar, Les éd. TCM, 2012 ; EL. H. O. DIOP, La justice constitutionnelle au Sénégal. Essai sur l'évolution, les enjeux et les réformes d'un contre-pouvoir juridictionnel, Dakar, CREDILA-OVIPA, 2013 ; I. Y. NDIAYE, « Le Conseil constitutionnel sénégalais », Les Nouveaux Cahiers du Conseil constitutionnel, 2014/4, n° 45, p. 77 à 103*).

Le Conseil d'État avait pour mission de contrôler et de conseiller l'administration *(loi organique n° 92-24 du 30 mai 1992 sur le Conseil d'État, JORS, n° 5469 du 1er juin 1992, p. 243)* ; il connaissait à cet égard du recours pour excès de pouvoir.

La Cour de cassation était chargée de réguler l'activité des Cours et tribunaux (*loi organique n° 92-25 du 30 mai 1992 sur la Cour de cassation, JORS, n° 5469 du 1er juin 1992, p. 248).* Elle appréciait, en partant des faits souverainement constatés par les juges du fond, la légalité des jugements et arrêts rendus en dernier ressort par les Cours et tribunaux.

Dans un contexte marqué par la complexité et la spécificité des différentes branches du droit ainsi que par l'amélioration de la formation des magistrats devenus expérimentés, la spécialité au sommet de la hiérarchie judiciaire n'était plus « *un choix d'opportunité, elle était devenue un impératif pour la sauvegarde même de l'institution judiciaire* » (*V. l'exposé des motifs de la loi n° 92-22 du 30 mai 1992 portant révision de la Constitution ; également, M.M. MBACKE, « La réforme de la Justice : le Conseil d'État », Revue EDJA, n° 20, 1992, p. 2- 5).*

Cette réforme, largement relayée par la presse à l'époque, avait pour objectif de consolider la protection des droits et libertés fondamentaux inscrits dans la Constitution, d'asseoir un contrôle juridictionnel plus rigoureux de l'administration et d'améliorer l'environnement de sécurité juridique offert aux opérateurs économiques *(« Réforme. Les habits neufs de la Justice », Le Soleil du mercredi 13 mai 1992, p. 2 et 3).*

6. Le parachèvement de la spécialisation au sommet. - Le parachèvement complet de la spécialisation au sommet de la pyramide judiciaire a été réalisé par la loi n° 99-02 du 29 janvier 1999 portant révision de la Constitution instaurant la Cour des comptes. Cette option se justifiait notamment par le souci de conjurer l'encombrement du Conseil d'État, jusque-là juge des comptes et de la légalité des actes des collectivités locales (*I. M. FALL, « Le contrôle de la légalité des actes des collectivités locales au Sénégal », EDJA, n° 63, 2004, p. 61-99).* Elle procédait aussi de la volonté de prendre en compte la spécificité du contentieux financier résultant des engagements communautaires du Sénégal dans le cadre de l'Union économique et monétaire ouest-africaine (*UEMOA*) *(S.YONABA, « La difficile intégration des règles budgétaires et comptables des États membres de l'Union Économique et Monétaire Ouest Africaine- UEMOA », in RFFP, n° 76, 2002, p. 231 ; A. DIOUKHANE, « L'harmonisation du droit budgétaire des États membres de l'UEMOA- la Directive n° 05/97 du 16 décembre 1997 relative aux lois de finances », in EDJA, n° 60, janvier-mars 2004, p. 49*).

La spécialisation des juridictions au sommet de l'organisation judiciaire et l'internalisation progressive des normes communautaires contenues notamment dans le Traité de l'Union économique et monétaire ouest-africaine (*UEMOA*) du 10 janvier 1994 et dans les directives subséquentes ont amené les pouvoirs publics à créer la Cour des comptes, juridiction financière et institution supérieure de contrôle des finances publiques. D'après la Directive n° 01/2009/CM/UEMOA du 27 mars 2009 portant Code de transparence dans la gestion des Finances publiques au sein de l'UEMOA, la création d'une Cour des comptes pour le contrôle externe des finances publiques est une obligation pour les États membres *(A. DIOUKHANE, Les finances publiques dans l'UEMOA. Le budget du Sénégal, Paris, L'Harmattan, 2015, p. 233).*

La Cour des comptes a été élevée au rang d'institution constitutionnelle, au même titre que les autres juridictions suprêmes, par la Constitution du 22 janvier 2001.

Ce texte a été abrogé et remplacé par la loi organique n° 2012-23 du 27 décembre 2012 *(JORS n° 6711 du 02 février 2013, p. 67)*, qui a procédé au réaménagement de l'organisation de cette haute juridiction. Les modalités d'application de ce dernier texte sont fixées par le décret n° 2013-1449 du 13 novembre 2013.

La Cour des comptes a un double statut que lui confère l'article 1er de la loi organique n° 2012-23 du 27 décembre 2012 : celui d'Institution Supérieure de Contrôle (*ISC*) des finances publiques et celui de juridiction (*A. DIOUKHANE, Les finances publiques dans l'UEMOA. Le budget du Sénégal, Paris, L'Harmattan, 2015, p. 233).*

La Cour des comptes juge les comptes de comptables publics et assiste le Président de la République, le Parlement et le Gouvernement dans le contrôle de l'exécution des lois de finances.

Elle s'assure de la régularité des opérations de recettes et de dépenses des organismes contrôlés et, le cas échéant, réprime les manquements aux règles qui régissent lesdites opérations. Elle vérifie et apprécie le bon emploi des crédits et la gestion de l'ensemble des organismes soumis à son contrôle. La Cour établit un rapport général public annuel reprenant les principales observations qu'elle a faites dans l'année et les mesures préconisées pour y remédier.

Depuis l'adoption de la loi organique n° 2012-23 du 27 décembre 2012, les compétences de la Cour des comptes s'étendent au contrôle des organismes constitués sous forme d'agences d'exécution et aux autorités administratives indépendantes.

En raison du nombre croissant des affaires et dans le but d'en accélérer le traitement, la loi organique a érigé la Cour de discipline financière instituée par la loi n° 98-20 du 26 mars 1998 *(JORS du 18 avril 1998, p. 235)*, qui avait remplacé la Cour de discipline budgétaire, en une chambre permanente de la Cour des comptes *(Sur la Cour de discipline budgétaire, S. MADEMBA SY, « La Cour de discipline budgétaire du Sénégal », Rev.sén.dr. n° 03, 1969, p. 19).*

De même, la loi organique du 27 décembre 2012 tient compte des dispositions de la Directive n° 06/2009/CM/UEMOA du 26 juin 2009 portant lois de finances au sein de l'UEMOA internalisée par la loi organique n° 2011-15 du 8 juillet 2011 relative aux lois de finances, en prévoyant un élargissement des attributions de la Cour des comptes. Ainsi, la haute juridiction financière peut désormais émettre un avis sur les rapports annuels de performances établis par les responsables de programme ainsi que les systèmes de contrôle interne et de gestion mis en place par ces derniers.

La loi organique du 27 décembre 2012 a également mis fin à l'autonomie de la Commission de Vérification des Comptes et de Contrôle des Entreprises publiques (*CVCCEP*) consacrée par l'article 8 de la loi organique n° 99-70 du 17 février 1999 sur la Cour des comptes.

7. L'introduction de la collégialité. - La loi n° 92-28 du 30 mai 1992, modifiant la loi n° 84-19 du 02 février 1984 relative à l'organisation judiciaire, a introduit la collégialité dans le fonctionnement des tribunaux régionaux, sauf à titre transitoire, lorsque l'effectif des juges affectés au tribunal régional est inférieur à trois magistrats, non compris les juges d'instruction. Le décret n° 92-916 du 17 juin 1992 *(JORS, n° 5481 du 15 août 1992, p. 72)* a modifié l'article 15 du décret n° 84-1194 du 22 octobre 1984 fixant la composition et la compétence des Cours d'appel, des tribunaux régionaux et des tribunaux départementaux, en fixant les conditions d'application de la règle de la collégialité dans les tribunaux régionaux.

Il s'agissait là d'une grande innovation, puisque dans l'agencement de l'organisation judiciaire mis en place en 1960, le système du juge unique régnait en maître.

8. La restauration de la Cour suprême.- Tirant argument du bilan mitigé de la réforme de 1992, qui aurait eu un impact pernicieux sur les moyens budgétaires et humaines mis à la disposition de la Justice, la loi constitutionnelle n° 2008-34 du 07 août 2008 *(JORS n° 6420 du vendredi 08 août 2008, p. 755)* a restauré la Cour suprême dans l'édifice des juridictions suprêmes *(V. sur cette question, Rapport de la Commission d'études présidée par le Premier Président de la Cour de cassation, octobre 2007, in P. M. NDIAYE, La renaissance de la Cour suprême, Dakar, éd. de la Cour suprême, 2008, p. 122 et s.).* L'on a assisté à une renaissance du système de l'unité de juridiction au sommet de la pyramide judiciaire *(P. M. NDIAYE, op. cit, p. 9.).*

Mais, le modèle de la Cour suprême de 2008 présente des particularités par rapport au schéma de 1960. En effet, alors que la Cour suprême de l'époque des indépendances cumulait les compétences de toutes les juridictions suprêmes, celle de 2008 se voit confier les attributions du Conseil d'État et de la Cour de cassation. Le Conseil constitutionnel et la Cour des comptes sont encore régis par des textes spécifiques.

9. La création des Chambres africaines extraordinaires. - L'une des dernières réformes du système judiciaire a été réalisée en 2012. À la suite de la conclusion d'un Accord du 22 août 2012 entre le Gouvernement du Sénégal et l'Union africaine portant création des Chambres africaines extraordinaires au sein des tribunaux sénégalais pour la poursuite des crimes internationaux commis au Tchad durant la période du 7 juin 1982 au 1er décembre 1990, le Sénégal a transposé cet accord dans son ordre juridique. La loi n° 2012-29 du 28 décembre 2012 *(JORS n° 6712 du 9 février 2013, p.90)* a modifié l'article premier de la loi n° 84-19 du 02 février 1984 fixant l'organisation judiciaire, en vue de l'intégration des Chambres africaines extraordinaires dans l'appareil judiciaire sénégalais.

Cet Accord tire sa source des résolutions adoptées par la Conférence des Chefs d'État et de Gouvernement de l'Union africaine, respectivement le 02 juillet 2006 à Banjul et le 31 janvier 2012 à Addis-Abeba.

10. Une gouvernance judiciaire en crise. - La volonté des pouvoirs publics de réhabiliter la Justice s'est concrétisée par la mise en œuvre de certains projets tels que le projet d'appui à la réforme du système judiciaire, le projet Justice État de Droit et le projet de modernisation du greffe du tribunal régional hors classe de Dakar.

Les axes stratégiques de ces initiatives ont servi de charpente à la conception des indicateurs du Programme National de Bonne Gouvernance (*PNBG*).

Mais le bilan des grandes réformes du service public de la justice, en dépit des ambitions proclamées, n'avait pas répondu à toutes les attentes. Ces initiatives n'ont pas atteint tous les objectifs escomptés pour l'avènement d'une justice égale pour tous, plus proche des justiciables, plus rapide et plus accessible. Les goulots d'étranglement et les facteurs de blocage nuisant l'efficacité globale du système judiciaire étaient encore réels.

Malgré la mise en œuvre de plusieurs projets de modernisation de la Justice et en dépit de la centralité de sa mission, l'institution judiciaire est restée « *le parent pauvre des trois pouvoirs constitutionnels* » *(V. Programme sectoriel Justice 2004-2013,* p. 5). L'on a parlé, à propos de l'état des lieux de la justice, d'une « *gouvernance judiciaire en crise* » *(M. SAMB, « État des lieux de la justice. Réflexions sur une gouvernance en crise », in M-C. DIOP, Sénégal (2000-2012), Les institutions et politiques publiques à l'épreuve d'une gouvernance libérale, Dakar-Paris, CRES-KARTHALA, Dakar-Paris, 2013, 2013, p. 347).*

L'institution judiciaire, qui apparaît comme « *l'oublié de toujours des réformes* » (*I. M. FALL, Évolution constitutionnelle du Sénégal : de la veille de l'indépendance aux élections de 2007,* Dakar, *CREDILA, CREPOS, 2009, p. 112)*, souffre encore d'un déficit de confiance des justiciables dans la mesure où « *les atours dont elle est aujourd'hui parée ne forcent plus le respect et sa crédibilité est légitimement suspectée* » *(V. Programme sectoriel Justice 2004-2013, p. 8 ; également M. SAMB, « La gouvernance judiciaire au Sénégal », in M. BADJI et O. DEVAUX (dir), Droit sénégalais, n° 05, p. 335).*

Pourtant, au-delà de sa dimension philosophique, la Justice, constitue un vecteur de développement humain et le socle de l'État de droit.

11. La réforme de l'organisation judiciaire - Plus de trente ans après la dernière grande réforme du 02 février 1984, qui avait institué quatre Cours d'appel (*il s'agit des Cours d'appel de Dakar, de Kaolack, de Saint-Louis et de Ziguinchor*) et inauguré la naissance des tribunaux régionaux et des tribunaux départementaux, il est apparu nécessaire d'engager une réforme en profondeur de l'édifice judiciaire pour impulser un système de justice moderne et efficace.

À cet égard, l'année 2014 constitue une étape charnière de l'organisation judiciaire sénégalaise qui était figée dans ses structures de base depuis trente (30) ans *(V. Rapport d'activités du ministère de la Justice 2014, p. 8).*

La réforme des institutions judiciaires a été introduite par la loi n° 2014-26 du 03 novembre 2014 abrogeant et remplaçant la loi n° 84-19 du 02 février 1984 fixant l'organisation judiciaire *(JORS n° 6818 du 10 novembre 2014, 1359 et s.),* par le décret n° 2015-1039 du 20 juillet 2015 portant aménagement de l'organisation judiciaire (*JORS n° 6862 du mercredi 22 juillet 2015, p. 685)* ainsi que par le décret n° 2015-1145 du 03 août 2015 fixant la composition et la compétence des Cours d'appel, des tribunaux de grande instance et des tribunaux d'instance *(JORS n° 6869 du 18 août 2015, p. 797).*

Cependant, en dehors de ces textes de base, une série d'autres normes participent également du renouveau du service public de la Justice. Il s'agit notamment de la loi n° 2014-28 du 03 novembre 2014 modifiant la loi n° 65-61 du 21 juillet 1965 portant Code de procédure pénale, du décret n° 2014-126 du 03 février 2014 abrogeant et remplaçant l'article 1er et le tableau I y annexé du décret n° 84-1195 du 22 octobre 1984 portant aménagement de l'organisation judiciaire modifié et du décret n° 2014-1653 du 24 décembre 2014 relatif à la médiation et à la conciliation *(JORS n° 6827 bis du 31 décembre 2014, p. 1639).*

Prenant en compte la maturité institutionnelle et le renforcement du système démocratique du Sénégal, la réforme introduite par la loi constitutionnelle n° 2016-10 du 05 avril 2016 portant révision de la Constitution *(JORS n° 6926 du jeudi 07 avril 2016, p. 505)* a contribué à la rénovation de la justice constitutionnelle. Cette réforme constitutionnelle a procédé à un élargissement des compétences du Conseil constitutionnel en matière d'exception d'inconstitutionnalité (*art. 92 de Constitution modifiée*) et à une restauration du contrôle obligatoire de la constitutionnalité des lois organiques (*art. 78, alinéa 2 de la Constitution modifiée*). Ainsi, selon l'article premier de la loi organique n° 2016-23 du 14 juillet 2016 relative au Conseil constitutionnel (*JORS n° 6946 du 15 juillet 2016, p. 927*), cette juridiction se prononce sur les exceptions d'inconstitutionnalité soulevées devant la Cour d'appel et la Cour suprême.

Ces textes ont apporté de grandes innovations à l'institution judiciaire, par la réorganisation de ses services (*B. NGOM, Comment renforcer l'indépendance de la magistrature au Sénégal ?, Paris, L'Harmattan, 2016, p. 25, spéc. note n° 1)*. La réforme inaugure le deuxième cycle des grandes réformes du service public de la Justice après celle introduite par la loi n° 84-19 du 02 février 1984 fixant l'organisation judiciaire.

Elle s'inscrit dans le cadre stratégique décliné par le programme sectoriel Justice 2004-2013 qui vise à « *réhabiliter la Justice pour lui permettre de remplir sa fonction dans la consolidation de l'État de droit* », *(V. Programme sectoriel Justice 2004-2013, p. 10 ; Mb. Kh. DIAGNE, « Programme sectoriel Justice. Accroître l'efficacité de la Justice », Le Soleil du 17 décembre 2004).* La réforme de 2014 a pour objectif majeur d'asseoir un système judiciaire moderne et performant, en vue de le réhabiliter et de lui permettre de remplir sa fonction.

L'exposé des motifs de la loi n° 2014-26 du 03 novembre 2014 fixant l'organisation judiciaire qualifie la réforme du système judiciaire de « *réforme en profondeur* ».

Cependant, à notre avis, l'analyse de ses grands axes ne permet pas de tirer une telle conclusion. En effet, à part la mise en place d'une nouvelle carte judiciaire, l'extension de la compétence d'attribution des tribunaux d'instance en matière civile et commerciale et un léger réaménagement des principes d'organisation judiciaire, la réforme introduite par la loi n° 2014-26 du 03 novembre 2014 fixant l'organisation judiciaire, malgré les innovations qu'elle a apportées, n'a pas bouleversé sensiblement l'ossature du système juridictionnel.

En tout état de cause, la nouvelle organisation judiciaire repose sur les innovations majeures suivantes :

- la mise en place d'une nouvelle carte judiciaire avec comme corollaire la création des tribunaux de grande instance et des tribunaux d'instance à la place respectivement des tribunaux régionaux et des tribunaux départementaux ;
- la création des chambres criminelles au niveau des tribunaux de grande instance et des Cours d'appel à la place des Cours d'assises ;
- la faculté de création de chambres spécialisées en matière civile, commerciale et pénale dans les tribunaux de grande instance et d'instance ;
- le réaménagement des principes classiques d'organisation judiciaire, à savoir le principe du respect des droits de la défense et le principe de la collégialité ;

– l'institution de nouveaux principes d'organisation judiciaire (*principe d'impartialité et principe de célérité*) ;

– la prise en compte de la Justice de proximité dans la chaîne judiciaire.

CHAPITRE PREMIER

DISPOSITIONS GÉNÉRALES

12. Généralités. - Le chantier de réforme de la Justice entrepris par la loi du 03 novembre 2014 fixant l'organisation judiciaire et ses décrets d'application a inauguré l'émergence de nouveaux principes d'organisation du service public de la Justice. Ces nouveaux principes ont pour siège l'article 1er de cette loi. La loi du 02 février 1984 ignorait ces principes d'organisation juridictionnelle.

Ces nouveaux principes tirent leurs sources du droit à un procès équitable *(A. FAYE, « Le procès juste et équitable au Sénégal », EDJA, n° 58, juillet, août septembre 2003, p. 55 et s. ; N. FRICERO, « Délai raisonnable », in L. CADIET (dir), Dictionnaire de la Justice, Paris, PUF, 2004, p. 312 ; S. GUINCHARD, « Procès équitable », Rép. proc.civ, janvier 2006).*

Ils s'articulent autour de l'obligation faite aux juridictions de statuer en toute impartialité (*principe d'impartialité*) et dans un délai raisonnable (*principe de célérité*).

Article premier. - La justice est rendue au nom du peuple sénégalais.

Les décisions sont rendues en toute impartialité, dans un délai raisonnable.

Elles sont revêtues de la formule exécutoire.

SECTION PREMIÈRE : LA JUSTICE EST RENDUE AU NOM DU PEUPLE SÉNÉGALAIS.

PARAGRAPHE I : BIBLIOGRAPHIE

BOUCOBZA (I.), « Un concept erroné, celui de l'existence d'un pouvoir judiciaire », *Pouvoirs*, 2012/4, n° 143, p. 73 et s.

BOUCOBZA (I.), *La fonction juridictionnelle. Contribution à une analyse des débats doctrinaux en France et en Italie,* Paris, Dalloz, 2005.

COULIBALY (C. A. T.), Discours d'usage de la Rentrée solennelle des Cours et tribunaux, 06 novembre 1987 sur le thème : « *Les valeurs de la Constitution sénégalaise* », p. 18 et s.

D'AMBRA (D.), « Publicité », in L. CADIET (dir), *Dictionnaire de la justice*, Paris, PUF, 2004, p. 1115.

D'ARBOUSSIER (G.), « La primauté du droit dans les nouvelles institutions de la République du Sénégal », *Penant*, n° 706, 1965.

DIARRA (M.), « Rôle constitutionnel de la Cour suprême du Sénégal », *Rev. jur. et pol.* 1969, p. 1008.

DIOP (A.), « Les relations entre le pouvoir exécutif et le pouvoir judiciaire au Sénégal », *Rev. jur. et pol.* 1969, p.1035 et s.

DIOP (EL. H. O.), *La justice constitutionnelle au Sénégal. Essai sur l'évolution, les enjeux et les réformes d'un contre-pouvoir juridictionnel*, Dakar, CREDILA-OVIPA, 2013.

MADIOT (Y.), « De l'autorité au pouvoir judiciaire », *Crises*, n° 4, 1994, p. 80.

MURACCIOLE (L.), « La Constitution de la République du Sénégal du 7 mars 1963 », *Rev. jur. et pol. d'outre-mer* 1963, pp. 147 et s.

RENOUX (T.), « Pouvoir juridictionnel », in O. DUHAMEL et Y. MENY, *Dictionnaire constitutionnel*, Paris, PUF, 1992, p. 780

VITU (A.), « Le principe de la publicité de la justice dans le Code de procédure pénale », *Ann. fac. dr. et sc. écon*, Toulouse 1968, 293.

Paragraphe II : Commentaire

13. Affirmation solennelle. - L'affirmation solennelle selon laquelle « *la justice est rendue au nom du Peuple* » ne constitue pas une innovation du nouveau droit sénégalais de l'organisation judiciaire. Elle était déjà contenue dans l'ancien article 9 de la loi n° 84-19 du 02 février 1984. La seule particularité du nouveau dispositif réside dans la place de cette affirmation dans la loi fixant l'organisation judiciaire. Elle est désormais prévue par l'article 1er de la loi du 03 novembre 2014 fixant l'organisation judiciaire ; ce qui traduit l'importance que le législateur attache à ce principe.

« *La majesté de la justice réside dans chaque sentence rendue par le juge au nom du peuple souverain* », écrivait Anatole FRANCE.

Toutes les décisions juridictionnelles rendues par les Cours et tribunaux portent la mention : « *Au nom du Peuple sénégalais* ».

14. De l'autorité judiciaire au pouvoir judiciaire. - Les instances chargées de rendre la justice sont indépendantes du pouvoir législatif et du pouvoir exécutif. C'est tout le sens de l'article 88 de la Constitution. Aux termes de ce texte : « *le pouvoir judiciaire est indépendant du pouvoir législatif et du pouvoir exécutif* ».

Certainement influencés par le constituant français de la Ve République, les rédacteurs de la loi constitutionnelle du 26 août 1960 ont mis en place une « *autorité judiciaire* ». L'autorité judiciaire, consacrée par la Constitution de 1960, était présentée comme une autorité indépendante de l'exécutif et du législatif. L'article 59 de la Constitution de 1960 disposait que *« la Justice est une autorité indépendante de l'exécutif et du législatif* ». Ainsi, à l'époque, la Justice n'était qu'une *« excroissance du pouvoir exécutif* », une sorte de « *pouvoir gouvernemental, préposé à l'exécution des lois* ». En d'autres termes, la Justice n'était qu'une modalité de la fonction d'exécution des lois (*C. A. T. COULIBALY, Discours d'usage de la Rentrée solennelle des Cours et tribunaux, 06 novembre 1987 sur le thème : « Les valeurs de la Constitution sénégalaise », p. 19*).

À la suite de la crise des 17 et 18 décembre 1962 entre les deux têtes de l'exécutif, le Président SENGHOR et le Président du Conseil, Mamadou DIA, une nouvelle Constitution a été approuvée par le Peuple sénégalais par référendum du 02 mars 1963.

La Constitution du 07 mars 1963 a été marquée par une véritable rupture, du moins sur le plan terminologique. Elle a consacré de façon solennelle l'existence d'un « *pouvoir judiciaire* » *(L. MURACCIOLE, « La Constitution de la République du Sénégal du 7 mars 1963 », Rev. jur. et pol. d'outre-mer 1963, p. 147 et s.).* La Justice est ainsi devenue un pouvoir indépendant des autres pouvoirs ; elle bénéficie d'un statut institutionnel de pouvoir constitutionnel *(EL. H. DIOP, La justice constitutionnelle au Sénégal. Essai sur l'évolution, les enjeux et les réformes d'un contre-pouvoir juridictionnel, Dakar, CREDILA-OVIPA, 2013, p. 62 ; Y. MADIOT, « De l'autorité au pouvoir judiciaire », Crises, n° 04, 1994, p. 80).*

Le constituant du 22 janvier 2001 s'est inscrit dans le même sens que son prédécesseur de 1963. Il a réaffirmé l'existence d'un pouvoir judiciaire au Sénégal. Le titre VIII de la Constitution intitulé « *Du pouvoir judiciaire* » fait l'objet des articles 88 à 94.

Ainsi, la Justice doit contrôler et assurer la régulation des autres pouvoirs, les limiter au besoin.

La Constitution consacre une distinction fondamentale entre le pouvoir politique d'une part et le pouvoir juridictionnel d'autre part (*C. A. T. COULIBALY, Discours d'usage de la Rentrée solennelle des Cours et tribunaux, 06 novembre 1987 sur le thème : « Les valeurs de la Constitution sénégalaise », p. 19*).

15. Les juges : des mandataires du Peuple. - Cependant, la réalité de l'existence d'un pouvoir judiciaire, c'est-à-dire d'un organe spécialisé et indépendant dans l'exercice de la fonction de juger, à côté d'un pouvoir législatif et d'un pouvoir exécutif a toujours fait l'objet de discussions *(I. BOUCOBZA, « Un concept erroné, celui de l'existence d'un pouvoir judiciaire », Pouvoirs, 2012/4, n° 143, p. 73 et s.).*

Les auteurs classiques ont toujours assimilé la fonction juridictionnelle à une mission exécutive. Les magistrats sont, en effet, à l'image du pouvoir exécutif, chargés de l'application de normes édictées par le pouvoir législatif. D'ailleurs, John LOCKE dans son *Traité sur le Gouvernement civil,* ne fait pas référence au pouvoir judiciaire. Il a identifié la fonction juridictionnelle à la fonction exécutive.

Pour d'autres auteurs, l'expression « *pouvoir judiciaire* », que l'on retrouve dans la Constitution du 22 janvier 2001, « *n'est due qu'à du verbiage honorifique* » *(M. DIARRA, « Rôle constitutionnel de la Cour suprême du Sénégal », Rev. jur. et pol. 1969, p. 1008)*. Ils estiment que, dans notre pays, le corps exerçant la fonction juridictionnelle est loin d'être organiquement indépendant de l'exécutif, en raison des constantes immixtions de ce dernier pouvoir dans les activités judiciaires *(A. DIOP, « Les relations entre le pouvoir exécutif et le pouvoir judiciaire au Sénégal », Rev. jur. et pol. 1969, p.1035 et s.)*.

Selon M. AURILLAC, il n'existe que deux pouvoirs : le pouvoir exécutif et le pouvoir législatif avec une prépondérance du premier *(M. AURILLAC, « La Cour suprême du Sénégal », Rev. jur. et pol. 1969, p. 73)*.

Le pouvoir juridictionnel désigne « *le pouvoir appartenant aux juridictions de dire le droit avec force d'autorité légale et d'exprimer ainsi la souveraineté nationale dans un domaine propre de leur compétence tel qu'il résulte de la Constitution, des lois et des règlements* » *(Sur cette question, T. RENOUX, « Pouvoir juridictionnel », in O. DUHAMEL et Y. MENY, Dictionnaire constitutionnel, Paris, PUF, 1992, p. 780 ; I. BOUCOBZA, La fonction juridictionnelle. Contribution à une analyse des débats doctrinaux en France et en Italie, Paris, Dalloz, 2005, p. 17*).

L'exercice du pouvoir juridictionnel n'est donc que l'expression de la souveraineté nationale dans le domaine propre aux activités judiciaires.

En réalité, au-delà de la séparation fonctionnelle entre les pouvoirs exécutif, législatif et judiciaire, et comme le rappelle Gabriel D'ARBOUSSIER, « *il n'existe qu'un seul pouvoir, celui de la souveraineté nationale* », c'est-à-dire, la souveraineté du Peuple *(G. D'ARBOUSSIER, « La primauté du droit dans les nouvelles institutions de la République du Sénégal », Penant, n° 706, 1965*).

C'est toute la pertinence de la formule selon laquelle « *la justice est rendue au nom du Peuple* ». Tout se passe comme si les juges, chargés de rendre la justice, ont été mandatés par le Peuple sénégalais.

Dès lors que la justice est rendue en leurs noms, les citoyens doivent pouvoir en contrôler l'exercice quotidien. L'une des principales conséquences du « *mandat constitutionnel* » donné par le Peuple aux juges, réside dans l'affirmation du principe de la publicité des débats *(G. LEVASSEUR, F. CLERC et P. BOLLE, « La publicité dans le procès pénal », RSC, 1976, p. 519, 530 et 810 ; D. D'AMBRA, « Publicité », in L. CADIET (dir), Dictionnaire de la justice, Paris, PUF, 2004, p. 1115 ; A. VITU, « Le principe de la publicité de la justice dans le Code de procédure pénale », Toulouse, Ann. fac. dr. et sc. écon, 1968, p. 293).*

La faculté offerte à toute personne d'assister aux débats judiciaires constitue « *une sorte de caution virtuelle d'une bonne administration de la justice* », *(H. SOLUS et R. PERROT, Droit judiciaire privé, Tome III, Paris, Sirey, 1991, n° 248).* La présence, même virtuelle des mandants des juges contribue à légitimer l'activité judiciaire.

Mais, seules les juridictions sénégalaises sont habilitées à rendre la Justice au nom du Peuple sénégalais, à l'exclusion des juridictions internationales (*Cour pénale internationale, juridictions pénales ad hoc, etc.*) et des juridictions internationalisées. Récemment, le Conseil constitutionnel sénégalais a eu l'occasion de mieux affiner les contours de la règle selon laquelle la Justice est rendue au nom du Peuple sénégalais.

Dans le cadre de l'affaire Hissein HABRE, en exécution de l'Accord du 22 août 2012 entre le Gouvernement du Sénégal et l'Union africaine portant création des Chambres africaines extraordinaires au sein des tribunaux sénégalais, le Président de la République a, par décret n° 2013-212 du 30 janvier 2013, autorisé le Président de la Commission de l'Union africaine, à nommer des magistrats sénégalais composant les Chambres africaines extraordinaires au sein des juridictions sénégalaises.

À la suite de l'inculpation et du placement sous mandat de dépôt de Hissein HABRE pour crimes contre l'humanité, crimes de guerres et tortures par la Chambre africaine extraordinaire d'instruction, les conseils de ce dernier ont sollicité l'annulation dudit décret devant la chambre administrative de la Cour suprême, en soulevant « *in limine litis* » l'exception d'inconstitutionnalité de l'Accord du 22 août 2012.

Le requérant a estimé que la nomination de magistrats sénégalais devant exercer au sein des Chambres africaines extraordinaires par le Président de la Commission de l'Union africaine est contraire aux dispositions de l'article 90 de la Constitution et de l'article 4 de la loi organique n° 92- 27 du 30 mai 1992 portant statut des magistrats. Selon l'article 90 de la Constitution « *les magistrats autres que les membres du Conseil constitutionnel et de la Cour des comptes sont nommés par le Président de la République après avis du Conseil supérieur de la Magistrature* » (*A. K. BOYE, « Vers des déconvenues juridiques » : http://www.rewmi.com/vers-des-deconvenues-juridiques-par-abdel-kaderboye_a73933.html#sthash.WPBZxvck.dpuf (consulté le 10 septembre 2015*).

Par un arrêt du 02 mars 2015, le Conseil constitutionnel a jugé que les Chambres africaines extraordinaires sont présidées par des magistrats provenant de pays membres de l'Union africaine, autres que le Tchad. En outre, dans leur fonctionnement, elles sont régies par un statut spécifique et peuvent s'inspirer de la jurisprudence des tribunaux et Cours pénaux internationaux ; elles n'ont aucune vocation à la permanence et sont dissoutes de plein droit une fois que les décisions auront été définitivement rendues.

Dès lors, considèrent les juges constitutionnels « *les magistrats de nationalité sénégalaise nommés par le Président de la Commission de l'Union africaine n'ont pas pour mission de rendre la justice au nom du peuple sénégalais, mais siègent dans une juridiction internationalisée ou mixte, spécialisée qui prend sa source dans l'accord conclu avec l'Union africaine, engagement rappelé par la Cour de Justice de la Communauté Économique des États de l'Afrique de l'Ouest (CEDEAO) dans sa décision n° ECW/CCJ/JUD/06/10 du 18 novembre 2010* ». La haute juridiction constitutionnelle a jugé en conséquence que l'Accord du 22 août 2012 n'a pas violé l'article 90 de la Constitution (*Cons. Const. n° 01/C/2015 du 02 mars 2015, inédit)*.

Ainsi, malgré l'intégration des Chambres africaines extraordinaires dans l'appareil judiciaire sénégalais, opérée par la loi n° 2012-29 du 28 décembre 2012 *(JORS n° 6712 du 09 février 2013, p. 90)* modifiant l'article premier de la loi n° 84-19 du 02 février 1984 fixant l'organisation judiciaire, le Conseil constitutionnel semble considérer que la justice rendue par ces chambres ne l'est pas au nom du Peuple sénégalais. La haute juridiction tire essentiellement argument de la mixité de la composition des Chambres africaines extraordinaires, de leur caractère temporaire ainsi que de la spécificité des règles de procédure qui leur sont applicables.

SECTION II : LE PRINCIPE D'IMPARTIALITÉ.

PARAGRAPHE : BIBLIOGRAPHIE

BAETS (F. DE), « Récusation : crime de lèse magistrat », *A.J.pén.* 2001, n° 06, p. 291.

BARADUC, « L'avocat, garant de l'impartialité du juge ?... ou quand la déontologie de l'un sert l'éthique de l'autre », in *Mélanges André Ponsard*, 2003, Paris, Litec, p. 39.

BEIGNIER (B.) et BLERY(C.), « L'impartialité du juge, entre apparence et réalité », *D.* 2004, chron. 2427.

BEN HADJ YAHIA (S.), « Récusation et renvoi », *Rép. proc.civ. Dalloz*, juin 2012, n° 04.

BENDEL-VASSEUR (S.), « La procédure de récusation et de renvoi pour cause de suspicion légitime en matière pénale », *BICC*, 15 novembre 2010.

CABANES (A.) et ROBBES (A.), « L'impartialité objective en Europe : des apparences parfois trompeuses », *AJDA*, 2004, p. 2375.

CHAMBON (P.), « La règle le juge d'instruction ne peut prendre part aux affaires qu'il a instruites, peut-elle être retournée ? », *JCP* 1956. I. 1279.

COMMARET (D.N.), « Une juste distance ou réflexion sur l'impartialité du magistrat », *D.* 1998, chron. p. 262-264.

DEFFERARD (F.), *La suspicion légitime*, Paris, LGDJ, 2000.

DE GOUTTES, « L'impartialité du juge. Connaître, traiter et juger : quelle compatibilité ? », *RSC* 2003.

DE LA VAISSIÈRE (F. DE), « Vous avez dit... impartial ! », *Gaz. Pal.* 1er/3 juin 2003, p. 2.

FALL (ND.), *Le droit pénal africain à travers le système sénégalais*, Dakar, EDJA, 2003.

FRICERO (N.), « Impartialité », in L. CADIET (dir), *Dictionnaire de la Justice*, Paris, PUF, 1er éd., 2004, p. 607.

FRISON-ROCHE (M. A.), « L'impartialité du juge », *D.* 1999, chron., p. 54.

FRISON-ROCHE (M.A.), « Le droit à un tribunal impartial », in R. CABRILLAC, M-A. FRISON-ROCHE (M. A) et TH. REVET, *Libertés et droits fondamentaux*, Paris, Dalloz, 16e éd., 2010, p. 517 et s.

GOUTTES, « L'impartialité du juge : connaître, traiter et juger : quelle compatibilité ? », *RSC* 2003, p. 63 et s.

GRIDEL (J.P.), « L'impartialité du juge dans la jurisprudence civile dans la Cour de cassation », in *La procédure en tous ses états*, Mélanges offerts à Jean Buffet, Paris, LGDJ, 2004, p. 229-239.

GUINCHARD (S.), « Peut-on être bouddhiste ou chrétien ou juif ou libre penseur ou franc-maçon et juge ? », in *La justice civile au vingt et unième siècle*, Mélanges Pierre Julien, Paris, Édilaix, 2003, p. 203.

JOSSERAND (S.), *L'impartialité du magistrat en procédure pénale*, Paris, LGDJ, 1998.

KRIEGK (J-F.), « L'impartialité, contrepartie exigeante de l'indépendance », *Petites affiches*, 12 juillet 1999 n° 137, p. 5.

NADAL (J. L.), « L'impartialité du magistrat », *Gaz. Pal.* 23-24 mai 2012, 14.

NDOYE (D.), « Récusation de magistrat », *EDJA*, novembre 1987, n° 04, p. 23.

NORMAND (J.), « Le droit à un tribunal impartial devant les juridictions de l'ordre judiciaire (CEDH, art. 6, § 1er) et la composition des juridictions », RTD civ. 1993. p. 881.

PUIGELIER (C.), « Un juge sans préjugé », in Mélanges J.-F. BURGELIN, Paris, Dalloz, 2008, p. 317.

REBUT (D.), « Le droit à un tribunal impartial devant la Chambre criminelle », *RSC*, 1998, p. 449.

ROETS (D.), *Impartialité et justice pénale*, Paris, Cujas, 1997.

TELIKO (S.), « Le droit à un procès équitable », Discours d'usage de la rentrée solennelle des Cours et tribunaux, année 2012-2013.

VAN COMPERNOLLE (J.), « Évolution et assouplissement de la notion d'impartialité objective », *RTDH*, 1994, p. 929 et s.

VIALA, « Le Ministère public peut-il être récusé ? », *Gaz. Pal.* 5 avril 1980, p. 163.

VITU (A.), « La récusation en matière pénale », in Mélanges Jean Vincent, Paris, Dalloz, 1981, p. 427.

PARAGRAPHE II : COMMENTAIRE

16.- La vertu de l'impartialité. - L'impartialité du juge est un attribut consubstantiel à un procès équitable. Elle est la traduction juridique de l'exigence de neutralité, gage de la crédibilité du juge *(S. TELIKO, « Le droit à un procès équitable », Discours d'usage de la rentrée solennelle des Cours et tribunaux, année 2012-2013, p. 5).*

Il s'agit d'une garantie accordée aux justiciables symbolisée par le bandeau placé sur les yeux de Thémis. Un juge n'a de légitimité et ne peut inspirer confiance que s'il n'est pas ou s'il ne paraît pas être engagé en faveur de l'une des parties ou du représentant de l'accusation.

En matière pénale, la violation du principe d'impartialité est particulièrement grave puisqu'elle emporte une violation de la présomption d'innocence, chaque fois qu'elle consiste en l'expression prématurée d'une conviction favorable à la culpabilité.

17.- L'impartialité dans les dispositifs juridiques. - Le principe d'impartialité s'enracine dans les textes internationaux et constitutionnels. À la suite des autres instruments de protection des Droits de l'Homme *(V. art. 6 de la Convention européenne des Droits de l'Homme)*, qui précisent que le tribunal doit être indépendant et impartial, la Charte africaine des Droits de l'Homme et des Peuples a consacré le droit pour tout justiciable d'être jugé par une juridiction impartiale. En vertu de l'article 7 de la Charte africaine des Droits de l'Homme et des Peuples, toute personne a droit à ce que sa cause soit entendue. Ce droit comprend notamment le droit d'être jugé dans un délai raisonnable « *par une juridiction impartiale* ».

Le préambule de la Constitution du Sénégal du 22 janvier 2001 a proclamé le respect et la consolidation d'un État de droit dans lequel l'État et les citoyens sont soumis aux mêmes normes juridiques sous le contrôle d'une justice indépendante et impartiale.

On retrouve des traces du principe d'impartialité dans le statut des magistrats. Aux termes de l'article 13 de la loi organique n° 92-27 du 30 mai 1992 portant statut des magistrats *(JORS, n° 5470 du 04 juin 1992, p. 259)* : « *les magistrats doivent rendre impartialement la justice sans considération de personnes ni d'intérêts. Ils ne peuvent se prononcer dans la connaissance personnelle qu'ils peuvent avoir de l'affaire* ».

L'article 1er de la loi du 03 novembre 2014 a consacré pour la première fois le principe d'impartialité, en énonçant, par une formule très brève que « *les décisions sont rendues en toute impartialité* ».

18.- La notion d'impartialité. - La partialité prive le juge de l'aptitude à construire le syllogisme judiciaire après un débat contradictoire entre les parties *(DE LA VAISSIÈRE, « Vous avez dit... impartial ! », Gaz. Pal. 1er/3 juin 2003, p. 2).*

Cependant, l'impartialité ne signifie pas que le juge doit cesser d'avoir des opinions personnelles et qu'il doit parvenir à une désincarnation telle qu'il pourrait être remplacé par un ordinateur *(M. A. FRISON-ROCHE, « L'impartialité du juge », D. 1999, chron, p. 54).* En réalité, la subjectivité du juge est nécessaire à une justice humainement acceptable ; elle permet d'adapter la rigueur des règles juridiques à la solution la plus équitable possible *(N. FRICERO, « Impartialité », in L. CADIET (dir), Dictionnaire de la Justice, Paris, PUF, 1er éd., 2004, p. 607).*

Il ne faut pas réduire à l'unité impartialité et indépendance. L'indépendance doit être garantie par un statut permettant au juge de résister aux pressions émanant des autres pouvoirs (inamovibilité, protection pénale, privilège de juridiction, etc.) *(V. BREDIN, « Qu'est-ce que l'indépendance du juge ? », Justices 12996, p. 161 ; F. TERRE, « De l'indépendance des juges », Rev. métaph. morale 1997, p. 511 et s.),* même si l'indépendance est un facteur d'impartialité du juge *(J-F. KRIEGK, « L'impartialité, contrepartie exigeante de l'indépendance », Petites affiches, 12 juillet 1999, n° 137, p. 5).*

Conceptuellement, l'impartialité, renvoie à une « *absence de parti pris, de préjugé, de préférence, d'idée préconçue* » *(G. CORNU, Vocabulaire juridique, Paris, PUF, 2014, V° impartialité).*

On distingue deux types d'impartialité *(Sur les conceptions de l'impartialité, S. TELIKO, « Le droit à un procès équitable », Discours d'usage de la rentrée solennelle des Cours et tribunaux, année 2012-2013, p. 5).*

19.- L'impartialité subjective. - L'impartialité subjective tient à des critères liés à la personne même du juge qui intéressent, soit les relations privilégiées qu'il entretient avec l'une des parties, soit son comportement personnel à l'encontre de l'une des parties. Le juge doit savoir résister aux inclinaisons personnelles, économiques, politiques, notamment dans les causes qu'il est amené à juger *(PUIGELIER, « Un juge sans préjugé », in Mélanges J.-F. BURGELIN, 2008, Paris,*

Dalloz, p. 317). C'est cette impartialité qu'évoque l'article 13 de la loi organique n° 92-27 du 30 mai 1992 portant statut des magistrats, en proclamant l'obligation des magistrats de rendre la justice « *sans considération de personnes ni d'intérêts* ». L'impartialité subjective permet de déterminer « *ce que tel juge pensait dans son for intérieur en telle circonstance* » *(V. CEDH du 1er octobre 1982, n° 8692/79, Piersack c/ Belgique, Série A, n° 53, Berger, n° 65, p. 195).*

L'exigence d'impartialité ne concerne que le juge ; elle ne vise pas le représentant de l'accusation. La partialité du magistrat du parquet n'emporte pas la nullité de la décision rendue sur ses réquisitions *(Crim. du06 janvier 1998, Bull. crim. n° 01 ; crim. du 05 juin 1996, Bull. crim. n° 187).* On ne peut attendre de la partie poursuivante qu'elle soit impartiale. C'est certainement la raison pour laquelle la récusation d'un magistrat du parquet est inconnue de la procédure pénale. Il résulte de l'article 651 du Code de procédure pénale que « *les magistrats du Ministère public ne peuvent être récusés* ».

C'est également la raison pour laquelle la Cour européenne des Droits de l'Homme refuse de voir dans le magistrat du parquet un « *magistrat habilité* », au sens de l'article 5-3 de la Convention européenne des Droits de l'Homme. L'intervention d'un magistrat du parquet ne permet pas de satisfaire aux garanties d'indépendance et d'impartialité nécessaires au contrôle de la privation de liberté (*V. CEDH du 23 octobre 1990, Huber c/ Suisse ; RENUCCI, « Le procureur de la République est-il un "magistrat" au sens européen du terme ? », in Libertés, justice, tolérance, Mélanges en hommage au doyen Gérard Cohen-Jonathan, Vol. 2, Bruxelles, Bruylant, 2004, p. 1345 ; SOULEZ-LARIVIÈRE, « Le problème du Ministère public français », AJ pén.2011, p. 112*).

20.- L'impartialité objective. - L'impartialité dite objective ou fonctionnelle tient aux fonctions que le juge exerce ou a exercé dans une même affaire (*J. VAN COMPERNOLLE, « Évolution et assouplissement de la notion d'impartialité objective », RTDH, 1994, p. 929 et s. ; également, A. CABANES et A. ROBBES, « L'impartialité objective en Europe : des apparences parfois trompeuses », AJDA, 2004, p. 2375*). L'impartialité est objective lorsque le juge a déjà eu connaissance de l'affaire avant de statuer au fond, parce qu'il a exercé successivement plusieurs fonctions juridictionnelles (*juge de la mise en* *état, juge des référés, procureur de la République, juge d'instruction, conseiller de la mise en état, juge du fond, etc.*). Avec l'impartialité objective, ce qui compte, c'est moins la réalité que l'apparence susceptible d'alimenter un soupçon de partialité. C'est toute l'idée que la justice ne doit pas seulement être impartiale, elle doit aussi donner l'apparence qu'elle l'est réellement (*B. BEIGNIER et C. BLERY, « L'impartialité du juge, entre apparence et réalité », D. 2004, chron. 2427 ; L. CADIET, J. NORMAND et S. AMRANI MEKKI, Théorie générale du procès, Paris, PUF, 2e éd., 2010, p. 604*).

21.- Conséquences de l'exigence d'impartialité objective. - L'exigence d'impartialité objective a des incidences considérables sur l'organisation des juridictions.

Une des premières conséquences de l'impartialité objective tient à l'impossibilité pour le juge de se prononcer sur le recours qui frappe la décision qu'il a lui-même rendue, à moins qu'il ne soit saisi d'une action en rétractation ou d'une instance en rectification, à la suite d'une erreur matérielle. En matière civile, les trois recours aux fins de rétractation, à savoir l'opposition (*art. 13 et s. ; art. 101 et s. du Code de procédure civile)*, la tierce opposition *(art. 281 du Code de procédure civile)* et la requête civile *(art. 287 et s. Code de procédure civile)* sont normalement portés devant la juridiction même qui a rendu la décision attaquée. La Cour de cassation française a déjà jugé que l'article 6 de la Convention européenne des Droits de l'Homme n'y fait pas obstacle *(Cass. du 05 février 1997, Bull. civ, II, n° 33).*

« *Qui a jugé ne peut rejuger* », dit-on. Un même juge ne peut, en principe, connaître deux fois de la même affaire. Lorsqu'il s'est une première fois prononcé dans le dispositif, voire dans les motifs de sa décision sur ce qui fait à nouveau l'objet du débat, le justiciable a des raisons objectives et légitimes de craindre qu'il ne répugne à se déjuger.

Un arrêt de la Cour suprême du Sénégal du 14 janvier 1981 a énoncé qu'un magistrat ayant connu une affaire en première instance, ne peut en connaître en cause d'appel.

La chambre civile et commerciale de la Cour suprême du Sénégal, dans un arrêt du 16 juin 2010 *(CS n° 64 du 16 juin 2010, la société New Baron et Levèque international c/ Les Ciments du Sénégal, inédit)*, a eu l'occasion d'apprécier l'exigence d'impartialité objective dans le cadre d'un déféré dirigé contre une ordonnance du conseiller de la mise en état de la Cour d'appel de Dakar *(CS, n° 06 du 14 janvier 1981, Moustapha DIOP c/ MP, inédit, également, E. MICHELET, « Chronique jurisprudentielle : la jurisprudence de la Cour suprême du Sénégal en matière pénale », Annales africaines, 1989-1990-1991, p. 309)*. Dans cette espèce, un magistrat, après avoir rendu une ordonnance de mise en état par laquelle ont été condamnées deux sociétés à verser une caution judicatum solvi, a présidé la formation de la Cour d'appel de Dakar qui a statué sur le déféré dirigé contre sa propre ordonnance, en déclarant ledit recours irrecevable.

Le pourvoi formé contre l'arrêt de la Cour d'appel de Dakar a, sur le visa de l'article 14-1 du Pacte relatif aux droits civils et politiques, invoqué une violation du principe d'impartialité. En vertu de ce texte, toute personne a droit à ce que sa cause soit entendue équitablement et publiquement par un tribunal compétent, indépendant et impartial, établi par la loi, qui décidera soit du bien-fondé de toute accusation en matière pénale dirigée contre elle, soit des contestations sur ses droits et obligations de caractère civil.

Mais, la cour régulatrice a rejeté ce moyen. Selon les magistrats, « *le conseiller de la mise en état est une émanation de la formation collégiale dont il prépare les décisions au plan de la procédure et que le fait qu'il statue sur le fond d'une affaire dans laquelle il a préalablement pris une mesure conservatoire de pure procédure, n'implique pas une atteinte à l'exigence d'impartialité* ».

À la suite d'une requête en rabat d'arrêt de la société New Baron et Levèque international, les chambres réunies de la Cour suprême par un arrêt du 20 mars 2012 (*CS, n° 03 du 20 mars 2012, la société New Baron et Levèque international c/ Les Ciments du Sénégal, inédit)* ont ordonné le rabat de l'arrêt de la Cour d'appel, au motif que « *contrairement aux énonciations de l'arrêt attaqué, le conseiller de la mise en état a violé l'article 14-1 du Pacte international relatif aux droits civils et politiques consacrant le principe de l'impartialité, dès lors qu'après avoir rendu l'ordonnance querellée, laquelle est une mesure provisoire, il a présidé la formation qui a statué contre sa décision* ».

Dans cet arrêt, les hauts magistrats ont relevé une méconnaissance de l'exigence d'impartialité (*objective*) sans vraiment s'en expliquer. En quoi, le fait pour le conseiller de la mise en état, après avoir rendu une ordonnance prescrivant le versement d'une caution judicatum solvi, de présider la formation collégiale de la Cour qui a statué sur le déféré dirigé contre sa décision, constitue une atteinte au principe d'impartialité objective ?

Le déféré est une voie de recours originale qui permet de porter immédiatement (*avant même l'arrêt sur le fond*) devant une formation collégiale de la Cour, l'ordonnance d'un conseiller de la mise en état qui a mis fin à l'instance ou constaté son extinction ou qui a prescrit des mesures provisoires. C'est ce qui ressort de l'article 280 bis, alinéa 11 du Code de procédure civile selon lequel les ordonnances du conseiller de la mise en état « *peuvent être déférées à la Cour par simple requête dans les quinze jours de leur prononcé lorsqu'elles ont pour effet de mettre fin à l'instance ou de constater son extinction. Il en est de même lorsqu'elles prescrivent des mesures provisoires* ».

Le conseiller de la mise en état, qui a rendu une décision mettant fin à l'instance ou prescrivant une mesure provisoire, a déjà fait connaître son opinion. Quelle que soit la rigoureuse conscience de ce magistrat dont l'ordonnance est contestée par la voie du déféré, s'il fait partie de la formation collégiale qui statuera sur cette voie de recours, ne serait-il pas conduit à défendre son opinion plutôt qu'à juger en toute impartialité ? Il est légitime de le penser. Il serait en quelque sorte juge et partie *(R. PERROT, « Déféré : composition de la formation collégiale », RTD.civ. 2010 p. 157).*

Ainsi, l'arrêt des chambres réunies du 20 mars 2012 est tout à fait justifié en droit.

En France, dans le premier état de la jurisprudence, il a été jugé que la Cour d'appel peut valablement comprendre dans sa composition le conseiller de la mise en état qui a rendu la décision, au motif que le déféré dont peuvent être frappées certaines ordonnances du conseiller de la mise en état n'a pas le caractère d'un appel (*Cass. civ. du 03 mars 1992, Bull. civ. II, n° 142 ; RTD Civ. 1993, p. 199, obs. R. Perrot).*

Cependant, dans une affaire jugée le 10 décembre 2009 *(Cass. du 10 septembre 2009, Procédures 2009, n° 347, obs. R. Perrot),* la Cour de cassation a estimé que le conseiller chargé en appel de la mise en état d'une cause ne peut connaître du déféré exercé devant la chambre à laquelle il appartient, contre les ordonnances par lui rendues dans l'exercice de cette fonction (*Pour un commentaire de cette décision, V. R. PERROT, « Déféré contre une ordonnance du conseiller de la mise en état », Procédures n° 11, novembre 2009, comm. 347).* Selon la Cour, « *pour déclarer irrecevable le moyen pris de la composition irrégulière de la Cour d'appel, l'arrêt énonce que les plaideurs ont connaissance par avance de cette composition et qu'ils sont réputés avoir renoncé sans équivoque à se prévaloir de l'article 6-1 de la Convention de sauvegarde des Droits de l'Homme et des libertés fondamentales dès lors qu'ils ne l'ont pas invoqué dans leurs premières conclusions ; qu'en statuant ainsi, dans une composition où siégeait le magistrat qui avait rendu l'ordonnance déférée, et alors que M. Mortelette avait soulevé dès l'ouverture des débats cette irrégularité, la Cour d'appel a violé le texte susvisé* ».

Le droit judiciaire sénégalais se caractérise par l'omniprésence de « *juges auxiliaires* » dont l'office précède le traitement juridictionnel de l'affaire par la juridiction du fond ; il s'agit notamment du juge de la mise en état et du juge commissaire. La jurisprudence française admet l'aptitude du juge du préparatoire et de l'instruction à connaître ultérieurement du fond, dès lors que la décision qu'il rend n'implique pas qu'il ait pris connaissance du fond de l'affaire et se soit formé une opinion sur le litige *(L. CADIET, J. NORMAND et S. AMRANI MEKKI, Théorie générale du procès, Paris, PUF, 2e éd., 2010, p. 609).* Ces juges ne prescrivent que des mesures provisoires et conservatoires ne préjudiciant pas du fond du litige.

22.- L'exercice successif des fonctions de poursuite et de jugement dans la même affaire. - En matière pénale, l'impartialité suppose une séparation entre les fonctions de poursuite et de jugement *(D. REBUT, « Le droit à un tribunal impartial devant la Chambre criminelle », RSC, 1998, p. 449).*

La prohibition de la confusion des fonctions de poursuite et de jugement a essentiellement pour objet d'assurer l'impartialité des juridictions de jugement.

Le principe d'impartialité serait vidé de toute portée si les juridictions pouvaient être composées de magistrats ayant connu de l'affaire dans le passé, en qualité de magistrats du Ministère public.

En France, la jurisprudence a, à plusieurs reprises, censuré des décisions rendues par des juridictions ainsi composées. Selon la Cour de cassation française, il y a méconnaissance de l'exigence d'impartialité fonctionnelle lorsque le magistrat, présidant la Chambre d'accusation statuant sur le règlement de l'information, avait pris des réquisitions dans la même affaire comme substitut général *(Crim. du 05 décembre 2001, Bull. crim. n° 253 ; Dr. pén. 2002, comm. 48 ; crim. du 15 mars 1960, Bull. crim. n° 148).*

La haute juridiction considère qu'il existe une « *incompatibilité absolue* » entre les fonctions du Ministère public et celle du juge *(Cass.crim., du 10 février 1922, Bull. crim. 1922, n° 66).* Dans sa jurisprudence contemporaine, la Chambre criminelle se fonde sur l'article 6 de la Convention européenne des Droits de l'Homme pour affirmer que « *ne peut participer au jugement d'une affaire un magistrat qui en a connu en qualité de représentant du Ministère public* » *(Cass. crim. du 26 avril 1990, n° 88-84.586, JurisData n° 1990-701999 ; Bull. crim. n° 162).* La Cour régulatrice a jugé que le principe d'impartialité est violé lorsqu'un magistrat du parquet, qui avait donné des instructions à des officiers de police judiciaire durant une enquête, avait ensuite siégé dans une juridiction de jugement *(Cass. crim. du 05 décembre 2001, n° 01-81.407, JurisData n° 2001-012467).* Ainsi la prohibition du cumul ne concerne pas simplement la fonction de poursuite, mais plus généralement tous les actes qui sont accomplis par un magistrat du Ministère public dans une affaire pénale.

Ce principe de l'interdiction du cumul des fonctions de poursuite et de jugement entraîne la prohibition de l'auto-saisine de la juridiction pénale. En effet, la saisine d'une juridiction relève en principe des prérogatives des parties. Lorsqu'un magistrat s'autosaisit, il intervient donc comme juge et partie. Cette situation particulière peut être assimilée à un cumul de fonctions entre poursuite et jugement.

Au Sénégal, l'arrêt Billie MBAYE rendu le 06 mars 2008 *(C.cass. n° 02 du 06 mars 2008, Billy MBAYE c/ MP et Méridien Président, inédit)*, les chambres réunies de la Cour de cassation ont connu d'un cas d'exercice successif des fonctions de poursuite et de jugement dans une même affaire. Dans cette espèce, Billie MBAYE avait sollicité le rabat d'un arrêt de la chambre pénale de la Cour de cassation qui a cassé l'arrêt de la première chambre correctionnelle de la Cour d'appel, infirmant le jugement du tribunal de grande instance hors classe de Dakar. Cette dernière décision l'avait relaxé des chefs de filouterie de logement, d'escroquerie et de détention d'armes sans autorisation administrative.

La requérante avait invoqué un moyen unique tiré de l'irrégularité de la composition de la Cour, en ce que M. L. D., ancien Procureur de la République près le tribunal de grande instance hors classe de Dakar qui, en cette qualité, avait connu de l'affaire pour avoir déclenché les poursuites contre elle, s'est retrouvé dans la composition de la chambre qui a rendu l'arrêt de la Cour d'appel, en qualité de conseiller. Elle a fait valoir, dès lors, que la chambre correctionnelle de la Cour d'appel n'offrait pas toutes les garanties d'impartialité requises par l'article 14.1 du Pacte international relatif aux droits civils et politiques.

La Cour régulatrice a estimé que M. L. D., qui exerçait les fonctions de Procureur de la République près le tribunal de grande instance à l'époque de la poursuite des faits reprochés à B. M., a siégé, en qualité non seulement de conseiller, mais également de rapporteur dans la formation de la première chambre pénale qui a rendu l'arrêt attaqué. Estimant que la composition de cette chambre était entachée d'une erreur de procédure qui a affecté la solution du litige, les chambres réunies de la Cour de cassation ont ordonné le rabat de l'arrêt de la Cour de cassation du 17 octobre 2006.

Il ne fait pas l'ombre d'un doute que l'erreur de procédure entachant la composition de la Cour d'appel et affectant la solution du litige, évoquée par la Cour, tient essentiellement au cumul des fonctions de poursuite et de jugement et à la méconnaissance du principe d'impartialité.

23.- Sens de la séparation des fonctions de poursuite et de jugement. - La séparation des fonctions entre l'autorité de poursuite et de jugement joue dans un seul sens. En d'autres termes, un magistrat ne peut occuper successivement dans la même affaire une fonction au parquet, puis au siège. À l'inverse, un magistrat qui a occupé une fonction juridictionnelle peut, par la suite et dans la même affaire, intervenir comme représentant du Ministère public. Dès lors, « *aucune atteinte à l'indépendance et à l'impartialité de la Chambre d'accusation ne résulte du fait que le représentant du Ministère public présent lors du prononcé de l'arrêt ait précédemment connu, en tant* *que juge d'instruction, de l'affaire dont elle est saisie » (Cass. crim. du 03 novembre 1992, n° 92-84.052, JurisData n° 1992-003172 ; Dr. pén. 1993, comm. 99, obs. Maron).*

Cette solution tient à la nature des fonctions exercées par le Ministère public durant l'instruction et lors de la phase de jugement. Le procureur de la République doit être considéré comme une partie, et non comme une juridiction *(E. VERGES, « Principes directeurs du procès pénal-Principes communs aux parties », Juris-class.proc.pén., Dalloz, n° 92)*. La Cour de cassation rappelle ainsi que « *le Ministère public, ne décidant pas du bien-fondé de l'accusation en matière pénale, le moyen pris de la partialité éventuelle de ce magistrat est inopérant* » *(Cass. crim. du 06 janvier 1998, n° 97-81.466, Juris-data n° 1998-000635).*

C'est dans le même esprit qu'un même magistrat du parquet peut exercer ses fonctions devant deux juridictions successives, car « *le représentant du Ministère public dont le rôle est de soutenir l'accusation ne prend aucune part au jugement de l'accusé* » (*Cass. crim. du 10 décembre 1986, n° 86-91.567)*. La fonction de représentant du parquet peut ainsi avoir lieu successivement devant une juridiction d'instruction, puis de jugement *(Cass. crim. du 23 novembre 1966, n° 66-91.933).*

24. « *Des monstres judiciaires* ». - Mais une division étanche du travail juridictionnel peut s'avérer difficile, voire impossible, en raison notamment de l'insuffisance des effectifs de magistrats. Ainsi, l'article 37 du Code de procédure pénale a institué des sortes de « *monstres judiciaires* », en permettant au président du tribunal d'instance, lorsqu'il n'existe pas de délégué du procureur de la République, d'être investi, pour les infractions relevant de sa compétence, des pouvoirs du procureur de la République.

Aux termes de ce texte : « *Dans les tribunaux d'instance où il n'existe pas de délégué du procureur de la République, les présidents de ces juridictions sont investis, pour les infractions relevant de leur compétence, des pouvoirs du procureur de la République* ». Contrairement à la règle de l'interdiction de l'exercice successif des fonctions d'instruction et de jugement dans la même procédure, le président du tribunal d'instance, « *homme à tout faire* » de la procédure pénale, selon l'expression du Professeur MICHELET, pourra juger l'affaire au fond après avoir déclenché les poursuites, voire conduit l'instruction, s'il se trouve seul en poste au siège du tribunal. (*E. MICHELET, « Les incidences de la réforme judiciaire du 1er novembre 1984 sur l'organisation et le fonctionnement des juridictions répressives sénégalaises », Annales africaines, 1983, p. 263*).

Cependant, lorsque le chef de la juridiction d'instance exerce les fonctions du Ministère public, il est placé sous le contrôle du Procureur de la République près le tribunal de grande instance du ressort. Dans la pratique juridictionnelle, ce cumul de fonctions ne manque pas de poser des problèmes.

25. L'exercice successif des fonctions d'instruction et de jugement dans la même affaire. - La Cour européenne des Droits de l'Homme a très vite posé un principe d'indifférence du cumul des fonctions d'instruction et de jugement. Avec constance, les juges européens ont rappelé que « *le simple fait pour un juge d'avoir pris des décisions avant le procès ne peut passer pour justifier en soi des appréhensions relativement à son impartialité* » (*V. CEDH du 22 avril 1994, Saraiva de Carvalho c/ Portugal, RSC, 1994, p. 794, obs. Pettiti).* A priori, la participation d'un juge à l'élaboration du dossier soumis à la juridiction de jugement ne le disqualifie pas mécaniquement pour juger l'affaire.

Cependant, le droit positif sénégalais a posé un principe général de prohibition du cumul des fonctions d'instruction et de jugement (*P. CHAMBON, « La règle le juge d'instruction ne peut prendre part aux affaires qu'il a instruites, peut-elle être retournée ? », JCP 1956. I. 1279*).

En premier lieu, l'article 39 du Code de procédure pénale énonce que, sauf exceptions prévues par la loi, le juge d'instruction « *ne peut, à peine de nullité, participer au jugement des affaires pénales dont il a connu en sa qualité de juge d'instruction* ».

Ce principe général ne trouve que deux exceptions.

Il s'agit d'une part du cas où le ou les juges d'instruction d'un ressort sont absents, malades ou autrement empêchés. Dans cette hypothèse, ils sont remplacés par des juges provisoirement désignés par ordonnance du président du tribunal, à défaut le président du tribunal est chargé des fonctions de juge d'instruction. Dans ce dernier cas, le président du tribunal peut juger les affaires correctionnelles qu'il a instruites (*art. 40, alinéa 2 du Code de procédure pénale*).

D'autre part, en vertu de l'article 41 du Code de procédure pénale, lorsque le tribunal d'instance ne comprend qu'un magistrat, celui-ci qu'il soit saisi d'office des affaires de sa compétence ou qu'il ait été requis d'informer par le procureur de la République, remplit les fonctions de juge d'instruction puis juge les affaires qu'il a instruites.

Le législateur a consacré, de façon plus spécifique, un principe d'incompatibilité des fonctions de poursuite, d'instruction et de jugement en matière criminelle. Aux termes de l'article 238 du Code de procédure pénale : « *ne peuvent faire partie de la cour en qualité de président ou d'assesseur les magistrats qui, dans l'affaire soumise à la Cour d'assises, ont, soit fait un acte de poursuite ou d'instruction, soit participé à l'arrêt de mise en accusation ou à une décision sur le fond relative à la culpabilité de l'inculpé* » *(V. en droit français, l'article 253 du Code de procédure pénale).*

La Cour suprême du Sénégal a eu l'occasion d'appliquer ce texte. Dans un arrêt du 29 juin 1977, elle a jugé que ne peuvent faire partie de la Cour d'assises, en qualité de président ou d'assesseurs, les magistrats qui, dans l'affaire soumise à ladite Cour, ont accompli, soit un acte de poursuite ou d'instruction, soit participé à l'arrêt de mise en accusation *(CS, n° 47 du 29 juin 1977, MP c/ Aïssatou SAMBOU, inédit, également E. MICHELET, « Chronique jurisprudentielle : la jurisprudence de la Cour suprême du Sénégal en matière pénale », Annales africaines, 1989-1990-1991, p. 307).*

26. Cumul des fonctions d'instruction et de poursuite. - En France, la séparation des fonctions d'instruction et de poursuite est affirmée en jurisprudence de façon constante. Dans un arrêt rendu le 15 mars 1960, la Chambre criminelle de la Cour de cassation énonçait déjà qu'un magistrat, qui avait pris des réquisitions en tant que membre du parquet, ne pouvait, dans la même affaire, siéger dans la Chambre d'accusation (*Cass. crim. du 15 mars 1960, Bull. crim. 1960, n° 148).*

Dans un autre arrêt du 24 mai 2005, la Chambre criminelle de la Cour de cassation française a interdit à un représentant du Ministère public, qui avait participé à l'audience ayant admis la recevabilité d'une constitution de partie civile, de siéger plus tard dans la chambre de l'instruction saisie d'un appel de la partie civile contre la décision de non-lieu *(Cass.crim., du 24 mai 2005, n° 04-86.432, JurisData n° 2005-028780, Procédures 2005, comm. 194).*

En droit sénégalais, à notre connaissance, aucun texte n'interdit l'exercice successif des fonctions d'instruction et de poursuite. La jurisprudence sénégalaise a déjà tiré argument de ce silence de la législation pénale, pour en inférer un cumul autorisé des fonctions d'instruction et de poursuite (*CS, n° 02 du 19 janvier 1977, Procureur général c/ Kaly NDIAYE, Doudou CISSE, inédit).*

27. Les garanties de l'impartialité. - Tout juge bénéficie d'une présomption d'impartialité. Le droit processuel sénégalais a prévu de puissantes garanties de l'impartialité des juges. Il s'agit essentiellement du mécanisme de la récusation et de la procédure de renvoi d'une juridiction à une autre pour cause de parenté, alliance ou suspicion légitime.

Mais pour éviter les manœuvres déloyales des plaideurs et protéger les juges de toute pression, ces procédures sont strictement encadrées.

28. Mécanisme de la récusation. - Dans la langue courante, la récusation vient du latin « *recusare* », « *recuso* », qui signifie « *refuser, repousser, décliner* » *(S. BEN HADJ YAHIA, « Récusation et renvoi », Rép. proc.civ.Dalloz, juin 2012, n° 04).*

La procédure de récusation est mise en œuvre lorsque l'impartialité concerne un magistrat en personne ; elle est réglementée aussi bien en matière pénale qu'en procédure civile.

En procédure pénale, la récusation est la procédure par laquelle une partie au procès pénal sollicite qu'un magistrat, dont l'impartialité peut être mise en doute, soit écarté du jugement d'un procès *(V. art. 650 à 656 du Code de procédure pénale) (A. VITU, « La récusation en matière pénale », in Mélanges Jean Vincent, Paris, Dalloz, 1981, p. 427 ; S. BENDEL-VASSEUR, « La procédure de récusation et de renvoi pour cause de suspicion légitime en matière pénale », BICC, 15 novembre 2010).*

La récusation est alors « *une défense contre le soupçon avéré de partialité* » (*N. FRICERO, « Récusation et abstention des juges : analyse comparative de l'exigence commune d'impartialité »,*

Nouveaux Cahiers du Conseil constitutionnel, 01 juin 2013 n° 40, p. 37 ; B. BEIGNIER, « Principe d'impartialité et récusation : applications pratiques », D. 2002, p. 379).

Cette procédure est utilisée par tout inculpé, prévenu ou accusé ou toute partie à l'instance. Elle est dirigée contre un juge ou un conseiller à la Cour d'appel ; mais on ne peut récuser un magistrat du parquet *(art. 651 du Code de procédure pénale) (VIALA, « Le Ministère public peut-il être récusé ? », Gaz. Pal. 05 avril 1980, p. 163).*

La loi a prévu neuf causes de récusation ; il s'agit notamment de la parenté ou de l'alliance entre le juge ou son conjoint et l'une des parties ou de son conjoint, de la communauté ou la contradiction d'intérêts entre le juge ou le conjoint et l'une des parties ou son conjoint, de la qualité de tuteur ou curateur qu'a le juge ou son conjoint pour l'une des parties et de l'existence entre le juge ou son conjoint et l'une des parties de « *manifestations assez graves pour faire suspecter son impartialité* » (*art. 650 du Code de procédure pénale*).

29. Procédure de récusation. - La procédure à suivre est de type administratif puisqu'elle se déroule devant le Premier président de la Cour d'appel ou devant le Premier président de la Cour suprême, si la récusation vise le Premier président de la Cour d'appel. Le Premier président statue après avis du Procureur général (*art. 653 du Code de procédure pénale*).

L'ordonnance statuant sur la récusation n'est susceptible d'aucun recours.

En matière civile, la procédure de récusation a le même objet qu'en matière pénale *(V. art. 223 et s. du Code de procédure civile)*. Il s'agit de « *l'institution en vertu de laquelle un plaideur entend faire écarter du tribunal pour le jugement de son affaire, l'un [ou plusieurs] des juges qui pourraient manquer d'impartialité* » *(H. SOLUS et R. PERROT, Droit judiciaire privé, Paris, Sirey, 1961, tome 1, p. 675, n° 792).*

Mais, le Code de procédure civile a aménagé une procédure juridictionnelle de récusation. Les causes de récusation relatives aux juges sont applicables au Ministère public, lorsqu'il est partie jointe. Cependant, le représentant du parquet n'est pas récusable lorsqu'il est partie principale (*art. 225 du Code de procédure civile*) *(MIKALEF-*

TOUDIC, « Le Ministère public, partie principale dans le procès civil », Aix-en-Provence, PUAM, 2006).

Copie de la demande de récusation est adressée au juge qui est visé. Ce dernier dispose d'un délai de vingt-quatre (24) heures pour s'opposer à la récusation ou pour y acquiescer.

Les demandes de récusation concernant les magistrats des tribunaux d'instance et des tribunaux de grande instance sont soumises par le Premier président à la chambre civile de la Cour d'appel (*art. 231 du Code de procédure civile*).

La demande de récusation d'un membre de la Cour d'appel est jugée par la Cour elle-même en assemblée générale, si la récusation est admise, la Cour procède au remplacement du magistrat récusé.

Si la récusation est admise contre un magistrat unique composant le tribunal d'instance, le président d'un tribunal d'instance ou le président d'un tribunal de grande instance, l'affaire est renvoyée devant un magistrat d'une juridiction voisine d'ordre semblable à celle saisie (*art. 233 du Code de procédure civile*).

Lorsque le magistrat récusé est membre d'un tribunal d'instance ou d'un tribunal de grande instance, l'affaire est renvoyée devant un autre magistrat de cette juridiction ou tout autre magistrat spécialement désigné à cet effet *(article 234 du Code de procédure civile).*

Une espèce, jugée le 11 mars 1983, a permis à la Cour d'appel de Dakar d'apprécier très rigoureusement les conditions de la récusation. Dans cet arrêt, l'appelante avait demandé la récusation d'un juge, saisi en appel d'une procédure de divorce l'opposant à son époux, aux motifs que ce dernier ne cesse de dire à qui veut l'entendre que le juge est son parent et son ami et qu'il lui donnerait gain de cause. Sur le fondement de l'article 232 du Code de procédure civile, la Cour d'appel a estimé que « *par la suspicion qu'elle implique, la récusation d'un juge est un acte grave qui ne peut être entreprise que si sa légitimité en apparait clairement et notoirement ; (...) qu'il n'en est pas de même des déclarations de la dame CISSE qui procèdent plutôt de l'imprudence, de la légèreté et de l'imprécision* » *(CA Dakar, n° 137 du 11 mars 1983, EDJA, novembre 1987, n° 04, p. 23).*

Cette décision est tout à fait justifiée puisque : « *douter de l'impartialité d'un juge parce qu'on l'a vu présenter des condoléances au domicile d'une partie ou au procès où il a bu une limonade, n'est pas encore à la dimension culturelle sénégalaise » (V. la note de D. NDOYE, « Récusation de magistrat », EDJA, novembre 1987, n° 04, p. 23).*

Plus, récemment, la Cour suprême a eu l'occasion de réaffirmer cette conception rigoureuse des conditions de la récusation dans le cadre de l'affaire Karim WADE et autres. En effet, dans cette espèce, les conseils de M. WADE avaient demandé la récusation du Président de la Cour de Répression de l'enrichissement illicite, sur le fondement des articles 650-9, 652, alinéa 2 et 654 du Code de procédure pénale, de l'article 11 de la loi n° 81-54 du 10 juin 1981 et de l'article 7 de la Charte africaine des Droits de l'Homme et des Peuples. À l'appui, ils ont soutenu que les avocats de la partie civile se sont systématiquement retirés avec la Cour, à chaque suspension d'audience, dans la salle des délibérations. En outre, le président de la Cour a préjugé de sa décision, lorsque s'adressant à M. WADE, il lui a dit « *Vous pensez rentrer chez vous à l'issue du procès ?* », avant de le traiter de complice de Ibrahima Aboukhalil en fuite.

Par une ordonnance du 17 septembre 2014, le Premier Président de la Cour suprême a énoncé que la règle de l'impartialité, garantie d'un procès juste et équitable, implique un droit de récusation lorsque les conditions légales de mise en œuvre sont réunies. Il ajoute que le droit de récusation, intimement lié aux droits de la défense, est ouvert à toute partie contre tout juge qui officie dans une juridiction de droit commun ou d'exception.

L'ordonnance du 17 septembre 2014 a précisé que l'article 650 du Code de procédure pénale, qui prescrit au juge mesure et discrétion en toutes circonstances, lui interdit tout fait personnel pouvant mettre en doute son impartialité ; cette impartialité appréciée objectivement, doit révéler un véritable parti pris du mis en cause.

Cependant, le haut magistrat a estimé que les propos tenus par le Président Henri Grégoire DIOP, à la suite de ceux de M. Karim Meïssa WADE déclarant qu'il pouvait bien le condamner immédiatement afin que tout le monde puisse rentrer chez soi et qu'il ne répondra pas à la question tant que Ibrahima Aboukhalil ne sera pas soigné, « *apparaissent comme des réactions spontanées inappropriées et non comme une manifestation assez grave d'une opinion ou d'un pré-jugement sur la culpabilité ou l'issue du procès de nature à justifier sa récusation* ». Le Premier Président de la Cour suprême a, en conséquence, rejeté la requête aux fins de récusation du Président de la Cour *(Ord. PP CS, n° 003/2015 du 17 septembre 2014, Karim WADE c/ M. Henri Grégoire DIOP, inédit).*

Ainsi, selon le haut magistrat, les réactions spontanées inappropriées d'un juge à la suite des déclarations d'un prévenu, ne traduisant pas une manifestation assez grave d'une opinion ou d'un pré-jugement sur la culpabilité, ne saurait justifier une demande en récusation.

Le Premier Président de la Cour suprême a statué dans le même sens lorsqu'il a été saisi à nouveau d'une demande de récusation du Président de la CREI. Dans cette affaire, les conseils de Karim WADE et autres ont fait valoir notamment que la démission de l'un des assesseurs de la Cour prouve que le Président de la Cour a fait des obstructions aux règles du procès équitable au point d'excéder même son collègue. Ils ont ajouté que le président de la CREI a tenu des déclarations xénophobes à l'endroit des avocats étrangers en leur disant « *n'oubliez pas que vous n'êtes pas chez vous* ».

Par une ordonnance du 10 février 2015, le Premier Président de la Cour suprême a jugé que la démission d'un membre de la Cour, dont les motivations et les causes ne sont pas élucidées, ne peut justifier une demande de récusation. En outre, « *la remarque faite aux avocats étrangers, la comparution forcée de M. Karim Meïssa WADE et l'expulsion de la salle d'audience d'un avocat, constituent des faits, certes regrettables, mais ne sont pas de nature, ou tout le moins ne suffisent pas, à asseoir un doute légitime sur l'impartialité du magistrat* » *(Ord. PP CS, n° 002/2015 du 10 février 2015, Karim WADE c/ M. Henri Grégoire DIOP, inédit).*

Dans le cadre du pourvoi formé contre l'arrêt de la Cour de répression de l'enrichissement illicite du 23 mars 2015, les conseils de Karim WADE ont sollicité la récusation du juge Amadou BAL, conseiller à la Cour suprême, sur le fondement des articles 650-9, 651 et 652 du Code de procédure pénale, de l'article 7-1 de la Charte africaine des Droits de l'Homme et des Peuples et de l'article 14-1 du Pacte international relatif aux droits civils et politiques.

À l'appui de leur demande, le requérant expose que le juge Amadou BAL siège dans la composition de l'audience de la Chambre criminelle de la Cour suprême, devant connaître des pourvois formés par Karim

WADE et autres. Cependant, pendant qu'il était directeur de cabinet du ministre de la Justice, ce magistrat a « *coordonné la traque des biens mal acquis* » et plus particulièrement les poursuites contre Karim WADE. Il aurait exprimé son opinion personnelle sur les dirigeants de l'ancien régime, en affirmant publiquement dans les colonnes du journal *Le Populaire*, repris par les sites internet que « *ceux qui ont abusé des deniers publics rendront compte à tout prix* ».

Après avoir recueilli les observations du président Amadou BAL, le Premier Président de la Cour suprême a, sur le visa de l'article 7, alinéa 1. d de la Charte africaine des Droits de l'Homme et des Peuples et de l'article 14-1 du Pacte international relatif aux droits civils et politiques, rejeté la demande de récusation. Par une ordonnance du 12 août 2015, le haut magistrat a énoncé que la preuve de l'absence d'impartialité, à la charge du requérant, doit être faite par des moyens objectifs et que l'appréhension doit être objectivement justifiée et non subjectivement ressentie.

La requête, reposant essentiellement sur de simples affirmations, n'est appuyée que d'une photocopie d'un article de presse reproduisant des propos que Monsieur BAL a tenus en sa qualité de Directeur de cabinet, substituant le ministre de la Justice empêché. Selon le Premier Président, les propos incriminés, qui ont un caractère général et impersonnel, ne visent en particulier aucun prévenu. Dès lors, ils ne sont pas de nature à asseoir un doute légitime sur l'impartialité ni à justifier la récusation du juge Amadou BAL, membre titulaire de la Chambre criminelle de la Cour suprême. D'après le haut magistrat, l'impartialité personnelle du juge doit être présumée jusqu'à preuve du contraire et la procédure de récusation, destinée à garantir le droit à l'impartialité, ne doit ni favoriser ni banaliser des attitudes systématiques de défiance à l'égard des juges, conduisant à porter atteinte au crédit de la Justice pour paralyser l'institution *(Ord. PP CS, n° 005/2015 du 12 août 2015, Karim WADE c/ M. Amadou BAL, inédit).*

30. Le renvoi d'une juridiction à une autre pour cause de suspicion légitime. - La procédure de renvoi d'une juridiction à une autre pour cause de suspicion légitime est déclenchée, lorsque l'impartialité de toute une juridiction est mise en cause, ce qui permet de déroger en même temps aux règles de compétence territoriale *(S.*

BENDEL-VASSEUR, « La procédure de récusation et de renvoi pour cause de suspicion légitime en matière pénale », BICC, 15 novembre 2010).

La demande de renvoi pour cause de suspicion légitime repose sur un soupçon de partialité de la juridiction. L'étymologie du mot « *suspicion* » en atteste. Il vient du latin, « *suspicio* », de « *suspicere* », qui signifie soupçonner. La suspicion légitime est définie comme un « *soupçon de partialité envers la juridiction saisie qui permet à la juridiction supérieure, à la demande d'une partie, de dessaisir la première et de renvoyer l'affaire à une autre juridiction de même nature, si le soupçon est fondé* » (*Association Henri Capitant, Vocabulaire juridique, Paris, PUF, V° Suspicion légitime ; DEFFERRARD, La suspicion légitime, préf. Bussy, 2000).*

Cette procédure est organisée par la loi organique sur la Cour suprême. Il a été jugé qu'il y a suspicion légitime, lorsque des passions locales ont pu influencer les juges en faveur ou contre l'accusé ou le prévenu *(Crim. du 20 septembre 1834, D. 1837. 1. 473).*

La Cour de cassation sénégalaise a déjà jugé qu'une partie, arguant des liens de parenté entre la secrétaire du juge et son époux, est malvenue à demander le renvoi de l'affaire l'opposant à ce dernier devant une autre juridiction pour cause de suspicion légitime par application de l'article 61 de la loi organique sur la Cour de cassation. D'après la haute juridiction, la secrétaire du juge ne fait pas partie des personnes limitativement énumérées parl'article222 du Code de procédure civile qui régit la procédure de renvoi d'une juridiction à une autre pour cause de suspicion légitime *(C. cass. n° 03 du 04 décembre 2002, Ndèye Maguette BA NDIAYE c/ Papa Amadou NDIAYE, Cour de cassation. Bulletin des arrêts, chambre civile et commerciale, années judiciaires 2002-2003, p.11).*

La demande de renvoi d'une juridiction à une autre pour cause de suspicion légitime est portée devant la Cour suprême.

Si la Cour suprême admet la suspicion légitime, elle renvoie l'affaire, après avis du Ministère public, devant telle autre juridiction qu'elle désigne *(art. 87 de la loi organique sur la Cour suprême).* Cependant, les demandes de renvoi pour cause de suspicion légitime ne sont pas admises contre la Cour suprême.

PARAGRAPHE III : JURISPRUDENCE

31. L'exigence d'impartialité objective.

32. Un magistrat ayant connu une affaire en première instance, ne peut en connaître en cause d'appel ***(CS, n° 06 du 14 janvier 1981, Moustapha DIOP c/ MP, E. MICHELET, « Chronique jurisprudentielle : la jurisprudence de la Cour suprême du Sénégal en matière pénale », Annales africaines, 1989-1990-1991, p. 309)***

33. Est fondé le moyen tiré de la nullité d'un arrêt pour violation des règles de compétence, de composition et de double degré de juridiction en ce que l'un des juges, en l'espèce Souleymane SOW, avait participé à la prise de décision en première instance ainsi que le prouve les qualités du jugement du tribunal du travail ***(Cass. pén. n° 87 du 23 juin 1994, Mamadou DIALLO c/ État du Sénégal, in Cour de cassation. Bulletin des arrêts, chambre pénale ; chambre civile ; chambre commerciale ; chambre sociale, n° 02, septembre 1996, p. 87)***.

34. Il résulte de l'article 37 de la loi organique sur la Cour de cassation que lorsque la Cour prononce la cassation et renvoie l'affaire devant la même juridiction autrement composée, elle n'admet dans cette composition aucun magistrat ayant précédemment siégé. Par arrêt du 20 décembre 1995, la Cour, après avoir cassé un jugement, a renvoyé la cause et les parties devant le tribunal autrement composé. Il ressort de la décision attaquée que le juge Ibrahima SAMB, qui a participé au jugement cassé, a à nouveau siégé ***(Cass. pén. n° 118 du 19 mai 1999, Amadou DIENG et Chris BRUN c/ SGBS in Cour de cassation. Bulletin des arrêts, chambre pénale ; chambre civile ; chambre commerciale ; chambre sociale, n° 07, avril 2005, p. 34)***.

35. Il ressort des qualités que les jugements des 04 juin 1986 et 08 avril 1987 ont été rendus par le tribunal du travail de Dakar présidé par M. Dial GUEYE ; le même magistrat a ensuite siégé comme conseiller à la Cour d'appel qui a rendu l'arrêt querellé. Il en résulte que les règles relatives à la composition de la Cour d'appel n'ont pas été plus respectées que le principe du double degré de juridiction qui permet à tout plaideur d'être jugé en dernier ressort par un juge différent de celui qui avait précédemment examiné la cause ***(Cass. soc. n° 09 du 16 décembre 1997, Mor Talla DIAKHATE c/ Madame Maloreye, in Cour de cassation. Bulletin des arrêts, chambre pénale ; chambre sociale, n° 06, mai 2001, p. 26)***.

36. Les dispositions de l'article 71, alinéa 6 du Code de procédure pénale, obligeant le juge d'instruction à communiquer au procureur de la République les plaintes et procès-verbaux constatant des faits non visés au réquisitoire, découlent du principe de la séparation des autorités chargées de l'instruction de celles chargées des poursuites.

Ce texte est substantiel en ce qu'il tend à assurer aux justiciables un procès équitable.

Les inculpations faites pour des infractions, ne résultant nullement du réquisitoire introductif qui n'a visé que l'occupation illégale d'un terrain appartenant à autrui, sont nulles sur le fondement de l'article 166 du Code de procédure pénale ***(CA, ch. Acc., n° 89 du 22 avril 2014, Ministère public c/ Daouda NDOYE, inédit).***

37. Le conseiller de la mise en état est une émanation de la formation collégiale dont il prépare les décisions au plan de la procédure et le fait qu'il statue sur le fond d'une affaire dans laquelle il a préalablement pris une mesure conservatoire de pure procédure, n'implique pas une atteinte à l'exigence d'impartialité. ***(CS n° 64 du 16 juin 2010, la société New Baron et Levèque international c/ Les Ciments du Sénégal, inédit).***

38. La composition de la chambre correctionnelle de la Cour d'appel dans laquelle a siégé, en qualité non seulement de conseiller mais également de rapporteur, un magistrat qui exerçait les fonctions de Procureur de la République près le tribunal de grande instance à l'époque de la poursuite des faits reprochés à la prévenue, est entachée d'une erreur de procédure qui a affecté la solution du litige ***(Cass. ch. réun. n° 02 du 06 mars 2008, Billie MBAYE c/ MP et Méridien Président, inédit).***

39. Contrairement aux énonciations de l'arrêt attaqué, le conseiller de la mise en état a violé l'article 14-1 du Pacte international relatif aux droits civils et politiques, consacrant le principe d'impartialité, dès lors qu'après avoir rendu l'ordonnance querellée, laquelle est une mesure provisoire, il a présidé la formation qui a statué contre sa décision ***(CS, n° 03 du 20 mars 2012, la société New Baron et Levèque international c/ Les Ciments du Sénégal- sur rabat d'arrêt, inédit).***

40. Après cassation et renvoi devant la Cour d'appel autrement composée, les juges ayant siégé lors de la première composition, ne peuvent plus faire partie de la nouvelle composition.

Par arrêt du 03 février 1998, la Cour de cassation a cassé l'arrêt du 19 mars 1997 rendu par la chambre correctionnelle de la Cour d'appel et renvoyé la cause et les parties devant la même Cour d'appel autrement composée.

Le conseiller Henri Grégoire DIOP figure dans la composition de la Cour d'appel qui a rendu le premier arrêt et dans celle de la Cour d'appel qui a rendu l'arrêt sur renvoi après cassation. Dès lors, la Cour d'appel a rendu un arrêt dans une composition irrégulière. ***(Cass. pén. n° 51 du 04 mai 2004, SOSAR Al Amane c/ CIBA Adnan HARATI, in Cour de cassation. Bulletin des arrêts, chambre pénale ; chambre civile ; chambre commerciale ; chambre sociale, n° 12, mai 2007, p. 23).***

41. Il résulte tant des mentions des plumitifs des audiences que des qualités de l'arrêt attaqué que d'une part à l'audience où l'affaire a été débattue et mise en délibéré, la Cour était composée du président Lamine COULIBALY, du conseiller Ameth DIOUF et du juge du tribunal de grande instance Yakham LEYE et d'autre part à l'audience à laquelle l'affaire a été vidée et l'arrêt rendu, la Cour était composée du président Lamine COULIBALY et des conseillers Ameth DIOUF et Cheikh Tidiane BEYE, lequel n'avait pas siégé à l'audience où l'affaire avait été débattue, plaidée et mise en délibéré.

Le magistrat LEYE appelé à compléter la Cour pour la seule audience du 1er juin 2001 devait également compléter cette dernière lors du prononcé des arrêts mis en délibéré pour le 29 juin 2001. Ainsi, la Cour d'appel de Kaolack a rendu son arrêt dans une composition irrégulière ***(Cass. pén. n° 59 du 15 juin 2004, SONACOS OIL c/ Souaibou GAYE, in Cour de cassation. Bulletin des arrêts, chambre pénale ; chambre civile ; chambre commerciale ; chambre sociale, n° 12, mai 2007, p. 26).***

42. Les prescriptions des articles 3, 5 et 16 du décret du 10 novembre 1960 ainsi que celles des articles 39 et suivants du Code de procédure pénale n'interdisent pas au juge d'instruction de remplir les fonctions de ministère public dans les affaires instruites par lui. En conséquence, viole ces textes, la Cour d'appel qui décide que le fait pour un magistrat instructeur d'avoir exercé les fonctions de procureur de la République dans une affaire qu'il avait instruite est incompatible avec les règles d'organisation judiciaire ***(CS, n° 02 du 19 janvier 1977, Procureur général c/ Kaly NDIAYE, Doudou CISSE, Rev. sén.dr. n° 31, octobre-novembre-décembre 1983, p. 28).***

43. Aux termes de l'article 238 du Code de procédure pénale, ne peuvent faire partie de la Cour d'assises en qualité de président ou d'assesseur les magistrats qui, dans l'affaire soumise à ladite Cour, ont fait soit un acte de poursuite ou d'instruction, soit participé à l'arrêt de mise en accusation de l'inculpé.

Viole ce texte, l'arrêt de condamnation de la Cour d'assises duquel il résulte que l'un des assesseurs faisait partie de la Chambre d'accusation qui a prononcé la mise en accusation de l'accusée et renvoyé celle-ci devant la Cour d'assises ***(CS, n° 47 du 29 juin 1977, MP c/ Aïssatou SAMBOU, Rev.sén.dr., n° 31, octobre-novembre-décembre. 1983, p. 85, également E. MICHELET, « Chronique jurisprudentielle : la jurisprudence de la Cour suprême du Sénégal en matière pénale », Annales africaines, 1989-1990-1991, p. 307).***

44. La loi, en soumettant la même poursuite à un double degré de juridiction, a voulu assurer une garantie efficace à la justice ; ce but ne peut être atteint si le magistrat a, dans la même affaire, rempli son office devant deux degrés de juridiction.

Encourt la cassation l'arrêt de la chambre correctionnelle, statuant sur appel d'un jugement du tribunal correctionnel, duquel il résulte qu'un juge qui a fait partie en qualité d'assesseur du tribunal ayant prononcé la première condamnation, a siégé dans la chambre correctionnelle de la Cour d'appel ***(C. cass. n° 08 du 16, décembre 1997, Konate Thierno et Oumar Guèye c/ Anna DIOP SECK et MP, Recueil des arrêts de la Cour de cassation, années judiciaires 1993-1998, éd. Giraf, décembre 2001, p. 125-126).***

45. Récusation et renvoi d'une juridiction à une autre pour cause de suspicion légitime.

46. Par la suspicion qu'elle implique, la récusation d'un juge est un acte grave qui ne peut être entreprise que si sa légitimité en apparait clairement et notoirement. Il n'en est pas de même des déclarations d'un plaideur qui procèdent plutôt de l'imprudence, de la légèreté et de l'imprécision ***(CA Dakar, n° 137 du 11 mars 1983, EDJA, novembre 1987, n° 04, p. 23).***

47. Une partie, arguant des liens de parenté entre la secrétaire du juge et son époux, est malvenue à demander le renvoi de l'affaire l'opposant à ce dernier devant une autre juridiction pour cause de suspicion légitime par application de l'article 61 de la loi organique sur la Cour de cassation.

En effet, la secrétaire du juge ne fait pas partie des personnes limitativement énumérées par l'article 222 du Code de procédure civile qui régit la procédure de renvoi d'une juridiction à une autre pour cause de suspicion légitime ***(C. cass. n° 03 du 4 décembre 2002, Ndèye Maguette BA NDIAYE c/ Papa Amadou NDIAYE, Cour de cassation. Bulletin des arrêts, chambre civile et commerciale, années judiciaires 2002-2003, p. 11).***

48. La règle de l'impartialité, garantie d'un procès juste et équitable, implique un droit de récusation lorsque les conditions légales de mise en œuvre de ce droit sont réunies. Le droit de récusation, intimement lié aux droits de la défense, est ouvert à toute partie contre tout juge qui officie dans une juridiction de droit commun ou d'exception.

L'article 650 du Code de procédure pénale qui prescrit au juge mesure et discrétion en toutes circonstances, lui interdit tout fait personnel pouvant mettre en doute son impartialité ; cette impartialité appréciée objectivement, doit révéler un véritable parti pris du mis en cause.

Les propos tenus par le président Henri Grégoire Diop, à la suite de ceux de M. Karim Meïssa WADE, déclarant « *qu'il pouvait bien le condamner immédiatement afin que tout le monde puisse rentrer chez soi* » et qu'il ne répondra pas, à la question tant que Ibrahima Aboukhalil ne sera pas soigné, apparaissent comme des réactions spontanées inappropriées et non comme une manifestation assez grave d'une opinion ou d'un pré-jugement sur la culpabilité ou l'issue du procès de nature à justifier sa récusation ***(CS PP. ord., n° 003/2015 du 17 septembre 2014, Karim WADE c/ M. Henri Grégoire DIOP, inédit)***.

49. Les réactions spontanées inappropriées d'un juge, à la suite des déclarations d'un prévenu, ne traduisant pas une manifestation assez grave d'une opinion ou d'un pré-jugement sur la culpabilité, ne saurait justifier une demande en récusation.

La démission d'un membre de la Cour, dont les motivations et les causes ne sont pas élucidées, ne peut justifier une demande de récusation.

La remarque faite aux avocats étrangers, selon laquelle ils ne sont pas chez eux, la comparution forcée du prévenu et l'expulsion de la salle d'audience d'un avocat, constituent des faits, certes regrettables, mais ne sont pas de nature, ou tout le moins ne suffisent pas, à asseoir un doute légitime sur l'impartialité du magistrat ***(CS PP. ord., n° 002/2015 du 10 février 2015, Karim WADE c/ M. Henri Grégoire DIOP, inédit)***.

50. Il résulte de la Charte africaine des Droits de l'Homme et des Peuples, en son article 7, alinéa 1.d et de l'article 14-1 du Pacte international relatif aux droits civils et politiques que toute personne a droit à ce que sa cause soit entendue, dans un délai raisonnable, devant un tribunal indépendant et impartial. La règle de l'impartialité, garantie d'un procès juste et équitable, implique un droit de récusation lorsque les conditions légales de mise en œuvre de ce droit sont réunies.

En vertu de l'article 650-9 du Code de procédure pénale, tout juge, conseiller ou président de chambre peut être récusé s'il y a eu contre lui ou son conjoint et une des parties toutes manifestations assez graves pour faire suspecter son impartialité ; les articles 651 et 652 du même code déterminent les conditions de forme de la requête et la procédure à suivre en matière de récusation. Le texte qui prescrit au juge mesure et discrétion en toutes circonstances, lui interdit tout fait personnel pouvant mettre en doute son impartialité.

La preuve de l'absence d'impartialité, à la charge du requérant, doit être faite par des moyens objectifs ; l'appréhension doit être objectivement justifiée et non subjectivement ressentie.

La requête, reposant essentiellement sur de simples affirmations, n'est appuyée que d'une photocopie d'un article de presse reproduisant des propos que Monsieur BAL a tenus, en sa qualité de Directeur de cabinet, substituant le ministre de la Justice empêché. Les propos incriminés, qui ont un caractère général et impersonnel, ne visent en particulier aucun prévenu. Dès lors, ils ne sont pas de nature à asseoir un doute légitime sur l'impartialité ni à justifier la récusation du juge Amadou BAL, membre titulaire de la Chambre criminelle de la Cour suprême et l'impartialité personnelle du juge doit être présumée jusqu'à preuve du contraire. La procédure de récusation, destinée à garantir le droit à l'impartialité, ne doit ni favoriser ni banaliser des attitudes systématiques de défiance à l'égard des juges, conduisant à porter atteinte au crédit de la justice pour paralyser l'institution. ***(Ord. PP CS, n° 005/2015 du 12 août 2015, Karim WADE c/ Amadou BAL, inédit)***.

SECTION III : LE PRINCIPE DE CÉLÉRITÉ.

PARAGRAPHE I : BIBLIOGRAPHIE

AMRANI-MEKKI (S.), « Le principe de célérité », *RFAP*, 2008/1 n° 125, p. 43-53.

DIOUF (A.), « Les règles de procédure civile et la mise en œuvre des droits fondamentaux », in *Bulletin d'information (Cour suprême)*, n° 03, décembre 2011, p. 97 et s.

DIOUF (Nd.), BA (A.) et SAMB (I.), « Regards de Ndiaw DIOUF, Amady BA et Ibrahima SAMB sur le décret n° 2001-1151 du 31 décembre 2001 modifiant le Code de procédure civile », *Rev. sén.dr. aff.*, n° 01, janvier-juin 2003, p.241.

ENGLEBERT (J.) (dir.), *Le procès civil accéléré ? Premiers commentaires de la loi du 26 avril 2007 modifiant le code judiciaire en vue de lutte contre l'arriéré judiciaire*, éd. Bruxelles, Larcier, 2007.

ETEKA TEMET, *La charte africaine des droits de l'homme et des Peuples*, Paris, L'Harmattan, Logiques juridiques, 2010.

FAYE (A.), « Le procès juste et équitable au Sénégal », *EDJA*, n° 58, juillet, août septembre 2003, p. 55 et s.

FLAUSS (J.F.), « Le délai raisonnable au sens des articles 5§ 3 et 6 §1 de la Convention européenne des droits de l'Homme dans la jurisprudence française », *RTDH*, 1991, p. 49 et s.

FRICERO (N.), « Délai raisonnable », in L. CADIET (dir), *Dictionnaire de la Justice*, Paris, PUF, 2004, p. 312.

GERARD (Ph.), OST (F.), VAN DE KERCHOVE (M.), *L'accélération du temps juridique*, Bruxelles, Facultés Universitaires Saint-Louis, 2002.

GUINCHARD (S.), « Quels principes pour les procès de demain ? », in Mélanges J. van Compernolle, Bruxelles, Bruylant, 2004, pp. 201 et s. spéc. p. 236 et s.

GUINCHARD (S.), « Les métamorphoses de la procédure à l'aube du troisième millénaire », in *Clés pour le siècle*, Université Panthéon Assas, Paris, Dalloz, 2002, spéc. p. 1201.

GUINCHARD (S.), « Procès équitable », *Rép. proc.civ. Dalloz*, janvier 2006.

GUINCHARD (S.), « Temps (point de vue de juriste) », in L. CADIET (dir), *Dictionnaire de la Justice*, Paris, PUF, 2004, p. 1289.

KANE (M.), « Le rôle du juge de la mise en état devant les tribunaux régionaux », *EDJA*, n° 58, juillet-août septembre 2003, p. 11 et s.

LAMBERT (J-Y.), « Les notions de délai raisonnable au sens des art. 5-3° et T-1 de la Convention européenne des droits de l'Homme dans la jurisprudence française », *RTDH*, 1991, p. 3.

MAGENDIE (J-C.), « L'exigence de qualité de la justice civile dans le respect des principes directeurs de l'euro procès. La démarche parisienne », in *La procédure en tous ses états - Mélanges offerts à Jean Buffert*, Paris, éd. Montchrestien, 2004, p. 319-333.

MAGENDIE (J-C.), *Célérité et qualité de la justice*, Rapport au Garde des Sceaux, 15 juin 2004, La Documentation française, p. 31.

MICHELET (E.), « Flash sur la procédure pénale sénégalaise issue de la loi du 27 février 1985 », RIPAS, n° 12-13, janvier-juin 1985, p. 218.

NDIAYE (Y.), « La législation sénégalaise en matière de droits de l'homme », in *Les droits de l'Homme en Afrique*, Dakar, IDHP, 1991, p. 202.

NORMAND (J.), « Les facteurs d'accélération de la procédure civile », in *Mélanges P. DRAI*, Paris, Dalloz, 2000, pp. 427 et s.

SALMON (V.), « Le concept de raisonnable en droit international public », in *Le droit international : unité et diversité, Mélanges offerts à Paul Reuter*, Paris, A. Pedone, 1981, p. 448.

TOURE (P. A.), « Le décret n° 2013-1071 du 06 août 2013 modifiant le Code de procédure civile : entre l'accélération de la cadence judiciaire et la préservation des droits des parties au procès », *EDJA*, n° 102, juillet-août-septembre 2014, p. 49 et s.

TOURE (P. A.), « Le nouveau visage de l'action en résiliation du bail à usage professionnel dans l'Acte uniforme portant sur le droit commercial général adopté le 15 décembre 2010 », *Revue de l'ERSUMA*, n° 01, juin 2012, p. 312 et s.

WIEDERKEHR (G.), « L'accélération des procédures et les mesures provisoires », *RIDC*, 1998, pp. 449 et s.

PARAGRAPHE II : COMMENTAIRE

51. L'obligation de statuer dans un délai raisonnable. - L'œuvre de justice s'insère inéluctablement dans le temps *(N. FRICERO, « Délai raisonnable », in L. CADIET (dir), Dictionnaire de la Justice, Paris, PUF, 2004, p. 312).*

Mais, dans la perspective d'une justice efficace et crédible, l'effectivité des garanties de procédure passe par une nécessaire célérité de l'instance. Ainsi, la tendance à « *l'accélération du temps juridique* » constitue un phénomène majeur des systèmes processuels contemporains *(Sur l'ensemble de la question, V. Ph. GERARD, F.*

OST, M. VAN DE KERCHOVE, L'accélération du temps juridique, Bruxelles, Facultés Universitaires Saint-Louis, 2002 ; J. NORMAND, « Les facteurs d'accélération de la procédure civile », in Mélanges P. DRAI, Paris, Dalloz, 2000, pp. 427 et s. ; G. WIEDERKEHR, « L'accélération des procédures et les mesures provisoires », RIDC, 1998, p. 449 et s.).

L'article 7 de la Charte Africaine des Droits de l'Homme et des Peuples, adoptée le 27 juin 1981 à Nairobi (*Kenya*) et ratifiée par le Sénégal en 1982, a consacré le droit pour toute personne à ce que sa cause soit entendue ; ce droit comporte celui « *d'être jugé dans un délai raisonnable par une juridiction* » *(ETEKA TEMET, La charte africaine des droits de l'homme et des Peuples, Paris, L'Harmattan, Logiques juridiques, 2010, p. 82-83 ; A. FAYE, « Le procès juste et équitable au Sénégal », EDJA, n° 58, juillet, août septembre 2003, p. 55 et s. ; N. FRICERO, « Délai raisonnable », in L. CADIET (dir), Dictionnaire de la Justice, Paris, PUF, 2004, p. 312 ; S. GUINCHARD, « Procès équitable », Rép. proc.civ., Dalloz, janvier 2006).*

Ce droit à un procès équitable innerve tout le droit processuel *(S. GUINCHARD « Temps (point de vue de juriste) », in L. CADIET (dir), Dictionnaire de la Justice, Paris, PUF, 2004, p. 1289 ; Y. NDIAYE, « La législation sénégalaise en matière de droits de l'homme », in Les droits de l'Homme en Afrique, Dakar, IDHP, 1991, p. 202).*

Le droit d'être jugé dans un délai raisonnable se fonde sur une volonté d'adaptation du temps procédural aux exigences concrètes du procès.

52. L'accélération de la cadence judiciaire. - L'efficacité du système judiciaire devient obsédante au point de faire émerger ce qui serait un nouveau principe de procédure et d'organisation judiciaire : le principe de célérité *(S. AMRANI-MEKKI, « Le principe de célérité », RFAP, 2008/1 n° 125, p. 43-53 ; GUINCHARD (S.), « Quels principes pour les procès de demain ? », in, Les métamorphoses de la procédure à l'aube du troisième millénaire, Mélanges J. Van Compernolle, Bruxelles, Bruylant, 2004, pp. 201 et s., spéc. p. 236 et s.).*

La nouvelle réforme du service public de la Justice ne pouvait rester sourd aux sirènes de « *l'emballement de la temporalité juridique* » *(Selon la formule du Professeur F. OST, « L'accélération du temps juridique », in Ph. GERARD, F. OST, M. VAN DE KERCHOVE, L'accélération du temps juridique, Bruxelles, Facultés Universitaires Saint-Louis, 2002, p. 9 et s.).*

L'article 1er de la loi du 03 novembre 2014 énonce par une formule très brève que « *les décisions sont rendues (...) dans un délai raisonnable* ».

53. Notion de délai raisonnable. - Que faudrait-il entendre par « *délai raisonnable* » ?

Le « *raisonnable* » échappe en réalité à toute conceptualisation juridique. Le droit processuel n'en détermine pas les contours sémantiques. (*Sur la notion de délai raisonnable, V. SALMON, « Le concept de raisonnable en droit international public »,* in *Le droit international : unité et diversité,* Mélanges offerts à Paul Reuter, Paris, *A. Pedone, 1981, p. 448 ; J. F. FLAUSS, « Le délai raisonnable au sens des articles 5§ 3 et 6 §1 de la Convention européenne des droits de l'Homme dans la jurisprudence française », RTDH, 1991, p. 49 et s. ; J. Y. LAMBERT, « Les notions de délai raisonnable au sens des art. 5-3° et T-1 de la Convention européenne des droits de l'Homme dans la jurisprudence française », RTDH, 1991, p. 3).*

La Cour européenne des Droits de l'Homme a déjà jugé que pour apprécier le caractère raisonnable de la procédure, il faut tenir compte des « *circonstances particulières de la cause* », notamment la complexité et la nature de l'affaire litigieuse, le comportement des parties et des instances judiciaires nationales *(V. CEDH du 10 juillet 1984, n° 8990/80, Guinchoc/ Portugal, Série A, n° 81 ; CEDH du 19 février 1991, n° 11491/85, Zanghi c/ Italie, Série A, n° 194, RUDH, 1991, 131).*

Pourtant, la célérité ne peut constituer qu'un objectif d'une procédure qui doit lutter contre les temps morts tout en préservant les temps utiles. La célérité ne doit pas fasciner au point de perturber l'équilibre des pouvoirs au sein du procès ou de nier ses garanties. La justice doit être rapide, sans être expéditive. L'impératif de l'accélération des procédures poussé à outrance risque de conduire aux dérives d'une justice précipitée ignorant tout des principes directeurs du procès (droits de la défense, principe du contradictoire, loyauté des preuves, etc.). La célérité ne doit pas se traduire par une perte de qualité de la prestation judiciaire *(Sur l'ensemble de cette question, V. J-C. MAGENCIE, « L'exigence de qualité de la justice civile dans le respect des principes directeurs de l'euro procès. La démarche parisienne », in La procédure en tous ses états, Mélanges offerts à Jean Buffert, Paris, éd. Montchrestien, 2004, p. 319-333).*

54. Les mécanismes d'accélération du procès pénal. - En matière pénale, la durée raisonnable de la procédure s'apprécie avec une plus grande rigueur, par souci de renforcer la protection de la liberté individuelle et la présomption d'innocence. La lenteur de la procédure nuit à la fois aux intérêts de la justice elle-même, dont elle affecte la crédibilité et ceux des parties poursuivantes, privées d'une réponse judiciaire efficace. Elle porte atteinte également aux intérêts de la personne poursuivie, dont la présomption d'innocence aura été minée durant des années avant que ne soit levé le voile sur la question de sa culpabilité.

Le législateur pénal s'est toujours soucié de la célérité du procès pénal. Ainsi, la loi n° 85-25 du 27 février 1985 modifiant le Code de procédure pénale (*JORS n° 5062 du 11 mai 1985, pp. 249-259)* avait déjà jeté les bases d'une accélération des procédures pénales par une limitation du nombre de renvois *(E. MICHELET, « Flash sur la procédure pénale sénégalaise issue de la loi du 27 février 1985 », RIPAS, n° 12-13, janvier-juin 1985, p. 218).*

En vertu de l'article 289, alinéa 2 du Code de procédure pénale, lorsque le dossier est en état d'être jugé, l'affaire ne peut faire l'objet de trois renvois pour quelque cause que ce soit. Après trois renvois successifs, l'affaire est obligatoirement jugée. Ce texte s'adresse aussi au magistrat du parquet qui doit s'opposer fermement à tout renvoi dans l'intérêt d'une bonne administration de la justice *(E. MICHELET, op. cit, p. 220).*

55. Délai raisonnable et durée de la détention provisoire. - Obtenir un jugement dans un délai raisonnable est un droit fondamental, non seulement pour la victime, mais également pour la personne poursuivie. Toutefois, lorsque cette personne est placée en détention provisoire, il ne suffit pas que la procédure soit menée avec célérité, la durée de la détention doit également être raisonnable. Au droit d'être jugé dans un délai raisonnable, s'ajoute celui de ne pas être détenu au-delà d'un délai raisonnable (*F. DESPORTES et L. LAZERGES-COUSQUER, Traité de procédure pénale, Paris, Economica, 2e éd., 2013, p.293, n° 412 et s.)*

En effet, lorsque la réunion des éléments à charge et à décharge nécessaires à l'appréciation de la culpabilité de la personne poursuivie exclut son jugement immédiat, il doit être procédé à une instruction. Or, il n'est pas toujours possible de laisser l'intéressé en liberté. On peut alors craindre qu'il tente de faire pression sur les témoins, qu'il profite de la liberté pour faire disparaître des preuves. Dans ce cas, la loi permet au juge d'instruction de décider une mesure de placement en détention provisoire *(COHEN, « Détention provisoire, le remède introuvable », Gaz. Pal. 23-24 juillet 2004, p. 2 ; VARINARD, « Le détenu provisoire », Rev. pénit. n° 4/2003, 659 ; R. VOUIN, « La détention provisoire », D. 1970, chron. 191, JCP 1970. III. 36850 ; J. PRADEL, « La réforme de la détention préventive », Gaz. Pal. 1972. Doctr. 1).*

Mais, même lorsqu'elle est justifiée, une telle mesure est d'une exceptionnelle gravité. Elle prive une personne de sa liberté et, le cas échéant, détruit sa réputation, ses liens familiaux et sa vie professionnelle, à un stade de la procédure où, aucune déclaration de culpabilité n'étant encore intervenue à son encontre, l'intéressé bénéficie de la présomption d'innocence *(Ch. GUERY, « Détention provisoire et culpabilité », D. 2006. Point de vue p. 1556).* La détention provisoire avant jugement doit demeurer limitée dans le temps. À défaut, elle devient une manifestation insupportable de l'arbitraire étatique et du mépris des droits de la personne.

Aussi, l'article 7 de la Charte africaine des Droits de l'Homme et des Peuples et l'article 9 du Pacte international relatif aux droits civils et politiques ont-ils affirmé le droit de toute personne d'être jugée dans un délai raisonnable ou libérée pendant la procédure.

Lorsque la violation du droit à un procès équitable et du principe de célérité procède non pas d'un texte, mais des actes de procédure, le justiciable dispose-t-il encore, à l'échelle nationale, de recours ? La Cour suprême a répondu à cette question de façon très explicite dans l'affaire Demba MBAYE jugée le 07 mai 1996 *(CS, n° 05 du 7 mai 1996, Demba MBAYE c/ MP et La Caisse de Péréquation et de stabilisation des prix, inédit).*

Dans cette espèce, Demba MBAYE, qui avait été inculpé et placé sous mandat de dépôt pour détournement de deniers publics, était resté deux ans sans être ni interrogé, ni renvoyé devant le tribunal. Il décida alors de saisir la juridiction suprême qui rejeta sa requête. Selon la haute juridiction, « *s'il est assurément regrettable, comme le souligne d'ailleurs la Chambre d'accusation dans l'arrêt attaqué et dans d'autres qui l'ont précédé, que le magistrat instructeur soit resté aussi longtemps sans interroger l'inculpé qu'il a placé sous mandat de dépôt et sans procéder aux actes d'information que la Chambre d'accusation lui a cependant indiqués pour faire progresser l'enquête et aboutir à la manifestation de la vérité, il n'en demeure pas moins qu'il n'est pas tenu, légalement, de respecter ni des délais, ni l'ordre dans lequel ces actes doivent intervenir, sa conscience étant son seul juge* ».

Il a été soutenu que cette jurisprudence met en évidence la nécessité d'une modification des textes pour donner aux juridictions nationales le moyen de faire sanctionner la violation du droit à un procès équitable *(S. TELIKO, « Le droit à un procès équitable », Discours d'usage de la rentrée solennelle des Cours et tribunaux, année 2012-2013, p. 12).*

Récemment, l'arrêt Madior CISSE rendu par la Chambre d'accusation de la Cour d'appel de Dakar le 29 août 2013 a mis en œuvre le droit d'être jugé dans un délai raisonnable en matière de détention provisoire. Dans cette affaire, à la suite des manifestations relatives à la candidature du Président de la République sortant à l'élection présidentielle du mois de février 2012 qui sont survenues à Podor, des éléments de la Brigade de gendarmerie de cette ville sont intervenus en vue de maintenir l'ordre. Cependant, cette intervention a entraîné deux morts, suite à des coups et blessures par arme à feu.

Le Commandant de Brigade de gendarmerie de Podor ainsi que trois (3) gendarmes ont été inculpés de meurtres et coups et de blessures volontaires et placés sous mandat de dépôt.

Leurs conseils ont sollicité la mise en liberté provisoire des inculpés au motif que les délais raisonnables de traitement de la procédure et le principe de la présomption d'innocence ont été violés, les inculpés étant en détention depuis treize (13) mois sans être entendus au fond.

Le parquet général a requis le rejet de la demande de mise en liberté provisoire en ce que les faits ont troublé l'ordre public et que les inculpés n'ont pas encore été entendus au fond.

La Chambre d'accusation a ordonné la mise en liberté provisoire des inculpés et leur placement sous contrôle judiciaire en tirant argument du droit des inculpés d'être jugés dans un délai raisonnable ou d'être libérés. Selon la Cour, « *les inculpés ont été placés en détention depuis le 31 juillet 2012 ; Que depuis lors, soit treize (13) mois, ils n'ont pas été entendus au fond sans qu'aucune justification liée aux nécessités de l'information n'ait été apportée sur cet état de fait par le magistrat instructeur ; Que cette situation est en contradiction avec les articles 7 de la Charte africaine des Droits de l'Homme et des Peuples et 9 du Pacte international relatif aux droits civils et politiques qui proclament le droit pour les personnes détenues provisoirement d'être jugées dans les délais raisonnables ou libérées ; Qu'il s'y ajoute que la détention des inculpés n'est plus nécessaire à la manifestation de la vérité, les parties civiles ayant déjà été entendues* (*CA ch. Acc. n° 005 du 29 août 2013, MP c/ Madior CISSE et autres, inédit*).

Suite à un pourvoi formé par le Procureur général près la Cour d'appel contre l'arrêt de la Chambre d'accusation, il a été soulevé un moyen tiré de la violation des articles 7 de la Charte africaine des Droits de l'Homme et des Peuples et de l'article 9 du Pacte international relatif aux Droits civils et politiques. Le parquet général a soutenu que la Chambre d'accusation a ordonné la mise en liberté provisoire des inculpés au motif que le juge d'instruction n'a pas respecté le délai raisonnable pour être resté treize (13) mois sans interroger les inculpés, alors que d'une part, la Chambre d'accusation ne s'est pas assurée au préalable des conditions de travail du juge et du fonctionnement du cabinet et n'a pas fait une exacte et objective appréciation de la notion de délai raisonnable. D'autre part, le procureur général a fait valoir que le droit à la vie consacré par l'article 3 de la Déclaration universelle des Droits de l'Homme du 10 décembre 1948 est sacré du moins autant que le droit des détenus à être jugés dans des délais raisonnables.

Par un arrêt du 07 novembre 2013, la Chambre criminelle de la Cour suprême a rejeté le pourvoi formé contre l'arrêt de la Chambre d'accusation au motif qu'en l'état des énonciations de l'arrêt attaqué qui relèvent de son pouvoir souverain d'appréciation, la Chambre d'accusation a justifié sa décision *(CS. ch. crim. n° 85 du 07 novembre 2013, MP c/ Madior CISSE et autres, inédit).*

En outre, dans l'affaire Maïmouna BOIRO, la Chambre d'accusation de la Cour d'appel de Dakar a eu l'occasion d'apprécier le droit d'être jugé dans un délai raisonnable dans une espèce où un dossier criminel s'était égaré entre des sessions d'assises. Maïmouna BOIRO inculpée d'infanticide et placée sous mandat de dépôt depuis le 05 septembre 2008 a été renvoyée devant la Cour d'assises par ordonnance du 11 novembre 2009. Cependant, elle n'a pu être jugée, son dossier ayant été perdu entre les sessions d'assises. La Chambre d'accusation a ordonné la mise en liberté provisoire de l'inculpée aux motifs que « *cette situation viole le droit pour la susnommée d'être jugée dans un délai raisonnable ; que conformément aux articles 7 de la charte africaine des Droits de l'Homme et des Peuples et 9 du Pacte international relatif aux droits civils et politiques, qui exigent qu'une personne détenue soit jugée dans un délai raisonnable ou libérée* » (*CA ch. Acc. n° 31 du 04 février 2014, MP c/ Maïmouna BOIRO, inédit).*

Il est remarquable de relever que devant les lacunes de la législation pénale sénégalaise, la Chambre d'accusation, dans les arrêts précités, n'a pas hésité à faire directement application de la Charte africaine des Droits de l'Homme et des Peuples et du Pacte international relatif aux droits civils et politiques, en vue de mettre en œuvre le principe de célérité en matière de détention provisoire.

Dans l'arrêt Thierno Ousmane SY, « *la notion de délai raisonnable* » a été invoquée, de façon très explicite, par la Chambre d'accusation de la Cour d'appel de Dakar, pour justifier la mise en liberté provisoire de l'inculpé. Dans cette espèce, Thierno Ousmane SY a été inculpé par le Doyen des juges d'instruction et placé sous mandat de dépôt, pour complicité de détournement de deniers publics, association de malfaiteurs et blanchiment de capitaux. Il a nié les faits lors de ses différents interrogatoires. Le magistrat instructeur, estimant que ses contestations étaient sérieuses, au sens de l'article 140 du Code de procédure pénale, a ordonné sa mise en liberté provisoire, contrairement aux réquisitions du Ministère public qui a relevé appel de l'ordonnance du magistrat instructeur.

Le parquet a soutenu que le mandat d'arrêt international émis à l'encontre du co-inculpé Kéba KEINDE n'était pas encore exécuté et que l'inculpé est poursuivi pour d'autres infractions *(blanchiment de capitaux, corruption et association de malfaiteurs)* pour lesquelles les investigations étaient encore en cours.

Les magistrats de la Chambre d'accusation ont ordonné la mise en liberté provisoire assortie du contrôle judiciaire de l'inculpé. Selon la Cour, « *l'exécution d'un mandat d'arrêt international décerné depuis le 19 juillet 2013 ne saurait valablement justifier le maintien en détention de l'inculpé, surtout si comme le soutient le conseil de l'inculpé, ledit mandat n'a jamais été transmis aux autorités compétentes pour exécution puisqu'il ne figure pas sur le répertoire du Bureau Central National d'INTERPOL ; qu'en tout état de cause (...), suspendre la jouissance d'une liberté à l'exécution d'une mesure d'instruction sur laquelle le juge encore moins le Ministère public n'a une emprise, heurte manifestement la notion de délai raisonnable, notion établie par la jurisprudence pour la garantie des droits fondamentaux de la personne humaine* » *(CA, ch. Acc. n° 96 du 29 avril 2014, MP et AJE c/ Thierno Ousmane SY et autres, inédit).*

Ainsi, d'après cet arrêt, la notion de délai raisonnable s'oppose au maintien en détention d'un inculpé sur le fondement de l'inexécution d'un mandat d'arrêt international décerné contre un co-inculpé.

56. La limitation de la durée de la détention en matière correctionnelle et criminelle. - Le système pénal processuel sénégalais a ressenti des difficultés pour ramener la durée de la détention à un seuil acceptable.

Dans la pratique, la tendance à l'allongement de la durée de la détention provisoire tient en partie à la longueur de la procédure criminelle et aux délais d'audiencement excessifs devant les anciennes Cours d'assises en raison de l'encombrement des rôles.

En l'état actuel de la législation pénale, seule la durée de la détention en matière correctionnelle est limitée dans le temps. L'article 127 bis du Code de procédure pénale ne limite la durée de la détention qu'en matière correctionnelle. Selon ce texte, « *en matière correctionnelle, à l'exception des cas où elle est obligatoire aussi pour les infractions prévues aux articles 56 à 100 du Code pénal si la détention est ordonnée, le mandat de dépôt délivré n'est valable pour une durée maximum de six mois non renouvelable* ».

Ainsi, la détention provisoire est illimitée en matière criminelle et en matière correctionnelle pour les crimes et délits contre la sûreté de l'État prévus par les articles 56 à 100 du Code pénal et dans les cas où la détention est obligatoire.

La réforme du Code de procédure pénale a entrepris de supprimer les cas de détention provisoire illimitée. Le projet de Code de procédure pénale prévoit qu'en matière correctionnelle, la détention provisoire ordonnée en vertu d'un mandat de dépôt ou d'un mandat d'arrêt ne peut excéder six mois.

La seule particularité du projet de réforme par rapport au droit antérieur réside dans la prise en considération du mandat d'arrêt dans la limitation de la durée de la détention provisoire.

Le projet de Code de procédure pénale a innové en procédant à la limitation de la durée de la détention en matière criminelle. En matière de crime, la détention provisoire ne pourra durer plus de trois (3) ans. Quelle que soit la gravité ou la complexité des faits criminels portés à son attention, le juge d'instruction sera obligé de mettre en liberté l'inculpé placé en détention pour une qualification criminelle.

Reste à savoir si ce délai de trois (3) ans sera suffisant pour permettre au magistrat instructeur d'accomplir les actes utiles à la manifestation de la vérité.

Dans le silence de la loi, la jurisprudence a jugé que le point de départ du délai légal de détention est le jour où la personne a été privée de liberté et non la première date à laquelle a été rejetée sa première demande de mise en liberté *(Crim. du 23 décembre 1986, Bull. crim., n° 386).*

Le terme du délai est bien entendu le jour où la détention a pris fin lorsqu'une mise en liberté est intervenue avant le jugement ou lorsque l'information s'achève par un non-lieu. En l'absence de libération, la période prise en considération pour apprécier la durée de la détention s'achève le jour où la décision sur le fond relative à la culpabilité de l'intéressé a été rendue.

57. L'institution des Chambres criminelles. - Pour lutter contre les longues détentions, la loi n° 2014-28 du 03 novembre 2014 a mis en place les Chambres criminelles en remplacement des anciennes Cours d'assises.

En effet, l'institution des Chambres criminelles à la place des Cours d'assises a été justifiée, d'après l'exposé des motifs de la loi n° 2014-28 du 03 novembre 2014 modifiant le Code de procédure pénale, par le souci de favoriser le traitement diligent des dossiers criminels. L'objectif visé a été de garantir une meilleure souplesse de la procédure criminelle ainsi qu'une plus grande régularité de la tenue des sessions des Chambres criminelles. Les Chambres criminelles sont également moins coûteuses que les anciennes Cours d'assises dont le fonctionnement exige une logistique assez importante.

58. Survivance de la Cour d'assises militaire. - Cependant, l'instauration des Chambres criminelles à la place des Cours d'assises consacrée par la loi n° 2014-28 du 03 novembre 2014, n'a pas eu pour effet de supprimer toute référence à la Cour d'assises dans notre organisation judiciaire ; elle laisse subsister la Cour d'assises militaire instituée par le Code de justice militaire.

En effet, aux termes de l'article 2 du Code de justice militaire, *« sous réserve des dispositions qui suivent, les infractions sont instruites et jugées selon les règles du Code de procédure pénale »*. Il résulte de cette disposition que les règles de procédure prévues par le Code de justice militaire font figure de droit pénal spécial par rapport au droit pénal commun aménagé par le Code de procédure pénale. Les dispositions du Code de procédure pénale ne trouveront à s'appliquer en matière d'infractions militaires que dans le silence du Code de justice militaire.

Or, les dispositions du Code de justice militaire ont prévu un dispositif spécial relatif à la compétence juridictionnelle *(art. 8)* et à la procédure devant la Cour d'assises militaire. Ces règles spécifiques concernent notamment le greffe de la Cour d'assises militaire *(art. 12)*, la désignation des assesseurs *(art. 15)* ainsi que l'exercice des fonctions de Ministère public et de juge d'instruction *(art. 14)*.

L'article 8 du Code de justice militaire énonce qu'en matière de crime, la Cour d'assises de Dakar est compétente. Le jury est composé de quatre jurés militaires désignés dans les mêmes conditions que pour les assesseurs des juridictions ordinaires à formation militaire.

Les jurés militaires doivent être d'un grade supérieur ou au moins égal à celui de l'accusé et dans ce dernier cas d'une ancienneté supérieure. Ils doivent appartenir à la même arme ou au même service que l'accusé.

Aussi, le remplacement des Cours d'assises par les Chambres criminelles consacré par la loi n° 2014-28 du 03 novembre 2014 ne saurait-il affecter l'existence juridique de la Cour d'assises militaire instituée par le Code de justice militaire. Cela est d'autant plus vrai que bien après l'adoption de la loi n° 2008-50 du 23 septembre 2008 modifiant le Code de procédure pénale *(JORS n° 6458 du 7 mars 2009, p. 210),* qui avait procédé à la suppression du jury criminel, la Cour d'assises militaire de Dakar a continué à fonctionner dans sa composition prévue par le Code de justice militaire, c'est-à-dire avec un président, deux conseillers et quatre assesseurs militaires (*C. Ass. mil. n° 01 du 30 mai 2013, MP c/ Gora DIOP, inédit*).

D'ailleurs, l'article 2 de la loi n° 2014-28 du 03 novembre 2014 modifiant le Code de procédure pénale a procédé au remplacement de l'expression « *Cour d'assises* » par celle de « *chambres criminelles compétentes du tribunal de grande instance ou de la Cour d'appel* » seulement « *dans les autres articles du Code de procédure pénale où elle figure* ».

Dès lors, les crimes commis par les militaires sont encore justiciables de la Cour d'assises militaire de Dakar.

Dans le cadre de la réforme du Code de justice militaire, il est prévu une délocalisation de la justice militaire par une attribution de compétence aux autres Cours d'appel et aux autres tribunaux de grande instance pour connaître des infractions commises par les militaires.

Dans cette perspective, le Code de justice militaire devrait être réaménagé en vue de l'attribution de compétence aux chambres criminelles des tribunaux de grande instance et aux chambres criminelles des Cours d'appel pour connaître des crimes commis par les militaires. Cette option présente le mérite de favoriser le remplacement effectif des Cours d'assises par les chambres criminelles.

59. Les Chambres criminelles : des formations juridictionnelles non permanentes ? - En l'état actuel du droit, et à l'image des Cours d'assises, les chambres criminelles du tribunal de grande instance sont des juridictions non permanentes. En énonçant que la Chambre criminelle doit tenir une session « *au moins tous les quatre mois* », l'article 223 du Code de procédure pénale a sans doute voulu favoriser la tenue régulière de sessions des chambres criminelles en vue de mieux lutter contre les longues détentions. Dans la législation antérieure, la Cour d'assises devait tenir « *une session tous les quatre mois* ».

Désormais, il est loisible au président de la Chambre criminelle d'envisager plus de quatre sessions tous les quatre mois.

Cependant, l'option d'ériger la Chambre criminelle en une juridiction non permanente n'est pas de nature à favoriser une plus grande régularité dans le jugement des affaires criminelles. Le choix de rattacher la Chambre criminelle de première instance au tribunal de grande instance devrait logiquement conduire à laisser au parquet d'instance le soin d'enrôler les dossiers criminels dans les mêmes conditions que pour les affaires correctionnelles. Cette solution est le meilleur remède pour chasser les démons des longues détentions, même si elle suppose un renforcement des effectifs des magistrats.

Il faut relever une légère réduction du délai d'ouverture des débats après l'interrogatoire de l'accusé par le président de la Chambre criminelle. Selon l'article 246 du Code de procédure pénale, les débats ne peuvent s'ouvrir moins de trois jours après l'interrogatoire de l'accusé. Ce délai était de cinq jours sous l'empire de la législation antérieure.

Le projet de réforme du Code de procédure pénale envisage de supprimer les sessions des chambres criminelles pour en faire des audiences ordinaires. Le projet de Code de procédure pénale dispose que la Chambre criminelle du tribunal de grande instance doit tenir des audiences autant de fois que les besoins du service l'exigent.

Cette solution contribuera à favoriser la célérité de l'instance criminelle.

60. L'allégement de la procédure criminelle de première instance. - Le besoin de favoriser la célérité du traitement des affaires criminelles dicté par la volonté d'éviter les longues détentions, a justifié un assouplissement de la procédure criminelle aussi bien en première instance qu'en appel.

Le remplacement de la Cour d'assises par la Chambre criminelle du tribunal de grande instance a eu des conséquences importantes dans l'organisation et le fonctionnement des chambres.

La volonté de simplification de la procédure criminelle est manifeste. L'article 228 du Code de procédure pénale a introduit une innovation en prévoyant la possibilité pour la Chambre criminelle de recourir à un greffier ad hoc, tenu de prêter serment dès l'ouverture de l'audience. Ainsi, le législateur s'est inspiré de la procédure devant le tribunal correctionnel *(V. art. 386 du Code de procédure pénale).*

Le souci d'allégement de la procédure criminelle a amené le législateur à créer un bloc de compétence autour du tribunal de grande instance pour statuer sur la restitution des objets placés sous main de justice suite à une décision définitive de la Chambre criminelle *(art. 333, alinéa 2 du Code de procédure pénale)* et pour connaître des difficultés relatives à l'exécution des décisions rendues par la Chambre criminelle, dans l'intervalle des sessions de la Chambre criminelle *(art. 339 du Code de procédure pénale)*. Sous l'empire de la législation antérieure, ces difficultés d'exécution étaient dévolues à la Chambre d'accusation.

61. L'assouplissement de la procédure criminelle d'appel. - L'instauration de la Chambre criminelle de la Cour d'appel à la place de la Cour d'assises d'appel instituée par la loi n° 2014-28 du 03 novembre 2014 modifiant le Code de procédure pénale, a eu des incidences non négligeables sur le déroulement de la procédure criminelle d'appel.

Une des plus grandes particularités de la nouvelle procédure criminelle d'appel réside dans la suppression de la procédure de désignation de la Cour d'assises d'appel par le Premier président de la Cour suprême prévue par les anciens articles 367-10 et 367-11 du Code de procédure pénale issus de la loi du 23 septembre 2008. Cette procédure spécifique n'a plus d'objet puisqu'en vertu de l'article 354 du Code de procédure pénale, l'appel contre les décisions de la Chambre criminelle du tribunal de grande instance est porté « *devant la Chambre criminelle de la Cour d'appel territorialement compétente* ».

Cette dernière innovation, de nature à garantir l'assouplissement de la procédure criminelle, favorise par la même occasion la célérité du procès criminel.

62. Les techniques d'accélération du procès civil. -En droit judiciaire privé sénégalais, les pouvoirs publics sénégalais, en adoptant le décret n° 2013-1071 du 6 août 2013 modifiant le décret n° 64-572 du 30 juillet 1964 portant Code de procédure civile *(JORS, n° 6753 du 12 octobre 2013, p. 991 et s.),* ont tenté de relever le défi majeur du parachèvement de la politique d'accélération de l'instance amorcée par le décret du 31 décembre 2001 *(JORS, n° 6052 du 22 juin 2002, p. 1287 et s. ; ND. DIOUF, A. BA et I. SAMB, « Regards de Ndiaw DIOUF, Amady BA et Ibrahima SAMB sur le décret n° 2001-1151 du 31 décembre 2001 modifiant le Code de procédure civile », Rev. sén.dr. aff., n° 01, janvier-juin 2003, p. 241).*

Il s'est agi, selon le rapport de présentation du décret de 2013, de *« poursuivre les réformes pour apporter au traitement des affaires un encadrement plus rigoureux »* (*P. A. TOURE, « Le décret n° 2013-1071 du 06 août 2013 modifiant le Code de procédure civile : entre l'accélération de la cadence judiciaire et la préservation des droits des parties au procès », EDJA, n° 102, juillet-août-septembre 2014, p. 49 et s.*).

Chaque étape du procès civil est « *consommatrice* » de temps et génératrice de délais. Certains délais sont légitimes et indispensables, qu'il s'agisse des délais de réflexion accordés par la loi à des plaideurs pour exercer des voies de recours, réunir des pièces, ou discuter les arguments de l'adversaire.

D'autres délais permettent aux plaideurs de gagner du temps, au détriment d'un adversaire ainsi privé de la possibilité d'obtenir la consécration de ses droits dans un délai raisonnable *(J.-Cl. MAGENDIE, Célérité et qualité de la justice, Rapport au Garde des Sceaux, 15 juin 2004, La Documentation française, p. 31 ; également, en droit belge, J. ENGLEBERT (dir.), Le procès civil accéléré ? Premiers commentaires de la loi du 26 avril 2007 modifiant le code judiciaire en vue de la lutte contre l'arriéré judiciaire, Bruxelles, éd. Larcier, 2007).*

L'objectif affiché par la réforme du 06 août 2013 a été de « *débusquer* », à chacune des phases du procès civil, les « *lieux de lenteurs* » et les « *temps morts* » qui facilitent les démarches dilatoires, en vue de permettre à la justice de remplir son office, conformément aux exigences du procès équitable.

Cette réforme a apporté de grandes innovations au droit judiciaire privé sénégalais qui débordent du cadre réduit de la mise en état des affaires. En effet, le principe de célérité a justifié une extension de l'office du juge dans la conduite de l'instance et une consolidation de la participation des parties à l'instruction des affaires.

Les principales innovations introduites par ce texte sont les suivantes :

– la réduction du délai d'appel à un mois *(art. 255 du Code de procédure civile) ;*

– l'instauration du mécanisme de la production ou de l'obtention forcée des pièces *(art. 126 du Code de procédure civile)* ;

– la mise en place du rôle d'attente *(art. 45 du Code de procédure civile)* ;

– l'introduction des contrats de procédure (*art. 54-6, alinéas 2 et 3 du Code de procédure civile)* ;

– la limitation du délai de mise en état des affaires à quatre (4) mois *(art. 54-6, al. 4 du Code de procédure civile)* ;

– l'institution de la technique de la passerelle en référé *(article 248, alinéa 2 du Code de procédure civile)* ;

– l'obligation de transmission du dossier d'appel *(article 272 bis Code de procédure civile)* ;

– l'introduction du défaut réputé contradictoire *(art. 96, al. 2 du Code de procédure civile).*

63. La célérité dans les contentieux prévus par l'OHADA.- En droit OHADA, l'Acte uniforme sur le droit commercial général, adopté le 15 décembre 2010, a eu pour souci de faciliter la célérité de la procédure. À cet effet, le législateur uniforme de l'OHADA a élevé « *la juridiction compétente statuant à bref délai* » au rang d'instance juridictionnelle habilitée à connaître de la plupart des branches du contentieux commercial. Il s'agit notamment du contentieux de la résiliation du bail à usage professionnel *(V. art. 133 du nouvel AUDCG),* de celui des grosses réparations *(art. 106 du nouvel AUDCG)*, des demandes de révision de loyers *(art. 117 du nouvel AUDCG)* et du contentieux de la cession du bail *(art. 120 du nouvel AUDCG).*

En effet, l'expression « *juridiction statuant à bref délai* », en dehors de toute idée de règlement de compétence, pose un problème de procédure lié à l'accélération du moment d'intervention de la décision judiciaire *(Sur cette question, P. A. TOURE, « Le nouveau visage de l'action en résiliation du bail à usage professionnel dans l'Acte uniforme portant sur le droit commercial général adopté le 15 décembre 2010 », Revue de l'ERSUMA, n° 01, juin 2012, p. 330 et s.).*

64. Schémas procéduraux d'accélération de l'instance. - Il n'est pas douteux que l'obligation de statuer à bref délai s'accommode bien de la philosophie de la procédure de référé, l'un des traits marquants du référé étant la rapidité *(P. ESTOUP, La pratique des procédures rapides, 2e éd., Paris, Litec, 1998, p.28, n° 18 ; L. CADIET et E. JEULAND, Droit judiciaire privé, Paris, Litec, 5e éd., 2006, p.410, n° 632).*

Comment la juridiction du fond pourrait-elle se conformer à son obligation de statuer à bref délai ? Existe-t-il des schémas procéduraux aménagés dans la législation sénégalaise permettant une accélération de l'instance judiciaire ? Cette question ne manquera pas de poser des difficultés d'interprétation dans la pratique judiciaire.

Quoi qu'il en soit, le système processuel sénégalais, n'ayant pas réglementé la procédure à jour fixe, *(R. MARTIN, « Procédure devant le tribunal de grande instance », Rép. proc. civ, Dalloz, mars 2001, n° 181)*, la célérité de l'instance doit surtout être recherchée à l'étape de l'instruction des affaires, au cours de laquelle les parties accomplissent les actes tendant à mettre le dossier en état de recevoir un jugement. En pratique, faute de pouvoir supprimer l'étape préalable de la mise en état aménagée dans la plupart des États membres de l'OHADA, les juridictions, pourraient envisager, pour se conformer à leur obligation de statuer à bref délai, de soumettre les affaires à une mise en état faite par la chambre collégiale elle-même.

Cette pratique judiciaire, qui est mise en œuvre au tribunal de grande instance hors classe de Dakar dans les procédures urgentes, comme l'opposition à injonction de payer, présente le mérite de favoriser un gain de temps.

L'instruction étant par hypothèse menée par la chambre collégiale elle-même, l'instance s'en trouve accélérée, en ce que la chambre, dès que le dossier sera en état de recevoir un jugement, pourra immédiatement le mettre en délibéré. Cette pratique dispense les parties du renvoi, consenti par le juge de la mise en état, pour vérifier l'état de la procédure et éventuellement vider les exceptions de procédure avant la clôture de l'instruction et le renvoi du dossier devant la chambre pour mise en délibéré.

65. Sanction du dépassement du délai raisonnable. - La sanction de la violation du principe de célérité présente des originalités certaines.

Malgré l'absence d'un texte de portée générale sur la responsabilité du service public de la Justice au Sénégal (*P. M. SY, « La responsabilité du service public de la Justice au Sénégal », EDJA, n° 84, janvier-février-mars, 2010, p. 35 et s.)*, la méconnaissance du délai raisonnable peut ouvrir en principe au justiciable le droit de demander réparation pour fonctionnement défectueux du service public judiciaire sur le fondement de l'article 142, alinéa 1er du Code des obligations de l'administration. Aux termes de ce texte : « *les tiers et les usagers ont droit à la réparation du dommage causé par le fonctionnement défectueux du service public* ». L'article 141 du Code des obligations de l'administration énonce que le dommage causé par le fonctionnement d'un service public « *n'est réparé que sous forme de dommages et intérêts* ».

En France, la jurisprudence a retenu une approche large du fonctionnement défectueux du service public judiciaire et du déni de justice, qui implique le non-respect du délai raisonnable. Les juges entendent par déni de justice « *plus largement, tout manquement de l'État à son devoir de protection juridictionnelle de l'individu qui comprend le droit pour tout justiciable de voir statuer sur ses prétentions dans un délai raisonnable* » *(CA Paris du 10 novembre 1999, Gaz. Pal. 02 février 1999 ; TGI Paris du 5 novembre 1997, D. 1998, J. p. 9).*

Le droit positif sénégalais a retenu une conception assez extensive du déni de justice. Selon l'article 313 du Code de procédure civile, il y a déni de justice lorsque les juges refusent de répondre aux requêtes ou « *négligent de juger les affaires en état et en tour d'être jugées* ». Un haut magistrat n'a pas hésité à écrire récemment « *qu'il y a déni de justice lorsque la procédure est anormalement longue* » *(A. DIOUF, « Les règles de procédure civile et la mise en œuvre des droits fondamentaux », in Bulletin d'information (Cour suprême), n° 03, décembre 2011, p. 103).*

Cependant, le grief tiré de l'exigence du délai raisonnable, ne peut jamais entraîner l'annulation de la décision rendue ou de la procédure. Selon la Cour de cassation française, le dépassement du délai raisonnable est sans incidence sur la validité des procédures et ne peut donc être utilement invoqué à l'appui d'une demande en annulation *(Crim. du 03 février 1993, Bull.crim., n° 57 ; D. 1993, p. 515, note Renucci ; JCP 1994, II. 22197, note Chambond).*

La Chambre criminelle de la Cour de cassation française refuse de considérer qu'en cas de durée excessive de la procédure, les actes d'instruction et de poursuite cesseraient de produire l'effet interruptif de la prescription leur étant attaché *(Crim. du 26 septembre 2001, Bull. crim, n° 190 ; crim. du 27 mars 2002, Bull.crim., n° 70).*

Au Sénégal, la Cour d'appel de Dakar, dans l'arrêt Alamedine c/ État du Sénégal rendu le 20 juin 1985, a eu l'occasion de connaître d'une demande d'engagement de la responsabilité de l'État pour fonctionnement défectueux du service public de la Justice, en raison de lenteurs d'une information judiciaire (*CA Dakar, n° 288 du 20 juin 1985, Alamedine c/ État du Sénégal, inédit).* Selon la Cour, « *la lenteur d'une information judiciaire, qui ne peut être niée, ne suffit pas à fonder une action en responsabilité de l'État pour fonctionnement défectueux du service public, dès lors qu'il n'est pas établi que cette lenteur anormale est fautive et imputable aux agents de la puissance publique* ».

La motivation de l'arrêt révèle que le juge sénégalais n'est pas hostile à l'engagement de la responsabilité de l'État pour fonctionnement défectueux du service public, en cas de lenteurs anormales d'une information judiciaire.

Cependant, selon le juge, pour engager la responsabilité de l'État, il doit faire la preuve d'une lenteur anormale de l'instruction imputable aux agents de l'État, à savoir les magistrats ; ce qui n'était pas établi dans le cas d'espèce.

PARAGRAPHE III : JURISPRUDENCE

66. Détention provisoire et délai raisonnable.

67. La situation des inculpés placés en détention depuis lors, soit treize (13) mois, sans avoir été entendus au fond, sans qu'aucune justification liée aux nécessités de l'information n'ait été apportée sur cet état de fait par le magistrat instructeur est en contradiction avec les articles 7 de la Charte africaine des Droits de l'Homme et des peuples et 9 du Pacte International relatif aux droits civils et politiques, qui proclament le droit pour les personnes détenues provisoirement d'être jugées dans les délais raisonnables ou libérées.

Il s'y ajoute que la détention des inculpés n'est plus nécessaire à la manifestation de la vérité, les parties civiles ayant déjà été entendues.

Aucun risque de trouble à l'ordre public qui pourrait être consécutif à la libération des inculpés n'est établi, d'autant plus que ces derniers ne sont plus en service dans le département de Podor, lieu de commission des faits et de résidence des parties civiles ; il ne ressort pas également de l'audition des parties civiles une velléité de représailles de ces dernières en cas de mise en liberté provisoire des inculpés. Les risques de voir les inculpés profiter de leur liberté provisoire pour se soustraire à l'action de la justice ne sont pas justifiés en l'espèce et ne sauraient résulter de la seule gravité des faits.

Une mesure de contrôle judiciaire suffit ainsi à assurer la représentation en justice des inculpés ***(CA ch. Acc. n° 005 du 29 août 2013, MP c/ Madior CISSE et autres, inédit ; pourvoi contre cet arrêt rejeté par CS. ch. crim. n° 85 du 07 novembre 2013, MP c/ Madior CISSE et autres, inédit).***

68. Il ressort du rapport du Procureur de la République près le tribunal de grande instance de Kolda que le dossier de la procédure suivie contre Maïmouna BOIRO inculpée d'infanticide a été perdu entre les sessions d'assises, et ce, alors que cette dernière en détention depuis le 05 septembre 2008 a été renvoyée devant la Cour d'assises par ordonnance du 11 novembre 2009.

Cette situation viole le droit pour la susnommée d'être jugée dans un délai raisonnable, conformément aux articles 7 de la Charte Africaine des Droits de l'Homme et des Peuples et 9 du Pacte international relatif aux Droits civils et politiques, qui exigent qu'une personne détenue soit jugée dans un délai raisonnable ou libérée ***(CA ch. Acc. n° 31 du 04 février 2014, MP c/ Maïmouna BOIRO, inédit).***

69. S'il est assurément regrettable que le magistrat instructeur soit resté aussi longtemps sans interroger l'inculpé qu'il a placé sous mandat de dépôt et sans procéder aux actes d'information que la Chambre d'accusation lui a cependant indiqués pour faire progresser l'enquête et aboutir à la manifestation de la vérité, il n'en demeure pas moins qu'il n'est pas tenu, légalement, de respecter ni des délais, ni l'ordre dans lequel ces actes doivent intervenir, sa conscience étant son seul juge ***(CS, n° 05 du 07 mai 1996, Demba MBAYE c/ MP et La Caisse de Péréquation et de stabilisation des prix, inédit).***

70. L'exécution d'un mandat d'arrêt international décerné depuis le 19 juillet 2013 ne saurait valablement justifier le maintien en détention de l'inculpé, surtout si ledit mandat n'a jamais été transmis aux autorités compétentes pour exécution puisqu'il ne figure pas sur le répertoire du Bureau Central national d'INTERPOL. En tout état de cause, suspendre la jouissance d'une liberté à l'exécution d'une mesure d'instruction sur laquelle le juge encore moins le Ministère public n'a une emprise, heurte manifestement la notion de délai raisonnable, notion établie par la jurisprudence pour la garantie des droits fondamentaux de la personne humaine ***(CA, ch. Acc. n° 96 du 29 avril 2014, MP et AJE c/ Thierno Ousmane SY et autres, inédit).***

71. Sanction de l'obligation de statuer dans un délai raisonnable.

72. Si la lenteur de l'information ne peut être niée, cela ne suffit pas à fonder une action en responsabilité de l'État qui suppose qu'il soit établi que cette lenteur anormale est fautive et imputable aux agents de la puissance publique.

Contrairement à ce que pourraient penser des personnes non averties, des démarches, productions, correspondances qui interfèrent sur le cours de la procédure sont de nature à allonger sensiblement la durée de l'instruction en ce qu'elles entraînent l'obligation de procéder à de fréquentes communications des dossiers entre le magistrat instructeur et le Ministère public.

Ainsi compte tenu de la nature même de l'affaire, de l'abondance des pièces, des péripéties qui l'ont émaillée et des moyens dont dispose le service public, il n'est pas prouvé que les retards de l'information, si regrettables qu'ils soient constituent en l'espèce une faute suffisamment grave et caractérisée ni même qu'elle soit imputable au service public même quand des dispositions légales ont prévu des délais de transmission dépourvus de sanction.

Il n'est pas établi la moindre causalité entre le fonctionnement défectueux du service public invoqué et le préjudice allégué, initialement imputé à des avocats et ensuite répercuté sur l'État malgré l'absence de tout lien entre les « détournements » des uns et la « lenteur » de l'autre. Il échet de confirmer le premier jugement et débouter le demandeur de son action en responsabilité de l'État pour fonctionnement défectueux du service public de la justice ***(CA Dakar, n° 288 du 20 juin 1985, Alamedine c/ État du Sénégal, inédit).***

SECTION IV : LA FORMULE EXÉCUTOIRE DES DÉCISIONS JURIDICTIONNELLES

PARAGRAPHE I : BIBLIOGRAPHIE

ANABA MBO (A.), « Exécution définitive et exécution provisoire dans l'espace OHADA », *Rev. cam.dr.aff.* 2000, n° 05.

ASSI-ESSO (A.-M.H.) et DIOUF (Nd.), *OHADA. Recouvrement des créances*, Bruxelles, Bruylant, 2002.

AUBY (J. B.), « L'exécution avec le concours de la puissance publique », *RTD civ.* 1993, n° spéc., p. 123.

DEFOSSEZ (M.), « Titre exécutoire, », *Juris-class.* Voies d'exécution, 2014.

DU RUSQUEC, « Réflexions sur l'exécution des décisions de justice en matière civile », *Gaz. Pal.* 1982. Doctr. 355.

FOMETEU (J.), « Théorie générale des voies d'exécution », in P-G. POUGOUE, *Encyclopédie du droit OHADA,* Paris, Lamy, 2011, p. 2067.

PARAGRAPHE II : COMMENTAIRE

73. La formule exécutoire des décisions juridictionnelles. - L'alinéa 2 de l'article 1er de la loi du 03 novembre 2014 fixant l'organisation judiciaire énonce que les décisions sont revêtues de la formule exécutoire.

La formule exécutoire est ainsi rédigée : « *En conséquence, la République du Sénégal mande et ordonne à tous Huissiers sur ce requis de mettre la présente décision à exécution ;*

aux Procureurs généraux et aux Procureurs de la République près les tribunaux de grande instance d'y tenir la main ;

à tous Commandants et officiers de la force publique de prêter main-forte lorsqu'ils en seront légalement requis ».

Il s'agit d'une formule qui est apposée par le greffier ou le notaire sur certains actes qui leur accorde une force exécutoire. Elle contient ainsi l'ordre encore appelé « *mandement* » adressé aux agents de la force publique de faire exécuter l'acte ou de prêter leur concours à cette exécution.

74. Le concours de l'État à l'exécution des décisions de justice. - L'article 29 de l'AUPSRVE a consacré la règle selon laquelle l'État est tenu de prêter son concours à l'exécution des décisions et des autres titres exécutoires. L'article 42 de l'Acte uniforme précité énonce qu'en l'absence de l'occupant du local ou si ce dernier en refuse l'accès, l'huissier peut requérir, pour assister aux opérations, l'autorité administrative compétente à cette fin ou une autorité de police ou de gendarmerie.

Contrairement au droit français, l'alinéa 2 de l'article 29 de l'AUPSRVE a pris le soin de préciser que la formule exécutoire vaut réquisition directe de la force publique.

A priori, cette formulation semble être une redondance en ce que les mentions qui figurent dans le titre exécutoire valent par elles-mêmes réquisition directe de la force publique (*J. B. AUBY, « L'exécution avec le concours de la puissance publique », RTD civ. 1993, n° spéc., p. 123*).

Cependant, cette précision n'est pas gratuite. Elle a en réalité pour finalité de mettre fin à une pratique courante selon laquelle une réquisition du parquet est nécessaire, en plus du titre exécutoire, pour obtenir le concours de l'État. Cette disposition traduit une volonté du législateur communautaire de l'OHADA de condamner la pratique des réquisitions d'assistance du parquet, en vue de favoriser une revalorisation du titre exécutoire.

Il semble que désormais, en principe, les huissiers ou agents d'exécution peuvent s'adresser directement à la force publique sans se référer au Ministère public. La Cour d'appel d'Abidjan dans un arrêt rendu le 08 avril 2003 a jugé de façon non équivoque que : *« l'article 29 de l'Acte uniforme sur le recouvrement interdit la pratique des réquisitions d'assistance du procureur de la République, la formule exécutoire seule, valant réquisition de la force publique »* (*CA Abidjan, n° 1124 du 08 avril 2003, affaire Société ASH International et autres c/ Hamed Bassam Touré et autres, Actualités juridiques, 2004, n° 43, p. 10 et 11*).

Les agents de force de l'ordre doivent tenir la main à l'exécution des décisions de justice définitives, indépendamment de toute réquisition du parquet.

75. Modalités de l'assistance de la force publique. - En réalité, le service d'assistance à l'exécution des décisions de justice est assuré par les forces de sécurité en leur qualité d'agents de la force publique dans le cadre de leurs missions de police administrative. Elles n'interviennent pas en leur qualité d'officiers de police judiciaire. Il s'agit, en effet, de prêter main-forte à l'exécution d'un titre exécutoire judiciaire et non de rechercher et de constater les infractions à la loi pénale, d'en rassembler les preuves et d'en rechercher les auteurs sous la direction du procureur de la République (*art. 14 du Code de procédure pénale*). C'est certainement la raison pour laquelle dans la pratique, les agents de la force publique requis de prêter assistance à l'exécution d'une décision de justice prennent toujours le soin de s'en référer à l'autorité administrative (*préfet, sous-préfet*) garant de l'ordre public.

Cependant, si l'autorisation d'assistance du parquet n'est pas nécessaire au concours de la force publique, il reste que les agents de la force publique devraient informer le Ministère public de la réquisition d'assistance qui leur est adressée. En effet, en cas de commission d'infractions pénales pendant les opérations matérielles d'assistance (*rébellion, coups et blessures volontaires, attroupements illicites, etc.*), le procureur de la République sera seul habilité à diriger les actes de police judiciaire.

En droit sénégalais, les modalités de l'assistance sont précisées par le décret n° 2008-756/PR du 15 juillet 2008 réglementant la rémunération des services rendus par les forces de sécurité (*Gendarmerie, Musique Principale des Forces Armées, Groupement national des Sapeurs-Pompiers et Police nationale*) et fixant les règles d'utilisation des recettes.

Selon ce texte, les forces de sécurité, à savoir la Gendarmerie nationale et la Police nationale notamment, en dehors de leurs missions strictement opérationnelles peuvent effectuer pour le compte d'organismes ou de personnes privées et moyennant rémunération, certains services n'entrant pas expressément dans leurs attributions *(art. 1er du décret du 15 juillet 2008)*. L'assistance aux huissiers fait partie de ces services et est rétribuée à raison de cinq mille (5.000) francs par personne *(art. 12 du décret du 15 juillet 2008)*.

Ces prestations qui sont effectuées de jour comme de nuit, donnent lieu à une rémunération.

Les demandes de services doivent être adressées au Chef d'État-major général des Armées, au Haut Commandant de la Gendarmerie nationale et au Directeur général de la Sûreté nationale au moins quinze jours à l'avance lorsqu'il s'agit de services prévisibles.

Lorsqu'il s'agit de services imprévisibles, les demandes doivent être adressées à l'avance aux Chefs de service territorialement compétents et représentants les autorités précitées *(art. 3 du décret du 15 juillet 2008).*

76. Responsabilité de l'État pour carence ou refus de prêter concours à l'exécution des décisions de justice. - L'Acte uniforme précise que la carence ou le refus de l'État de prêter son concours à l'exécution d'une décision de justice engage sa responsabilité *(V. art. 29, alinéa 3 de l'AUPSRVE).* En d'autres termes, même si les représentants de la force publique invoquent des motifs légitimes pour justifier le refus ou la carence de l'Etat dans l'exécution, le droit de réparation serait encore ouvert au créancier poursuivant.

L'article 142 du Code des obligations de l'administration réaffirme le principe de responsabilité de l'État dans l'exécution des décisions de justice. Selon ce texte, les tiers peuvent également obtenir la réparation d'une partie du dommage anormal et spécial qui leur est causé « *par le refus de prêter main-forte à l'exécution d'une décision de justice, lorsque ce refus, justifié par des raisons tirées de la sauvegarde de l'ordre public, s'est prolongé pendant une période anormalement longue* ».

Dans un jugement rendu par le tribunal de grande instance hors classe de Dakar du 14 juillet 2004 *(TGIHC Dakar, n° 65 du 14 juillet 2004, Transair c/ Société Eximcor Afrique, EDJA, n° 65 juillet-septembre 2005, p. 79)*, le juge sénégalais a engagé la responsabilité de l'État sur le fondement de l'article 29 de l'Acte uniforme susvisé. Dans cette affaire, des gendarmes ainsi que le Gouverneur de la région de Thiès avaient refusé à un huissier instrumentaire, qui désirait pratiquer une saisie, l'accès à un site où se trouvaient les biens du débiteur, au motif que les autorités ministérielles devaient donner leur accord. Le juge a engagé la responsabilité de l'État résultant de sa propre faute dans l'exercice de sa mission de service public. Le tribunal a précisé que cette action tend à réparer le préjudice subi résultant de la perte des chances de recouvrement de la créance. Dès lors, la réparation prévue n'est pas automatiquement égale à la somme due par le débiteur mais au dommage résultant des chances de recouvrement de la créance suite au comportement de l'État.

77. L'exigence d'un titre exécutoire définitif. - Force est de constater que l'alinéa 2 de l'article 1er de la loi du 03 novembre 2014 fixant l'organisation judiciaire contient une affirmation assez péremptoire. En effet, toutes les décisions de justice ne sont pas revêtues de la formule exécutoire. Seules les décisions qui ont la nature de titres exécutoires judiciaires sont revêtues de la formule exécutoire. Il en est ainsi des décisions judiciaires définitives, des décisions exécutoires sur minute, comme les ordonnances de référés *(article 252 du Code de procédure civile)* et des décisions juridictionnelles étrangères déclarées exécutoires par une décision juridictionnelle, non susceptibles de recours suspensif d'exécution, *(A.-M. H. ASSI-ESSO et Nd. DIOUF, OHADA. Recouvrement des créances, Bruxelles, Bruylant, 2002, p. 52 et s. ; également M. DEFOSSEZ, « Titre exécutoire, », Juris-Class. Voies d'exécution, 2014, n° 34).*

L'exigence d'un titre exécutoire, pour pratiquer des voies d'exécution, a été affirmée par le Code de procédure civile. En vertu de l'article 353 du Code de procédure civile, nul jugement ni acte ne peuvent être mis à exécution s'ils ne portent le même intitulé que les lois et ne sont terminés par un mandement aux officiers de justice. Ce « *mandement aux officiers de justice* », qui est à l'origine de la formule exécutoire, doit, en principe, se trouver au bas des titres exécutoires.

Selon l'article 33 de l'AUPSRVE constituent des titres exécutoires, les décisions juridictionnelles revêtues de la formule exécutoire, celles qui sont exécutoires sur minute, les décisions juridictionnelles étrangères ainsi que les sentences arbitrales déclarées exécutoires par une décision juridictionnelle non susceptibles de recours suspensif d'exécution *(DU RUSQUEC, « Réflexions sur l'exécution des décisions de justice en matière civile », Gaz. Pal. 1982. Doctr. 355).*

Les décisions exécutoires sur minute sont des titres exécutoires au seul vu de la minute de l'acte juridictionnel ; elles visent notamment les ordonnances de référés assorties de l'exécution provisoire sur minute *(V. art. 252-1 du Code de procédure civile)* et les ordonnances sur requête lesquelles sont exécutoires sur minute *(V. art. 820-3 du Code de procédure civile)*. Ces décisions, pour être exécutoires, n'ont pas besoin d'être revêtues de la formule exécutoire ; elles sont dispensées de l'apposition de la formule exécutoire (*En ce sens, V. J. FOMETEU*

« Théorie générale des voies d'exécution », in P-G. POUGOUE, Encyclopédie du droit OHADA, Paris, Lamy, 2011, p. 2067).

78. Les titres exécutoires provisoires. - À côté des titres exécutoires judiciaires définitifs, il y a des titres exécutoires judiciaires à titre provisoire ; il en est ainsi des ordonnances de référé et des jugements assortis de l'exécution provisoire. Ces décisions permettent l'exercice de toutes les voies d'exécution, à l'exception de l'adjudication immobilière.

En vertu de l'article 32 de l'AUPSRVE, à l'exception de l'adjudication des immeubles, l'exécution forcée peut être poursuivie jusqu'à son terme en vertu d'un titre exécutoire par provision. Le législateur uniforme de l'OHADA exclut la possibilité de réaliser une adjudication immobilière, en vertu d'un titre provisoire. Il est donc possible pour le créancier de servir un commandement valant saisie réelle à son débiteur en vertu d'une ordonnance de référé ou d'un jugement assorti de l'exécution provisoire. Cependant, la réalisation immobilière *(l'adjudication)* est subordonnée à l'obtention d'un titre exécutoire définitif.

En revanche, toutes les autres voies d'exécution peuvent être menées *(V. par exemple en matière de saisie des rémunérations du travail : Cass. 2e civ. du 30 juin 2002, Bull. civ. 2002, II, n° 113 ; Gaz. Pal. 2002, somm. p. 1659).*

L'exécution forcée peut être menée jusqu'à son terme en vertu d'un titre exécutoire par provision. Mais, ce titre exécutoire reste fragile *(A. ANABA MBO, « Exécution définitive et exécution provisoire dans l'espace OHADA », Rev. cam.dr.aff. 2000, n° 05)* ; il peut être modifié à la suite de l'exercice de voies de recours. La condamnation en référé n'a pas l'autorité de la chose jugée au fond et le débat judiciaire peut être repris intégralement et aboutir à une solution différente. Des circonstances nouvelles peuvent permettre de revenir en rétractation devant le juge des référés *(art.820-8 du Code de procédure civile)*. En outre les jugements assortis de l'exécution provisoire peuvent être remis en cause à l'issue d'un appel interjeté.

C'est pourquoi, l'alinéa 2 de l'article 32 de l'Acte uniforme précité précise que l'exécution est poursuivie aux risques du créancier, à charge pour celui-ci, si le titre est ultérieurement modifié, de réparer intégralement le préjudice causé par cette exécution sans qu'il y ait lieu de relever de faute de sa part. Il résulte de ce texte qu'en cas de modification ou d'infirmation du titre provisoire, le débiteur dispose d'une action en réparation contre le créancier poursuivant.

Il se trouve d'ailleurs dans une situation plus confortable que le débiteur dans le cadre du droit commun de la responsabilité civile *(art. 118 et s. du Code des obligations civiles et commerciales).* En effet, il n'est pas tenu de rapporter la preuve d'une faute du créancier à l'appui de son action.

PARAGRAPHE III : JURISPRUDENCE

79. Responsabilité de l'État pour refus d'exécution d'une décision de justice.

80. En vertu de l'article 29 de l'AUPSRVE, la responsabilité de l'État est encourue lorsque, par le fait de ses agents ou de ses représentants, il a refusé de prêter son concours ou s'est opposé à l'exécution forcée poursuivie par le créancier en vertu d'un titre exécutoire. Il en est ainsi lorsque des gendarmes refusent à l'huissier poursuivant, qui désire pratiquer une saisie, l'accès à des lieux où se trouvent des biens du débiteur.

La responsabilité de l'État posée par l'article 29 de l'AUPSRVE, n'étant pas une responsabilité de substitution, la réparation due pour le préjudice causé n'est pas automatiquement égale à la somme due par le débiteur au créancier poursuivant mais au dommage réel subi par ce dernier. Ainsi, lorsque les chances de recouvrement de la créance ne sont pas compromises par le comportement de l'Etat, il y a lieu de mesurer la réparation ou préjudice effectivement subi ***(TGIHC Dakar, n° 65 du 14 juillet 2004, Transair c/ Société Eximcor Afrique, Revue EDJA, n° 65 juillet-septembre 2005, p. 79).***

81. L'exécution des titres exécutoires par provision.

82. La poursuite de l'exécution forcée en vertu d'un titre exécutoire par provision est une simple possibilité laissée à l'appréciation du créancier, mais ne constitue nullement une obligation ; c'est pour parer à cette éventualité, d'avoir à se heurter à des difficultés nées de la modification ultérieure d'un titre exécutoire par provision, dont le créancier ne pourrait répondre, qu'il est permis, en vertu de l'article 270 du Code de procédure civile à une partie intéressée de saisir le Premier président de la Cour d'appel ou du président du tribunal de grande instance, selon le cas, d'une requête aux fins d'autorisation à assigner en défense à exécution provisoire ***(CA Dakar, n° 351 du 22 juillet 2010, Ibrahima TOURE c/ Saliou Barry et autres, inédit)***.

83. Aux termes de l'article 32 de l'AUPSRVE, qu'à l'exception de l'adjudication des immeubles, l'exécution forcée peut être poursuivie jusqu'à son terme en vertu d'un titre exécutoire par provision ; l'exécution est alors poursuivie aux risques du créancier, à charge pour celui-ci, si le titre est ultérieurement modifié, de réparer intégralement le préjudice causé par cette exécution sans qu'il ait lieu de relever de faute de sa part.

L'attitude d'une personne consistant à procéder à l'expulsion de locataires en vertu d'une ordonnance de référé ordonnant leur expulsion, est de nature à engager sa responsabilité sur le fondement du texte précité, dès lors que l'ordonnance sur requête subordonnant l'exécution de la décision du juge des référés à la constitution d'une garantie de cinquante millions (50.000.000) de francs CFA n'a pas été respectée ***(TGIHC Dakar n° 779 du 10 avril 2012, Maguette DER c/ Sté Sénégalaise Immobilière dite SENIM, inédit)***.

84. Conformément à l'article 32 de l'AUPSRVE, l'exécution entreprise sur la base d'une ordonnance prescrivant le paiement par la banque du montant d'une saisie attribution de créance pratiquée entre ses mains, assortie de l'exécution provisoire sur minute et avant enregistrement, peut être poursuivie jusqu'à son terme aux risques et périls du poursuivant nonobstant le référé sur difficultés introduit ***(CA Dakar, n° 168 du 22 juillet 2015, La Société SUNEOR c/ La BHS - Malick NDIAYE, inédit)***.

85. L'expulsion d'une commerçante sur la base d'une ordonnance de référé rendue par le président du tribunal de grande instance de Kaolack, infirmée dans toutes ses dispositions par un arrêt de la Cour d'appel de Kaolack constitue une faute. Cette exécution qui a causé la perte de l'exploitation commerciale des lieux occupés depuis plus de vingt (20) ans et la destruction de son entreprise et de sa clientèle, justifiant une réparation sur le fondement de l'article 32 de l'AUPSRVE ***(CA Kaolack, n° 27/15 du 30 avril 2015, Faguèye KANDJI c/ Mamadou DIA, inédit)***.

Article 2. - Les juridictions appliquent, pour toutes les matières, la loi et les règlements en vigueur, ainsi que, s'il en existe en ces matières, les usages qui ne sont pas contraires à la loi.

SECTION V : L'APPLICATION JUDICIAIRE DES LOIS, RÈGLEMENTS ET USAGES

PARAGRAPHE I : BIBLIOGRAPHIE

CHABAS (J.), « Réflexions sur l'évolution du droit sénégalais », in Mélanges Julliot de Morandière, Paris, Dalloz, 1964, p. 127.

DECOTTIGNIES (R), « L'apport européen dans l'élaboration du droit privé sénégalais », *Annales africaines*, 1964, p. 79.

GUINCHARD (S.), « Le mariage coutumier en droit sénégalais », *RIDC*. 1978, p. 811 s.

MALINVAUD (Ph.), *Introduction à l'étude du droit*, Paris, Litec, 12e éd., 2008, p. 150 et s.

MBAYE (K.), « L'évolution des formes du mariage au Sénégal », in *Mélanges Ancel*, Paris, Pédone 1975, p. 189 et 190.

NDIAYE (I.Y.), « Étude critique de l'article 114, alinéa 1er du Code de la famille », *EDJA* n° 23.

SIDIBE (A.S.), *Droit civil. Droit sénégalais. Introduction à l'étude du droit. État des personnes. Famille*, Dakar, CREDILA, novembre 2014, p. 71.

SIDIME (L.), « Le régime du mariage coutumier dans le Code de la famille du Sénégal », *Annales africaines* 1983, 1984, 1985, p. 313 et s.

PARAGRAPHE II : COMMENTAIRE

86. Application des lois et règlements. - Ce texte a repris textuellement l'ancien article 8 de la loi n° 84-19 du 02 février 1984 fixant l'organisation judiciaire.

L'obligation pour les juridictions d'appliquer dans toutes les matières les règles de droit (lois et règlements) en vigueur ne saurait prêter à discussion. Il s'agit là de la mission principale des Cours et tribunaux : la mise en œuvre de la règle de droit édictée par le pouvoir exécutif ou législatif. D'ailleurs, en vertu de l'article 90, alinéa 2 de la Constitution, les juges ne sont soumis qu'à l'autorité de la loi dans l'exercice de leurs fonctions.

En vertu des principes directeurs du procès civil, le juge a l'obligation de trancher le litige conformément aux règles de droit qui lui sont applicables *(art. 1-6, alinéa 6 du Code de procédure civile)*.

87. L'application des usages. - Le législateur met également à la charge du juge l'obligation d'appliquer « *s'il en existe en ces matières, les usages qui ne sont pas contraires à la loi* ».

Il faut relever une légère évolution de la rédaction de l'article 2 de la loi du 03 novembre 2014 fixant l'organisation judiciaire. L'ancien article 8 de la loi du 02 février 1984 fixant l'organisation judiciaire visait des « *usages locaux* » qui ne devaient pas être contraires « *à la loi et à l'ordre public* ».

Mais, que faut-il entendre par ces « usages » ? Le législateur réduit-il à l'unité « *usage* » et « *coutume* » ?

La coutume en tant que source du droit constitue une règle de droit non écrite émanant du groupe social que les membres du groupe considèrent comme obligatoire. Elle est caractérisée par deux éléments constitutifs : un élément matériel, c'est-à-dire la répétition et un élément psychologique c'est la croyance à son caractère obligatoire *(Sur cette question, A. S. SIDIBE, Droit civil. Droit sénégalais. Introduction à l'étude du droit. État des personnes. Famille, Dakar, CREDILA, novembre 2014, p. 71)*.

La coutume doit être distinguée de l'usage. À la différence de la coutume, l'usage n'est pas obligatoire ; il s'agit d'une pratique habituelle, mais qui n'est pas obligatoire (*pratique du pourboire, des cadeaux d'usage, etc.)*. On est en présence d'une coutume lorsque l'usage est devenu suffisamment fréquent et régulier et est ressenti par la collectivité comme une obligation *(Ph. MALINVAUD, Introduction à l'étude du droit, Paris, Litec, 12e éd., 2008, p. 150 et s.)*.

Il semble que les usages qu'évoque le législateur renvoient aux coutumes qui ne sont pas contraires à la loi qui seules ont un caractère obligatoire.

Il s'agit des coutumes secundum legem et des coutumes praeter legem.

Les coutumes secundum legem sont celles auxquelles le législateur lui-même renvoie pour régir certaines situations juridiques. Ainsi, l'article 830 du Code de la famille fait un renvoi à la coutume en matière de forme de célébration du mariage en énonçant que les coutumes générales et locales relatives aux formalités consacrant traditionnellement le mariage subsistent à l'entrée en vigueur du Code de la famille *(L. SIDIME, « Le régime du mariage coutumier dans le Code de la famille du Sénégal », Annales africaines, 1983, 1984, 1985, p. 313 et s.).*

Les coutumes praeter legem ont un caractère obligatoire en dehors des prévisions légales *(A. S. SIDIBE, Droit civil. Droit sénégalais. Introduction à l'étude du droit. État des personnes. Famille, Dakar, CREDILA, novembre 2014, p. 71).*

Cependant, les juridictions ne sauraient être tenues d'appliquer les coutumes contra legem qui prévoient des prescriptions contraires à la loi.

Article 3. - En toutes matières, nul ne peut être jugé sans être mis en mesure de présenter ses moyens de défense.

Les avocats ont libre accès à toutes juridictions.

SECTION VI : LE PRINCIPE DES DROITS DE LA DÉFENSE.

PARAGRAPHE I : BIBLIOGRAPHIE

ALLÉHAUT(M.), « Les droits de la défense », in *Mélanges Patin*, Paris, Cujas, 1965, p. 453 et s.

AMNESTY INTERNATIONAL, *Pour des procès équitables*, Paris, Les éd. francophones d'Amnesty international, avril 2001.

ANDRE (G.), « La protection et les garanties de la personne soupçonnée ou poursuivie en droit sénégalais », *Rev.sén.dr.*, n° 11, 1972, p. 3.

BODIAN (Y) et FALL (P.T), « À propos de la présence de l'avocat aux premières heures de la garde à vue », *Le Soleil* du 28 août 2015, p. 5.

CAPDEPON (Y.), *Essai d'une théorie générale des droits de la défense*, Thèse Bordeaux IV, 2011

DANET (J.), *Défendre : pour une défense pénale critique*, Paris, Dalloz, 2004.

DESPORTES (F.) et LAZERGES-COUSQUER (L.), *Traité de procédure pénale*, Paris, Economica, *2e éd.*, 2013.

DIAKHOUMPA (C)., *Traité théorique et pratique de procédure pénale. Tome I : la phase préparatoire du procès pénal*, 1ère éd., Dakar, 2015.

DIAKHOUMPA (C)., *Le régime juridique des nullités dans le Code de procédure pénale sénégalais*, Thèse Doctorat, Dakar, année 2011-2012.

DIENG (A.O.), *Le contentieux dans la loi n° 2014-10 du 28 février 2014 portant Code des douanes du Sénégal : un équilibre réussi ?*, mai 2014.

DIOUF (A.), « Les règles de procédure civile et la mise en œuvre des droits fondamentaux », in *Bulletin d'information (Cour suprême)*, n° 03, décembre 2011, p. 97 et s.

DIOUF (ND.), « Procès pénal et Droits de l'Homme : l'exemple du Sénégal », *Rev. Ass.sén.dr.pén.* Juillet-décembre 1995, p. 1.

ETEKA TEMET(V.), *La charte africaine des Droits de l'Homme et des Peuples*, Paris, L'Harmattan, Logiques juridiques, 2010.

FALL (I. M.) (dir), *Les décisions et avis du Conseil constitutionnel au Sénégal*, Dakar, CREDILA, 2008.

GUIDICELLI-DELAGE (G.), « Droits de la défense », in L. CADIET (dir), *Dictionnaire de la Justice,* Paris, PUF, 1e éd., 2004, p. 365.

GINESTET (C.), « Les droits de la défense en procédure pénale », in E. CABRILLAC, M. A. FRISON-ROCHE et Th. REVET, *Libertés et droits fondamentaux,* Paris, Dalloz, 16[e]éd., 2010, p. 543.

GUINCHARD (S.), « La défense pénale *», Rev.pénit., 2010, n° spécial, p. 275.*

GUINCHARD (S.), CHAINAIS (C.) et FERRAUD (F.), *Procédure civile. Droit interne et droit de l'Union européenne*, Paris, Dalloz, 30e éd., 2010, p. 529 et s.

KABA (S.), *Les droits de l'homme au Sénégal*, Dakar, Collection Xaam sa yoon, 1997.

LEAUTE (J.), « Les principes généraux relatifs aux droits de la défense », *RSC* 1953, p. 47.

MANGIN (G.), « L'évolution, depuis l'indépendance, de la législation et de la procédure pénale dans les États d'Afrique noire d'expression française », *Penant*, n° 685, janvier-mars 1961, p. 114 et s.

MAYAUD (Y.), « Les droits de la défense, cause d'irresponsabilité pénale », *Mélanges Gassin*, Aix-en-Provence, PUAM, 2007.

MBAYE (M.), *Le droit douanier sénégalais*, Paris, L'Harmattan, 2015.

NDIAYE (Y.), « La législation sénégalaise en matière de droits de l'homme », in *Les droits de l'homme en Afrique*, Dakar, Institut des Droits de l'Homme et de la Paix, 1991, p. 181 et s.

NGAIDE (M.), « Réflexions sur le droit à l'information administrative au Sénégal », *Revue EDJA*, n° 53, avril-mai-juin 2002, p. 29 et s.

PRADEL (J.), « Défense pénale et régime de procédure », *Rev. pénit.* 2010, n° spécial, p. 153.

SAINT PIERRE (F.), « La nature juridique des droits de la défense dans le procès pénal », *D.* 2007, p. 260.

SAINT-PIERRE (F.), *Le guide de la défense pénale*, Paris, Dalloz, 2004.

SAINT-PIERRE (F.), « L'avocat face au dossier de la procédure », *AJP*, 2007, p. 306J. SOURZAT (C.), « Les droits de la défense », *Dr. pén.* 2011, étude 18.

SECK (P. O.) (dir.), *Le délit d'enrichissement illicite. Livre blanc sur l'affaire Karim WADE,* Dakar, éd. Librairie juridique africaine, 2015.

TELIKO (S.), « Le droit à un procès équitable », *Discours d'usage de la rentrée solennelle des Cours et tribunaux*, année 2012-2013.

TOUILLIER (M.), « Quelle politique criminelle en matière de droits de la défense dans les procédures pénales dérogatoires ? », *Arch. pol. crim.* 2015/1, n° 37, p. 41-68.

TOURE (P.A.), « L'article 5 du Règlement 05/CM UEMOA du 25 septembre 2014 relatif à l'assistance de l'avocat dès l'interpellation devant la Chambre d'accusation de la Cour d'appel de Dakar : à propos de l'arrêt n° 149 du 22 septembre 2015, affaire Thione SECK », *Annales africaines*, nouvelle série, vol 2, n° 03, décembre 2015, p. 323 et s.

VOUIN (R.), « L'enquête de personnalité, l'instruction préparatoire et les droits de la défense », *JCP*, 1961 I. 1633 bis.

WIEDERKEHR (G.), « Droits de la défense et procédure civile », *D.* 1978, chron. 36.

PARAGRAPHE II : COMMENTAIRE

88. Du principe des droits de la défense. - Principe inhérent à toute légitimité processuelle, le principe des droits de la défense suppose une procédure juste et équitable (*G. GUIDICELLI-DELAGE, « Droits de la défense », in L. CADIET (dir), Dictionnaire de la Justice, Paris, PUF, 1ère éd., 2004, p. 365 ; M. ALLÉHAUT, « Les droits de la défense », in* Mélanges Patin, Paris, *Cujas, 1965, p. 453 et s.*).

La Charte africaine des Droits de l'Homme et des Peuples n'a retenu parmi les droits de la défense que le droit de se défendre soi-même ou par un défenseur de son choix (*V. ETEKA TEMET, La charte africaine des Droits de l'Homme et des Peuples, Paris, L'Harmattan, Logiques juridiques, 2010, p. 85*). Selon l'article 7 de la Charte africaine des Droits de l'homme et des Peuples, toute personne a droit à ce que sa cause soit entendue. Ce droit comprend le droit à la défense, y compris celui de se faire assister par un défenseur de son choix.

En droit sénégalais, les droits de la défense ont été érigés en principe constitutionnel par l'article 9, alinéa 2 de la Constitution sénégalaise. Selon ce texte, « *la défense est un droit absolu dans tous les états et à tous les degrés de la procédure* ». Le Constituant a délimité un champ très large au principe des droits de la défense en affirmant son absolutisme à toutes les étapes de la procédure (*Y. NDIAYE, « La législation sénégalaise en matière de droits de l'homme », in Les droits de l'homme en Afrique, Dakar, Institut des Droits de l'Homme et de la Paix, 1991, p. 181 et s.*).

89. Les droits de la défense en matière civile. - Sous l'empire de la législation antérieure, l'article 7 de la loi du 02 février 1984 disposait que tant en matière civile que répressive, nul ne peut être jugé sans être mis en mesure de présenter ses moyens de défense.

En matière civile, les droits de la défense visent l'ensemble des garanties fondamentales dont jouissent les plaideurs dans un procès civil pour faire valoir leurs intérêts (principe du contradictoire, liberté de la défense, l'égalité des armes, principe de la loyauté procédurale, notamment) *(S. GUINCHARD, C. CHAINAIS et F. FERRAUD, Procédure civile. Droit interne et droit de l'Union européenne, Paris, Dalloz, 30e éd., 2010, p. 529 et s ; G. CORNU, Vocabulaire juridique, Paris, PUF, 2014, V° Droits de la défense).*

La Cour suprême, dans un arrêt du 17 septembre 2014, a rappelé l'exigence du respect du principe des droits de la défense en matière civile. Dans cette affaire, la Cour d'appel de Dakar a confirmé le jugement qui a condamné M.L. J et M. A. à payer à KH. Gh. la somme de 26.674.000 francs CFA à titre de remboursement. Les personnes condamnées ont formé un pourvoi contre l'arrêt d'appel.

À l'appui, elles ont invoqué un moyen tiré de la violation des droits de la défense en ce que la Cour d'appel a statué contradictoirement à l'encontre de M. A., qui n'était ni intimé, ni réassigné, ni appelé en cause, en méconnaissance de l'article 9 de la Constitution du Sénégal.

Sur le visa notamment des dispositions de l'article 7 de la loi n° 84-19 du 02 février 1984 fixant l'organisation judiciaire, la haute juridiction a énoncé « *qu'en statuant ainsi alors que M. A. n'a pas été installé dans la procédure d'appel, elle n'a pas satisfait aux exigences des textes susvisés* ». Ainsi, la Cour suprême a cassé l'arrêt de la Cour d'appel de Dakar avant de renvoyer la cause devant la Cour d'appel de Saint-Louis *(CS, n° 87 du 17 septembre 2014, Marie Laure Jubran c/ Khalil GOZAYEL, in Cour suprême. Bulletin des arrêts, n° 08, Année judiciaire 2014, décembre 2015, p. 72).*

90. L'impact des droits de la défense sur l'exécution des décisions judiciaires. - La violation des droits de la défense est de nature à affecter même l'exécution d'une décision de justice. Le président de la juridiction d'appel s'est toujours vu reconnaître un pouvoir d'aménagement des décisions judiciaires, notamment en cas de non-respect du principe des droits de la défense *(A. BLAISSE, « Arrêt et aménagement de l'exécution provisoire par le Premier président », JCP, éd. G. n° 12, 20 mars 1985, I 3183 ; M. GERBAY, « Réflexions sur la juridiction du Premier président », D. 1980, chr. p. 70, n° 18 ; H. VRAY, « L'arrêt de l'exécution provisoire par le Premier président (Ses limites. Portée pratique de l'arrêt de l'assemblée plénière du 2 novembre 1990) », JCP 1992. I. 3606, P. ND. DIOUF, « L'exécution* *des décisions des juges de la mise en état, des juges du fond, des ordonnances sur requête et du juge des référés », EDJA, n° 58, juillet-août-septembre 2003, p.20-21).*

C'est ce qui ressort des dispositions de l'article 820-10, alinéa 3 du Code de procédure civile. Aux termes de ce texte lorsqu'il apparaît que l'exécution immédiate est susceptible d'entraîner des troubles particulièrement intolérables en raison notamment *« d'une violation délibérée des droits de la défense »,* le Premier président de la Cour d'appel ou le président du tribunal de grande instance, exclusivement peuvent, par une ordonnance motivée, subordonner cette exécution à la constitution de garanties suffisantes pour répondre de toutes les restitutions ou réparations (*P. ND. DIOUF, « L'exécution des décisions des juges de la mise en état, des juges du fond, des ordonnances sur requête et du juge des référés », EDJA, n° 58, juillet-août-septembre 2003, p.20-21*).

Ce texte a pour objet de permettre au président de la juridiction d'appel, à l'occasion d'une instance déférée devant ladite juridiction, d'aménager l'exécution provisoire, en subordonnant cette mesure à la constitution d'une garantie suffisante. L'aménagement de l'exécution provisoire permet au juge d'en limiter les risques pour le débiteur, en prescrivant des mesures de nature à le garantir contre l'insolvabilité éventuelle du créancier.

Dans la pratique juridictionnelle, cette garantie se traduit souvent par la consignation d'une somme suffisante (*CA Dakar, ord. PP, n° 12 du 18 juin 2007, Affaire Modou NGOM et Cheikh Tidiane DIENG c/ Ndèye Coumba DIAW, inédit).*

Ce texte a un champ d'application assez étroit.

D'une part, il n'autorise le président de la juridiction d'appel qu'à aménager l'exécution provisoire de droit, c'est-à-dire les décisions assorties de l'exécution provisoire de droit *(ordonnance de référé et ordonnance sur requête)*, à l'exclusion de l'exécution provisoire judiciaire (exécution provisoire ordonnée par le juge).

D'autre part, ce pouvoir d'aménagement suppose que l'exécution immédiate soit de nature à entraîner des troubles particulièrement intolérables, en raison notamment d'une violation délibérée des droits de la défense.

91. Les droits de la défense en matière pénale. - En matière pénale, les droits de la défense renvoient à un ensemble de prérogatives qui garantissent à l'inculpé, au prévenu ou à l'accusé la possibilité d'assurer effectivement sa défense au cours du procès pénal et dont la violation constitue une cause de nullité de la procédure (*G. CORNU, Vocabulaire juridique, PUF, 2014, V° Droits de la défense*).

Il s'agit des droits que possède toute personne pour se protéger de la menace que constitue pour elle un procès *(C. GINESTET, « Les droits de la défense en procédure pénale », in E. CABRILLAC, M. A. FRISON-ROCHE et Th. REVET, Libertés et droits fondamentaux, Paris, Dalloz, 16ᵉ éd., 2010, p. 543, S. GUINCHARD, « La défense pénale », Rev. pénit., 2010, n° spécial, p. 275 ; J. LEAUTE, « Les principes généraux relatifs aux droits de la défense », RSC 1953, p. 47 ; Y. MAYAUD « Les droits de la défense, cause d'irresponsabilité pénale », Mélanges Gassin, Aix-en-Provence, PUAM, 2007, J. PRADEL, « Défense pénale et régime de procédure », Rev. pénit. 2010, n° spécial, p. 153, F. SAINTPIERRE, « La nature juridique des droits de la défense dans le procès pénal », D. 2007, p. 260, C. SOURZAT, « Les droits de la défense », Dr. pén., 2011, étude 18 ; C. DIAKHOUMPA., Le régime juridique des nullités dans le Code de procédure pénale sénégalais, Thèse Doctorat, Dakar, année 2011-2012, p. 95 et s.*).

C'est un contrepoids nécessaire à l'accusation et aux pouvoirs inquisitoriaux des juges et des enquêteurs. Les droits de la défense recouvrent notamment le droit de se défendre soi-même, le droit à l'assistance d'un avocat, le droit d'être informé de la nature et de la cause de l'accusation, le droit de discuter l'accusation, le droit de ne pas s'auto-accuser et le droit à l'assistance gratuite d'un interprète *(F. DESPORTES et L. LAZERGES-COUSQUER, Traité de procédure pénale, Paris, Economica, 2ᵉ éd., 2013, p. 354 et s., n° 491 et s. ; G. ANDRE, « La protection et les garanties de la personne soupçonnée ou poursuivie en droit sénégalais », Rev.sén.dr., n° 11, 1972, p. 03 ; J. DANET, Défendre : pour une défense pénale critique, Paris, Dalloz, 2004 ; . F. SAINT-PIERRE, Le guide de la défense pénale, Paris, Dalloz, 2004 ; F. SAINT-PIERRE, « L'avocat face au dossier de la procédure », AJP, 2007, p. 306).*

Malgré l'imprécision du régime des nullités aménagé par le Code de procédure pénale et le pouvoir important d'appréciation qu'il a laissé au juge *(Sur cette question, EL. M. MBOUP, « Les nullités de l'enquête et de l'instruction : un exemple de déclin de la légalité procédurale », in M. BADJI, O. DEVAUX et B. GUEYE, Droit sénégalais, n° 10, 2011-2012, Conflictualité en Afrique francophone, Presses de l'Université de Toulouse 1, p. 334)*, le non-respect des droits de la défense au cours de la procédure est considéré comme une nullité substantielle. Aux termes de l'article 166 du Code de procédure pénale, « *il y a également nullité en cas de violation des dispositions substantielles du présent titre, autres que celles visées à l'article 164 et notamment en cas de violation des droits de la défense* ».

Il s'agit en réalité d'un cas de nullité virtuelle consacrée dans l'intérêt de l'inculpé, de l'accusé ou du prévenu, qui est susceptible d'être prononcée par le juge même en l'absence de la prévision expresse de la nullité par un texte *(nullité textuelle) (C. GOYET, « À propos des nullités de l'instruction préparatoire. Quelques remarques sur la distinction des nullités textuelles et des nullités substantielles », RSC 1976, p. 899 ; B. BOULOC, « Observations sur les nullités en matière de procédure pénale », RSC, 2000, p. 417 ; R. VOUIN, « L'enquête de personnalité, l'instruction préparatoire et les droits de la défense », JCP, 1961, I, 1633 bis)*. Il concerne des dispositions édictées essentiellement dans l'intérêt des parties qui sont relatives, notamment, aux droits de la défense. Constitue par conséquent une nullité de cet ordre, l'inobservation du délai de convocation du conseil par le juge d'instruction *(art. 105 du Code de procédure pénale)*.

Dans un arrêt du 27 septembre 2001, la Chambre d'accusation de la Cour d'appel de Dakar a jugé que le fait pour le juge d'instruction de ne pas mettre l'inculpé en mesure d'apprécier ses droits et de distinguer les faits qui ressortent du recel et ceux qui relèvent de l'escroquerie constitue une violation des droits de la défense liée à une atteinte à l'ordre public procédural *(CA ch. Acc. n° 213 du 27 septembre 2001, MP c/ Ababacar DIAKHATE dit Sidy, inédit)*. Porte également atteinte aux droits de la défense, toute inculpation sur des faits nouveaux sans réquisitions préalables, ce qui entraîne la nullité des procès-verbaux établis et des actes subséquents *(CA ch. Acc. n° 134 du 26 août 2004, MP c/ Rougui DIA, inédit)*.

Les inculpations tardives peuvent aussi être susceptibles de porter atteinte aux droits de la défense (*Sur cette question, P. STIPERI, « Le problème des inculpations tardives », JCP 1996, I. n° 2014 ; L. LAMBERT, « L'inculpation tardive », Gaz. Pal. 1973. II. Doct. p. 583 ; C. DIAKHOUMPA, Le régime juridique des nullités dans le Code de procédure pénale sénégalais, Thèse Doctorat, Dakar, année universitaire 2011-2012, p. 103 et s.*).

Pour éviter des pratiques d'inculpation tardive, le législateur a posé de façon expresse la règle de la prohibition de l'audition en qualité de témoin d'une personne visée dans une plainte. Aux termes de l'article 94 du Code de procédure pénale : « *toute personne nommément visée par une plainte peut refuser d'être entendue comme témoin. Le juge d'instruction l'en avertit, après lui avoir donné connaissance de la plainte.*

Mention en est faite au procès-verbal. En cas de refus, il ne peut l'entendre que comme inculpée ».

L'audition en qualité de témoin d'une personne visée dans une plainte, sans son consentement constitue une forme d'inculpation tardive susceptible d'entraîner la nullité de la procédure (*C. DIAKHOUMPA, Le régime juridique des nullités dans le Code de procédure pénale sénégalais, Thèse Doctorat, Dakar, année universitaire 2011-2012, p. 104).*

Selon la Cour d'appel, l'audition en qualité de témoin d'une personne contre laquelle existent des indices graves et concordants de culpabilité serait de nature à faire échec aux droits de la défense en la privant de l'assistance d'un conseil dès sa première comparution (*CA ch. Acc. n° 42 du 11 mars 2005, MP c/ Massata DIACK, inédit*).

Dans une autre espèce, la Chambre d'accusation a ordonné le non-lieu en faveur d'une inculpée poursuivie des chefs de faux en écritures privées, usage de faux et tentative d'escroquerie. La partie civile a fait grief à l'arrêt de la Chambre d'accusation d'avoir rendu sa décision alors que ni elle ni son conseil n'ont reçu du greffier de ladite juridiction notification de la date à laquelle l'affaire devait être évoquée, alors surtout qu'à la date initialement retenue, l'audience n'a pu se tenir pour cause de grève. Aux termes de l'article 190 du Code de procédure pénale : « *le greffier de la Chambre d'accusation notifie par lettre recommandée ou par avis, comportant l'une ou l'autre un accusé de réception, à chacune des parties ou à ses conseils, la date à laquelle l'affaire sera appelée à l'audience. La lettre destinée à une partie est envoyée à son domicile élu ou, à son défaut, à la dernière adresse qu'elle a donnée* ».

Selon la Cour suprême, les formes et délais prescrits par ce texte constituent des formalités substantielles dont l'inobservation caractérise une violation des droits de la défense justiciable des dispositions de l'article 166 du Code de procédure pénale (*CS, n° 20 du 17 mars 2011, Emilie Diouf es qualité de Directeur général de Equant c/ Thérèse Madeleine Diallo, Cour suprême. Bulletin des arrêts, n° 2-3, année judiciaire 2010-2011, décembre 2012, p.90 ; sur cette question, G. LEVASSEUR, « Les nullités de l'instruction préparatoire », in Mélanges Patin, Paris, Cujas, 1965, p. 469 et s.*).

Les hauts magistrats ont estimé que la Chambre d'accusation a méconnu le sens et la portée du principe des droits de la défense et ont cassé et annulé sa décision au motif « *qu'il ne résulte pas des mentions et énonciations de l'arrêt attaqué que la demanderesse ou son conseil ont été informés d'un report d'audience ou reçu un avis les invitant à comparaître à l'audience du 23 avril 2010, date à laquelle la décision querellée a été rendue* » (*dans le même sens, Cass. pén. n° 20 du 25 octobre 2005, El Hadji Mor NDAO c/ Aliou NDAO et autres, in Cour de cassation. Bulletin des arrêts, chambre pénale ; chambre civile ; chambre commerciale ; chambre sociale, n° 13, juin 2008, p. 44*).

92. Droits de la défense et garde à vue. - La garde à vue est une mesure de police en vertu de laquelle sont retenues, dans certains locaux non pénitentiaires et pour une durée limitée variable selon le type d'infractions, des personnes qui, tout en n'étant ni prévenus ni inculpés, doivent rester à la disposition des officiers de police judiciaire pour les nécessités de l'enquête.

Il s'agit d'une mesure privative de liberté par laquelle l'officier de police judiciaire maintient à sa disposition, pour les nécessités de l'enquête une personne à l'encontre de laquelle il existe une ou plusieurs raisons de soupçonner qu'elle a commis ou tenté de commettre une infraction (*M. GIACOPELLI et J-B. PERRIER, La garde à vue : De la réforme à la pratique, Paris, Dalloz Collection, 2013 ; BOUTET, « La garde à vue dans le Code de procédure pénale », RD publ. 1958, p. 45 ; R. MERLE, « La garde à vue », Gaz. Pal. 1969, 2, doctr. p. 18A ; B. SERRATRICE-COUTTENIER, « Le temps dans la garde à vue », RSC 1998, p. 465 ; V. SIZAIRE, « Garde à vue : risques et faux-semblants d'une réforme annoncée », AJP 2010, p. 480 ; ch. CHARRIERE-BOURNAZEL, « Garde à vue : le sursaut républicain », D. 2010, p. 1928 ; J. P. DINTILHAC, « La garde à vue : innover en revenant aux sources », Rev.sén.dr. n° 36, janvier-juin 2011, p. 125).*

La garde à vue est une mesure particulièrement grave ; c'est la raison pour laquelle le législateur a entouré sa mise en œuvre d'un certain nombre de formalités. Parmi les droits reconnus à la personne gardée à vue figurent en bonne place les droits de la défense.

La présence de l'avocat pendant la garde à vue constitue sans nul doute l'expression des droits de la défense au cours de l'enquête (*M. GENDREL, « Garde à vue et droits de l'individu. La défense doit-elle commencer dans les locaux de gendarmerie ou de police ? », Dr. pén. 1992, chron. 10 ; LIÉNARD, « L'avocat et la garde à vue : le malaise », Gaz. Pal.n° 78-80, 2012, p. 14 ; RENUCCI, « L'avocat et la garde à vue : exigences européennes et réalités nationales », D. 2009, p. 2897 ; VERGÈS, « Garde à vue : le rôle de l'avocat au cœur d'un conflit de normes nationales et européennes », D. 2011, p. 3005).*

Le Conseil constitutionnel français a, en effet, clairement énoncé que « *le droit de la personne à s'entretenir avec un avocat au cours de la garde à vue constitue un droit de la défense, qui s'exerce durant la phase d'enquête de la procédure pénale* » *(Cons. Const. n° 93-326 DC du 11 août 1993, n° 2004-492 DC, 2 mars 2004).*

Toutefois, aucune accusation n'étant encore portée à l'encontre de la personne concernée, les droits de la défense ne peuvent exister, à ce stade, qu'à l'état embryonnaire ; cela explique que l'avocat ait un rôle assez limité durant cette phase de la procédure pénale (*V. F. DESPORTES et L. LAZERGES-COUSQUER, Traité de procédure pénale, Paris, Economica, 2e éd., 2013, p.1712, n° 2590 et s.).*

93. Présence timide de l'avocat. - En droit positif sénégalais, la présence de l'avocat durant la garde à vue a été consacrée, assez tardivement, par la loi n° 99-06 du 29 janvier 1999 modifiant certaines dispositions du Code de procédure pénale. Il résulte du dispositif prévu par l'article 55 du Code de procédure pénale que cette présence de l'avocat pendant la garde à vue est très mitigée. L'intervention de l'avocat dans les commissariats de police et les brigades de gendarmerie qui suppose une prolongation de la mesure de garde à vue, se résume, dans cette seconde période de la garde à vue, à un entretien avec son client qui ne peut excéder trente minutes. L'avocat n'a ni le droit d'accéder au dossier, ni le droit d'assister aux auditions *(ND. FALL, Le droit pénal africain à travers le système sénégalais, Dakar, Dakar, EDJA, 2003, p.183-184).*

Aussi, dans la pratique, malgré l'innovation introduite par loi n° 99-06 du 29 janvier 1999, les avocats n'ont-ils pas toujours senti la nécessité d'assister leurs clients à partir de la quarante-neuvième heure de la garde à vue, surtout lorsque la procédure a révélé l'existence d'indices de culpabilité pesant sur ces derniers *(En ce sens, C. DIAKHOUMPA, Traité théorique et pratique de procédure pénale. Tome I : la phase préparatoire du procès pénal, 1ère éd., 2015, p. 116, n° 131).*

94.- Les avancées du droit communautaire de l'UEMOA. - C'est dans ce contexte juridique qu'il faut inscrire l'adoption du Règlement n° 05/CM UEMOA du 25 septembre 2014 relatif à l'harmonisation des règles régissant la profession d'Avocat dans l'espace UEMOA. Ce texte a pour objet de fixer les règles régissant l'exercice de la profession d'Avocat dans les États membres de l'Union Économique et Monétaire Ouest Africaine (*UEMOA*) *(art. 1er du Règlement)*. Comme un coup de tonnerre dans un ciel serein, ce règlement communautaire, qui pourtant n'a eu pour objet que d'encadrer les conditions d'exercice de la profession d'avocat, n'a pas manqué de brouiller les repères du régime pénal de la garde à vue au Sénégal.

Aux termes de l'article 5, alinéa 1er du Règlement n° 05/CM UEMOA du 25 septembre 2014 : « *les Avocats assistent leurs clients dès leur interpellation, durant l'enquête préliminaire, dans les locaux de la police, de la gendarmerie, ou devant le parquet* ».

95. Controverses. - Ce texte communautaire, qui a introduit une grande innovation relative au moment d'intervention de l'avocat pendant l'enquête, a vite jeté un trouble dans l'esprit des praticiens et des théoriciens du droit. Il a, en effet, suscité un vif débat sur son applicabilité en l'état actuel du droit positif sénégalais.

Dans un communiqué, les organisations de Droits de l'Homme que sont la Ligue Sénégalaise des Droits Humains (*LSDH*), la Rencontre

Africaine pour la Défense des Droits de l'Homme (*RADDHO*), Article 19 Afrique de l'Ouest et Amnesty International Sénégal, ont rappelé à l'État du Sénégal son obligation d'appliquer sans délais le Règlement relatif à l'harmonisation des règles régissant la profession d'avocat dans l'espace UEMOA. Selon les organisations de défense des Droits de l'Homme, ce Règlement, adopté par le Conseil des Ministres de l'UEMOA à Lomé, au Togo le 25 septembre 2014 et entré en vigueur le 1er janvier 2015, contient plusieurs dispositions visant à renforcer les droits de la défense et la protection des personnes contre la torture, les mauvais traitements et d'autres types d'atteintes aux droits des personnes lors des interpellations et pendant la période de la garde à vue *(O. BADIANE, « Le Sénégal doit se conformer aux règles régissant la profession d'avocat dans l'espace UEMOA » : http://www. pressafrik.com/Le-Senegal-doit-se-conformer-aux-regles-regissant-la-profession-d-avocat-dans-l-espace-UEMOA-Droits-de-l homme_a1382 06.html (consulté le 27 juillet 2014).*

Cependant, les officiers de police judiciaire et certains magistrats du parquet ont manifesté une grande réticence par rapport à l'applicabilité et à la mise en œuvre de ce texte.

D'abord, il a été soutenu que l'article 5 du Règlement du 25 septembre 2014, en raison de son caractère très général, ne peut être mis en œuvre dans le cadre de l'enquête de police.

Ensuite, les partisans de l'inapplicabilité du Règlement du 25 septembre 2014 ont tiré argument de son article 90. Selon ce texte, la Commission prendra les actes d'application du Règlement, après avis de la Conférence des Barreaux instituée par le Règlement relatif à la libre circulation et à l'établissement des Avocats ressortissants de l'Union au sein de l'espace UEMOA. Ils ont ainsi fait valoir que ce texte subordonne l'applicabilité de l'article 5 du Règlement à l'intervention d'un acte d'application, adopté dans les conditions qu'il prévoit.

Enfin, plus récemment, certains auteurs ont fait observer que, si les principes d'applicabilité directe et de supranationalité d'un règlement de l'UEMOA ne peuvent être discutés, la présence de l'avocat auprès du suspect est une question de procédure pénale. Or, il est de principe qu'un règlement communautaire ne peut pas comporter des dispositions pénales *(qu'elles soient de droit pénal de fond ou de procédure pénale),* le droit pénal étant considéré comme relevant de la souveraineté des États. Ils ont ajouté que si la volonté des rédacteurs du règlement était de faire de l'article 5 une règle de procédure, il reste que cette disposition n'est assortie d'aucune sanction (*Y. BODIAN et P. T. FALL, « À propos de la présence de l'avocat aux premières heures de la garde-à-vue », Le Soleil du 28 août 2015, p. 5*).

La Chambre d'accusation de la Cour d'appel de Dakar a eu l'occasion de trancher ce débat de façon non équivoque dans l'affaire Thione SECK et autres jugée le 22 septembre 2015 (*CA. ch. Acc. n° 249 du 22 septembre 2015, MP c/ Thione SECK et autres, Annales africaines, nouvelle série, vol 2, n° 03, décembre 2015, p. 323 et s., note P. A. TOURE)*.

Dans cette affaire très médiatisée, l'artiste-chanteur Thione Ballago SECK poursuivi, d'association de malfaiteurs, de contrefaçon de signes monétaires ayant cours légal sur le territoire ou à l'étranger, de blanchiment de capitaux et d'escroquerie, a saisi la Chambre d'accusation de la Cour d'appel de Dakar d'une requête aux fins d'annulation du procès-verbal d'enquête et des actes subséquents. À l'appui, ses conseils ont fait valoir qu'en violation de l'article 5 du Règlement communautaire, le Commandant de la Section Recherches de la Gendarmerie nationale leur a refusé la possibilité d'assister leur client dès son interpellation.

Le parquet général a soutenu que le texte communautaire ne pourrait, en l'état, recevoir application dès lors que les conditions d'intervention de l'avocat pour assister son client ne sont pas précisées. Le Ministère public a ajouté que c'est dans ce sens que l'article 90 dudit Règlement a prévu que la Commission prendra les actes d'application du Règlement, après avis de la conférence des barreaux instituée par le règlement relatif à la libre circulation et l'établissement des avocats ressortissants de l'Union au sein de l'espace UEMOA.

Dans leur décision, les magistrats de la Chambre d'accusation ont affirmé l'applicabilité directe de l'article 5 du Règlement communautaire de l'UEMOA, qui ne suppose l'intervention d'aucun acte d'application. On peut lire sous leurs plumes que : « *si les articles 4, 23, 29 et 38 dudit Règlement prévoient, pour leur application, que des actes d'exécution soient pris par l'organe compétent de l'Union, il en est autrement des autres dispositions, notamment l'article 5 qui ne subordonnent pas leur entrée en vigueur à la prise d'un quelconque acte ; qu'il s'ensuit que les actes d'application visés par l'article 90 du Règlement précité ne sont autres que ceux déjà prévus par les articles 4, 23, 29 et 38 et dont l'article 90 n'a fait qu'organiser la procédure d'élaboration* ».

Mais, selon la Cour, le Règlement a une portée limitée sur l'ordre juridique national. En effet, ce texte « *en prévoyant l'assistance d'un avocat dès l'interpellation à l'enquête préliminaire, n'a dérogé au droit national qu'en ce qui concerne le moment d'intervention de l'avocat, puisque ce moment était fixé à la prolongation de la garde à vue par l'article 55 in fine du Code de procédure pénale* ».

En revanche, précise la Cour, les modalités d'intervention de l'avocat restent régies par l'article 55 bis du Code de procédure pénale, alors surtout que ce texte n'est pas contraire au Règlement précité qui déclare applicables les dispositions des législations nationales non contraires *(art. 91 du Règlement)*. En d'autres termes, selon la Cour, l'avocat assistant son client dès l'interpellation, en application de l'article 5 du Règlement précité, ne pourra que s'entretenir avec ce dernier pendant trente minutes dans les conditions prévues par l'article 55 du Code de procédure pénale.

En tout état de cause, la Chambre d'accusation de la Cour d'appel a entendu confiner l'application de l'article 5 du Règlement communautaire à l'enquête préliminaire, en l'excluant de l'enquête de flagrance. En retenant une approche très littérale de la législation communautaire, elle a jugé que : « *l'intervention de l'avocat n'est prévue par ce texte que lorsque le mis en cause a été interpellé dans le cadre d'une enquête préliminaire ; or, il a été rappelé supra que l'enquête préliminaire est différente de l'enquête de flagrance en vertu de laquelle les enquêteurs ont agi dans le cas d'espèce ; que l'enquête de flagrance n'ayant pas été visée par le Règlement précité, demeure par conséquent régie par les articles 45 et suivants du Code de procédure pénale, notamment l'article 55 in fine dudit code qui, inapplicable dorénavant en matière d'enquête préliminaire, demeure en vigueur en matière de flagrance* ».

96. Appréciation. - Dans l'architecture de l'UEMOA, l'applicabilité directe des Règlements s'oppose à toute formalité nationale d'insertion ou de transposition dans l'ordre interne *(art. 43 du Traité)*. Il n'est donc nul besoin d'un acte national qui aurait pour objet d'introduire dans l'ordre interne le règlement en cause et qui conditionnerait son entrée en vigueur *(S. N. TALL, Droit des organisations internationales africaines. Théorie générale. Droit communautaire comparé. Droit de l'Homme, paix et sécurité, Paris, L'Harmattan, 2015, p. 250-251).* Un tel acte serait illégal et contraire au droit communautaire.

Il y a là une différence fondamentale avec la directive qui suppose l'édiction de mesures nationales de transposition *(Y. GALMOT, « Directives et règlements en droit communautaire », CJEG 1990. 73 ; également CJCE, 10 oct. 1973, Variola c/Administration des finances italienne, affaire 34/73,* Rec. *981 ; CJCE du 02 février 1977, Amsterdam Bulb c/ Produktschap voor Siergewassen, aff. 50/76,* Rec. *137 ; également, CJCE, 31 janvier 1978, Zerbone c/Amministrazione delle finanze dello Stato, aff. 94/77,* Rec. *99 ; 30 novembre1978, Bussone c/Ministère italien de l'Agriculture, aff. 31/78,* Rec. *2429).*

Sous ce rapport, l'affirmation de l'applicabilité du Règlement du 25 septembre 2014 est tout à fait fondée en droit, ce d'autant que le législateur communautaire n'a pas subordonné l'applicabilité de l'article 5 du Règlement à un acte d'exécution.

Contrairement à ce que pourrait faire penser la rédaction de ce texte, l'intervention d'actes d'application du Règlement ne concerne pas toutes les dispositions de ce Règlement. Lorsque le texte communautaire nécessite un acte d'application, le législateur communautaire prend le soin de le préciser, par notamment, les formules suivantes : « *les modalités d'application des dispositions du présent article sont précisées par voie de Règlement d'exécution* », « *un Règlement d'exécution précisera les modalités de...* ». Il en est ainsi notamment de l'article 4 relatif aux pouvoirs de conseils et de rédaction d'actes sous seing privé des avocats, de l'article 23 sur la délivrance du certificat d'aptitude à la profession d'avocat, de l'article 29 relatif à la formation professionnelle initiale et continue des avocats et de l'article 38 dudit Règlement sur les conditions d'exercice de la profession d'avocat. Ces textes spécifiques prescrivent l'édiction de Règlements d'exécution en vue de fixer leurs modalités d'application.

Cependant, il n'en est pas de même de l'article 5 du Règlement du 25 septembre 2014, cette disposition ne subordonnant nullement son application à des mesures d'exécution supplémentaires (*P. A. TOURE,*

« L'article 5 du Règlement 05/CM UEMOA du 25 septembre 2014 relatif à l'assistance de l'avocat dès l'interpellation devant la Chambre d'accusation de la Cour d'appel de Dakar : à propos de l'arrêt n° 249 du 22 septembre 2015, affaire Thione SECK », Annales africaines, nouvelle série, vol 02, n° 03, décembre 2015, p. 332).

L'analyse selon laquelle le droit pénal, étant considéré comme relevant de la souveraineté des États, le Règlement ne saurait intervenir dans le domaine de la procédure pénale ne prend en compte les mutations contemporaines du droit communautaire.

Le discours souverainiste d'un droit pénal échappant à toute emprise du droit communautaire, outre le fait qu'il ne ressort pas des textes fondateurs de l'UEMOA, n'a manifestement plus cours (*D. SIMON, « Constitution, souveraineté pénale, droit communautaire », Cahiers du Conseil constitutionnel n° 26, Dossier : La Constitution et le droit pénal, août 2009*).

Dans les espaces communautaires, le besoin de rapprochement des législations nationales en vue d'atteindre les objectifs des organisations communautaires, justifie souvent des incursions du droit communautaire dans les systèmes procéduraux des États. Même en ce qui concerne les sanctions pénales, la législation communautaire s'arroge de plus en plus le droit d'en fixer des principes directeurs de répression (*Sur cette question, B. BOULOC, « L'influence du droit communautaire sur le droit pénal interne », Mélanges offerts à Georges Levasseur, Paris, Litec 1992, p. 103 s. ; J. BORE, « La difficile rencontre du droit pénal français et du droit communautaire », Mélanges Vitu (A.), Paris, Cujas, 1989, p. 25 s. ; F. RYZIGZER, « Les rapports entre le droit pénal français et le droit communautaire », Gaz. Pal. 1986, I, Doctr. 219 ; J. BIANCARELLI et D. MAIDANI, « L'incidence du droit communautaire sur le droit pénal des États membres », RSC 1984, p. 225 s.)*.

En réalité, une incursion communautaire dans le champ pénal est bien possible dès lors qu'elle peut servir à remplir les objectifs de l'organisation communautaire. Or, l'harmonisation des règles régissant la profession d'avocat et notamment l'encadrement des interventions de l'avocat durant la garde à vue, n'est pas sans lien avec l'atteinte des objectifs de développement du marché commun.

En effet, comme l'énonce le préambule du Règlement de l'UEMOA, elle est « *de nature à contribuer à la sécurisation des investissements dans l'Union* ».

Quoi qu'il en soit, l'arrêt reproduit, en excluant l'intervention de l'avocat dès l'interpellation des mis en cause dans le cadre de l'enquête de flagrant délit, a ouvert les vannes d'une scission du droit de la présence de l'avocat dans la garde à vue (*P. A. TOURE, « L'article 5 du Règlement 05/CM UEMOA du 25 septembre 2014 relatif à l'assistance de l'avocat dès l'interpellation devant la Chambre d'accusation de la Cour d'appel de Dakar : à propos de l'arrêt n° 249 du 22 septembre 2015, affaire Thione SECK », Annales africaines, nouvelle série, vol 2, n° 03, décembre 2015, p. 332).* Ainsi, d'après les juges d'appel, l'intervention des avocats dès l'interpellation des personnes mises en cause prévue par le Règlement précité, n'est possible que dans le cadre de l'enquête préliminaire expressément visée par ce Règlement.

Quant à l'enquête de flagrance, elle est soumise aux dispositions des articles 55 et s. du Code de procédure pénale qui ne prévoient qu'un entretien de trente minutes de l'avocat avec son client dans la seconde période de la garde à vue.

En outre, l'exclusion du jeu de l'article 5 du Règlement de l'UEMOA dans le cadre de l'enquête de flagrance est de nature à entraîner un affaiblissement des garanties de procédure accordées aux personnes. En effet, contrairement à l'enquête préliminaire dont l'accomplissement suppose en principe l'assentiment des personnes concernées, l'enquête de flagrant délit est marquée par sa nature coercitive. Elle a été conçue pour permettre aux officiers de police judiciaire de procéder dans l'urgence à des investigations nécessitées par la commission actuelle d'une infraction ne pouvant plus attendre l'ouverture d'une information judiciaire (*F. DESPORTES et L. LAZERGES-COUSQUER, Traité de procédure pénale, Paris, Economica, 2e éd., 2013, n° 1608 et s).* Cette enquête confère à la police judiciaire des pouvoirs exorbitants plus étendus qu'au cours de l'enquête préliminaire *(J. L. LENNON, « Les aspects coercitifs et intrusifs de l'enquête préliminaire ou l'effritement de la distinction entre enquête de flagrance et enquête préliminaire », Dr. pén, 2007, Études. 21*).

Si l'approche restrictive de l'enquête préliminaire retenue par l'arrêt Thione SECK devait être validée comment expliquer, sans incohérence, que le législateur communautaire ait envisagé une intervention de l'avocat dès l'interpellation dans le cadre de l'enquête préliminaire, en excluant cette importante garantie de procédure en matière d'enquête de flagrance ?

Cette interrogation est d'autant plus légitime que ce dernier type d'enquête de nature coercitive présente plus de risques pour les libertés individuelles que l'on justifie souvent par le fait que les investigations, se déroulent dans des conditions de proximité spatio-temporelle (*ND. FALL, Le droit pénal africain à travers le système sénégalais, Dakar, EDJA, 2003, p. 194*).

En réalité, en faisant référence à *« l'enquête préliminaire »* dans l'article 5 du Règlement précité, le législateur communautaire n'a-t-il pas entendu cette notion au sens large et générique ? La législation communautaire n'avait-elle pas l'ambition d'étendre la présence de l'avocat dès l'interpellation à tous les types d'enquêtes, en vue de renforcer les garanties offertes aux personnes durant l'enquête ? Il est légitime de le penser. En effet, le législateur communautaire, comme à son habitude, se garde souvent d'employer des notions propres aux systèmes juridiques des États, se contentant de faire référence à des notions génériques et de périphrases souples susceptibles de se couler dans le moule des catégories juridiques des États membres (*En ce sens, P. A. TOURE, op. cit., p. 340 ; J. ISSA-SAYEGH, « Le bilan jurisprudentiel du droit uniforme OHADA- incertitudes législatives et turbulences jurisprudentielles » : www.ohada.com*).

97. Droits de la défense et procédures pénales dérogatoires. - Au Sénégal, la mise en œuvre du principe des droits de la défense a été quelquefois confrontée aux procédures pénales spéciales. Les particularités des procédures d'exception, qui se caractérisent souvent par des limites apportées aux garanties de procédure, sont autant d'éléments qui laissent planer un doute sur la capacité des juridictions d'exception à offrir aux justiciables les garanties d'une justice équitable *(S. TELIKO, « Le droit à un procès équitable », Discours d'usage de la rentrée solennelle des Cours et tribunaux, année 2012-2013, p. 15).*

En effet, les procédures pénales dérogatoires souvent focalisées sur l'efficacité répressive aboutissent à une banalisation des atteintes aux droits de la défense (*E. RUBI-CAVAGNA, « L'extension des procédures dérogatoires », RSC 2008, p. 23 ; M. TOUILLIER, « Quelle politique criminelle en matière de droits de la défense dans les procédures pénales dérogatoires ? », Arch. pol. crim. 2015/1, n° 37, p. 41-68*). Récemment, à la faveur de la réactivation de la Cour de répression de l'enrichissement illicite (*CREI*), la procédure devant cette juridiction spéciale a été confrontée aux exigences du respect des droits de la défense (*Sur cette question, J. M. MAROUN, « La loi n° 81-53 du 10 juillet 1981 relative à la répression de l'enrichissement illicite », RIPAS, n° 02, octobre-décembre 1981, p. 274 et s. ; plus récemment, A. CISSE, « Lois relatives à la répression de l'enrichissement illicite de retour ou le lifting laborieux d'un lit de procuste mite par une désuétude méritée », Revue EDJA, n° 106, juillet-août-septembre 2015, p. 9 et s.).*

Dans le cadre de cette procédure spéciale prévue par la loi n° 81-54 du 10 juillet 1981 créant la Cour de répression de l'Enrichissement illicite *(JORS spécial n° 4846 du 24 juillet 1981, p.715),* il revient au procureur spécial, saisi d'une dénonciation, d'une plainte ou par toute autre voie de faire procéder à une enquête préliminaire. Après achèvement de l'enquête et s'il y a des indices d'enrichissement illicite, le parquet spécial convoque la personne mise en cause. Il lui précise, dans l'éventualité d'une poursuite pour enrichissement illicite, que les pièces du dossier sont tenues à sa disposition, pour communication, quarante-huit heures à l'avance et en l'avertissant de son droit de se faire assister par le conseil de son choix *(V. art. 6, alinéa 2 de la loi n° 81-54 du 10 juillet 1981).*

Avant de mettre en demeure la personne concernée de justifier de l'origine licite de son patrimoine, le procureur spécial l'entend, assistée éventuellement de son conseil, et lui fait connaître les résultats de l'enquête en ce qui concerne le montant de ses ressources connues, comparé au détail des éléments de son patrimoine ou de son train de vie.

Dans l'affaire Karim WADE et autres, la Chambre criminelle de la Cour suprême a été saisie d'un pourvoi formé contre l'ordonnance de la Commission d'instruction de la CREI du 17 avril 2013, ayant inculpé Karim Meïssa WADE pour enrichissement illicite et l'a placé sous mandat de dépôt. Aux termes de l'article 13 de la loi n° 81-54 du 10 juillet 1981 : « *Les décisions de la Commission d'Instruction ne sont susceptibles d'aucun recours.*

Toutefois l'arrêt de non-lieu peut être frappé d'appel devant la Cour de répression de l'enrichissement illicite, par le procureur spécial. En cas d'appel, la Cour, selon le cas, évoque et juge l'affaire ou rejette le recours ».

Pour déclarer recevable le pourvoi, l'arrêt de la Chambre criminelle de la Cour suprême du 06 février 2014 a notamment tiré argument de la violation des droits de la défense. Elle a considéré que l'article 13 de la loi n° 81-54 du 10 juillet 1981 excluant tout recours contre les décisions de la Commission d'instruction ne saurait s'opposer à la recevabilité du pourvoi manifesté de manière non équivoque, dès lors que la loi entendue au sens des lois constitutionnelles, des traités, conventions internationaux et principes généraux du droit « *est la même pour tous, que si le législateur peut prévoir des règles de procédure différentes c'est à la condition que cela ne porte pas atteinte aux principes précités et soient assurées aux justiciables des garanties égales notamment quant au respect du principe des droits de la défense, qui implique en particulier l'existence d'une procédure juste et équitable* » *(C. S. ch. crim. n° 23 du 06 février 2014, Karim Meïssa WADE c/ Procureur spécial près la CREI et le Procureur général près la Cour suprême, inédit).*

Il faut préciser que, par un arrêt du 21 janvier 2014, la Chambre d'accusation de la Cour d'appel de Dakar, saisie d'une requête en annulation des actes de procédure, suite à l'inculpation de M. Karim WADE, a fait une lecture littérale de l'article 13 de la loi n° 81-54 du 10 juillet 1981 qui a exclu tout recours contre les décisions de la Commission d'instruction. Selon la Chambre d'accusation, seuls les arrêts de la CREI peuvent faire l'objet d'un pourvoi en cassation devant la Cour suprême *(CA, ch. Acc. n° 18 du 21 janvier 2014, MP c/ Karim MeïssaWADE, inédit).*

L'arrêt de la Chambre criminelle de la Cour suprême du 06 février 2014 a une grande portée juridique. En effet, au-delà de la lettre de l'article 13 de la loi n° 81-54 du 10 juillet 1981, les hauts magistrats ont estimé qu'en raison du principe d'égalité devant la loi entendue au sens large, impliquant la Constitution et les conventions internationales, le législateur ne saurait prescrire des règles de procédure différentes, sans méconnaître le principe des droits de la défense et le droit à un procès équitable. À la lumière de ce raisonnement, la Cour suprême en déclarant le pourvoi recevable, n'a-t-elle pas, de fait, apprécié la constitutionnalité de l'article 13 de la loi n° 81-54 du 10 juillet 1981 ? Ne s'est-elle pas érigée en juge de la constitutionnalité de ce texte ?

Quoi qu'il en soit, le pourvoi ayant soulevé des questions liées à l'inconstitutionnalité de la loi n° 81-54 du 10 juillet 1981 créant la Cour de répression de l'enrichissement illicite, la Cour suprême a, par son arrêt du 06 février 2014, saisi le Conseil constitutionnel de l'exception d'inconstitutionnalité.

Le Conseil constitutionnel, dans un arrêt du 03 mars 2014, a énoncé que la Chambre criminelle, en statuant ainsi, a non seulement dépassé les limites de sa compétence, mais aussi et surtout, a empiété sur celles de la juridiction constitutionnelle. Selon le Conseil constitutionnel, l'appréciation de la conformité de la loi à la Constitution échappe totalement à l'emprise de la Cour suprême *(Cons. Const. n° 1/C/2014 du 03 mars 2014, affaire Karim Meïssa WADE et autres, inédit).*

98. Procédure devant la CREI et présence de l'avocat. - Par ailleurs, devant la haute juridiction constitutionnelle, la question du respect des droits de la défense s'est également posée. En effet, les conseils de Karim WADE et autres ont soutenu que l'article 6, alinéa 2 de la loi qui prévoit une mise à disposition du dossier au mis en cause pour communication quarante-huit (48) heures à l'avance, méconnaît les dispositions de l'article 9 de la Constitution qui garantit les droits de la défense. Selon eux, ce texte ne donne pas de délais raisonnables au mis en cause pour prendre connaissance des indices ou charges rassemblés contre lui au cours de l'enquête préliminaire.

En outre, ils ont fait valoir que les alinéas 4 et 6 de l'article 6 de la loi n° 81-54 du 10 juillet 1981 sont contraires à l'article 14-4 du Pacte international sur les droits civils et politiques selon lequel toute personne accusée d'une infraction a le droit de ne pas être contrainte de témoigner contre elle-même ou de s'avouer coupable.

Le Conseil constitutionnel, par un arrêt du 03 mars 2014, a répondu à un moyen d'inconstitutionnalité tiré de l'absence de conseil durant l'enquête. Selon la haute juridiction constitutionnelle, « *considérant que si la présence d'avocat au niveau de l'enquête préliminaire peut s'avérer utile, son absence ne constitue pas pour autant une violation des droits de la défense, dès l'instant que la personne poursuivie est assistée à toutes les autres phases de la procédure ; qu'il n'apparaît nulle part dans la cause que monsieur Karim WADE ait subi des contraintes ou violences ; qu'il est resté libre de participer activement ou non à son audition, et que ses avocats ont pu, à temps, prendre connaissance des toutes les charges qui lui sont imputées ; que par suite l'article 6, alinéa 2 de la loi n° 81-54 n'est pas contraire à l'article 9 de la Constitution » (Cons. Const. n° 01/C/2014 du 03 mars 2014, affaire Karim Meïssa WADE et autres, inédit).*

99. Procédure d'enrichissement illicite et présomption d'innocence. - La présomption d'innocence est un principe fondamental de la procédure pénale. Il signifie que toute personne suspectée ou poursuivie est présumée innocente tant que sa culpabilité n'a pas été établie par une juridiction (*Sur la présomption d'innocence, P. AUVRET, « La présomption d'innocence », JCP 1994. I. 3802 ; C. LOMBOIS, « La présomption d'innocence », 1990, Pouvoirs, n° 55, Paris, PUF, p. 81 ; R. BADINTER, « La présomption d'innocence, histoire et modernité », 2001, Mélanges Caal, Paris, Litec, p. 133 ; W. JEANDIDIER, « La présomption d'innocence ou le poids des mots », RSC 1991.49*).

Ce principe est consacré par toutes les déclarations de droits (*V. art. 9 de la Déclaration des droits de l'homme et du citoyen ; art. 11 de la Déclaration universelle des droits de l'homme ; art. 7 de la Charte africaine des Droits de l'Homme et des Peuples*) ; il interdit de traiter une personne comme coupable avant qu'elle ait été jugée comme tel (*F. DESPORTES et L. LAZERGES-COUSQUER, Traité de procédure pénale, Paris, Economica, 2e éd., 2013, p. 133, n° 232).*

Une des conséquences du principe de la présomption d'innocence réside dans l'affirmation selon laquelle la charge de la preuve en matière pénale incombe à l'accusation. Le fardeau de la preuve pèse sur le procureur de la République ou la victime lorsqu'elle s'est constituée partie civile par la voie d'action. Il revient à la partie poursuivante de rapporter la preuve des conditions préalables et des éléments constitutifs de l'infraction *(élément légal, matériel et moral) (J. BUISSON, « Preuve », Rép. dr. pén. proc. pén. Dalloz, février 2003, n° 15).*

Cependant, la procédure devant la Cour de répression de l'enrichissement illicite présente un particularisme certain. En effet, saisi d'une dénonciation, d'une plainte ou agissant d'office, le procureur spécial fait procéder à une enquête préliminaire appelée « *enquête de patrimoine* » *(art. 5 de la loi n° 81-54 du 10 juillet 1981).*

Après achèvement de l'enquête et s'il y a des indices d'enrichissement illicite, il convoque la personne mise en cause quarante-huit (48) heures à l'avance, en l'avertissant de ce qu'elle peut se faire assister du conseil de son choix.

Au jour fixé, le procureur spécial entend la personne concernée, assistée éventuellement de son conseil et lui fait connaître les résultats de l'enquête en ce qui concerne le montant de ses ressources connues, comparé au détail des éléments de son patrimoine ou de son train de vie.

Le procureur spécial met ensuite la personne entendue en demeure de justifier dans le délai d'un mois de l'origine licite desdits éléments.

Si la personne convoquée ne se présente pas ou si elle ne fournit, dans le délai imparti, aucune justification ou si les justifications fournies sont insuffisantes, le procureur spécial saisit la Commission d'instruction de la Cour de répression de l'enrichissement illicite.

Il faut préciser que le délai d'un mois après la mise en demeure prévu par l'article 6 de la loi n° 81-54 du 10 juillet 1981 constitue un délai de procédure permettant au parquet spécial, à son expiration, de saisir la Commission d'instruction en cas d'absence ou d'insuffisance de justification de l'origine licite des ressources de la personne convoquée. En effet, dans cette dernière hypothèse, le procureur spécial dispose d'indices suffisants de culpabilité pour procéder à la saisine de la juridiction d'instruction *(Commission d'instruction).*

Cependant, le délai d'un mois ne s'applique pas au mis en cause, ce dernier ayant la latitude de rapporter la preuve de l'origine licite de ses ressources jusqu'à l'audience. D'ailleurs, l'article 163 bis du Code pénal se contente d'énoncer que le délit d'enrichissement illicite est constitué lorsque, sur simple mise en demeure, une des personnes désignées par la loi « *se trouve dans l'impossibilité de justifier de l'origine licite des ressources qui lui permettent d'être en possession d'un patrimoine ou de mener un train de vie sans rapport avec ses revenus légaux* ». La preuve de l'origine licite des ressources peut donc être rapportée devant le procureur spécial, au cours de l'information devant la Commission d'instruction ou même devant la juridiction de jugement *(la Cour de répression de l'enrichissement illicite).*

Ainsi, il résulte de la procédure d'enrichissement illicite qu'il appartient au parquet spécial, suite à l'enquête de patrimoine, de rapporter la preuve des revenus légaux de la personne poursuivie ainsi que de l'existence de ressources lui permettant d'être en possession d'un patrimoine ou de mener un train de vie sans rapport avec lesdits revenus. En tout état de cause, le procureur spécial doit faire la preuve de la propriété du prévenu sur les ressources en question. Ces exigences tirées de l'existence de ressources sans lien avec les revenus légaux et de la qualité de titulaire d'un mandat public électif, d'une fonction gouvernementale ou d'agent public du prévenu, constituent en réalité des conditions préalables du délit d'enrichissement illicite.

En outre, il incombe au parquet spécial de rapporter la preuve de la mise en demeure constatée par un procès-verbal *(art. 6 de la loi de la loi n° 81-54 du 10 juillet 1981).*

La seule charge qui pèse sur la personne poursuivie réside dans la justification de l'origine licite des ressources qui lui permettent d'être en possession d'un patrimoine ou de mener un train de vie sans rapport avec ses revenus légaux, par tous moyens.

L'article 163 bis du Code pénal opère en réalité un véritable renversement de la charge de la preuve puisqu'il appartient au prévenu, et non au parquet spécial, de caractériser un élément constitutif de l'infraction à part entière (*En ce sens, B. NGOM, Comment renforcer l'indépendance de la magistrature au Sénégal ?, Paris, L'Harmattan, 2016, p. 44*).

Cependant, cette inversion du fardeau de la preuve ne constitue pas réellement une atteinte à la présomption d'innocence. Elle s'explique par des raisons d'ordre pratique (*F. DESPORTES et L. LAZERGES-COUSQUER, Traité de procédure pénale, Paris, Economica, 2e éd., 2013, n° 557*). En effet, l'absence de justification de l'origine licite des ressources, en tant qu'élément constitutif de l'infraction d'enrichissement illicite, s'analyse en un fait négatif, ne pouvant être prouvé par le Ministère public. Seule la personne poursuivie est en mesure de rapporter la preuve contraire de l'origine licite desdites ressources.

Dans le cadre de l'affaire Karim WADE et autres, un moyen tiré de la violation de la présomption d'innocence a été soulevé devant le juge constitutionnel. Les conseils de M. Karim WADE ont contesté la conformité de l'article 3 de la loi n° 81-53 du 10 juillet 1981 relative à la répression de l'enrichissement illicite à la Constitution. Selon ce texte, ce délit est constitué lorsque sur simple mise en demeure, la personne mise en cause se trouve dans l'impossibilité de justifier de l'origine des ressources qui lui permettent d'être en possession d'un patrimoine ou de mener un train de vie sans rapport avec ses revenus.

Selon les conseils de M. WADE, cette disposition, qui opère un renversement du fardeau de la preuve, porte atteinte au principe de la présomption d'innocence, socle des droits de la défense.

La haute juridiction constitutionnelle a écarté ce moyen, en légitimant le recours législatif aux présomptions de culpabilité. D'après le Conseil constitutionnel, « *le renversement de la charge de la preuve ne constitue pas une situation juridique inédite qui porte atteinte, a priori, à la présomption d'innocence ; que le législateur y a parfois recours dans plusieurs disciplines, notamment en droit pénal, en droit fiscal, en droit douanier ; que ce principe se retrouve aussi dans d'autres systèmes juridiques étrangers, tout autant soucieux du respect des droits de la défense ; qu'il est essentiellement motivé par un souci d'efficacité de l'objectif poursuivi ; considérant que le législateur, en principe, ne saurait instituer des présomptions de culpabilité en matière répressive ; que toutefois, à titre exceptionnel, de telles présomptions peuvent être établies, dès lors qu'elles ne revêtent pas un caractère irréfragable, et que le respect des droits de la défense est assuré* » *(Cons. Const. n° 01/C/2014 du 03 mars 2014, affaire Karim Meïssa WADE et autres, inédit).*

Le juge constitutionnel sénégalais, en légitimant le recours législatif aux présomptions de culpabilité, semble admettre que la procédure devant la Cour de répression de l'enrichissement illicite opère un renversement de la charge de la preuve.

Cette décision du Conseil constitutionnel sénégalais s'est particulièrement inspirée de l'arrêt du Conseil constitutionnel français du 16 juin 1999. Pour cette juridiction, « *en principe le législateur ne saurait instituer de présomption de culpabilité en matière répressive ; que, toutefois, à titre exceptionnel, de telles présomptions peuvent être établies, notamment en matière contraventionnelle, dès lors qu'elles ne revêtent pas de caractère irréfragable, qu'est assuré le respect des droits de la défense et que les faits induisent raisonnablement la vraisemblance de l'imputabilité* » (*Cons. const. n° 99-411 du 16 juin 1999, Sécurité routière, D. 1999, p. 589, note Mayaud ; RDP 1999, p. 1287*).

Le juge constitutionnel sénégalais n'a pas repris dans sa motivation la condition tirée de la vraisemblance raisonnable de l'imputabilité énoncée par le Conseil constitutionnel français.

La Cour européenne des Droits de l'Homme a également statué sur la compatibilité des présomptions de culpabilité avec le principe de la présomption d'innocence. La Cour de Strasbourg a estimé que les présomptions de culpabilité ne sont pas incompatibles avec la Convention européenne des Droits de l'Homme. Cependant, elle exige que ces présomptions soient enserrées dans des limites raisonnables, qu'elles ne portent pas une atteinte excessive à la présomption d'innocence et aux droits de la défense (*CEDH, Salabiaku c/ France du 7 octobre 1988, RSC 1989, p. 167, obs. Pettiti ; CEDH du 25 septembre 1992, Pham Hoang c/ France, JCP 1993. I. 3654, n° 15*). En d'autres termes, la présomption doit être nécessaire et ne doit pas être irréfragable.

La position de la Chambre criminelle de la Cour de cassation française est la même que celle du Conseil constitutionnel. Cette haute juridiction a décidé que l'article 6-2 de la Convention européenne de sauvegarde des Droits de l'Homme et des libertés fondamentales, qui n'a pas pour objet de limiter les modes de preuve prévus par la loi interne mais d'exiger que la culpabilité soit légalement établie, ne fait pas obstacle aux présomptions de fait ou de droit instituées en matière pénale, dès lors que lesdites présomptions « *prennent en compte la gravité de l'enjeu et laissent entiers les droits de la défense* » (*Cass. crim. du 30 janvier 1989, Bull. crim., n° 33 ; crim. du06 novembre 1991, Bull. crim., n° 397 ; également, crim. du 09 avril 1992, Bull. crim. n° 155 ; crim. du 10 février 1992, Bull. crim. n° 62).*

En réalité, l'existence de présomptions de culpabilité ou de responsabilité n'est pas une particularité de la procédure d'enrichissement illicite. On trouvera, en effet, trace de ces présomptions relatives à l'élément matériel, à l'élément moral et à la responsabilité pénale dans plusieurs disciplines juridiques.

Ainsi, le point 4 de l'article 323 du Code pénal considère comme proxénète celui qui, étant en relations habituelles avec une ou plusieurs personnes se livrant à la prostitution, ne peut justifier de ressources correspondant à son train de vie (*Cass. crim. du 05 avril 1995, Dr. pén. 1995, comm. 172, obs. Véron).*

Une présomption relative à l'élément moral de l'infraction est prévue en droit pénal de la presse par l'article 264 du Code pénal. Aux termes de ce texte : « *toute reproduction d'une imputation qui a été jugée diffamatoire sera réputée faite de mauvaise foi, sauf preuve contraire par son auteur* ».

Le mécanisme de la responsabilité éditoriale dite en cascade prévu par l'article 270 du Code pénal institue une présomption de responsabilité du directeur de publication, fondée sur l'obligation qui incombe au directeur de publication de surveiller et de contrôler le contenu diffusé (*M. VERON, « La responsabilité du directeur de la publication. Infractions de presse et infractions par voie de presse », Dr. pén, février 1996, p. 1 ; E. DREYER, « L'auteur de l'infraction de presse : auteur naturel ou artificiel ? », Dr. pén, n° 09, septembre 2008, étude 18 R. MERLE et A. VITU, Traité de droit criminel, Droit pénal spécial, Paris, éd. Cujas, 1982, p. 1244, n° 1577*).

Le droit douanier constitue bien souvent un terrain de prédilection des présomptions de culpabilité au nom de la recherche d'efficacité dans les investigations *(A.O.DIENG, Le contentieux dans la loi n° 2014-10 du 28 février 2014 portant Code des douanes du Sénégal : un équilibre réussi ? mai 2014, p. 16).*

Sous l'empire de la législation douanière antérieure, l'article 268 de la loi n° 87-47 du 28 décembre 1987 portant Code des douanes consacrait le principe du renversement de la charge de la preuve. Ce texte énonçait que dans toute action en répression d'une infraction douanière résultant soit d'un constat, soit d'une saisie, les preuves de non-contravention sont à la charge du prévenu.

Cependant, la réforme du Code des douanes a confiné le principe du renversement de la charge de la preuve aux seules infractions résultant d'une saisie, à l'exclusion du constat.

En effet, l'article 350 de la loi n° 2014-10 du 28 février 2014 portant Code des douanes, revenant sur les règles probatoires, énonce désormais que « *dans toute action en répression d'une infraction douanière résultant d'une saisie, les preuves de non-infraction sont à la charge du saisi* ». Il a été soutenu que cette réforme est justifiée par le souci « *de prévenir toute interprétation tendancieuse, voire fallacieuse, et pour éviter toute velléité d'abus de la part des agents des douanes, notamment lors d'un contrôle après dédouanement* » *(A. O. DIENG, Le contentieux dans la loi n° 2014-10 du 28 février 2014 portant Code des douanes du Sénégal : un équilibre réussi ? mai 2014, p. 17).*

Récemment, un auteur averti a considéré qu'à la lumière de la décision du Conseil constitutionnel sénégalais, le renversement de la charge de la preuve posé par l'article 350 du Code des douanes n'est pas conforme au principe de la présomption d'innocence. Selon l'auteur, en raison de la force probante attachée aux procès-verbaux rédigés par deux agents de douane *(art. 314 du Code des douanes)*, la présomption posée par l'article 350 du Code des douanes ne revêt pas un caractère réfragable (*M. FAYE, Le droit douanier sénégalais, Paris, L'Harmattan, 2015, p. 164-165*).

En tout état de cause, dans le cadre de la procédure d'enrichissement illicite, la présomption d'innocence est préservée dès lors que, d'une part, la présomption de culpabilité que pose l'article 3 de la loi du 10 juillet 1981 peut être contestée par tous moyens. En effet, la personne mise en demeure a la possibilité de rapporter la preuve de l'origine de ses ressources jusqu'à l'audience.

D'autre part, les droits de la défense sont respectés, la personne mise en cause ayant la possibilité d'être assistée par son conseil devant le procureur spécial, durant l'instruction et à l'audience.

Le retentissant arrêt de la Chambre criminelle de la Cour suprême du 6 février 2014 finira par « *mourir de sa belle mort* », à la suite de la requête aux fins de rabat d'arrêt introduite par le parquet général de ladite Cour. En effet, les chambres réunies de la Cour suprême ont rabattu ledit arrêt au motif qu'en se bornant à relever une simple manifestation de volonté non équivoque de former un pourvoi en cassation, alors que l'article 58 de la loi organique dispose qu'en matière pénale le pourvoi est introduit par une déclaration faite au greffe, la Chambre criminelle a commis une erreur de procédure qui affecté la solution donnée au litige (*CS, ch. réu. n° 12 du 19 août 2014, Procureur général près la Cour suprême c/ Karim Meïssa WADE, inédit*).

100. Procédure d'enrichissement illicite et principe de l'égalité des armes.- L'arrêt de la Chambre criminelle de la Cour suprême du 06 février 2014, qui n'a été rabattu que sur des bases purement processuelles, n'en pose pas moins le débat de la compatibilité de la procédure devant la CREI avec les garanties de procédure reconnues à toute personne poursuivie, notamment le principe de l'égalité des armes et le droit à un recours effectif. En effet, l'article 13 de la loi n° 81-54 du 10 juillet 1981 a fermé toute voie de recours contre les décisions de la Commission d'instruction de la CREI, tout en ouvrant un droit d'appel au parquet spécial contre les arrêts de non-lieu.

L'égalité des armes suppose que chaque partie ait « *la possibilité de défendre sa cause dans des conditions qui ne la place pas dans une situation de net désavantage par rapport à son adversaire* » (*CEDH du 27 juin 1968, Neumeister c/ Autriche*). Les parties doivent avoir des droits équivalents et équilibrés, ce qui exclut des « *disparités grossières révélant une rupture d'équilibre dans le procès* » *(F. DESPORTES et L. LAZERGES-COUSQUER, Traité de procédure pénale, Paris, Economica, 2e éd., 2013, p.293, n° 439 et s).* Le principe de l'égalité des armes implique le droit des parties d'exercer les recours dans des conditions équivalentes.

Manifestement, il n'est pas possible, s'agissant de la détermination des décisions susceptibles de recours ou encore des cas d'ouverture à cassation, d'appliquer des règles uniformes.

Cependant, des disparités entraînant un net désavantage pour une partie, autorisent à relever une rupture d'équilibre dans le procès pénal *(H. RUIZ-FABRI, « Égalité des armes et procès équitable dans la jurisprudence de la Cour européenne des Droits de l'Homme » in T. Lambert (dir.), Égalité et équité. Antagonisme ou complémentarité, Paris, Economica, 1999, p. 47).*

Le monopole du droit d'appel reconnu au parquet spécial contre les arrêts de non-lieu de la Commission d'instruction et la fermeture de toute voie de recours contre les décisions de ladite commission de la part de l'inculpé, heurtent manifestement le principe de l'égalité des armes.

La Cour de cassation française avait jugé que les dispositions de l'article 546 du Code de procédure pénale, qui réservait le droit d'appel en matière contraventionnelle, au seul procureur général, ne sont pas compatibles avec le principe de l'égalité des armes tel qu'il résulte de l'exigence d'un procès équitable, au sens de l'article 6 de la Convention européenne des Droits de l'Homme *(Cass. crim. du 6 mai 1997, Landry, JCP G 1998, II, 10056, note J.-Y. Lassale ; Bull. crim., n° 170 ; crim. du 21 mai 1997, Mathoulin, Bull. crim., n° 191 ; JCP G 1997, IV, 1844 ; Juris-Data n° 002621 ; RSC 1997, p. 858, note Dintilhac ; Procédure 1997, n° 09, comm. 214, note Buisson).* La loi française n° 99-515 du 23 juin 1999 a finalement abrogé cette disposition *(Pour un commentaire de cette décision, V. J-Y LASSALLE, « Droit d'appel du procureur général, principe de l'égalité des armes et influence de la Convention EDH », Sem. Jur. éd. G. n° 15, 8 avril 1998, II. 10056).*

On a pu écrire, à juste titre, que « *l'interdiction du droit d'appel et la discrimination instituée au sujet des voies de recours en violation du principe de l'égalité des armes, constituent autant de limites qui risquent de rejaillir sur l'image de la Cour (CREI) et l'autorité de ses décisions* » *(S. TELIKO, « Le droit à un procès équitable », Discours d'usage de la rentrée solennelle des Cours et tribunaux, année 2012-2013, p. 16 ; B. NGOM, Comment renforcer l'indépendance de la magistrature au Sénégal ?, Paris, L'Harmattan, 2016, p. 46-47).*

Ni la nature spéciale de la procédure devant la CREI, ni les exigences liées à la lutte contre les actes de prévarication économique, ne sauraient justifier une telle atteinte à l'équité du procès pénal *(M. FABRE, « Le droit à un procès équitable. Étude de jurisprudence sur l'application de l'article 6, paragraphe 1 de la CEDH », JCP G. 1998, I, 157 ; S. GUINCHARD, « Le procès équitable : droit fondamental ? », AJDA, n° spécial, Les droits fondamentaux. Une nouvelle catégorie juridique ?, 1998, p. 191).*

Sous ce rapport, la décision du Conseil constitutionnel du 03 mars 2014 ayant déclaré la loi n° 81-54 du 10 juillet 1981 créant la Cour de répression de l'enrichissement illicite conforme, dans toutes ses dispositions à la Constitution, est très discutable.

Il nous semble nécessaire d'entreprendre un aménagement de la procédure d'enrichissement illicite en vue de mieux l'adapter aux principes directeurs garantissant l'équité du procès pénal.

101. L'extension du champ des droits de la défense. - Manifestement le champ balisé au principe des droits de la défense par la loi du 02 février 1984 fixant l'organisation judiciaire, était trop étroit pour contenir toutes ses manifestations.

Aussi, l'article 3 de la loi du 03 novembre 2014 a-t-il procédé à l'extension du domaine des droits de la défense qui désormais s'applique « *en toutes matières* ».

Cette option est tout à fait justifiée. Malgré sa forte connotation pénale, les droits de la défense irriguent, de nos jours, tout le droit processuel. Ils débordent le cadre réduit du procès pénal stricto sensu. Le principe des droits de la défense n'est pas attaché tant au procès qu'aux procédures. La vertu de son rôle dans le procès classique a favorisé « *sa diffusion hors la sphère du procès pour innerver, en vérité, l'ensemble du droit* » *(L. CADIET, « Contradictoire », in D. ALLAND et S. RAILS (dir), Dictionnaire de la culture juridique, Paris, PUF, 2003 ; L. CADIET, J. NORMAND et S. AMRANI MEKKI, Théorie générale du procès, Paris, PUF, 2e éd., 2010, p. 646 ; également, Y. CAPDEPON, Essai d'une théorie générale des droits de la défense, thèse Bordeaux IV, 2011).*

102. L'irruption des droits de la défense dans les procédures disciplinaires. - Le droit disciplinaire a considérablement gagné du terrain *(J. BRETHE DE LA GRESSAYE, « Le pouvoir disciplinaire dans les ordres professionnels », Dr. soc. 1955, p. 597 ; A. LEGAL ET J. BRETHE DE LA GRESSAYE, Le pouvoir disciplinaire dans les institutions privées, 1938, Paris, Sirey ; M. DELMAS-MARTY, « Réflexions sur le pouvoir disciplinaire », RTDH 1995, p. 155 ; F. DELPEREE, « Le droit disciplinaire, unité ou diversité », RTDH 1995.341 ; J. PRALUS-DUPUY, « La répression disciplinaire de l'infraction pénale », RSC, 1992, p. 229 ; J. PRALUS-DUPUY, « Cumul et non-cumul de sanctions en droit disciplinaire », D. 1993, chron. 135 ; J. PRALUS-DUPUY, « L'article 6 de la Convention européenne de sauvegarde des Droits de l'Homme et les contentieux de la répression disciplinaire », RSC, 1995, p. 723).*

Plusieurs professions *(médecins, dentistes, avocats, sages-femmes, vétérinaires, experts-comptables, architectes, etc.)* se sont organisés en ordres en fixant les règles éthiques et déontologiques à respecter par leurs membres (*M. LASCOMBE, « Les ordres professionnels », AJDA 1994, p.855*).

L'action disciplinaire frappe les membres d'un corps social particulier, public ou privé, coupables de manquements à l'intérêt collectif de l'institution et qui est exercée par les autorités corporatives sous le contrôle des juridictions (*J. PRALUS-DUPUY, « Discipline », Rép. proc. civ. Dalloz, mars 2011, n° 01)*.

La procédure disciplinaire s'est progressivement rapprochée de la procédure pénale. Le rapprochement des deux procédures est lié à l'accroissement des garanties reconnues à la personne poursuivie disciplinairement. Certaines exigences, considérées comme des garanties fondamentales d'un procès juste et équitable, ont été étendues à la matière disciplinaire. Il en est ainsi du respect des droits de la défense *(En ce sens, J. BRETHE DE LA GRESSAYE, « La discipline dans les entreprises, les syndicats et les professions organisées », Arch. ph. dr., nouvelle série n° 02, 1953-1954, p. 99 ; J. PRALUS-DUPUY, « France, les principes du procès pénal et leur mise en œuvre dans les procédures disciplinaires », RIDP 2003/3 (Vol. 74), p. 889-923 ; Du même auteur, Les tendances contemporaines de la répression disciplinaire, RSC 2000, p. 545 et s.)*.

Ce mouvement de pénétration des droits de la défense dans les procédures disciplinaires est étroitement lié au phénomène contemporain de la « *procéduralisation du droit* » *(L. CADIET, J. NORMAND et S. AMRANI MEKKI, Théorie générale du procès, Paris, PUF, 2e éd., 2010, p. 646)*.

Les textes organisant le statut de certaines professions ont aménagé une procédure disciplinaire préservant le respect des droits de la défense, prévoyant notamment le droit pour le mis en cause de connaître les faits et les griefs formulés contre lui, le droit de se faire assister par un conseil de son choix et le droit de communication du dossier de la procédure. Cette dernière exigence vise essentiellement l'information de l'intéressé *(M. NGAIDE, « Réflexions sur le droit à l'information administrative au Sénégal », Revue EDJA, n° 53, avril-mai-juin 2002, p. 45)*.

Mais, le juge sénégalais ne sanctionne la non-communication du dossier que lorsque le non-respect de cette formalité est imputable à l'administration *(CE, du 26 avril 1995, Abdou Fouta Diakhoumpa c/*

État du Sénégal, inédit ; CE du 24 avril 1996 Abdoul Maliki Boussou c/ État du Sénégal, Bulletin des arrêts du Conseil d'État, n° 01, juillet 1998, p. 95 et 109).

Ces textes intègrent également le droit de faire des observations écrites et orales devant l'instance disciplinaire et le droit de produire ses propres preuves, par notamment la citation de témoins (*V. notamment, art. 108 du décret n° 2002-1032 du 15 octobre 2002 fixant le statut des notaires ; art.46 de la loi n° 84-09 du 04 janvier 1984 portant création de l'Ordre des Avocats ; art. 62 du décret n° 2015-389 du 20 mars 2015 portant statut des huissiers de justice ; art. 48 de la loi n° 61-33 du 15 juin 1961 relative au statut général des fonctionnaires ; art. 47 de la loi n° 2011-08 du 30 mars 2011 relative au statut général des fonctionnaires des collectivités locales).*

Déjà, un arrêt du Conseil d'État sénégalais du 26 janvier 1994 a jugé « *qu'en matière administrative, le respect des droits de la défense est un principe général de droit dont l'application n'est rigoureusement exigée que dans les procédures contentieuses* » (*CE n° 1/1994 du 26 janvier 1994, Coopérative des Boulangers du marché Zinc « Bokk Jom », in D. SY (dir), Répertoire de jurisprudence : droit administratif (Recueil des arrêts du Conseil d'État 1993-1994-1995, Dakar, CREDILA, p. 104-105).*

La chambre administrative de la Cour suprême a eu l'occasion d'appliquer le principe des droits de la défense en matière disciplinaire.

L'arrêt Ndiogou SALL rendu par la Cour suprême du Sénégal le 28 janvier 1981 a mis en œuvre le principe des droits de la défense à propos de la radiation des cadres d'un fonctionnaire de Police. Dans cette affaire, Ndiogou SALL, ancien gardien de la Paix a été radié des cadres sans suspension des droits à pension par arrêté du ministre de l'Intérieur du 13 octobre 1978. Il a demandé l'annulation pour excès de pouvoir de l'arrêté pour violation de l'article 9 de la Constitution prévoyant le principe des droits de la défense.

La haute juridiction a estimé qu'aucun acte de convocation régulièrement signifié à Ndiogou SALL pour la séance du conseil d'enquête n'a été dressé et que l'attestation de communication du dossier signée par lui a été établie postérieurement à la réunion du conseil d'enquête. Les hauts magistrats ont annulé pour excès de pouvoir l'arrêté du ministre de l'Intérieur, en énonçant que « *cette inobservation en l'espèce des formalités qui sont essentielles et des garanties instituées pour mettre un agent des forces de Police incriminé à même de présenter sa défense étant, compte tenu des circonstances de la cause, de nature à vicier la procédure disciplinaire » (CS, 28 janvier 1981, Ndiogou SALL, in J. M. NZOUANKEU, Les grandes décisions de la jurisprudence administrative sénégalaise, Tome 1, 2e éd., Dakar, RIPAS, 1984, p. 526).*

Dans un arrêt du 03 mars 2011, trois étudiants de l'Université Gaston BERGER, ayant fait l'objet de décisions d'exclusion prises par la commission de discipline le 29 juillet 2010, ont saisi la Cour suprême d'une requête en annulation de ces décisions. À l'appui de cette requête, ils ont fait valoir qu'en vertu de l'article 9 de la Constitution, le principe du respect des droits de la défense est un principe général de droit à valeur constitutionnelle et un principe du droit processuel qui implique pour chaque partie à un procès, la liberté de faire connaître tout ce qui est nécessaire au succès de la demande ou de sa défense. Les étudiants ont fait observer que ni le comité d'instruction de l'affaire, ni la commission de discipline ne leur ont permis d'exposer leurs moyens de défense et qu'ils n'ont pas été informés de leur droit de se faire représenter.

La Cour a jugé que, contrairement aux allégations des étudiants, les convocations mentionnent bien les modalités par lesquelles ils peuvent se défendre conformément au décret n° 91-728 du 24 juillet 1991 relatif aux modalités provisoires d'exercice du pouvoir disciplinaire à l'égard des étudiants. En outre, la Cour a ajouté que les demandeurs ont signé le rapport d'instruction contenant leurs déclarations avec les justifications de leurs agissements. Le décret du 24 juillet 1991, précisent les hauts magistrats, qui organise la procédure disciplinaire à l'égard des étudiants, n'impose nullement qu'il soit procédé à des confrontations ou débats contradictoires. Ils ont en conséquence rejeté le recours formé par les étudiants contre les décisions d'exclusion prises par la commission de discipline de l'Université de Saint-Louis *(CS, ch. adm. n° 09 du 03 mars 2011, Birassy Guissé, Mamadou Lamine Bitèye et Salimou Kébé c/ la commission de discipline de l'Assemblée de l'Université Gaston Berger et le Recteur de l'Université Gaston Berger de Saint-Louis, inédit)*

Ainsi, la chambre administrative de la Cour suprême, en considérant que le principe des droits de la défense n'a pas été violé, admet implicitement que le respect de ce principe de procédure s'applique aux procédures disciplinaires.

La Cour régulatrice a récemment confirmé l'applicabilité du principe des droits de la défense aux procédures disciplinaires dans un arrêt du 27 mars 2014 *(CS, ch. adm. n° 13 du 27 mars 2014, Ndiaga SOUMARE c/ État du Sénégal, inédit).* Dans cet arrêt de la Chambre administrative de la Cour suprême, le sieur N.S. qui a été omis du tableau d'avancement des inspecteurs et officiers de la Douane par un décret n° 2012-733 du 07 juin 2013, a sollicité son annulation. Il a été soutenu un moyen tiré de la violation des droits de la défense, au motif qu'en prenant l'initiative de l'omettre de l'état de proposition, le Directeur général des Douanes ne l'a pas mis à même de se défendre alors que l'article 19 de la loi relative au statut du personnel des Douanes soumet les sanctions à une explication préalable de l'intéressé.

Les hauts magistrats ont jugé « *qu'aux termes des dispositions de l'article 19 visé au moyen l'omission du tableau d'avancement ne constitue pas une sanction disciplinaire nécessitant une demande d'explication préalable de l'intéressé* ».

Qu'ainsi, en décidant que l'omission du tableau d'avancement ne s'analyse pas en une sanction disciplinaire exigeant une demande d'explication préalable de l'intéressé, la Cour suprême admet que le principe du respect des droits de la défense a vocation à s'appliquer aux sanctions disciplinaires.

PARAGRAPHE III : JURISPRUDENCE

103. Les droits de la défense en matière civile.

104. L'arrêt de la Cour d'appel, qui a confirmé un jugement condamnant des personnes à payer une somme d'argent, à titre de remboursement alors que l'une d'elles n'a pas été installée dans la procédure d'appel, n'a pas satisfait aux exigences de l'article 9 de la Constitution et de l'article 7 de la loi n° 84-19 du 02 février 1984 fixant l'organisation judiciaire relatif au respect des droits de la défense ***(CS, n° 87 du 17 septembre 2014, Marie Laure JUBRAN c/ Khalil GOZAYEL, in Cour suprême. Bulletin des arrêts, n° 08, Année judiciaire 2014, décembre 2015, p. 72).***

105. Il est de jurisprudence constante que la formalité de la convocation ou de l'assignation du défendeur, indispensable pour respecter les droits de la défense, est exigée avant l'intervention du jugement d'une partie. À défaut, la décision qui en résulte ne peut pas être contradictoire ***(CA Kaolack, n° 61/15 du 12 novembre 2015, Abdou Karim AW c/ Fatou WONE, inédit)***.

106. En vertu du principe du contradictoire posé par l'article 7 de la loi n° 84-19 du 02 février 1984 fixant l'organisation judiciaire, tant en matière civile que répressive, nul ne peut être jugé sans être mis en mesure de présenter ses moyens de défense. Au sens de ce principe, en matière de saisie immobilière, la régularité de la reprise d'une procédure d'adjudication immobilière, suite à une instance d'appel contre un jugement rendu sur audience éventuelle, est subordonnée à la notification par le créancier poursuivant au saisi d'un acte l'informant de la reprise de ladite procédure, notamment par la signification d'un avenir ou d'une ordonnance sur requête autorisant la reprise de l'instance en fixant une nouvelle date d'adjudication ; le moyen tiré de la violation du principe du contradictoire, pour être lié à la bonne organisation du service public de la justice, présente un caractère d'ordre public ***(TGIHC Dakar, n° 467 du 08 février 2011, Société la Financière Africaine c/ BSIC Sénégal, inédit)***.

107. Les droits de la défense en matière pénale.

108. Le juge d'instruction doit, à peine de nullité, tant de l'acte lui-même que de la procédure ultérieure, donner avis au prévenu de ce qu'il est libre de ne faire aucune déclaration durant l'interrogatoire de première comparution ***(CS n° 02 du 14 janvier 1981, Serge LOYE/ MP, inédit ; E. MICHELET, « Chronique jurisprudentielle : la jurisprudence de la Cour suprême du Sénégal en matière pénale », Annales africaines, 1989-1990-1991, p. 308)***.

109. Constitue une violation des droits de la défense pour inobservation d'une formalité substantielle, cause de nullité de l'information, en application de l'article 166 du Code de procédure pénale, le fait pour le greffier de la Chambre d'accusation de ne pas notifier, par lettre recommandée avec accusé de réception, aux parties ou à leurs conseils la date à laquelle l'affaire sera appelée à l'audience avec un minimum de quarante-huit (48) heures en matière de détention ***(CS n° 48 du 3 octobre 1973, Pierre N'ZALE c/ MP, inédit ; E. MICHELET, « Chronique jurisprudentielle : la jurisprudence de la Cour suprême du Sénégal en matière pénale », Annales africaines, 1989-1990-1991, p. 308)***.

110. En cas de poursuite pour détournement et escroquerie portant sur les deniers publics, il n'est pas fait obligation au procureur de la République dans son réquisitoire introductif de fixer d'ores et déjà le montant précis des sommes escroquées ou détournées. Au besoin, le juge apprécie et peut cantonner lesdites sommes pour permettre à l'inculpé de cautionner ; cette omission temporaire ne constitue pas une violation substantielle des droits de la défense au sens de l'article 166 du Code de procédure pénale, d'autant plus qu'à tout moment l'inculpé peut manifester sa volonté de cautionner et obliger le magistrat instructeur à cantonner le montant qui lui est reproché (***CA, ch. Acc. 244 du 30 septembre 2003, Ministère public- Ablaye GAYE c/ Alioune BADARA - Ababacar THIAM et autres, inédit***).

111. Constitue une violation des droits de la défense, le fait de ne pas avoir donné connaissance à l'accusé de la liste des jurés l'avant-veille du tirage au sort, mais le jour même en méconnaissance de l'article 264 du Code de procédure pénale. Il en est de même lorsque les débats ne sont pas réouverts après un supplément d'information, pour donner aux parties la possibilité de discuter les résultats de la mesure d'instruction ***(CS n° 20 du 29 février 1984, Khady TOURE/ MP, inédit ; E. MICHELET, « Chronique jurisprudentielle : la jurisprudence de la Cour suprême du Sénégal en matière pénale », Annales africaines, 1989-1990-1991, p. 308 ; CS n° 04 du 27 février 1971, Malick SECK/ MP, inédit ; E. MICHELET, « Chronique jurisprudentielle : la jurisprudence de la Cour suprême du Sénégal en matière pénale », Annales africaines, 1989-1990-1991, p. 308)***.

112. S'il est vrai qu'aux termes de l'article 501 du Code de procédure pénale, le prévenu ou son conseil doit avoir la parole le dernier, il est libre de ne pas réclamer l'exercice de ce droit ; la violation des droits de la défense consiste à refuser la parole au prévenu ou à son conseil lorsqu'il la demande ; mais la loi n'oblige pas le président à adresser à la défense une interpellation à cet égard ***(Cass. pén. n° 71 du 15 juin 1999, Abdoulaye Ndiaga SYLLA et autres Sud Communication c/ Jean Claude MIMRAN et CSS, in Cour de cassation. Bulletin des arrêts, chambre pénale ; chambre civile ; chambre commerciale ; chambre sociale, n° 07, avril 2005, p. 42)***.

113. Aux termes de l'article 553 du Code de procédure pénale, la nullité d'un exploit ne peut être prononcée que lorsqu'elle a eu pour effet de porter atteinte aux intérêts de la personne qu'elle concerne.

La personne qui a obtenu à sa demande la possibilité d'être jugée en son absence et a été représentée par son conseil, est malvenue à invoquer un quelconque grief touchant à la violation des droits de la défense ***(Cass. pén.***

n° 29 du 19 juillet 2005, Serge July, Jacqueline COIGNARD, société Libération SARL c/ MP, in Cour de cassation. Bulletin des arrêts, chambre pénale ; chambre civile ; chambre commerciale ; chambre sociale, n° 18, juin 2008, p. 29).

114. Aux termes de l'article 190 du Code de procédure pénale, le greffier de la Chambre d'accusation notifie par lettre recommandée ou par avis, comportant l'une ou l'autre un accusé de réception, à chacune des parties ou à ses conseils, la date à laquelle l'affaire sera appelée à l'audience. La lettre destinée à une partie est envoyée à son domicile élu ou, à son défaut, à la dernière adresse qu'elle a donnée.

Les formes et délais prescrits par ce texte constituent des formalités substantielles dont l'inobservation caractérise une violation des droits de la défense justiciable des dispositions de l'article 166 du Code de procédure pénale. Méconnait ce texte l'arrêt de la Cour d'appel duquel il résulte que la demanderesse ou son conseil n'ont pas été informés d'un report d'audience ou reçu un avis les invitant à l'audience à laquelle la décision querellée a été rendue ***(CS, n° 20 du 17 mars 2011, Emilie Diouf es qualité de Directeur général de Equant c/ Thérèse Madeleine Diallo, Cour suprême. Bulletin des arrêts, n° 02-03, année judiciaire 2010-2011, décembre 2012, p.90 ; dans le même sens, Cass. pén. n° 20 du 25 octobre 2005, El Hadji Mor NDAO c/ Aliou NDAO et autres, in Cour de cassation. Bulletin des arrêts, chambre pénale ; chambre civile ; chambre commerciale ; chambre sociale, n° 13, juin 2008, p. 44).***

115. Mérite cassation, pour violation des articles 190, 191 et 207 du Code de procédure pénale, l'arrêt de la Chambre d'accusation qui ne comporte aucune mention d'avis aux appelants ou à leurs conseils, ni de leur audition, ni le respect des formalités et délais exigés, alors que ces derniers, prescrits à peine de nullité, constituent des garanties des droits de la défense. En effet, les formes et délais prescrits par l'article 190 du Code de procédure pénale constituent des formalités substantielles dont l'inobservation caractérise une violation des droits de la défense ***(CS, n° 117 du 18 septembre 2014, Gagnessiry FALL c/ Marcel BUFFAT, in Cour suprême. Bulletin des arrêts, n° 08, Année judiciaire 2014, décembre 2015, p. 30).***

116. Si la présence d'avocat au niveau de l'enquête préliminaire peut s'avérer utile, son absence ne constitue pas pour autant une violation des droits de la défense, dès l'instant que la personne poursuivie est assistée à toutes les autres phases de la procédure. Dès lors qu'il n'apparaît nulle part dans la cause que le mis en cause ait subi des contraintes ou violences et il est resté libre de participer activement ou non à son audition et que ses avocats ont pu, à temps, prendre connaissance de toutes les charges qui lui sont imputées, le principe des droits de la défense n'est pas méconnu.

Le renversement de la charge de la preuve ne constitue pas une situation juridique inédite qui porte atteinte, a priori, à la présomption d'innocence. Le législateur y a parfois recours dans plusieurs disciplines, notamment en droit pénal, en droit fiscal, en droit douanier. Ce principe se retrouve aussi dans d'autres systèmes juridiques étrangers, tout autant soucieux du respect des droits de la défense. Il est essentiellement motivé par un souci d'efficacité de l'objectif poursuivi. Le législateur, en principe, ne saurait instituer des présomptions de culpabilité en matière répressive.

Toutefois, à titre exceptionnel, de telles présomptions peuvent être établies, dès lors qu'elles ne revêtent pas un caractère irréfragable et que le respect des droits de la défense est assuré ***(Cons. Const. n° 01/C/2014 du 03 mars 2014, affaire Karim Meïssa WADE et autres, inédit).***

117. L'article 140 du Code de procédure pénale ne viole ni les droits de la défense, ni la présomption, d'innocence. Bien qu'il s'agisse de libertés fondamentales garanties par la Constitution, le législateur peut apporter des restrictions à leur exercice en invoquant d'autres principes à valeur constitutionnelle tels que la préservation de l'ordre public et la sauvegarde de l'intérêt général, objectif que poursuit précisément l'article soumis à l'examen du Conseil constitutionnel ***(Cons. Const. n° 18/95 du 19 juin 1995, affaire Dame MBAYE in I. M. FALL (dir), Les décisions et avis du Conseil constitutionnel au Sénégal, Dakar, CREDILA, 2008, p. 129 et s., obs. A. DIEYE).***

118. L'applicabilité de l'article 5 du Règlement 05/CM UEMOA du 25 septembre 2014.

119. Contrairement à la position du Ministère public, l'article 5 du Règlement 05/CM UEMOA du 25 septembre 2014 n'a nullement besoin d'un acte d'exécution pour être applicable.

D'une part, en vertu de l'article 43 du Traité, modifié, de l'Union Économique et Monétaire Ouest Africaine (*UEMOA*), les règlements ont une portée générale. Ils sont obligatoires dans tous leurs éléments et sont directement applicables dans tout État Membre.

D'autre part, si les articles 4, 23, 29 et 38 dudit Règlement prévoient, pour leur application, que des actes d'exécution soient pris par l'organe compétent de l'Union, il en est autrement des autres dispositions notamment celles de l'article 5 qui ne subordonnent pas leur entrée en vigueur à la prise d'un quelconque acte ; il s'ensuit que les actes d'application visés par l'article 90 du Règlement précité ne sont autres que ceux déjà prévus par les articles 4, 23, 29 et 38 et dont l'article 90 n'a fait qu'organiser la procédure d'élaboration.

Par ailleurs, l'article 5 du Règlement, en prévoyant l'assistance d'un avocat dès l'interpellation à l'enquête préliminaire, n'a dérogé au droit national qu'en ce qui concerne le moment d'intervention de l'avocat, puisque ce moment était fixé à la prolongation de la garde à vue par l'article 55 in fine du Code de procédure pénale.

En revanche, les modalités d'intervention de l'avocat restent régies par l'article 55 bis du Code de procédure pénale, vu que ce texte n'est en rien contraire au Règlement précité dont l'article 91 précise que demeurent applicables, les dispositions des législations et règlementations nationales des États membres qui ne sont pas contraires au Règlement ; dès lors, l'application de l'article 5 dudit Règlement ne se heurte à aucun vide juridique.

Cependant, l'article 5 du Règlement précité dispose en son alinéa 1er que les avocats assistent leurs clients dès leur interpellation, durant l'enquête préliminaire, dans les locaux de la police, de la gendarmerie ou devant le parquet. Ainsi, l'intervention de l'avocat n'est prévue par ce texte que lorsque le mis en cause a été interpellé dans le cadre d'une enquête préliminaire.

Or, il a été rappelé supra que l'enquête préliminaire est différente de l'enquête de flagrance en vertu de laquelle les enquêteurs ont agi dans le cas d'espèce ; l'enquête de flagrance n'ayant pas été visée par le Règlement précité, demeure par conséquent régie par les articles 45 et suivants du Code de procédure pénale, notamment l'article 55 in fine dudit code qui, inapplicable dorénavant en matière d'enquête préliminaire, demeure en vigueur en matière de flagrance. Il ressort de ce texte que l'intervention de l'avocat n'est permise qu'après la prolongation de la garde à vue, d'où il suit qu'en refusant cette intervention au début de la garde à vue aux conseils de l'inculpé, les enquêteurs n'ont pas commis d'irrégularité ***(CA Dakar, ch. Acc. n° 249 du 22 septembre 2015, MP c/ Thione SECK et autres, Annales africaines, nouvelle série, vol 02, n° 03, décembre 2015, p. 323 et s., note P. A. TOURE)***

120. Les droits de la défense en matière disciplinaire.

121. En matière administrative, le respect des droits de la défense est un principe général de droit dont l'application n'est rigoureusement exigée que dans les procédures contentieuses ***(CE n° 01/1994 du 26 janvier 1994, Coopérative des Boulangers du marché Zinc « Bokk Jom », in D. SY (dir), Répertoire de jurisprudence : droit administratif (Recueil des arrêts du Conseil d'État 1993-1994-1995, Dakar, CREDILA, p. 104-105)***.

122. Ne viole pas le principe des droits de la défense, la commission de discipline de l'Université Gaston BERGER qui a fait précéder de convocations mentionnant les modalités par lesquelles peuvent se défendre des étudiants, conformément au décret n° 91-728 du 24 juillet 1991 relatif aux modalités provisoires d'exercice du pouvoir disciplinaire à l'égard des étudiants, alors surtout que ces derniers ont signé le rapport d'instruction contenant leurs déclarations avec les justifications de leurs agissements. Le décret du 24 juillet 1991, qui organise la procédure disciplinaire à l'égard des étudiants, n'impose nullement qu'il soit procédé à des confrontations ou débats contradictoires ***(CS, ch. adm. n° 09 du 03 mars 2011, Birassy GUISSE, Mamadou Lamine BITEYE et Salimou KEBE c/ la commission de discipline de l'Assemblée de l'Université Gaston Berger et le Recteur de l'Université Gaston Berger de Saint-Louis, inédit).***

123. L'absence de convocation d'un fonctionnaire de Police, qui a été radié des cadres par arrêté du ministre de l'Intérieur, pour la séance du conseil d'enquête, constitue une inobservation des formalités substantielles et des garanties instituées pour mettre un agent des forces de Police incriminé à même de présenter sa défense étant compte tenu des circonstances de la cause de nature à vicier la procédure disciplinaire ***(CS, 28 janvier 1981, Ndiogou SALL, in J. M. NZOUANKEU, Les grandes décisions de la jurisprudence administrative sénégalaise, Tome 1, 2e éd., Dakar, RIPAS, 1984, p. 526).***

124. Aux termes des dispositions de l'article 19 de la loi relative au statut du personnel des Douanes, l'omission du tableau d'avancement d'inspecteurs et d'officiers de Douane faite par un décret n° 2012-733 du 7 juin 2013, ne constitue pas une sanction disciplinaire nécessitant une demande d'explication préalable de l'intéressé, conformément au respect des droits de la défense ***(CS, ch. adm. n° 13 du 27 mars 2014, Ndiaga SOUMARE c/ État du Sénégal, inédit).***

125. L'article 13 de la loi n° 81-54 du 10 juillet 1981, excluant tout recours contre les décisions de la commission d'instruction ne saurait s'opposer à la recevabilité du pourvoi manifesté de manière non équivoque, dès lors que la loi, entendue au sens des lois constitutionnelles, des traités, conventions internationaux et principes généraux du droit, est la même pour tous.

Si le législateur peut prévoir des règles de procédure différentes, c'est à la condition que cela ne porte pas atteinte aux principes précités et soient assurées aux justiciables des garanties égales notamment quant au respect du principe des droits de la défense, qui implique en particulier l'existence d'une procédure juste et équitable ***(C. S. ch. crim. n° 23 du 06 février 2014, Karim***

Meïssa WADE c/ Procureur spécial près la CREI et le Procureur général près la Cour suprême, inédit).

Section VII : La liberté d'accès des avocats aux juridictions.

Paragraphe I : Bibliographie

ADER (H.) et DAMIEN (A.), *Règles de la profession d'avocat 2013/2014*, Paris, Dalloz Action, 14e éd., 2013.

BARTHÉLÉMY (J.), « L'avocat nouveau n'est pas arrivé », *JCP* 1996. I. 3931.

CRÉMIEU (L.), *Traité de la profession d'avocat*, 2e éd., Paris, Dalloz, 1954.

MARTIN (R.), « L'avocat et la délicatesse de l'honneur », *Gaz. Pal.* 2000.2, doctr. 1340.

NDOYE (D.), *La profession d'avocat au Sénégal. Les textes annotés,* Dakar, EDJA, 2005.

TAISNE (J-J.), « Avocat », *Rép. proc.civ., Dalloz,* janvier 2005.

VAUCHER, « Le ministère de l'avocat dans le procès pénal », *RSC*, 1966, p. 207.

WOOG (J.-C.) et, SARI et GOUDINEAU (S.), *Pratique professionnelle de l'avocat*, Paris, Litec, 4e éd., 2001.

Paragraphe II : Commentaire

126. Liberté d'accès au palais. - L'alinéa 2 de l'article 3 de la loi du 03 novembre 2014 fixant l'organisation judiciaire dispose que les avocats ont libre accès à toutes juridictions. Cette disposition a repris en substance l'ancien article 7 de la loi du 02 février 1984 selon lequel « *les avocats ont libre accès devant toutes les juridictions, tant civiles que répressives* ».

La liberté d'accès des avocats aux juridictions semble aller de soi. Cette liberté d'accès aux Cours et tribunaux de toutes natures tient naturellement à la mission d'assistance et de conseil de ces auxiliaires de justice. Aux termes de l'article 4 de la loi n° 84-09 du 04 janvier 1984 portant création de l'ordre des avocats, sous réserve des dispositions légales : « *les avocats ont seuls, qualité pour plaider, postuler et représenter les parties en toutes matières. Ils font et signent tous les actes nécessaires à l'exécution des jugements et arrêts, s'il y a lieu. Les avocats peuvent donner conseil et consultation* ».

D'ailleurs, les personnes morales de droit privé, autres que les sociétés nationales et les sociétés d'économie mixte, ne peuvent intervenir en justice, tant en demande qu'en défense, que par un avocat inscrit au Barreau *(art. 4, alinéa 3 de la loi n° 84-09 du 04 janvier 1984)*. L'avocat peut exercer sa mission d'assistance devant toutes les juridictions sénégalaises.

Le droit et la liberté d'accès des avocats aux juridictions ne sont pas expressément prévus par les textes encadrant la profession d'avocat au Sénégal, notamment la loi n° 84-09 du 4 janvier 1984 portant création de l'ordre des avocats.

Cependant, cette prérogative résulte de la mission dévolue à l'avocat.

L'avocat est présent aux côtés de son client, pour le rassurer lors de l'audition devant le juge d'instruction ou pour le défendre à l'occasion de la comparution devant une juridiction de jugement en présentant des explications dans son intérêt (*J-J. TAISNE, « Avocat », Rép. proc.civ. Dalloz, janvier 2005, n° 347 ; Cass. civ. 18 novembre 1946, D. 1947.40)*.

Comment en effet, l'avocat peut-il remplir son office sans accéder physiquement au prétoire ?

127. Limite du droit d'accès au palais. - La seule limite à la liberté d'accès des avocats aux juridictions réside dans la survenance de troubles d'audience causés par l'auxiliaire de justice.

Dans le cadre du procès pénal, le président a la police de l'audience et la direction des débats. Il est habilité à prendre toutes mesures utiles pour en assurer la dignité et la sérénité *(art. 389 du Code de procédure pénale)*.

En vertu de l'article 390 du Code de procédure pénale, lorsqu'à l'audience, l'un des assistants trouble l'ordre de quelque manière que ce soit, le président ordonne son expulsion de la salle d'audience.

Si, au cours de l'exécution de cette mesure, il résiste à cet ordre ou cause du tumulte, il est sur-le-champ placé sous mandat de dépôt, jugé et puni d'un emprisonnement de deux mois à deux ans, sans préjudice des peines prévues par le Code pénal contre les auteurs d'outrages et de violences envers les magistrats. Sur l'ordre du président, il est alors contraint par la force publique de quitter l'audience.

En matière civile, le président de la juridiction a également la police des débats. En effet, ceux qui assistent aux audiences doivent se tenir découverts, dans le respect et le silence. Tout ce que le président ordonne pour le maintien de l'ordre à l'audience est exécuté ponctuellement à l'instant *(art. 62 du Code de procédure civile).*

Lorsque le trouble est causé par un avocat, le président pourra, après avertissement resté sans effet, lui enjoindre de se retirer de l'audience, ce qui sera exécuté sur-le-champ *(art. 64 du Code de procédure civile).*

Qu'adviendra-t-il lorsque l'avocat refuse de se retirer de la salle d'audience ou résiste à l'ordre du président ?

L'article 63 du Code de procédure civile énonce que lorsque le trouble est causé par des individus, quels qu'ils soient, il leur est enjoint de se retirer et les résistants seront saisis et déposés dans la maison d'arrêt pour vingt-quatre (24) heures.

Cependant, en cas de trouble d'audience causé par un avocat, l'article 64 du Code de procédure civile n'a pas envisagé l'hypothèse où l'auxiliaire de justice résisterait à l'injonction du président du tribunal.

En tout état de cause, un arrêt de la Cour d'appel de Dakar du 26 janvier 1979 a jugé que commet une faute disciplinaire justifiant une sanction, l'avocat qui refuse de quitter la salle d'audience lorsque le président l'ordonne *(CA Dakar, n° 65 du 26 janvier 1979, inédit).*

L'article 64 du Code de procédure civile précise que la mesure d'expulsion est prise par le président du tribunal « *indépendamment des dispositions de l'alinéa premier de l'article 53 de la loi n° 84-09 du 4 janvier 1984* ». Ce dernier texte énonce que toute faute, tout manquement aux obligations que lui impose son serment, commis à l'audience par un avocat doit être consigné au plumitif d'audience. Dans ce cas, le Conseil de l'ordre, saisi immédiatement sur réquisition du Ministère public, doit statuer dans le délai de vingt (20) jours francs.

128. Liens avec les droits de la défense. - Au-delà de l'affirmation de la liberté d'accès des avocats aux Cours et tribunaux, c'est la place de l'alinéa 2 de l'article 3 de la loi du 03 novembre 2014 qui interroge. Cette disposition est contenue dans un texte relatif au respect des droits de la défense ; ce qui ne saurait étonner. En effet, le respect des droits de la défense suppose que soit effectif le droit à l'assistance d'un conseil ainsi que la liberté pour l'avocat d'accéder aux juridictions *(F. DESPORTES et F. LE GUNEHEC, Droit pénal général, Paris, Economica, 12e éd., 2005, p. 335 et s., n° 507 et s.).*

PARAGRAPHE III : JURISPRUDENCE

129. Faute disciplinaire commise par l'avocat à l'audience.

130. Commet une faute disciplinaire justifiant une sanction, l'avocat qui refuse de quitter la salle d'audience lorsque le président l'ordonne ***(CA Dakar, n° 65 du 26 janvier 1979, inédit).***

Article 4. - Les tribunaux régionaux et les tribunaux départementaux sont remplacés respectivement par les tribunaux de grande instance et les tribunaux d'instance.

SECTION VIII : LE REMPLACEMENT DES TRIBUNAUX RÉGIONAUX ET DÉPARTEMENTAUX PAR LES TRIBUNAUX DE GRANDE INSTANCE ET D'INSTANCE.

PARAGRAPHE I : BIBLIOGRAPHIE

CAVERIVIERE (M.), « La réforme du service public de la justice au Sénégal (note de présentation des modifications législatives et réglementaires intervenues en 1984) », *RIPAS*, n° 12-13, janvier-juin, 1985, p. 250.

D'ARBOUSSIER (G.), « Communication au Congrès Africain à Lagos sur la primauté du droit », janvier 1961, in *La justice au Sénégal*, p. 17.

DIOP (A.), « L'organisation judiciaire sénégalaise en matière administrative », *Rev. Jur. Ind. et coop.*, n° 04, 1969, p. 944.

KANTE (A.), « Réflexions sur l'organisation judiciaire au Sénégal (1830-1992) », in M. BADJI et O. DEVAUX, *Droit sénégalais*, n° 05, *De la justice coloniale aux systèmes judiciaires africains contemporains*, Toulouse, Presses de l'Université des Sciences sociales de Toulouse, 2006, p. 199-221.

MBAYE (K.), « L'organisation judiciaire », *Penant*, n° 705, janvier-février-mars, 1965, p. 27.

MBAYE (K.), « L'organisation judiciaire actuelle », in *Encyclopédie juridique de l'Afrique,* Dakar-Abidjan-Lomé, NEA, 1982, tome 4, p. 38 et s.

NDIAYE (M.) et ROBIN (N.), *Délinquance et politique pénale au Sénégal. Les chiffres clés de la Justice*, *Institut de recherche pour le développement*, ministère de la Justice, Organisation internationale des migrants, 2002

SAMB (M.), « État des lieux de la justice. Réflexions sur une gouvernance en crise », in M-C. DIOP, Sénégal (2000-2012). *Les institutions et politiques publiques à l'épreuve d'une gouvernance libérale*, Dakar-Paris, CRES-KARTHALA, 2013, p. 347.

SAMB (M.), « La gouvernance judiciaire au Sénégal », in M. BADJI et O. DEVAUX (dir), *Droit sénégalais*, n° 05, *De la justice coloniale aux systèmes judiciaires africains contemporains*, p. 335.

Paragraphe II : Commentaire

131. Concordance classique entre organisation judiciaire et découpage administratif. - La mise en place d'une nouvelle pyramide judiciaire constitue sans nul doute l'aspect le plus marquant voire le plus spectaculaire de la nouvelle organisation judiciaire.

Pour parachever le rapprochement de la Justice du justiciable, la réforme a jeté les bases d'une nouvelle carte judiciaire.

Sous l'empire de la loi du 02 février 1984, le législateur avait dessiné une architecture judiciaire qui recoupait harmonieusement l'organisation administrative. M. Gabriel d'ARBOUSSIER évoquait déjà en 1960 *« une exacte concordance entre le ressort des juridictions et les circonscriptions administratives » (G. D'ARBOUSSIER « Communication au Congrès africain à Lagos sur la primauté du droit », janvier 1961, in La justice au Sénégal, p. 17 ; également M. CAVERIVIERE, « La réforme du service public de la justice au Sénégal (note de présentation des modifications législatives et réglementaires intervenues en 1984) », RIPAS, n° 12-13, janvier-juin, 1985, p. 250).*

Récemment, l'arrêt de la Cour de répression de l'enrichissement illicite du 18 août 2014, se prononçant sur la question de l'existence juridique de la CREI, a énoncé clairement que la loi n° 84-19 du 02 février 1984 avait pour objectif « *d'adapter l'organisation judiciaire à l'organisation administrative par la création de tribunaux départementaux dans chaque département et de tribunaux régionaux dans chaque région » (CREI, n° 03/2014 du 18 août 2014, MP et État du Sénégal (AJE) c/ Karim WADE et autres, inédit).*

Cette parfaite harmonie entre l'ordonnancement judiciaire et le découpage administratif n'était pas en réalité propice au rapprochement de la Justice des justiciables.

À titre d'exemple, dans le contentieux pénal, déjà les données statistiques disponibles en 1999 ont révélé que les infractions de vol en réunion, d'escroquerie, d'abus de confiance, de viol notamment, jugées par les anciens tribunaux régionaux de Dakar, de Thiès et de Diourbel, étaient commises en majorité dans le ressort territorial des anciens tribunaux départementaux. Les personnes mises en cause commettent le plus souvent des infractions dans le département de leur lieu de naissance. *(M. NDIAYE et N. ROBIN, Délinquance et politique pénale au Sénégal. Les chiffres clés de la Justice, Institut de recherche pour le développement, ministère de la Justice, Organisation internationale des migrants, 2002, p. 27 et s.).*

Mais, ces affaires, qui relèvent de la compétence d'attribution des tribunaux régionaux échappaient à celle des tribunaux départementaux, en tant que juridictions d'exception. En effet, en matière pénale, le tribunal départemental ne connaît que des délits limitativement énumérés par la loi n° 84-20 du 02 février 1984 et par les lois spéciales.

Ainsi, en 2006, 64 % des personnes ayant commis des infractions à Rufisque dont les affaires ont été jugées par le tribunal régional hors classe de Dakar, résidaient dans le département de Rufisque. À la même période, près de 60 % des individus jugés au tribunal régional de Dakar habitaient le département de Pikine.

En 1999, l'agglomération de Dakar-Pikine réunissait à elle seule 44 % de la population délinquante du Sénégal contre 20 % environ de la population totale *(M. NDIAYE et N. ROBIN, Délinquance et politique pénale au Sénégal. Les chiffres clés de la Justice, Institut de recherche pour le développement, ministère de la Justice, Organisation internationale des migrants, octobre 2002, p. 27).*

Le même constat vaut pour les infractions commises dans les départements de Mbour et de Mbacké et jugées par les anciennes juridictions régionales de Thiès et de Diourbel.

Un constat s'impose : la délinquance au Sénégal est essentiellement un phénomène local alors que son traitement judiciaire est délocalisé. En 1999, les territoires de la délinquance s'organisaient autour de grands centres urbains. Dans notre pays, 92 % de la délinquance s'exprimaient en milieu urbain dont 66 % au sein des capitales régionales telles que Kaolack, Saint-Louis ou Thiès et 26 % au sein des villes moyennes comme Mbour ou Mbackć. Seuls 8 % de la délinquance se manifestaient en milieu rural *(M. NDIAYE et N. ROBIN, Délinquance et politique pénale au Sénégal. Les chiffres clés de la Justice, Institut de recherche pour le développement, ministère de la Justice, Organisation internationale des migrants, octobre 2002, p. 27 et s.).*

132. Le « divorce » consommé entre l'architecture judiciaire et le découpage administratif. - La réforme du système judiciaire introduite par la loi du 03 novembre 2014 a inauguré une sorte de « *divorce* » entre l'organisation administrative résultant de la loi n° 72-02 du 1er février 1972 portant organisation de l'administration territoriale modifiée notamment par la loi n° 2008-14 du 18 mars 2008 et l'organisation judiciaire. La terminologie traditionnelle inspirée des structures administratives (« *tribunal régional* » et « *tribunal départemental* ») a été abandonnée au profit d'une terminologie plus neutre.

Dans les travaux préparatoires de la réforme de l'organisation judiciaire, il a été d'abord convenu de créer des « *tribunaux à compétence régionale* » à Mbour, Pikine, et Mbacké.

Finalement, l'option retenue a été de remplacer les tribunaux régionaux par les tribunaux de grande instance et les tribunaux départementaux par les tribunaux d'instance. Les nouvelles dénominations des juridictions de base sont évocatrices de la volonté du législateur de découplage avec les structures administratives.

Le rapport de présentation du décret n° 2015-1039 du 20 juillet 2015 portant aménagement de l'organisation judiciaire énonce que « *l'exploitation des statistiques judiciaires et les constats faits sur le terrain appellent un nouveau découpage de la carte judiciaire, en raison de l'inadéquation de l'actuel aménagement judiciaire* ».

Dans la nouvelle pyramide judiciaire dessinée par le décret portant aménagement de l'organisation judiciaire, les ressorts des tribunaux de grande instance et d'instance ont été réaménagés.

Les quarante-cinq (45) tribunaux d'instance créés ont tous leurs ressorts dans les départements, à l'image des anciens tribunaux départementaux.

Il s'agit des tribunaux d'instance de Dakar, Pikine, Guédiawaye, Rufisque, Thiès, Mbour, Tivaouane, Diourbel, Mbacké, Bambey, Saint-Louis, Dagana, Podor, Matam, Kanel, Ranérou, Tambacounda, Bakel, Goudiry, Koumpentoum, Kaolack, Nioro, Guinguinéo, Fatick, Gossas, Foundioungne, Ziguinchor, Oussouye, Bignona, Kolda, Vélingara, Médina Yoro Foulah, Louga, Kébemer, Linguère, Sédhiou, Goudomp, Bounkiling, Kédougou, Saraya, Salémata, Kaffrine, Birkélane, Koungheul et MalemHoddar.

Cependant, certains tribunaux d'instance ne sont pas encore fonctionnels. Il s'agit des tribunaux d'instance de Ranérou, Goudiry, Koumpentoum, Guinguinéo, Médina Yoro Foulah, Goudomp, Bounkiling, Saraya, Salémata, Birkélane, Koungheul et Malem Hoddar.

Les tribunaux de grande instance institués sont ceux de Dakar, Thiès, Diourbel, Mbacké, Saint-Louis, Matam, Tambacounda, Kaolack, Fatick, Ziguinchor, Kolda, Louga, Kédougou, Pikine-Guédiawaye, Tivaouane, Mbour, Rufisque, Kaffrine et Sédhiou.

C'est surtout au niveau des dix-neuf (19) tribunaux de grande instance que le découplage avec l'organisation administrative se manifeste dans certaines juridictions. Il s'agit des tribunaux de grande instance de Dakar, de Thiès, Pikine-Guédiawaye, Mbour, Mbacké, Rufisque et Tivaouane où le volume du contentieux est souvent important.

Selon le tableau II annexé au décret du 03 août 2015 portant aménagement de l'organisation judiciaire, ces tribunaux ont respectivement leurs ressorts dans les départements de Dakar, Thiès, Pikine et Guédiawaye, Mbour, Mbacké, Rufisque et Tivaouane. La rupture avec les structures de l'administration prend un relief particulier. Il semble que les ressorts de ces dernières juridictions ont été tracés en fonction du volume du contentieux.

Par souci d'efficacité, dans ces juridictions, l'organisation judiciaire ne suit plus l'appareil administratif mais les différents nids de contentieux. « *Désormais, c'est en fonction du niveau de peuplement de chaque zone et donc de l'abondance du contentieux que sont réparties les juridictions sur le territoire* » *(V. Rapport d'activités du ministère de la Justice, année 2014, p. 8).*

133. Avantages pratiques d'un « divorce ». - Par la magie de la nouvelle répartition géographique des juridictions, les tribunaux de grande instance de Dakar, Pikine-Guédiawaye, Mbacké, Rufisque et Tivaouane, ont des ressorts de compétence confinés aux départements tout en héritant de la compétence matérielle des anciennes juridictions régionales.

La nouvelle carte judiciaire permettra de rééquilibrer le flux des dossiers pénaux, en évitant des transfèrements coûteux entre le lieu de commission de l'infraction et la juridiction régionale compétente, en rapprochant la Justice des justiciables.

L'installation effective des tribunaux de grande instance et des tribunaux d'instance sera décidée par arrêté du Garde des Sceaux, ministre de la Justice *(V. art. 3 du décret n° 2015-1145 du 03 août 2015 portant aménagement de l'organisation judiciaire).*

A titre d'exemple, le département de Mbour, qui était doté d'un tribunal départemental en raison de son statut administratif de département, abritera, avec la nouvelle organisation judiciaire, un tribunal de grande instance qui sera l'équivalent de celui installé à Thiès. Ce bouleversement de l'organisation judiciaire évitera aux plaideurs de Mbour d'avoir à se déplacer jusqu'à Thiès pour obtenir justice.

Cette analyse est pertinente s'agissant de la création des tribunaux de grande instance de Pikine-Guédiawaye, de Mbour et de Mbacké, qui présente le mérite de favoriser respectivement le désengorgement des tribunaux de grande instance de Dakar, de Thiès et de Diourbel.

Mais, il n'en est pas de même de la mise en place du tribunal de grande instance de Tivaouane, le volume du contentieux dans ce département ne semblant pas justifier, du moins techniquement, la création d'un tribunal de grande instance.

134. Conséquences du remplacement des tribunaux régionaux et des tribunaux départementaux. - Le principe de la substitution des tribunaux de grande instance et des tribunaux d'instance aux tribunaux régionaux et aux tribunaux départementaux posé par l'article 4 de la loi du 03 novembre 2014 emporte un certain nombre de conséquences dans l'organisation juridictionnelle.

En premier lieu, les tribunaux de grande instance et d'instance, créés par décret, sont installés par arrêté du ministre de la Justice. C'est ce qui résulte de l'article 2 du 20 juillet 2015 portant aménagement de l'organisation judiciaire. Aux termes de ce texte : « *un arrêté du ministre de la Justice fixe la date d'installation de chacun des tribunaux de grande instance et tribunaux d'instance* ».

En réalité, seules les nouvelles juridictions créées *(tribunaux de grande instance de Mbour, Mbacké, Pikine-Guédiawaye, Rufisque et tribunaux d'instance de Ranérou, Goudiry, Koumpentoum, notamment)* sont concernées par l'arrêté d'installation du ministre de la Justice, à l'exclusion des anciennes juridictions. En effet, par l'effet de l'automaticité du remplacement des tribunaux départementaux et des tribunaux régionaux par les tribunaux d'instance et les tribunaux de grande instance, il n'est pas nécessaire de procéder à l'installation des anciens tribunaux régionaux et départementaux *(par exemple, les tribunaux régionaux et tribunaux départementaux de Diourbel, Saint-Louis, Dakar, Matam, etc.)* qui deviennent respectivement des tribunaux de grande instance et des tribunaux d'instance.

En deuxième lieu, le principe du remplacement posé par l'article 4 de la loi du 03 novembre 2014 fixant l'organisation judiciaire a permis, dans la période qui a précédé l'entrée en vigueur des décrets d'application de la loi sur l'organisation judiciaire, d'obtenir l'enrôlement des dossiers criminels pendant devant les Chambres criminelles du tribunal de grande instance et de la Cour d'appel. En effet, durant cette période, la question de l'existence juridique des Cours d'assises s'est posée dans les milieux judiciaires.

La circulaire n° 04298 MJ/DACG du ministre de la Justice du 10 juin 2015 a instruit les procureurs généraux près les Cours d'appel et les procureurs de la République d'organiser dans les meilleurs délais, des sessions des Chambres criminelles compétentes de leurs ressorts. Aux termes de ce texte : « *le dispositif légal permet, dès à présent, la tenue de sessions des Chambres criminelles pour résorber dans les meilleurs délais les retards constatés dans l'audiencement des affaires criminelles au niveau de certains ressorts juridictionnels* ».

Selon la circulaire du 10 juin 2015, le décret prévu à l'article 6 de la loi du 03 novembre 2014 fixant l'organisation judiciaire est seulement nécessaire pour le fonctionnement des tribunaux de grande instance ou d'instance qui pourraient être créés avec une compétence territoriale ne correspondant pas à celle des anciens tribunaux régionaux ou départementaux auxquels ils auront à se substituer, à savoir la région ou le département.

Mais, précise la circulaire, tant que ces nouvelles entités juridictionnelles n'ont pas été créées par décret et installées par arrêté ministériel, la compétence notamment du tribunal de grande instance est celle de l'ancien tribunal régional auquel il s'est substitué conformément à l'article 4 de ladite loi qui dispose que les tribunaux régionaux et les tribunaux départementaux sont remplacés respectivement par des tribunaux de grande instance et des tribunaux d'instance.

En définitive, la circulaire ministérielle du 10 juin 2015 a conclu que les affaires criminelles, qui doivent être jugées en premier ressort, peuvent immédiatement être enrôlées à la Chambre criminelle compétente, à savoir le tribunal de grande instance compétente pour les dossiers devant être jugés en premier ressort et les dossiers d'appel qui étaient pendants devant la Cour d'assises d'appel enrôlés devant la Chambre criminelle d'appel compétente.

PARAGRAPHE III : JURISPRUDENCE

135. La réforme introduite par la loi du 02 février 1984.

136. La loi n° 84-19 du 02 février 1984, comme son intitulé l'indique, a pour objectif, ainsi que cela résulte de l'exposé des motifs, d'adapter l'organisation judiciaire à l'organisation administrative par la création de tribunaux départementaux dans chaque département et de tribunaux régionaux dans chaque région ***(CREI, n° 03/2014 du 18 août 2014, MP et État du Sénégal (AJE) c/ Karim WADE et autres, inédit)***.

Article 5. - L'organisation judiciaire comprend :

- la Cour suprême ;
- les Cours d'appel ;
- les tribunaux de grande instance (TGI) ;
- les tribunaux du travail (TT) ;
- les tribunaux d'instance (TI) ;

Ces juridictions connaissent de toutes affaires civiles, commerciales ou pénales, des différends du travail et de l'ensemble du contentieux administratif

Au sein des tribunaux de grande instance, des tribunaux d'instance et des Cours d'appel, des chambres spécialisées peuvent être créées, tant en matière civile que pénale par décision de l'assemblée générale de la juridiction.

Une chambre africaine extraordinaire d'instruction est intégrée au tribunal régional hors classe de Dakar ; une chambre africaine extraordinaire d'accusation, une chambre africaine extraordinaire d'assises et une chambre africaine extraordinaire d'Appel sont rattachées à la Cour d'appel de Dakar.

Ces juridictions, créées par l'Accord entre l'Union africaine et la République du Sénégal, sont chargées d'instruire et de juger les crimes internationaux commis au Tchad entre le 07 juin 1982 et le 1er décembre 1990 ; elles seront automatiquement dissoutes à la fin de leur mission.

La composition et le mode de fonctionnement de ces Chambres sont déterminés par le statut.

SECTION IX : LA NOUVELLE ORGANISATION JUDICIAIRE

PARAGRAPHE I : BIBLIOGRAPHIE

BATHILY (D. C.), « La loi de 1984 sur l'organisation judiciaire a abrogé la CREI. Il s'agit d'une double abrogation à la fois tacite et expresse » : http://diasporaenligne.net/la-loi-de-1984-sur-l-organisation-judiciaire-a-abroge-la-crei-il-sagit-dune-double-abrogation-a-la-fois-tacite-et-expresse/ (consulté le 12 février 2016).

BLACHER (PH.), « Le Conseil constitutionnel en fait-il trop ? », *Pouvoirs* 2003/2 (n° 105), p. 17-28.

CAVERIVIERE (M.), « La réforme du service public de la justice au Sénégal (note de présentation des modifications législatives et réglementaires intervenues en 1984) », *RIPAS*, n° 12-13, janvier-juin, 1985, p. 250.

CISSE (A), « Lois relatives à la répression de l'enrichissement illicite de retour ou le lifting laborieux d'un lit de procuste mite par une désuétude méritée », *Revue EDJA*, n° 106, juillet-août-septembre 2015, p. 09 et s.

D'ARBOUSSIER (G.), « Communication au Congrès Africain à Lagos sur la primauté du droit », janvier 1961, in *La justice au Sénégal*, p. 17.

DELPEREE (F.), « Le Conseil constitutionnel : état des lieux », *Pouvoirs* 2003/2 (n° 105), p. 5-16

DIAGNE (M.), *Le Conseil constitutionnel sénégalais : l'institution et ses techniques*, Dakar, Les éd. TCM, 2012.

DIOP (A.), « L'organisation judiciaire sénégalaise en matière administrative », *Rev. Jur. ind. et coop.*, n° 04, 1969, p. 944.

DIOP (EL. H. O.), *La justice constitutionnelle au Sénégal. Essai sur l'évolution, les enjeux et les réformes d'un contre-pouvoir juridictionnel,* Dakar, CREDILA-OVIPA, *2013, p. 172.*

DIOP (EL. H. O.), « Le contrôle de la loi promulguée par le juge constitutionnel dans l'espace francophone », *Annales africaines*, nouvelle série, vol 2, n° 03, décembre 2015, p. 187.

FALL (I. M.) (dir), *Les décisions et avis du Conseil constitutionnel au Sénégal*, Dakar, CREDILA, 2008.

KANTE (A.), « Réflexions sur l'organisation judiciaire au Sénégal (1830-1992) », in M. BADJI et O. DEVAUX, *Droit sénégalais*, n° 05, *De la justice coloniale aux systèmes judiciaires africains contemporains*, Toulouse, Presses de l'Université des Sciences sociales de Toulouse, 2006, p. 199-221.

KANTE (B.), « Les juges constitutionnels et la régulation des systèmes politiques en Afrique », in *Mélanges Jean Gicquel*, Paris, Montchrestien, 23e éd., 2009, p. 269.

MAROUN (J.M.), « La loi n° 81-53 du 10 juillet 1981 relative à la répression de l'enrichissement illicite », *RIPAS*, n° 02, octobre-décembre 1981, p. 274 et s.

MBAYE (K.), « L'organisation judiciaire », *Penant*, n° 705, janvier-février-mars, 1965, p. 27 ;

MBAYE (K.), « L'organisation judiciaire actuelle », in *Encyclopédie juridique de l'Afrique*, Dakar-Abidjan-Lomé, NEA, 1982, tome 04, p. 38 et s.

MBODJ (F.), « Les compétences du Conseil constitutionnel à l'épreuve des saisines. Quelques remarques sur les pouvoirs du juge constitutionnel au Sénégal », *EDJA*, n° 78, juillet-août septembre 2008, p. 07.

MELIN SOUCRAMANIEN (F.), « Le Conseil constitutionnel, juge électoral », *Pouvoirs* 2003/2 (n° 105), p. 117-131

NDIAYE (I.Y.), « L'exception d'inconstitutionnalité et la question prioritaire de constitutionnalité. Étude comparative des droits sénégalais et français », Communication au Séminaire interne sur le fonctionnement du Conseil constitutionnel, 06 et 07 septembre 2011, Méridien Président, Dakar.

NDOYE (D.), « Des principes de l'organisation judiciaire et la CREI », *Lex Hebdo*, n° 1236 du 11 août 2014, p. 08.

SAMB (M.), « État des lieux de la justice. Réflexions sur une gouvernance en crise », in M-C. DIOP, Sénégal (2000-2012), *Les institutions et politiques publiques à l'épreuve d'une gouvernance libérale,* Dakar-Paris, CRES-KARTHALA, 2013, p. 347.

SAMB (M.), « La gouvernance judiciaire au Sénégal », in M. BADJI et O. DEVAUX (dir), *Droit sénégalais*, n° 05, De la justice coloniale aux systèmes judiciaires africains contemporains, *op. cit*, p. 335.

SARR (B), « Regard critique sur l'organisation et le fonctionnement du Conseil constitutionnel sénégalais », *Revue EDJA,* n° 40, janvier-février-mars 1999, p. 35.

SECK (P. O.) (dir.), *Le délit d'enrichissement illicite. Livre blanc sur l'affaire Karim WADE*, Dakar, éd. Librairie juridique africaine, 2015.

SIDIME (L.), *Institutions judiciaires (Organisation judiciaire),* Université de Dakar.

SY (P.M.), *Le développement de la justice constitutionnelle en Afrique noire francophone : les exemples du Bénin, du Gabon et du Sénégal*, Thèse Doctorat, Université Cheikh Anta Diop, Dakar, 1998.

TURPIN (D.), *Le Conseil constitutionnel, son rôle, sa jurisprudence*, Paris, Hachette, coll. Les fondamentaux, Hachette supérieur, 1995.

PARAGRAPHE II : COMMENTAIRE

137. La notion d'organisation judiciaire. - L'organisation judiciaire est un concept polysémique. Elle peut revêtir deux sens.

Au plan normatif, l'organisation judiciaire est l'ensemble des règles qui fixent la composition, les ressorts, le classement des juridictions, le statut, les attributions des magistrats, l'organisation des greffes ainsi que les rapports du service public de la Justice avec les professions réglementées qui y collaborent *(avocats, notaires, huissiers, experts, etc.)(G. CORNU, Vocabulaire juridique, Paris, PUF, 10ᵉ éd., 2014, V° organisation judiciaire, p. 720).*

En France, le législateur a adopté un Code de l'organisation judiciaire résultant des décrets n° 78-329 et n° 78-330 du 16 mars 1978. Il comprend deux parties, une partie législative et une partie réglementaire *(J. CADART, Les tribunaux judiciaires et la notion de service public - la notion judiciaire de service public, contribution à l'étude du problème de la répartition des compétences entre les deux ordres de juridictions, Paris, Recueil Sirey, 1954*).

Le Sénégal, ne disposant pas d'un Code de l'organisation judiciaire, le droit de l'organisation judiciaire a pour siège des textes épars. Il s'agit de la loi n° 2014-26 du 03 novembre 2014 fixant l'organisation judiciaire, du décret n° 2015-1039 du 20 juillet 2015 portant aménagement de l'organisation judiciaire et du décret n° 2015-1145 du 03 août 2015 fixant la composition et la compétence des Cours d'appel, des tribunaux de grande instance et des tribunaux d'instance. Cet éclatement du droit sénégalais de l'organisation judiciaire ne participe pas toujours d'une bonne lisibilité du dispositif juridique d'ensemble.

Sous l'angle organique, l'organisation judiciaire renvoie à l'ensemble des organes chargés d'assurer le fonctionnement du service public de la Justice *(G. CORNU, Vocabulaire juridique, Paris, PUF, 10ᵉ éd., 2014, V° Organisation judiciaire, p. 720).* Il s'agit en réalité de l'ensemble des instances chargées d'exercer le pouvoir judiciaire et d'assurer le fonctionnement du service public de la justice, c'est-à-dire de l'organigramme juridictionnel.

À cet égard, appréciées sous l'angle organique, deux conceptions de l'organisation judiciaire s'affrontent.

Selon une acception large, relèvent de l'organisation judiciaire, toutes les juridictions qui exercent une parcelle du pouvoir judiciaire au sens constitutionnel du terme, peu importe que ces entités juridictionnelles soient ou non visées dans l'organigramme judiciaire par la loi fixant l'organisation judiciaire. Ainsi, toutes les juridictions suprêmes *(Cour suprême, Cour des comptes, Conseil constitutionnel),* les juridictions de base *(Cours d'appel et tribunaux),* ainsi que les juridictions de droit commun et d'exception *(CREI, Haute Cour de*

Justice, tribunal militaire, tribunal du travail) font partie de l'organisation judiciaire.

D'après une conception plus restrictive, l'organisation judiciaire renvoie aux juridictions expressément visées par l'article 5 de la loi du 03 novembre 2014 fixant organisation judiciaire. Pour les tenants de cette thèse, il y a lieu de faire un départ entre l'organisation judiciaire ainsi entendue et le pouvoir judiciaire. Ainsi, des juridictions comme le Conseil constitutionnel, la Cour des comptes, la Haute Cour de Justice et la Cour de répression de l'enrichissement illicite, ne font pas partie de l'organisation judiciaire, même si elles relèvent du pouvoir judiciaire.

La Cour de répression de l'enrichissement illicite a semblé s'être ralliée à cette thèse. Selon cette juridiction, « *si le législateur avait senti la nécessité d'insérer la CREI dans l'organisation judiciaire du Sénégal, il aurait, en 1981, modifié l'ordonnance n° 60-56 du 14 novembre 1960 fixant l'organisation judiciaire dans la République du Sénégal applicable à l'époque, comme il l'a fait, en procédant à la modification de l'article premier de la loi n° 84-19 du 02 février 1984 fixant l'organisation judiciaire du Sénégal pour y insérer les chambres africaines extraordinaires, lesquelles contrairement à la CREI, ont une compétence limitée dans le temps. La loi n° 81-54 du 10 juillet 1981 créant la CREI n'ayant jamais été mentionnée dans l'ordonnance du 14 novembre 1960 ne peut, en aucune façon, avoir été abrogée en même temps par celle-ci* » *(CREI, n° 03/2014 du 18 août 2014, MP et État du Sénégal- AJE c/ Karim WADE et autres, inédit).*

Ainsi, les magistrats de la CREI estiment que le législateur du 02 février 1984, en omettant de viser la CREI, instituée par la loi du 10 juillet 1981, dans l'architecture judiciaire, n'a pas eu l'intention de l'intégrer dans l'organisation judiciaire.

Mais, selon la Cour, ce silence législatif ne saurait entamer l'existence juridique de cette juridiction résultant de la loi n° 81-54 du 10 juillet 1981 qui n'a jamais été abrogée.

138. Les instances de l'organisation judiciaire. - L'article 5 de la loi du 03 novembre 2014, en fixant la nouvelle organisation judiciaire issue de la réforme, renvoie en réalité au sens organique de cette expression. En vertu de ce texte, l'organisation judiciaire comprend la

Cour suprême, les Cours d'appel, les tribunaux de grande instance (*TGI*), les tribunaux du travail (*TT*) et les tribunaux d'instance (*TI*).

Ce texte énumère, à côté des juridictions de base *(tribunal d'instance, tribunal de grande instance, tribunal du travail et Cour d'appel)*, la Cour suprême.

Il faut préciser que les tribunaux du travail, qui fonctionnent au Sénégal depuis 1953, ont été conservés par le Code du travail institué par la loi n° 61-34 du 15 juin 1961.

C'est en réalité à la suite du Conseil interministériel du 16 novembre 1976 sur la Justice que les tribunaux du travail ont été intégrés dans l'organisation judiciaire ; ils ont été depuis lors maintenus dans l'architecture judiciaire.

Dans la description du nouveau schéma organisationnel de la Justice, le législateur ne vise plus la Cour d'assises. Cette solution est sans doute une conséquence de la suppression de cette juridiction et son remplacement par les Chambres criminelles près les tribunaux de grande instance et les Cours d'appel.

Quoi qu'il en soit, les Chambres criminelles ne sont pas des entités juridictionnelles autonomes, à l'image des défuntes Cours d'assises ; ce sont des formations créées au sein des tribunaux de grande instance et des Cours d'appel. En vertu des articles 218 et 219 du Code de procédure pénale issus de la loi n° 2014-28 du 03 novembre 2014 *(JORS n° 6818 du 10 novembre 2014, p. 1363),* les chambres criminelles ont été instituées au sein des tribunaux de grande instance et au sein des Cours d'appel. Elles ont plénitude de juridiction pour juger en premier ressort les personnes renvoyées devant elles soit par le juge d'instruction ou par la Chambre d'accusation pour les infractions qualifiées crimes ou les autres infractions connexes *(V. art. 218 du Code de procédure pénale).*

La Chambre criminelle de la Cour d'appel connaît de l'appel interjeté contre les décisions des Chambres criminelles des tribunaux de grande instance de son ressort *(V. art. 219 du Code de procédure pénale).* Elle se substitue à la Cour d'assises d'appel instituée par la loi n° 2008-50 du 23 septembre 2008 modifiant le Code de procédure pénale *(JORS n° 6458 du 07 mars 2009, p. 210).*

Toutefois, il n'est pas logique d'évoquer dans l'article 5 de la loi fixant l'organisation judiciaire, les Chambres africaines extraordinaires en ignorant les Chambres criminelles. En effet, les chambres africaines extraordinaires, ne constituent pas des juridictions autonomes mais sont de simples formations juridictionnelles intégrées au tribunal de grande instance et à la Cour d'appel de Dakar.

139. Une approche législative étroite de l'organisation judiciaire. - Il semble que le législateur sénégalais a retenu une approche restrictive de la notion d'organisation judiciaire. A ses yeux, seules les juridictions limitativement énumérées à l'article 5 de la loi du 03 novembre 2014 fixant l'organisation judiciaire appartiennent à l'organigramme judiciaire, à l'exclusion de toute autre juridiction.

Le silence gardé par le législateur sur des instances comme le tribunal pour enfants et les juridictions ordinaires à formation spéciale *(tribunal de grande instance et Cour d'appel statuant en matière militaire)* pourrait s'expliquer par le fait que ces entités juridictionnelles ne revêtent pas la nature de juridictions autonomes.

En effet, d'une part, en vertu de l'article 569 du Code de procédure pénale, le tribunal pour enfants est institué auprès de chaque tribunal de grande instance. Il ne s'agit que d'une chambre du tribunal de grande instance même si elle a des compétences spécifiques.

D'autre part, les juridictions statuant en matière militaire ne sont que la Cour d'appel et le tribunal de grande instance qui prennent pour l'occasion l'appellation de juridictions ordinaires à formation spéciale *(art. 5 du Code de justice militaire)*.

Cependant, l'omission de certaines juridictions suprêmes de l'organisation juridictionnelle n'en pose pas moins problème.

À la lumière de l'approche légale de l'organisation judiciaire, certaines juridictions suprêmes *(le Conseil constitutionnel et la Cour des comptes)*, la Cour de répression de l'enrichissement illicite et la Haute Cour de Justice, ne relèvent pas de l'organisation judiciaire.

Cette conception très étroite est difficilement admissible. Il n'est pas douteux que ces juridictions font partie intégrante du pouvoir judiciaire. Il résulte de l'article 88 de la Constitution que le pouvoir judiciaire est exercé par le Conseil constitutionnel, la Cour suprême, la Cour des comptes et les Cours et tribunaux.

Au fond, l'organisation judiciaire ne constitue que le schéma organisationnel par lequel les entités qui exercent le pouvoir judiciaire sont agencées, c'est-à-dire la façon dont les juridictions sont organisées. Comment, dès lors, s'accommoder de l'idée que des instances juridictionnelles visées par la Constitution comme appartenant au pouvoir judiciaire, soient exclues de l'organisation judiciaire ?

En définitive, le silence gardé sur certaines juridictions suprêmes *(Conseil constitutionnel, Cour des comptes)*, sur la Haute Cour de Justice et la Cour de répression de l'enrichissement illicite dans l'article 5 de la loi du 03 novembre 2014 fixant l'organisation judiciaire constitue une lacune.

Cette omission est d'autant plus incohérente qu'à la suite de la conclusion d'un Accord du 22 août 2012 entre le Gouvernement du Sénégal et l'Union africaine portant création des Chambres africaines extraordinaires au sein des tribunaux sénégalais, le législateur, par la loi n° 2012-29 du 28 décembre 2012 *(JORS n° 6712 du 09 février 2013, p. 90)*, a pris le soin de modifier l'article premier de la loi n° 84-19 du 02 février 1984 fixant l'organisation judiciaire, en vue de l'intégration de ces chambres dans l'appareil judiciaire sénégalais. Pourtant, les Chambres africaines extraordinaires ne constituent pas des juridictions autonomes mais de simples formations du tribunal de grande instance et de la Cour d'appel de Dakar.

140. Les autres instances juridictionnelles. - Le texte commenté n'énumère pas toutes les juridictions constituant le pouvoir judiciaire. Il ne vise pas la Haute Cour de Justice, le Conseil Constitutionnel et la Cour des Comptes institués par la Constitution ainsi que la Cour de répression de l'enrichissement illicite. Ces instances juridictionnelles contribuent bien à l'exercice du pouvoir judiciaire.

141. La Haute Cour de Justice. - Elle est une juridiction à caractère politique, instituée par la Constitution *(article 99 de la Constitution) (LARRIEU, « De quelques constantes de la justice politique française depuis la Révolution », RSC, 1987, p. 801)*. Cette juridiction spéciale est composée de membres élus, en nombre égal, par l'Assemblée nationale après chaque renouvellement.

Si la composition de la Cour reflète son caractère politique, sa dimension judiciaire est exprimée par la présence à sa tête d'un haut magistrat des Cours et tribunaux, à savoir le Premier président de la Cour suprême.

Le Ministère public y est représenté par le Procureur général près la Cour suprême et les fonctions de greffier sont exercées par le greffier en chef près la Cour suprême.

L'organisation de la Haute Cour de Justice et la procédure suivie devant cette juridiction sont fixées par loi organique n° 2002-10 du 22 février 2002 portant loi organique sur la Haute Cour de Justice *(JORS n° 6038 du 23 mars 2002, p. 1018)*, modifiée par la loi organique n° 2008-39 du 20 août 2008 *(JORS n° 6441 du 06 décembre 2008, p. 1141)* et par la loi organique n° 2012-26 du 28 décembre 2012.

Les arrêts de la Haute Cour de Justice ne sont susceptibles ni d'appel, ni de pourvoi en cassation. Toutefois, ils peuvent faire l'objet d'une révision dans les formes et conditions légales.

142. Compétence de la Haute Cour de Justice. - La Haute Cour de Justice est une juridiction répressive d'exception, c'est-à-dire qu'elle est compétente pour juger les infractions dont la connaissance lui est attribuée par des dispositions expresses de la loi *(W. JEANDIDIER, « Les juridictions d'exception dans la France contemporaine », JCP, 1985. I. 3173 ; CL. GARCIN, La notion de juridiction d'exception en droit pénal français, Thèse Lyon 1987*).

Cette juridiction a aussi une compétence personnelle, tirée de la qualité personnelle des auteurs des infractions *(Président de la République et ministres) (G. STEFANI, G. LEVASSEUR et B. BOULOC, Procédure pénale, Paris, Dalloz, Paris, 18e éd., 2001, p. 484*).

Elle est chargée de juger le Président de la République pour haute trahison, le Premier ministre, les ministres et leurs complices en cas de commission d'un crime ou d'un délit.

La haute Cour de Justice est régie par une procédure dérogatoire sur certains aspects de celle contenue dans le Code de Procédure pénale (*G. VEDEL, « La compétence de la Haute Cour », in Mélanges Magnol (1948), p. 393 ; B. MATHIEU, T. RENOUX et A. ROUX, La Cour de justice de la République, Paris, coll. Que sais-je, PUF, 1995*).

Le Président de la République n'est responsable des actes accomplis dans l'exercice de ses fonctions qu'en cas de haute trahison. Il ne peut être mis en accusation que par le Parlement, statuant par un vote identique au scrutin secret, à la majorité des trois cinquièmes (3/5) des membres le composant.

En vertu de l'article 101 de la Constitution, le Premier ministre et les autres membres du Gouvernement sont pénalement responsables des actes accomplis dans l'exercice de leurs fonctions et qualifiés crimes ou délits au moment où ils ont été commis (*R. CARIO, « La responsabilité des hautes autorités politiques de l'État quant aux actes accomplis dans l'exercice de leurs fonctions : le cas de la France », RI crim. et pol. techn. 1995.21, n° 37 ; B. MATHIEU, « La Haute Cour de justice et la responsabilité pénale des ministres... », RFD const. 1990, p. 375, n° 04 ; B. MATHIEU, « La responsabilité pénale des ministres devant la Cour de justice de la République », RFD const. 1993.601, n° 15 ; B. MATHIEU, « Commentaire de la loi organique n° 93-1262 du 23 novembre 1993 sur la Cour de justice de la République », ALD 1994.69, n° 06 ; M.-P. ROY, « La Cour de justice de la République », Droit prospectif 1994.355, n° 02*).

143. Compétence de la Haute Cour de Justice et procédure d'enrichissement illicite. - La question de la compétence de la Haute Cour de Justice pour juger les crimes et délits commis par les ministres dans l'exercice de leurs fonctions a été discutée dans le cadre de la procédure d'enrichissement illicite suivie contre M. Karim WADE et autres.

Les conseils de M. WADE ont soulevé l'incompétence de la Commission d'instruction de la Cour de répression de l'enrichissement illicite au motif qu'un ministre ne peut être jugé pour des faits commis dans l'exercice de ses fonctions que par la Haute Cour de Justice. Ils ont fait valoir que l'alinéa 2 de l'article 101 de la Constitution dispose que le Premier ministre et les autres membres du Gouvernement sont pénalement responsables des actes accomplis dans l'exercice de leurs fonctions et qualifiés crimes ou délits au moment où ils ont été commis ; ils sont jugés par la Haute Cour de Justice.

Par une ordonnance du 17 avril 2013, la Commission d'instruction de la CREI a rejeté l'exception d'incompétence soulevée, en tirant argument de la nature instantanée du délit d'enrichissement illicite. Les magistrats ont jugé que le privilège de juridiction posé par l'article 101 de la Constitution doit être apprécié au moment de la commission de l'infraction. La Commission d'instruction de la CREI a ajouté qu'au regard de l'article 163 bis, alinéa 2 du Code pénal, le délit d'enrichissement illicite ne se caractérise qu'au moment de la réponse faite à la mise en demeure.

M. Karim WADE, ayant été mis en demeure le 15 mars 2013, pendant qu'il n'était plus membre du Gouvernement, la Commission d'instruction en a conclu qu'il ne bénéficiait plus du privilège de juridiction. Ce privilège, cessant à la fin des fonctions qui confère ledit privilège, peu importe que la personne poursuivie se soit servie de ses fonctions ou de ses pouvoirs pour commettre l'infraction *(CREI, ord. com. instr. n° 01/2013 du 17 avril 2013, Karim WADE et autres, inédit).*

À la suite du renvoi de l'affaire devant la Cour de répression de l'enrichissement illicite, cette juridiction a, par un arrêt du 18 août 2014, conforté l'analyse de la Commission d'instruction sur la nature instantanée de l'infraction d'enrichissement illicite. La Cour, en faisant référence à l'exposé des motifs de la loi n° 81-53 du 10 juillet 1981, a précisé que le privilège de juridiction ne peut bénéficier qu'aux ministres poursuivis pour des infractions constituées au moment où ils exerçaient leurs fonctions.

Les juges de la CREI ont énoncé que le délit d'enrichissement illicite qui est reproché à M. WADE, ne pouvait être constitué à son encontre qu'après la réponse à la mise en demeure qui lui est adressée. Or, le 15 avril 2013, date à laquelle il a répondu à la première mise en demeure qui lui avait été adressée, Karim WADE n'était plus ministre depuis moins d'un an. La Cour a, en conséquence, rejeté l'exception d'incompétence soulevée par les conseils de M. Karim WADE *(CREI, n° 03/2014 du 18 août 2014, MP et État du Sénégal (AJE) c/ Karim WADE et autres, inédit).*

L'affirmation de l'incompétence de la Haute Cour de Justice pour connaître des faits d'enrichissement illicite reprochés à M. Karim WADE ne semble pas contestable. En effet, la compétence personnelle de la Haute Cour de Justice doit être appréciée au moment de la consommation de l'infraction. Or, à la date à laquelle M. WADE a répondu à la mise en demeure, il n'exerçait plus des fonctions ministérielles.

D'après la Cour de répression de l'enrichissement illicite, le délit d'enrichissement illicite est constitué au moment de la réponse à la mise en demeure faite par le parquet spécial, date à laquelle il convient d'apprécier le privilège de juridiction des ministres.

Mais rien n'est moins sûr. En effet, l'article 163 bis du Code pénal se contente d'énoncer que cette infraction est constituée lorsque, sur simple mise en demeure, une personne visée par la loi, se trouve dans l'impossibilité de justifier de l'origine licite de ses ressources. Il ne ressort nullement de ce texte que la consommation de l'infraction coïncide avec la réponse donnée un mois après la mise en demeure du procureur spécial. D'ailleurs, l'exposé des motifs de la loi n° 81-54 du 10 juillet 1981 précise que le délit est constitué par « *le fait qu'une personne donnée, ayant pu abuser de sa qualité et de ses fonctions, se trouve dans l'impossibilité après la sommation qui lui en a été faite, d'apporter la preuve de l'origine licite de son patrimoine actuel ou de son train de vie. Il s'agit d'un délit instantané qui ne se caractérise qu'au moment de la réponse faite à la mise en demeure* ». En réalité, le délai d'un mois à compter de la mise en demeure prévu par l'article 6 de la loi n° 81-54 du 10 juillet 1981 constitue un délai de procédure permettant au parquet spécial de saisir la Commission d'instruction, en cas d'absence ou d'insuffisance de justification de l'origine licite des ressources de la personne convoquée. En effet, dans cette dernière hypothèse, le procureur spécial dispose d'indices suffisants de culpabilité pour procéder à la saisine de la juridiction d'instruction *(Commission d'instruction).*

Le délai d'un mois ne s'applique pas au mis en cause, qui a la latitude de rapporter la preuve de l'origine licite de son patrimoine actuel ou de son train de vie jusqu'à l'audience. Cette preuve peut être rapportée devant le procureur spécial, devant la Commission d'instruction ou même devant la juridiction de jugement *(la Cour de répression de l'enrichissement illicite).*

Comment techniquement admettre, sans incohérence qu'une infraction pénale puisse se constituer devant un magistrat du parquet bien avant le déclenchement des poursuites et la saisine de la juridiction de jugement ?

La notion de constitution de l'infraction d'enrichissement illicite qu'évoque l'exposé des motifs de la loi n° 81- 53 du 10 juillet 1981 et l'article 163 bis du Code pénal renvoie à la caractérisation de l'infraction devant la juridiction de jugement. En d'autres termes, l'enrichissement illicite n'est établi et caractérisé et son auteur déclaré coupable que lorsque, sur simple mise en demeure, une personne visée par la loi, se trouve dans l'impossibilité de justifier de l'origine licite de ses ressources ou de son train de vie. Cette analyse confirme que la personne poursuivie a la possibilité de rapporter la preuve de l'origine licite de son patrimoine ou de son train de vie jusqu'à l'audience.

A supposer même que l'infraction soit consommée à la date de la réponse à la mise en demeure du procureur spécial, la motivation de l'arrêt de la Cour de répression de l'enrichissement illicite du 18 août 2014 n'en pose pas moins un problème de fond lié à la caractérisation du délit d'enrichissement illicite. En effet, en vertu de l'article 163 bis du Code pénal, la constitution de l'infraction suppose précisément que le prévenu ait la qualité de titulaire d'un mandat public électif ou d'une fonction gouvernementale ou celle d'agent public. Cette exigence constitue, à l'image de l'enrichissement de la personne une condition préalable de l'infraction d'enrichissement illicite.

Dans son arrêt de fond du 23 mars 2015, la Cour de répression de l'enrichissement illicite, qui a déclaré le prévenu coupable de cette infraction, s'est contentée d'énoncer que « *Karim WADE, ayant exercé les fonctions de conseiller spécial du Président de la République du Sénégal, de président de l'ANOCI et de ministre d'État* » a constitué des sociétés dans les secteurs les plus stratégiques, les plus névralgiques et les plus rentables de l'économie pour accroître illicitement son patrimoine et celui de ses complices *(CREI, n° 02/2015 du 23 mars 2015, MP et État du Sénégal c/ Karim WADE et autres, inédit)*.

Mais, comment techniquement le juge a-t-il pu caractériser le délit d'enrichissement illicite à l'encontre de M. WADE, qui pourtant, comme cela résulte de la motivation de la Cour, avait déjà perdu la qualité de ministre et n'exerçait plus une fonction publique à la date de la mise en demeure restée infructueuse ?

La Cour ne s'en explique pas.

144. Le Conseil constitutionnel. - À la suite de la loi constitutionnelle n° 2016-10 du 05 avril 2016, qui a apporté d'importantes innovations à la justice constitutionnelle, la loi organique n° 2016-23 du 14 juillet 2016 abrogeant les dispositions contraires de la loi organique n° 92-23 du 30 mai 1992, a procédé à une réorganisation de la juridiction constitutionnelle et à une extension de ses compétences.

Le Conseil constitutionnel est désormais composé de sept (7) membres nommés par décret pour six ans renouvelables, dont un président, un vice-président. Ces membres sont choisis parmi les hauts magistrats, les professeurs titulaires de droit, les inspecteurs généraux d'Etat, les avocats et les fonctionnaires de la hiérarchie A ayant au moins vingt ans d'ancienneté dans la fonction ou vingt ans d'exercice de leur profession.

La loi organique du 14 juillet 2016 a innové en prévoyant la possibilité pour le président du Conseil constitutionnel de choisir trois (3) magistrats des Cours et tribunaux pour assister temporairement les membres du Conseil constitutionnel *(art. 9, alinéa 1e de loi organique).*

Par ailleurs, des enseignants des facultés de droit reconnus pour leur compétence en matière constitutionnelle et totalisant une expérience professionnelle d'au moins cinq (5) ans peuvent être nommés par décret pour une durée de deux (2) ans renouvelables sur proposition du Président du Conseil constitutionnel *(art. 9, alinéa 2 de la loi organique).*

La loi organique du 14 juillet 2016 affirme désormais l'autonomie financière du Conseil constitutionnel *(art. 11 de la loi organique)* et le Président du Conseil est l'ordonnateur du budget. Outre le secrétariat dirigé par un greffier en chef, le Conseil constitutionnel comprend un service d'études et de documentation et un service administratif et financier dont la composition, le fonctionnement et les attributions seront fixés par le règlement intérieur du Conseil.

La procédure devant le Conseil constitutionnel n'est pas contradictoire.

Cependant, la loi organique du 14 juillet 2016 relative au Conseil constitutionnel a apporté une grande innovation relative au recours en matière électorale et en matière référendaire. Selon l'article 14 de la loi organique du 14 juillet 2016, dans ces matières, le recours ayant pour objet de contester la régularité des opérations est, selon le cas, communiqué, par le greffier en chef, aux autres candidats ou à l'autre courant qui ont quarante-huit (48) heures pour déposer leur mémoire en réponse.

Toutes les décisions du Conseil constitutionnel sont désormais publiées au *Journal officiel (art. 25 de la loi organique).*

145. Contrôle de constitutionnalité des lois. - La juridiction constitutionnelle exerce des compétences de principe et des compétences résiduelles (*F. MBODJ, « Les compétences du Conseil constitutionnel à l'épreuve des saisines. Quelques remarques sur les pouvoirs du juge constitutionnel au Sénégal », EDJA, n° 78, juillet-août-septembre 2008, p. 7 ; I. Y. NDIAYE, « Le Conseil constitutionnel sénégalais », Les Nouveaux Cahiers du Conseil constitutionnel, 2014/4, n° 45, p. 77 à 103*).

Le Conseil constitutionnel est le juge de la constitutionnalité des lois ; il s'agit là, de sa principale attribution. La juridiction constitutionnelle se prononce notamment sur la constitutionnalité des lois organiques et des lois ordinaires *(S. SYLLA, « Le contrôle de la constitutionnalité des lois au Sénégal », RIPAS, octobre-décembre 1984, p. 817-888 ; F. MELIN-SOUCRAMANIENH. DAYUAN, Le contrôle de constitutionnalité en France et en Chine, Dalloz, 2014).*

La Constitution fait du Conseil constitutionnel le « *chef d'orchestre du contrôle de la constitutionnalité des lois* » (*EL. H. O. DIOP, La justice constitutionnelle au Sénégal. Essai sur l'évolution, les enjeux et les réformes d'un contre-pouvoir juridictionnel, Dakar, CREDILA-OVIPA, 2013, p. 172 ; EL. H. O. DIOP, « Le contrôle de la loi promulguée par le juge constitutionnel dans l'espace francophone », Annales africaines, nouvelle série, vol. 02, n° 03, décembre 2015, p. 187).*

À ce titre, l'instance constitutionnelle exerce un contrôle obligatoire sur certaines normes.

Sous l'empire de la Constitution du 07 mars 1963, les lois organiques ne pouvaient être promulguées que si le Conseil constitutionnel, obligatoirement saisi par le Président de la République, ne les a déclarées conformes à la Constitution. En outre, l'article premier de la loi organique sur le Conseil constitutionnel précise que cette haute juridiction se prononce « *sur la constitutionnalité des lois organiques* ».

Cependant, la Constitution du 22 janvier 2001 n'avait pas prévu un principe de contrôle obligatoire des lois organiques. L'article 78 de ladite Constitution est sans équivoque. Selon ce texte, « *les lois organiques sont votées et modifiées à la majorité absolue des membres composant l'Assemblée nationale. Les articles 65 et 77 ne sont pas applicables aux lois organiques* ». Le Constituant de 2001 a, semble-t-il, délibérément choisi de ne pas soumettre les lois organiques au contrôle obligatoire du Conseil constitutionnel (*En ce sens, EL. H. O. DIOP, Op.cit, p. 174 ; A. NDIAYE, Les décisions et avis du Conseil constitutionnel du Sénégal. Rassemblés et commentés, p. 74 ; F. MBODJ, Les décisions et avis du Conseil constitutionnel du Sénégal. Rassemblés et commentés, p. 56*).

La réforme introduite par la loi constitutionnelle n° 2016-10 du 05 avril 2016 portant révision de la Constitution *(JORS n° 6926 du jeudi 07 avril 2016, p. 505)* a procédé à la réintroduction du principe du contrôle obligatoire des lois organiques, par leur soumission au Conseil constitutionnel pour contrôle de constitutionnalité avant promulgation. L'article 78, alinéa 2 de la Constitution modifiée énonce que les lois organiques « *ne peuvent être promulguées si le Conseil constitutionnel saisi par le Président de la République, ne les a déclarées conformes à la Constitution* ».

Le règlement de chaque Assemblée détermine notamment les pouvoirs des parlementaires, la composition, le régime disciplinaire de ses membres, les règles de fonctionnement du bureau ainsi que les prérogatives du Président. De façon générale, il fixe toutes les règles ayant pour objet le fonctionnement de l'Assemblée dans le cadre de sa compétence constitutionnelle *(art. 62 de la Constitution).*

Pendant longtemps, le règlement intérieur des Assemblées a été soustrait au contrôle obligatoire du juge constitutionnel ; le conseil constitutionnel ne pouvait statuer que s'il avait été saisi par les seules autorités habilitées à cet effet *(En ce sens, Cons. Const. n° 63/99 5/C/99 du 25 février 1999, Règlement intérieur du Sénat, in I. M. FALL (dir), Les décisions et avis du Conseil constitutionnel au Sénégal, Dakar, CREDILA, 2008, p. 335 ; Cons. Const. n° 64/99 6/C/99 du 25 février 1999, Règlement intérieur de l'Assemblée nationale, op.cit., p. 339 ; Cons. Const. n° 65/99 7/C/99 du 5 mai 1999, Règlement intérieur de l'Assemblée nationale II, op.cit., p. 341).*

Devant cette lacune, le dernier alinéa de l'article 62 de la Constitution du 22 janvier 2001 a prévu que la loi organique portant règlement intérieur ne peut être promulguée si le Conseil constitutionnel, obligatoirement saisi par le Président de la République, ne l'a pas déclarée conforme à la Constitution. C'est justement ce principe du contrôle obligatoire de constitutionnalité du règlement intérieur de l'Assemblée qui a été supprimé par loi constitutionnelle n° 2016-10 du 05 avril 2016 portant révision de la Constitution.

D'ailleurs, l'article premier de la loi organique du 14 juillet 2016 relative au Conseil constitutionnel n'a pas repris le chef de compétence du Conseil constitutionnel relatif au contrôle de la constitutionnalité des règlements intérieurs des Assemblées.

Cette solution législative est justifiée par le fait que la loi constitutionnelle du 05 avril 2016 a mis un terme au débat sur la nature juridique du règlement intérieur de l'Assemblée nationale. Le nouvel article 62 de la Constitution a énoncé clairement que le règlement intérieur est institué par une loi organique. Dès lors, il est soumis au principe du contrôle obligatoire de constitutionnalité *(art. 78 de la Constitution).*

Le contrôle facultatif de constitutionnalité concerne essentiellement le contrôle des lois ordinaires. Il vise à garantir la suprématie de la norme suprême. Ce type de contrôle est prévu par l'article 92 de la Constitution et par l'article premier de la loi organique relative au Conseil constitutionnel. Selon ces textes, le Conseil constitutionnel se prononce sur la constitutionnalité des lois.

La requête doit, à peine d'irrecevabilité être signée par le Président de la République ou par chacun des députés ; elle doit contenir l'exposé des moyens et être accompagnée de deux copies du texte attaqué. Ce recours est présenté sous forme de requête et déposé au greffe du Conseil constitutionnel contre récépissé.

Si la juridiction constitutionnelle relève dans la loi contestée soumise à son examen, une violation de la Constitution, qui n'a pas été invoquée, il doit la soulever d'office. Ainsi, le moyen tiré de la violation d'une disposition constitutionnelle par la loi est d'ordre public.

Le juge constitutionnel se prononce dans un délai d'un mois à compter du dépôt du recours ; ce délai est ramené à huit (8) jours francs lorsque le Gouvernement en déclare l'urgence.

Dans ce cadre, la haute juridiction constitutionnelle exploite toutes les ressources du Préambule de la Constitution pour censurer certaines dispositions légales jugées inconstitutionnelles.

A titre d'exemple, dans sa décision du 19 juin 1995, les requérants tentaient d'invalider les dispositions de l'article 140 du Code de procédure pénale, en ce qu'elles violeraient les droits de la défense et la présomption d'innocence. Le juge constitutionnel a rejeté le moyen aux motifs que, « *l'article 140 du Code de procédure pénale ne viole ni les droits de la défense, ni la présomption, d'innocence ; qu'en tout état de cause, bien qu'il s'agisse des libertés fondamentales garanties par la Constitution, le législateur peut apporter des restrictions à leur exercice en invoquant d'autres principes à valeur constitutionnelle tels que la préservation de l'ordre public et la sauvegarde de l'intérêt général, objectif que poursuit précisément l'article soumis à l'examen du Conseil constitutionnel* » (*Cons. Const. n° 18/95 du 19 juin 1995, affaire Dame MBAYE in I. M. FALL (dir), Les décisions et avis du Conseil constitutionnel au Sénégal, Dakar, CREDILA, 2008, p. 129 et s., obs. A. DIEYE*).

146. Contrôle de la constitutionnalité des engagements internationaux. - Le Conseil constitutionnel contrôle également la constitutionnalité des engagements internationaux. En vertu de l'article 97 de la Constitution, si le Conseil constitutionnel a déclaré qu'un engagement international comporte une clause contraire à la Constitution, l'autorisation de le ratifier ne peut intervenir qu'après la révision de la Constitution. Ce texte ne donne aucune indication sur les modalités du contrôle des engagements internationaux.

À la lecture des articles 16 et 17 de la loi organique du 14 juillet 2016 relative au Conseil constitutionnel, le recours tendant à faire constater l'inconstitutionnalité d'un engagement international obéit à la procédure générale prévue par la Constitution. Ce recours est présenté dans les mêmes conditions que pour la procédure tendant à faire déclarer une loi inconstitutionnelle *(art. 74 de la Constitution)*. (*En ce sens, EL. H. O. DIOP, La justice constitutionnelle au Sénégal. Essai sur l'évolution, les enjeux et les réformes d'un contre-pouvoir juridictionnel, Dakar, CREDILA-OVIPA*, 2013, p. 186).

147. L'exception d'inconstitutionnalité. - Une compétence essentielle du Conseil constitutionnel consiste à apprécier, par la voie de l'exception d'inconstitutionnalité, la conformité à la Constitution des lois déjà promulguées à l'occasion d'un procès (*M. FALL, Évolution constitutionnelle du Sénégal de la veille de l'indépendance aux élections de2007, Dakar-Paris, CREDILA-CREPOS, 2007, p. 74*). Il s'agit d'un contrôle de constitutionnalité par voie d'exception.

Les citoyens peuvent, ainsi, obtenir l'application des garanties fondamentales reconnues par la Constitution même après l'entrée en vigueur des actes législatifs.

L'exception d'inconstitutionnalité est une voie de droit consistant, à l'occasion d'un procès, à soulever l'inconstitutionnalité d'une loi et à conclure à son inapplicabilité au cas d'espèce.

Il s'agit d'un contrôle a posteriori de constitutionnalité des lois « *qui marque un progrès important pour l'État de droit* » (*P.M. SY, Le développement de la justice constitutionnelle en Afrique noire francophone : les exemples du Bénin, du Gabon et du Sénégal, Thèse Doctorat Dakar, 1998*). Le mécanisme de l'exception d'inconstitutionnalité est considéré comme un instrument de protection des droits fondamentaux et de renforcement de l'État de droit.

Contrairement à ce que l'on pourrait penser, l'exception d'inconstitutionnalité ne constitue techniquement pas une exception de procédure mais, il s'agit plutôt d'un moyen de fond. La Cour suprême du Sénégal l'a clairement affirmé, dans un arrêt du 26 septembre 2013. La haute juridiction a énoncé que : « *l'exception d'inconstitutionnalité n'est pas une exception de procédure, mais un moyen de fond visant à établir le défaut de base légale de l'acte attaqué qui se fonde sur un texte de loi dont la constitutionnalité est contestée ; qu'ainsi l'ordre dans lequel il est présenté n'a aucune incidence sur sa recevabilité* » *(CS n° 50 du 26 septembre 2013, Cheikh Tidiane SY et autres c/ Etat du Sénégal, inédit).*

A l'image de l'exception d'illégalité, l'exception d'inconstitutionnalité est un recours indicent soulevé au cours d'un procès qui peut entraîner la neutralisation de l'acte législatif déclaré non conforme à la Constitution.

En vertu de l'ancien article 20 de la loi organique n° 92-23 du 30 mai 1992 relative au Conseil constitutionnel modifiée par la loi n° 99-

71 du 17 février 1999, lorsque la solution d'un litige porté devant le Conseil d'État ou la Cour de cassation *(devenus, la Cour suprême depuis la réforme de 2008)* est subordonnée à l'appréciation de la conformité des dispositions d'une loi ou des stipulations d'un accord international à la Constitution, cette juridiction saisit obligatoirement le Conseil constitutionnel de l'exception d'inconstitutionnalité ainsi soulevée et sursoit à statuer jusqu'à ce que le Conseil constitutionnel se soit prononcé *(sur cette condition, CS, n° 50 du 26 septembre 2013, Cheikh Tidiane SY et autres c/ Etat du Sénégal, inédit).* Ainsi, le Conseil se prononçait dans un délai de trois mois à compter de la date de la saisine.

Il résulte de ce texte que d'une part, l'exception d'inconstitutionnalité ne pouvait être soulevée que dans le cadre d'un procès soumis à la Cour suprême. Cette restriction était légitimée par le souci d'éviter l'encombrement du prétoire du juge constitutionnel *(I.Y. NDIAYE, « L'exception d'inconstitutionnalité et la question prioritaire de constitutionnalité. Étude comparative des droits sénégalais et français », Communication au Séminaire interne sur le fonctionnement du Conseil constitutionnel, 06 et 07 septembre 2011, Méridien Président, Dakar, p. 10*).

D'autre part, l'exception d'inconstitutionnalité était (et reste) une question préjudicielle. Elle oblige la Cour suprême, devant qui elle est soulevée, à surseoir à statuer et à renvoyer la question au Conseil constitutionnel qui se prononce dans un délai de trois mois à compter de sa saisine.

Sous l'empire de la législation antérieure, le Conseil constitutionnel a jugé, à plusieurs reprises, qu'en vertu de l'ancien article 67 de la loi organique sur la Cour de cassation et de l'ancien article 56 de loi organique sur le Conseil d'Etat, ces hautes juridictions devaient se prononcer avant toute saisine du Conseil constitutionnel, sur leur compétence et sur la recevabilité du pourvoi ou la déchéance, tout examen de la solution du litige leur étant subordonné. Selon le juge constitutionnel, un pourvoi non purgé de toutes fins de non-recevoir ou simplement fantaisistes, ne saurait servir de prétexte pour saisir le Conseil constitutionnel d'une exception d'inconstitutionnalité. Ainsi, le Conseil constitutionnel ne peut être saisi que de recours recevables devant la Cour de cassation ou le Conseil d'Etat (*Cons. Const. n° 16/95 du 13 février 1995, in I. M. FALL (dir), Les décisions et avis du Conseil constitutionnel au Sénégal, Dakar, CREDILA, 2008, p. 121 ; Cons. Const. n° 17/95 du 13 février 1995, op. cit., p. 125).*

Avec la restauration de la Cour suprême exerçant les attributions et compétences de la Cour de cassation et du Conseil d'Etat, cette jurisprudence devrait avoir vocation à s'appliquer à l'exception d'inconstitutionnalité soulevées devant la Cour suprême et même devant la Cour d'appel.

En effet, prenant en compte la maturité institutionnelle et le renforcement du système démocratique du Sénégal, la réforme introduite par la loi constitutionnelle n° 2016-10 du 05 avril 2016 portant révision de la Constitution *(JORS n° 6926 du jeudi 07 avril 2016, p. 505)* a consacré un élargissement des compétences du Conseil constitutionnel en matière d'exception d'inconstitutionnalité. En vertu de l'article 92 de la Constitution modifiée, le Conseil constitutionnel connaît « *des exceptions d'inconstitutionnalité soulevées devant la Cour d'appel ou la Cour suprême* ».

Avec cette modification constitutionnelle, les justiciables peuvent soulever, au cours d'une instance devant la Cour d'appel, la non-conformité d'une disposition législative à la Constitution.

Cependant, seul le Conseil constitutionnel est habilité à statuer sur l'exception d'inconstitutionnalité ainsi soulevée. La Constitution ne le précise pas, mais, l'exception d'inconstitutionnalité constitue une question préjudicielle devant la Cour d'appel. En effet, cette dernière juridiction, saisie de l'exception, devra surseoir à statuer et renvoyer l'affaire devant le Conseil constitutionnel.

La loi organique du 14 juillet 2016 relative au Conseil constitutionnel a consacré expressément cette solution. Aux termes de l'article 22 de ce texte : « *lorsque la solution d'un litige porté devant la Cour d'appel ou la Cour suprême est subordonnée à l'appréciation de la conformité des dispositions d'une loi ou des stipulations d'un accord international à la Constitution, la juridiction saisit obligatoirement le Conseil constitutionnel de l'exception d'inconstitutionnalité ainsi soulevée et sursoit à statuer jusqu'à ce que le Conseil constitutionnel se soit prononcé* ». La juridiction constitutionnelle se prononce dans un délai d'un mois à compter de la date de sa saisine.

Malgré le principe du caractère non contradictoire de la procédure constitutionnelle, en cas d'exception d'inconstitutionnalité, le Conseil constitutionnel transmet pour information le recours au Président de la République, au Premier ministre, au Président de l'Assemblée nationale. Ces autorités peuvent produire leurs observations devant la juridiction constitutionnelle *(art. 14 de la loi organique).*

Si les juges constitutionnels estiment que la disposition dont il a été saisi n'est pas conforme à la constitution, il ne peut plus en être fait application *(art. 22 de la loi organique).* Ainsi, comme en matière d'exception d'illégalité, la déclaration d'inconstitutionnalité n'entraîne pas l'annulation de la loi ou de l'engagement international, mais elle emporte sa neutralisation. En d'autres termes, la Cour suprême ou la Cour d'appel, saisie de l'affaire, doit écarter l'application de la loi ou de l'engagement international au cas d'espèce.

La possibilité donnée aux justiciables de soulever l'exception d'inconstitutionnalité devant la Cour d'appel contribuera à consolider la protection des droits et des libertés individuelles. Dès l'instance en appel, un plaideur pourra demander au juge d'écarter du procès une loi contraire à la Constitution.

Cependant, la modification de la Constitution, en ouvrant une possibilité de soulever l'exception d'inconstitutionnalité devant « *la Cour d'appel* », limite en même temps le champ de la protection des justiciables. En effet, cette exception ne pourra être invoquée devant le tribunal d'instance ou le tribunal de grande instance, même statuant en tant que juridiction d'appel. Cette réforme aurait été plus « *consolidante* » si elle avait habilité la juridiction constitutionnelle à statuer sur toutes les exceptions d'inconstitutionnalité soulevée devant la Cour suprême ou devant une juridiction d'appel, qu'il s'agisse de la Cour d'appel ou du tribunal de grande instance statuant comme juge d'appel.

Quoi qu'il en soit, par son intervention, le Conseil constitutionnel donne « *un brevet de constitutionnalité* » à la loi en vue de son application ou non dans le procès en cours (*EL. H. O. DIOP, Op.cit., p. 193*).

148. Compétences en matière électorale.- La juridiction constitutionnelle est aussi juge du contentieux des élections nationales

(J-P. CAMBY, Le Conseil constitutionnel, juge électoral, Paris, Dalloz, 2013 ; *F. MELIN SOUCRAMANIEN, « Le Conseil constitutionnel, juge électoral », Pouvoirs 2003/2 (n° 105), p. 117-131 ; M. DIAGNE, Le Conseil constitutionnel sénégalais : l'institution et ses techniques, Dakar, Les éd. TCM, 2012, p. 57 et s.*). Elle a, à ce titre, des compétences ante scrutin. Dans le cadre du contentieux pré-électoral, le Conseil constitutionnel reçoit les candidatures à la Présidence de la République, arrête la liste des candidats, statue sur les contestations relatives aux élections du Président de la République et des députés à l'Assemblée nationale.

L'article 2 de la loi organique relative au Conseil constitutionnel précise que cette juridiction est également compétente pour statuer sur les contestations relatives aux élections des hauts Conseillers. Cette disposition tire les conséquences de l'institution de Haut Conseil des Collectivités territoriales par l'article 66-1 de la Constitution. Cette Assemblée consultative donne un avis motivé sur les politiques de décentralisation et d'aménagement du territoire. Les règles d'organisation et de fonctionnement du Haut Conseil des Collectivités territoriales sont fixées par la loi organique n° 2016-24 du 14 juillet 2016 relative au Haut Conseil des Collectivités territoriales *(JORS n° 6946 du 15 juillet 2016, p. 931).*

Le Conseil constitutionnel est aussi compétent pour proclamer les résultats des élections du Président de la République, des députés à l'Assemblée nationale et des hauts Conseillers *(F. MELIN, SOUCRAMANIEN, « Devenir candidat : quel filtre ? », Pouvoirs, n° 138, 2011, p. 19).*

Il reçoit le serment du Président de la République et constate sa démission, son empêchement ou son décès ainsi que sa démission *(art. 1e de la loi organique n° 92-23 du 30 mai 1992*).

Le Conseil constitutionnel est compétent pour régler le contentieux des symboles, sigles ou couleurs. En vertu de l'article LO 117 du Code électoral, en cas de contestation, le Conseil constitutionnel attribue par priorité à chaque candidat sa couleur, son sigle ou son symbole traditionnel par ordre d'ancienneté du parti qui l'a investi et pour les candidats indépendants, suivant la date du dépôt.

Durant l'élection proprement-dit, le Conseil constitutionnel cède la place à la Cour d'appel.

La juridiction constitutionnelle sénégalaise a également des compétences post-scrutin. En effet, après le scrutin, elle proclame les résultats définitifs de l'élection présidentielle *(LO 137 du Code électoral).*

Le Conseil constitutionnel est enfin habilité à gérer le contentieux électoral. En vertu de l'article LO 138 du Code électoral, tout candidat ou liste de candidats au scrutin peut contester la régularité des opérations électorales sous la forme d'une requête adressée au Président du Conseil Constitutionnel.

149. Les autres chefs de compétence du Conseil constitutionnel. - La juridiction constitutionnelle se prononce également sur la recevabilité des propositions de loi et amendements d'origine parlementaire, sur les conflits de compétence entre le pouvoir exécutif et le pouvoir législatif et sur le caractère réglementaire des dispositions de forme législative.

Ce dernier titre de compétence du Conseil constitutionnel a donné lieu à plusieurs décisions rendues notamment par l'ancienne Cour suprême. La Constitution a délimité un domaine de la loi et du règlement. D'une part, l'article 67 de la Constitution a déterminé un domaine « *entièrement législatif* » dans lequel la loi fixe les règles relatives notamment aux droits civiques, à la détermination des crimes et des délits ainsi qu'aux peines, à la procédure pénale et aux garanties fondamentales accordées aux fonctionnaires civils et militaires de l'Etat.

D'autre part, ce texte a fixé un domaine « *semi-législatif* » dans lequel la loi ne détermine que les principes fondamentaux *(Sur cette question, J. M. NZOUANKEU, « Les domaines respectifs de la loi et du règlement en droit sénégalais », RIPAS n° 11, octobre-décembre 1984, p. 889 et s.).* Il s'agit notamment de la libre administration des collectivités territoriales, du régime de rémunération des agents de l'Etat et du régime de la propriété.

L'article 76 de la Constitution énonce que les matières qui ne sont pas du domaine législatif ont un caractère réglementaire.

Pour veiller au respect du domaine de partage entre la loi et le règlement, la Constitution a fourni au Gouvernement des garanties lui permettant de prévenir ou de sanctionner des empiètements éventuels du parlement sur le pouvoir réglementaire autonome. Il en est ainsi de la procédure dite de délégalisation instituée par l'article 76, alinéa 2 de la Constitution. En vertu de cette disposition, les textes de forme législative intervenus dans la matière réglementaire peuvent être modifiés par décret si le Conseil constitutionnel, à la demande du Président de la République ou du Premier Ministre, a déclaré qu'ils ont un caractère réglementaire *(sur cette question, E. DIARRA, « La procédure législative au Sénégal », RIPAS, n° 11, octobre-décembre 1984, p. 702-816 ; J. M. NZOUANKEU, op. cit., p. 982)*. Le recours tendant à faire déclarer que des dispositions de forme législative ont un caractère réglementaire (*délégalisation*) est porté devant le Conseil constitutionnel.

Au Sénégal, la plupart des textes de forme législative ont été pris, soit avant l'indépendance, soit pendant les périodes de transition constitutionnelle *(1960,1963)* périodes pendant lesquelles le Gouvernement a souvent bénéficié d'habilitations législatives lui permettant de prendre des ordonnances intervenant dans le domaine législatif. C'est pourquoi plusieurs textes de forme législative ont été par la suite délégalisés, sur la demande des autorités exécutives *(CS sect. réun. du 25 novembre 1961, Ordre des médecins et ordre des pharmaciens, in RIPAS, n° 11, octobre-décembre 1984, p. 926 ; CS sect. réun. du 15 novembre 1962, Création des camps de jeunesse, in RIPAS, n° 11, octobre-décembre 1984, p. 927 ; CS sect. réun. du 10 janvier 1962, Personnel de l'enseignement du premier degré, in RIPAS, n° 11, octobre-décembre 1984, p. 929 ; CS sect. réun. du 17 novembre 1962, Secrétariat général du Gouvernement, in RIPAS, n° 11, octobre-décembre 1984, p. 930 ; CS sect. réun. du 26 juin 1968, Office national des anciens combattants, in RIPAS, n° 11, octobre-décembre 1984, p. 944 ; CS sect. réun. du 08 juin 1969, Statut général du personnel des cadres moyens et supérieurs des établissements publics à caractère industriel et commercial, in RIPAS, n° 11, octobre-décembre 1984, p. 946 ; CS sect. réun. du 18 août 1971, Direction de l'enseignement technique et de la formation professionnelle, in RIPAS, n° 11, octobre-décembre 1984, p. 948)*.

La doctrine trouve l'explication de la fréquence du recours à la procédure de délégalisation dans le caractère flou de la frontière entre le domaine législatif et réglementaire *(M. NZOUANKEU, « Les domaines respectifs de la loi et du règlement en droit sénégalais », RIPAS n° 11, octobre-décembre 1984, p. 893 ; Ph. GEORGES, « La procédure législative au Sénégal », Annales africaines, 1965, p. 177).*

Enfin, le Conseil constitutionnel peut être saisi par le Président de la République pour avis *(art. 92, alinéa 2 de la Constitution).* Il s'agit là d'une innovation introduite par la loi constitutionnelle n° 2016-10 du 05 avril 2016 portant révision de la Constitution.

150. La Cour des Comptes. - Le parachèvement complet de la spécialisation au sommet a été réalisé par la loi n° 99-02 du 29 janvier 1999 portant révision de la Constitution instaurant la Cour des comptes *(Sur cette question, A. DIOUKHANE, « L'harmonisation du droit budgétaire des États membres de l'UEMOA- la Directive n° 05/97 du 16 décembre 1997 relative aux lois de finances », in EDJA, n° 60, janvier-mars 2004, p. 49).* Cette option se justifiait notamment par le souci de conjurer l'encombrement du Conseil d'État, jusque-là juge des comptes et de la légalité des actes des collectivités locales (*I. M. FALL, « Le contrôle de la légalité des actes des collectivités locales au Sénégal », EDJA, n° 63, 2004, p. 61-99.* Elle procédait aussi de la volonté de prendre en compte la spécificité du contentieux financier résultant des engagements communautaires du Sénégal dans le cadre de l'Union Économique et Monétaire Ouest Africaine *(UEMOA) (S.YONABA, « La difficile intégration des règles budgétaires et comptables des États membres de l'Union Économique et Monétaire Ouest Africaine- UEMOA », in RFFP, n° 76, 2002, p. 231 ; A. DIOUKHANE, « L'harmonisation du droit budgétaire des États membres de l'UEMOA- la Directive n° 05/97 du 16 décembre 1997 relative aux lois de finances », in EDJA, n° 60, janvier-mars 2004, p. 49*).

La spécialisation des juridictions au sommet de l'organisation judiciaire et l'internalisation progressive des normes communautaires contenues notamment dans le Traité de l'Union économique et monétaire ouest-africaine (*UEMOA*) du 10 janvier 1994 et dans les directives subséquentes ont amené les pouvoirs publics à créer la Cour des comptes, juridiction financière et institution supérieure de contrôle des finances publiques. D'après la Directive n° 01/2009/CM/UEMOA du 27 mars 2009 portant Code de transparence dans la gestion des finances publiques au sein de l'UEMOA, en son point 5.6, la création d'une Cour des comptes pour le contrôle externe des finances publiques est une obligation pour les États membres *(A. DIOUKHANE, Les finances publiques dans l'UEMOA. Le budget du Sénégal, Paris, L'Harmattan, 2015, p. 233).*

La Cour des comptes a été élevée au rang d'institution constitutionnelle, au même titre que les autres juridictions suprêmes, par la Constitution (*A. DIOUKHANE, Les juridictions financières dans l'UEMOA. La Cour des comptes du Sénégal, Paris, L'Harmattan, 2016*).

Ce texte a été abrogé et remplacé par la loi organique n° 2012-23 du 27 décembre 2012 *(JORS n° 6711 du 02 février 2013, p. 67),* qui a procédé au réaménagement de l'organisation de cette haute juridiction. Les modalités d'application de ce dernier texte sont fixées par le décret n° 2013-1449 du 13 novembre 2013 *(JORS n° 6766 du samedi 04 janvier 2014).*

La haute juridiction financière a un double statut que lui confère l'article 1er de la loi organique n° 2012-23 du 27 décembre 2012 : celui d'Institution Supérieure de Contrôle (*ISC*) des finances publiques et celui de juridiction *(A. DIOUKHANE, Les finances publiques dans l'UEMOA. Le budget du Sénégal, Paris, L'Harmattan, 2015, p. 233).*

La Cour des comptes juge les comptes des comptables publics et assiste le Président de la République, le Parlement et le Gouvernement dans le contrôle de l'exécution des lois de finances.

Elle s'assure de la régularité des opérations de recettes et de dépenses des organismes contrôlés et, le cas échéant, réprime les manquements aux règles qui régissent lesdites opérations. Elle vérifie et apprécie le bon emploi des crédits et la gestion de l'ensemble des organismes soumis à son contrôle. La Cour établit un rapport général public annuel reprenant les principales observations qu'elle a faites dans l'année et les mesures préconisées pour y remédier.

Depuis l'adoption de la loi organique n° 2012-23 du 27 décembre 2012, les compétences de la Cour des comptes s'étendent au contrôle des organismes constitués sous forme d'agences d'exécution et aux autorités administratives indépendantes.

En raison du nombre croissant des affaires et dans le but d'en accélérer le traitement, la loi organique a érigé la Cour de discipline financière, instituée par la loi n° 98-20 du 26 mars 1998 *(JORS n° 5796 du 18 avril 1998, p. 235),* ayant remplacé la Cour de discipline budgétaire, en une chambre permanente de la Cour des comptes (*Sur la Cour de discipline budgétaire, S. MADEMBA SY, « La Cour de discipline budgétaire du Sénégal », Rev.sén.dr. n° 03, 1969, p. 19).*

De même, la loi organique du 27 décembre 2012 tient compte des dispositions de la Directive n° 06/2009/CM/UEMOA du 26 juin 2009 portant lois de finances au sein de l'UEMOA internalisée par la loi organique n° 2011-15 du 08 juillet 2011 relative aux lois de finances prévoyant un élargissement des compétences de la Cour des comptes. Ainsi, la haute juridiction financière peut émettre un avis sur les rapports annuels de performance établis par les responsables de programme ainsi que les systèmes de contrôle interne et de contrôle de gestion mis en place par ces derniers.

La loi organique du 27 décembre 2012 a également mis fin à l'autonomie de la Commission de Vérification des Comptes et de Contrôle des Entreprises publiques (*CVCCEP*) consacrée par l'article 8 de la loi organique n° 99-70 du 17 février 1999 sur la Cour des comptes. Cette commission est devenue la Chambre des Entreprises publiques.

La Cour comporte, en outre, trois autres chambres, à savoir la chambre des Affaires budgétaires et financières, la chambre des Affaires administratives et la chambre des Collectivités locales.

Enfin, la Cour dispose d'un parquet général composé d'un Procureur général, d'un Premier avocat général et d'avocats généraux.

151.- La Cour de répression de l'enrichissement illicite. - La Cour de répression de l'enrichissement illicite (*CREI*) a été instituée par la loi n° 81-54 du 10 juillet 1981 créant une Cour de répression de l'enrichissement illicite *(JORS spécial n° 4846 du 24 juillet 1981, p.715)*. Il s'agit d'un instrument judiciaire spécial de répression du délit d'enrichissement illicite institué par la loi n° 81-53 du 10 juillet 1981 relative à la répression de l'enrichissement illicite (*JORS spécial n° 4846 du 24 juillet 1981, p. 713)* et inséré dans l'article 163 bis du Code pénal *(J. M. MAROUN, « La loi n° 81-53 du 10 juillet 1981 relative à la répression de l'enrichissement illicite », RIPAS, n° 02, octobre-décembre 1981, p. 274 et s. ; A. CISSE, « Lois relatives à la répression de l'enrichissement illicite de retour ou le lifting laborieux d'un lit de procuste mite par une désuétude méritée », Revue EDJA,* *n° 106, juillet-août-septembre 2015, p. 9 et s.).* Selon l'exposé des motifs de cette loi, le délit d'enrichissement illicite est constitué, non pas par l'enrichissement en soi qui peut avoir été réalisé à n'importe quelle date dans le passé, mais par le fait qu'une personne donnée, ayant pu abuser de sa qualité et de ses fonctions, se trouve dans l'impossibilité, après la sommation qui lui en a été faite, d'apporter la preuve de l'origine licite de son patrimoine actuel ou de son train de vie. Il s'agit d'un délit instantané qui ne se caractérise qu'au moment de la réponse faite à la mise en demeure. La CREI a une compétence nationale ; elle est chargée uniquement de réprimer l'enrichissement illicite et tout délit de corruption ou de recel connexe. Les autres délits qui peuvent être à la base d'un enrichissement illicite demeurent de la compétence des juridictions de droit commun.

152. Débat de l'existence juridique de la CREI : thèses en présence - À la faveur de la réactivation de la Cour de répression de l'enrichissement illicite (*CREI*), le débat de l'existence juridique de cette juridiction s'est posé. Cette question a suscité de passionnantes discussions.

Les tenants de la thèse de l'inexistence juridique de la CREI ont soutenu que la loi du 10 juillet 1981 instituant cette juridiction spéciale a fait l'objet d'une abrogation tacite. En effet, l'article 1er de la loi du 02 février 1984, repris en substance par l'article 1er de la loi du 03 novembre 2014 fixant l'organisation judiciaire, ne vise pas la CREI parmi les juridictions composant l'organisation judiciaire. Ainsi en choisissant de ne pas faire référence à la CREI instituée par une loi ordinaire du 10 juillet 1981 (*donc par une loi antérieure*), la loi du 02 février 1984 a tacitement abrogé la CREI qui ne fait plus partie de l'organisation judiciaire.

En outre, ils ont ajouté que l'article 3 de la loi du 02 février 1984, vise toutes les compétences d'exception en premier et en dernier ressort des juridictions sans citer celles de la CREI, alors que l'expression « *en toutes matières* » signifie qu'en matière pénale, aucune compétence juridictionnelle ne peut être accordée à la CREI ; et qu'il n'y a plus de juridiction d'exception, mais des compétences d'exception pour les seules juridictions prévues par la loi de 1984 sur l'organisation judiciaire *(la Cour suprême, la Cour d'appel, Cour d'assises, tribunal régional notamment).*

Les partisans de la thèse de l'inexistence juridique de la CREI ont également relevé que l'article 15 de la loi n° 84-19 du 02 février 1984, en abrogeant toutes les dispositions contraires, notamment l'ordonnance n° 60-17 du 03 septembre 1960 fixant l'organisation judiciaire de la République du Sénégal, a procédé à une abrogation expresse de la loi du 10 juillet 1981 instituant la CREI. Cette loi serait contraire à l'alinéa 2 de l'article premier de la loi du 02 février 1984 qui attribue compétence à la Cour suprême, aux Cours d'appel, aux Cours d'assises, aux tribunaux régionaux, aux tribunaux départementaux et aux tribunaux du travail pour connaître de toutes les matières. Cette formulation, exclut toute compétence de la CREI pour connaître de la matière pénale puisqu'elle ne fait plus partie de l'organigramme judiciaire (*D. C. BATHILY, « La loi de 1984 sur l'organisation judiciaire a abrogé la CREI. Il s'agit d'une double abrogation à la fois tacite et expresse » : http://diasporaenligne.net/la-loi-de-1984-sur-l-organisation-judiciaire-a-abroge-la-crei-il-sagit-dune-double-abrogation-a-la-fois-tacite-et-expresse/ - consulté le 2 décembre 2015*).

La thèse de l'abrogation de la loi sur la Cour de répression de l'enrichissement illicite a fait valoir que la loi organique n° 92-27 du 30 mai 1992 portant statut des magistrats, modifiée par la loi organique n° 2008-36 du 8 août 2008 prévoit, en son article 3, les emplois que les magistrats peuvent occuper dans l'organisation judiciaire. Dans ce texte, les juridictions de l'organisation judiciaire du Sénégal sont toutes énumérées, à l'exception de la Cour de répression de l'enrichissement illicite.

Enfin, il a été soutenu que c'est en vain que l'on invoquera le décret n° 84-357 du 13 novembre 1984 nommant le Président de la Cour de répression de l'enrichissement illicite pour justifier l'existence juridique de cette juridiction d'exception, dès lors qu'un décret ne peut légalement nommer un magistrat à la tête d'une juridiction que la loi a abrogée et n'a pas recréée. Ainsi, ce décret fût-il intervenu postérieurement à la loi du 02 février 1984 fixant l'organisation judiciaire, est frappé d'inexistence (*sur ces arguments, D. NDOYE, « Des principes de l'organisation judiciaire et la CREI », Lex Hebdo, n° 1236 du 11 août 2014, p. 8*).

153. Éléments de réponse.- Ces analyses sur l'inexistence juridique de la CREI ne procèdent pas toujours d'un raisonnement scientifique sans faille.

En premier lieu, il nous semble artificiel de vouloir fonder la suppression de la CREI sur le simple fait qu'elle n'a pas été visée dans l'article 1er de la loi du 02 février 1984 fixant l'organisation judiciaire, repris en substance par l'article 4 de la loi du 03 novembre 2014. Ce texte qui fixe le cadre général de l'édifice judiciaire, ne constitue pas le support juridique de l'existence des juridictions sénégalaises créées par des textes spécifiques. D'ailleurs, ni la Haute Cour de Justice, ni le Conseil constitutionnel, ni la Cour des Comptes institués par la Constitution, ne sont visés dans ce texte. Pourtant, il ne viendrait à l'idée de personne de contester l'existence de ces hautes juridictions.

En deuxième lieu, l'argument tiré de l'abrogation implicite de la loi sur la CREI par la loi du 02 février 1984 n'est sérieusement pas soutenable, dès lors que cette juridiction spéciale qui a été instituée par la loi n° 81-54 du 10 juillet 1981, n'a jamais été supprimée par un autre texte. Les pouvoirs publics, à la faveur de la « *traque des biens mal acquis* », n'ont, en effet, procédé qu'à la réactivation de la CREI qui a toujours subsisté dans l'arsenal judiciaire du Sénégal.

Sous l'angle de la technique législative, si le législateur avait la volonté de supprimer la CREI, il l'aurait fait par un texte exprès de droit positif, comme ce fut le cas de la Cour de sûreté de l'État. Cette juridiction spéciale de nature politique, était chargée de juger les auteurs et complices des crimes et délits contre la sûreté de l'État et de façon générale des crimes et des délits de nature politique. Cette juridiction, créée par la loi n° 73-47 du 04 décembre 1973, en remplacement du Tribunal spécial institué par la loi n° 61-57 du 21 septembre 1961, a été supprimée expressis verbis de l'architecture judiciaire par la loi n° 92-31 du 4 juin 1992 portant suppression de la Cour de sûreté de l'État (*JORS, n° 5470 du 04 juin 1992, p. 267*). En effet, les articles 1er et 2 de cette loi ont expressément abrogé la loi n° 73-47 du 04 décembre 1973 portant création de la Cour de sûreté de l'État ainsi que toutes les dispositions contraires, notamment la loi n° 61-57 du 21 septembre 1961 instituant le Tribunal spécial.

L'exposé des motifs de la loi n° 92-31 du 04 juin 1992 a justifié la suppression de la Cour de sûreté de l'État, d'une part, par le fait que les infractions dévolues à la compétence de cette juridiction ainsi que la procédure applicable devant elle, sont à peu près identiques à celles prévues par le Code de procédure pénale devant les juridictions ordinaires.

D'autre part, le législateur a tiré argument de ce que la création de la Cour de sûreté de l'État « *ne faisait que répondre au besoin d'autorité suscité par la crise croissante des jeunes États à l'aube des indépendances africaines* ». Cette période étant révolue, il a paru logique « *de se départir d'une structure dont le qualificatif de juridiction d'exception tranche avec notre démarche démocratique, d'autant que sa disparition ne préjudicie en rien au système judiciaire et juridique sénégalais, sa compétence n'étant que concurrente et concomitante à celle de juridictions déjà existantes* » (*Sur la Cour de sûreté de l'État, M. M. TOURE, « Histoire de l'organisation judiciaire du Sénégal : l'unification des juridictions et l'unicité de la juridiction suprême », Rev.sén. dr. n° 17, juin 1975, p. 62 ; G. RIVES, « Le droit criminel sénégalais », Rev.sén.dr, juin 1974, n° 15, 7e année, p. 45*).

Si le législateur avait entendu supprimer la CREI, il aurait eu recours à cette technique législative de l'abrogation expresse.

En troisième lieu, le silence gardé par le législateur sur les emplois occupés par les magistrats composant la CREI dans la loi organique n° 92-27 du 30 mai 1992 portant statut des magistrats, ne peut être d'un grand secours aux défenseurs de la thèse de l'inexistence juridique de la CREI. En vertu de l'article 2 de la loi n° 81-54 du 10 juillet 1981, le président et les assesseurs de la CREI sont choisis parmi les magistrats des Cours et tribunaux.

En outre, les fonctions du Ministère public auprès de la CREI sont assurées par un procureur spécial nommé par décret, parmi les magistrats des Cours et tribunaux ayant atteint au moins le 2ème groupe du 1er grade. Il exerce ses fonctions à l'exclusion de tout autre emploi.

Le substitut du procureur spécial est nommé par décret, parmi les magistrats des Cours et tribunaux ayant atteint au moins le 1er groupe du 2ème grade. Il ne peut cumuler ses fonctions avec celles qui lui sont déjà dévolues *(art. 4 de la loi n° 81-54 du 10 juillet 1981).*

La Cour suprême a eu l'occasion d'apprécier les conditions requises pour être nommé au poste de substitut du procureur spécial près la

CREI dans un arrêt du 26 septembre 2013 *(CS n° 50 du 26 septembre 2013, Cheikh Tidiane SY et autres c/ Etat du Sénégal, inédit).*

Dans cette espèce, par décret n° 2012-679 du 06 juillet 2012, le Président de la République, après avis du Conseil supérieur de la magistrature, avait nommé les membres de la Cour de répression de l'enrichissement illicite (CREI). Cheikh Tidiane SY et quatre autres ont attaqué en annulation ledit décret en développant un moyen tiré de la violation de l'article 4 de la loi n° 81-54 du 10 juillet 1981. Les requérants ont fait valoir que le magistrat Antoine Félix Abdoulaye DIOME, nommé au poste de substitut du procureur spécial, ne remplissait pas les conditions légales. La Cour a estimé que M. Antoine Félix Abdoulaye DIOME était un magistrat du 2e groupe, 2egrade au moment de sa nomination en juillet 2012 comme substitut près le procureur spécial, puisque ce n'est que depuis janvier 2013 qu'il occupe un emploi du 2e grade, 1er groupe, à savoir substitut du procureur de la République près le tribunal régional de 1ère classe de Saint-Louis.

Ainsi, précise, la Cour « *ne remplissant pas la condition prévue par la loi pour être nommé au poste de substitut du procureur spécial en juillet 2012, le décret attaqué encourt l'annulation et ce, même si l'avis préalable du Conseil supérieur de la magistrature a été requis, la régularité de la procédure de prise de décision ne pouvant effacer l'illégalité qui affecte l'acte* ».

La Cour suprême a toutefois pris en compte l'intérêt général qui s'attache à la sécurité des procédures d'information ouvertes devant la CREI auxquelles l'intéressé a concouru ainsi que l'atteinte manifestement excessive au fonctionnement du service public de la justice que l'annulation rétroactive de la nomination du substitut du procureur spécial entraînerait.

Le juge suprême a, en conséquence, prononcé l'annulation du décret n° 2012-679 du 06 juillet 2012 uniquement en ce qu'il porte nomination d'Antoine Félix Abdoulaye DIOME, substitut du Procureur spécial près la Cour de répression de l'enrichissement illicite, en précisant qu'elle prendra effet à compter de l'expiration d'un délai d'un (1) mois, à compter de la date de la décision.

En tout état de cause, il résulte des dispositions de la loi n° 81-54 du 10 juillet 1981 que les fonctions exercées par les magistrats de la CREI ne constituent pas des emplois judiciaires spécifiques prévus par la loi organique portant statut des magistrats ; elles correspondent en réalité à des emplois judiciaires préexistants.

En définitive, la CREI n'est pas juridiquement « *morte* » ; elle tient son existence juridique de la loi n° 84-54 du 10 juillet 1981, qui n'a jamais été abrogée.

Les hautes juridictions sénégalaises n'ont pas d'ailleurs semblé avoir accueilli favorablement la thèse de l'inexistence juridique de cette juridiction.

Le Conseil constitutionnel, dans sa décision du 03 mars 2014, a déjà déclaré toutes les dispositions de la loi du 10 juillet 1981 sur la CREI conformes à la Constitution *(Cons. Const. n° 1/C/2014 du 03 mars 2014, affaire Karim Meïssa WADE et autres, inédit).*

Par la suite, tirant argument de l'arrêt du Conseil constitutionnel, la Cour de répression de l'enrichissement illicite, dans son arrêt du 18 août 2014, a jugé que les questions relatives à l'existence de la CREI et à la conformité de la loi créant cette juridiction à la Constitution, ont été réglées de façon définitive par le Conseil constitutionnel. Cette juridiction a précisé que la loi sur la CREI, même non appliquée ne peut être abrogée ni expressément, ni tacitement, tant qu'une loi postérieure n'a pas procédé à ladite abrogation *(CREI, n° 03/2014 du 18 août 2014, MP et État du Sénégal (AJE) c/ Karim WADE et autres, inédit).*

Quant à la Cour suprême, elle a, par un arrêt du 20 août 2015 *(CS, n° 109 du 20 août 2015, Karim Meïssa WADE et autres c/ Procureur spécial CREI et État du Sénégal, inédit),* rejeté le pourvoi formé contre l'arrêt rendu au fond par la Cour de répression de l'enrichissement illicite du 23 mars 2015 *(CREI, n° 02/2015 du 23 mars 2015, MP et État du Sénégal c/ Karim WADE et autres, inédit).*

Paragraphe III : Jurisprudence

154. L'existence juridique de la CREI.

155. Les questions relatives à l'existence de la CREI et à la conformité de la loi créant cette juridiction à la Constitution, ont été réglées de façon définitive par le Conseil constitutionnel. Une loi même non appliquée ne peut être considérée comme abrogée ni expressément ni tacitement tant qu'une autre disposition légale qui lui est postérieure n'a pas procédé à ladite abrogation de façon expresse ou tacite en prévoyant des dispositions contraires à la loi antérieure. En l'espèce, les lois n° 81-53 et 81-54 du 10 juillet 1981, même tombées en désuétude, pendant un certain temps, n'ont jamais été abrogées ni expressément ni tacitement par une quelconque loi postérieure. Au demeurant, la défense ne saurait plaider l'inexistence de la Cour et l'abrogation tacite de la loi créant celle-ci, au motif qu'elle est restée longtemps sans siéger et solliciter du même coup le renvoi des prévenus devant la Haute Cour de Justice qui n'a pratiquement jamais siégé et dont les décisions ne sont susceptibles d'aucune voie de recours.

La Cour de répression de l'enrichissement illicite créée par une loi spéciale ne peut être abrogée que par une autre loi spéciale ; la compétence de la CREI est fixée par des dispositions légales particulières.

Si le législateur avait senti la nécessité d'insérer la CREI dans l'organisation judiciaire du Sénégal, il aurait, en 1981, modifié l'ordonnance n° 60-56 du 14 novembre 1960 fixant l'organisation judiciaire dans la République du Sénégal applicable à l'époque, comme il l'a fait, en procédant à la modification de l'article premier de la loi n° 84-19 du 02 février 1984 fixant l'organisation judiciaire du Sénégal pour y insérer les Chambres africaines extraordinaires, lesquelles contrairement à la CREI, ont une compétence limitée dans le temps.

La loi n° 81-54 du 10 juillet 1981 créant la CREI n'ayant jamais été mentionnée dans l'ordonnance du 14 novembre 1960 ne peut, en aucune façon, avoir été abrogée en même temps par celle-ci.

La loi précitée ne contient aucune disposition contraire à la loi n° 84-19 du 02 février 1984, puisque celle-ci dispose expressément dans l'exposé des motifs que l'objet de la loi est de supprimer les tribunaux de première instance et les justices de paix pour les remplacer par des tribunaux régionaux et départementaux ; elle ne parle de la suppression d'aucune juridiction existant avant son entrée en vigueur.

Le Conseil supérieur de la Magistrature qui a statué sur les nominations des magistrats siégeant à la CREI, n'aurait jamais donné un avis favorable, pour la nomination de ceux-ci dans une juridiction qui n'existe pas. Il résulte des dispositions du décret n° 84-1387/MJ/DSJ/P en date du 13 novembre 1984 portant nomination de Monsieur Ousmane CAMARA en qualité de Président de la CREI, que c'est sur proposition du Garde des Sceaux, ministre de la Justice qui prétend, d'après les avocats de la défense, avoir abrogé le 02 février 1984 la loi de 1981 portant création de la CREI, et après avis favorable du Conseil supérieur de la Magistrature que Monsieur Ousmane CAMARA, Président de la Cour d'appel de Dakar a été nommé cumulativement avec ses fonctions, Président de la Cour de répression de l'enrichissement illicite, en remplacement de Gilbert ANDRE. Cette nomination intervenue neuf (9) mois après la supposée abrogation de la loi de 1981 par la loi du 02 février 1984, prouve, s'il en était encore besoin, que ladite abrogation n'a jamais eu lieu ***(CREI, n° 03/2014 du 18 août 2014, MP et État du Sénégal (AJE) c/ Karim WADE et autres, inédit).***

156. La compétence personnelle de la Haute Cour de Justice.

157. L'inculpé a, en sa qualité de directeur du PCRPE, accompli des actes relatifs au choix des entreprises, à la passation des marchés et à la collecte de la taxe sur la valeur ajoutée. Également, en cette qualité, il a signé l'autorisation ayant permis à l'entrepreneur Bara TALL de démarrer les travaux de construction de la voie de contournement nord (*VCN*) de la ville de Thiès.

En application des dispositions de l'article 101 de la Constitution, seuls les actes délictuels ou criminels commis par le Président de la République, le Premier ministre et les ministres dans l'exercice de leurs fonctions relèvent de la compétence de la Commission d'instruction de la Haute Cour de Justice. Les faits poursuivis, ayant été accomplis par le mis en cause en sa qualité de directeur du PCRPE, ne peuvent être connus par la Commission de céans sans souffrir le reproche d'avoir statué au-delà de sa compétence ***(HCJ, Comm. instr. n° 02 du 11 janvier 2008, MP c/ Salif BA, inédit).***

158. Il résulte de l'article 7 de la loi n° 81-54 du 10 juillet 1981 que lorsque les faits constitutifs d'enrichissement illicite concernent une personne bénéficiant d'une immunité ou d'un privilège de juridiction, le procureur spécial transmet le dossier à l'autorité compétente aux fins de l'exercice des poursuites par les voies légales.

L'article 101 de la Constitution pose le principe d'un privilège de juridiction pour les membres du Gouvernement, lorsque ceux-ci commettent des infractions dans l'exercice de leurs fonctions. Le privilège de juridiction doit être apprécié au moment de la commission de l'infraction.

L'article 163 bis alinéa 2 du Code pénal dispose que le délit d'enrichissement illicite est constitué lorsque, sur simple mise en demeure, une des personnes désignées à l'alinéa 1er, se trouve dans l'impossibilité de justifier de l'origine licite des ressources qui lui permettent d'être en possession d'un patrimoine ou de mener un train de vie sans rapport avec ses revenus légaux.

Au regard du texte susvisé, il s'agit d'un délit instantané qui se caractérise qu'au moment de la réponse donnée à la mise en demeure.

M. Karim WADE a été mis en demeure le 15 mars 2013 et qu'il a disposé de trente (30) jours pour répondre. À cette date, il n'était plus membre du Gouvernement.

Il est de jurisprudence constante que le privilège de juridiction cessant à la fin des fonctions qui confère ledit privilège, peu importe que la personne poursuivie se soit servie de ses fonctions ou de ses pouvoirs pour commettre l'infraction ***(CREI, ord. com. instr. n° 01/2013 du 17 avril 2013, Karim WADE et autres, inédit)***.

159. L'article 101 de la Constitution pose le principe d'un privilège de juridiction pour les membres du Gouvernement, lorsque ceux-ci commettent des infractions dans l'exercice de leurs fonctions. Le privilège de juridiction doit être apprécié au moment de la commission de l'infraction.

L'article 163 bis aliéna 2 du Code pénal dispose que le délit d'enrichissement illicite est constitué lorsque, sur simple mise en demeure, une des personnes désignées à l'alinéa 1er, se trouve dans l'impossibilité de justifier de l'origine licite des ressources qui lui permettent d'être en possession d'un patrimoine ou de mener un train de vie sans rapport avec ses revenus légaux.

Il ressort de l'exposé des motifs de la loi n° 81-53 du 10 juillet 1981 que ce délit est constitué, non pas par l'enrichissement en soi qui peut avoir été réalisé à n'importe quelle date dans le passé mais par le fait qu'une personne donnée, ayant pu abuser de sa qualité et de ses fonctions, se trouve dans l'impossibilité, après la sommation qui lui est faite, d'apporter la preuve de l'origine licite de son patrimoine actuel ou de son train de vie.

M. Karim WADE a été mis en demeure le 15 mars 2013 et qu'il a bénéficié d'un délai de trente (30) jours pour justifier de l'origine licite de ses biens.

En application des textes précités, le délit d'enrichissement illicite qui lui est reproché, ne pouvait être constitué à son encontre qu'après la réponse à la mise en demeure qui lui est adressée. Le 15 avril 2013, date à laquelle il a répondu à la première mise en demeure qui lui avait été adressée, Karim WADE n'était plus ministre depuis moins d'un (1) an.

Il est malvenu, par conséquent, à invoquer le bénéfice d'un privilège de juridiction dont ne peuvent bénéficier que les ministres poursuivis pour des infractions constituées au moment où ils exerçaient leurs fonctions ***(CREI, n° 03/2014 du 18 août 2014, MP et État du Sénégal (AJE) c/ Karim WADE et autres, inédit)***.

160. Compétences du Conseil constitutionnel.

161. L'établissement de la liste des bureaux de vote pour les élections législatives est un acte non détachable des opérations électorales dont le contentieux relève, en vertu des articles LO 185 et LO 188 du Code électoral, de la compétence du juge constitutionnel ***(CE n° 0001 du 27 janvier 1999, Landing SAVANA, Bakary COLY et And JEF/PADS c/ État du Sénégal, inédit).***

162. En application des dispositions des articles 92 de la Constitution et 20 de la loi organique n° 92-23 du 30 mai 1992 sur le Conseil constitutionnel, modifiée par la loi organique n° 99-71 du 17 février1999, il y a lieu de faire droit à l'exception d'inconstitutionnalité soulevée et de surseoir à statuer sur le recours en annulation d'un agent des douanes contre la décision lui infligeant une sanction, inscrite dans son dossier, pour participation à des activités de nature syndicale, la solution du litige étant subordonnée à l'appréciation par le Conseil constitutionnel de la conformité à la Constitution de l'article 8 de la loi n° 69-64 du 30 octobre 1969 relative au statut du personnel des Douanes, fondement de la décision ***(CE n° 42 du 26 juillet 2012, Ndiaga SOUMARÉ** c **/État du Sénégal, inédit).***

163. En vertu de l'article 67 de la loi organique sur la Cour de cassation et de l'article 56 de loi organique sur le Conseil d'Etat, ces hautes juridictions devaient se prononcer avant toute saisine du Conseil constitutionnel, sur leur compétence et sur la recevabilité du pourvoi ou la déchéance, tout examen de la solution du litige leur étant subordonné. Un pourvoi non purgé de toutes fins de non-recevoir ou simplement fantaisistes, ne saurait servir de prétexte pour saisir le Conseil constitutionnel d'une exception d'inconstitutionnalité. Le Conseil constitutionnel ne peut être saisi que de recours recevables devant la Cour de cassation ou le Conseil d'Etat ***(Cons. Const. n° 16/95 du 13 février 1995, in I. M. FALL (dir), Les décisions et avis du Conseil constitutionnel au Sénégal, Dakar, CREDILA, 2008, p. 121 ; Cons. Const. n° 17/95 du 13 février 1995, op. cit., p. 125).***

SECTION X : LA FACULTÉ DE CRÉATION DE CHAMBRES SPÉCIALISÉES EN MATIÈRE CIVILE ET CORRECTIONNELLE.

PARAGRAPHE I : BIBLIOGRAPHIE

FLAUSS, « Dualité des ordres de juridiction et Convention européenne des droits de l'homme », in *Mélanges Waline*, Paris, Dalloz, 2002, p. 523 et spéc. p. 528.

GERARD (PH.), OST (F.) et VAN DE KERCHOVE (M.) (dir), *Fonction de juger et pouvoir judiciaire. Transformations et déplacements,* Bruxelles, Facultés Universitaires Saint-Louis, 1983.

GINESTET (C.) (Dir), *La spécialisation des juges*, Institut Fédératif de Recherche « Mutation des normes juridiques », Université Toulouse I, 2012.

La spécialisation des juges, colloque Univ. Toulouse 1 Capitole, 22 et 23 novembre 2010, rapport de synthèse par S. GUINCHARD, publié aux PU Toulouse 1 Capitole/LGDJ, coll. IFR, actes de colloques.

KABA (S.), *Les droits de l'homme au Sénégal*, Dakar, Collection Xaam sa yoon, 1997.

MANGIN (G.), « Le recrutement et la formation des magistrats en Afrique noire et à Madagascar », *Rev. sén.dr.* juin 1974, n° 14, p. 3 et s.

SCHULMAN (C.), « Concept : la formation des juges et des procureurs en matière de cybercriminalité », « Coopération contre la cybercriminalité », Conférence Octopus Interface, 23-25 mars 2010.

TOURE (P. A.), *Le traitement de la cybercriminalité devant le juge : l'exemple du Sénégal*, Paris, L'Harmattan, 2014.

Paragraphe II : Commentaire

164. Unité juridictionnelle. - Le principe de l'unité de juridiction constitue un des principes de base de l'organisation judiciaire du Sénégal. Malgré les réformes qui ont touché depuis 1960 l'appareil de la Justice, l'unité juridictionnelle est toujours restée un principe fondamental du système judiciaire sénégalais.

La réforme introduite par la loi n° 2014-26 du 03 novembre 2014 fixant l'organisation judiciaire n'a pas eu pour ambition de remettre en cause ce principe ; elle l'a même consolidé en habilitant les juridictions de base (*Cour d'appel, tribunal de grande instance et tribunal d'instance)* à statuer en toutes matières *(V. art. 4 de la loi n° 2014-26 du 03 novembre 2014).*

165. Complexité juridique croissante. - Cependant, la science du droit est devenue très complexe. Des disciplines juridiques émergentes accroissent leur spécialisation face à la diversification des activités sociétales et de nouvelles disciplines voient le jour *(droit de la bioéthique, droit pétrolier, droit financier, droit du sport, cyberdroit, etc.).*

On assiste également à la montée en puissance de nouvelles formes de criminalité comme la criminalité économique et financière, la criminalité internationale et la cybercriminalité. Le magistrat sénégalais, fût-il le plus brillant de sa génération, ne peut avoir une parfaite maîtrise de la science du droit dans tous ses compartiments.

Déjà, la loi n° 92-22 du 30 mai 1992 portant révision de la Constitution, qui avait introduit une spécialisation au sommet de la hiérarchie judiciaire par la création du Conseil constitutionnel, de la Cour de cassation et du Conseil d'État, a mis l'accent sur la spécialisation croissante des branches du droit. D'après l'exposé des motifs de cette loi, « *la complexité et la spécialisation des différentes branches du Droit se sont considérablement accrues depuis l'indépendance, au point qu'il est désormais impossible à un juriste, même s'il compte parmi les plus éminents, de maîtriser parfaitement la matière juridique, dans toutes ses dimensions* ».

Tirant argument du bilan mitigé de la réforme de 1992, la loi constitutionnelle n° 2008-34 du 07 août 2008 a restauré la Cour suprême dans l'édifice des juridictions suprêmes *(V. sur cette question, Rapport de la Commission d'études présidée par le Premier président de la Cour de cassation,* octobre *2007, in P. M. NDIAYE, La renaissance de la Cour suprême, Dakar, éd. de la Cour suprême, 2008, p.122 et s.).* L'on a assisté à une renaissance du système de l'unité de juridiction au sommet de la pyramide judiciaire *(P. M. NDIAYE, Op.cit., p. 9.)*

Cependant, alors que la Cour suprême de l'époque des indépendances cumulait les compétences de toutes les juridictions suprêmes, celle de 2008 se voit confier les attributions du Conseil d'État et de la Cour de cassation. Le Conseil constitutionnel et la Cour des comptes sont encore des juridictions spécialisées ayant des compétences dans des matières spécifiquement énumérées par la Constitution et la loi.

166. Les chambres spécialisées. - La spécialisation des magistrats est perçue comme l'un des moyens de mettre en œuvre une justice efficace et de qualité *(sur cette question, C. GINESTET (dir), La spécialisation des juges, Institut fédératif de Recherche « Mutation des normes juridiques », Université Toulouse I, 2012).*

Dans un tel contexte, le système judiciaire sénégalais ne pouvait que difficilement se satisfaire d'une application sans réserve du principe de l'unité de juridiction.

Dans sa quête d'efficacité, la réforme de l'organisation judiciaire de 2014, sans battre en brèche le principe de l'unité juridictionnelle a inoculé une dose de spécialité dans l'armature judiciaire sénégalaise. Aux termes de l'article 5, alinéa 3 de la loi n° 2014-26 du 03 novembre 2014 fixant l'organisation judiciaire : « *au sein des tribunaux de grande instance, des tribunaux d'instance et des Cours d'appel, des chambres spécialisées peuvent être créées, tant en matière civile que pénale par décision de l'assemblée générale de la juridiction* ».

Contrairement aux Chambres criminelles et aux Chambres africaines extraordinaires dont la mise en place résulte d'une disposition législative, la création des chambres spécialisées en matière civile et pénale constitue une faculté résultant d'une décision de l'assemblée générale de la juridiction. Il s'agit ainsi d'une initiative abandonnée à l'assemblée générale des juridictions, c'est-à-dire un problème d'organisation du service public de la Justice.

Le législateur n'envisage l'instauration de chambres spécialisées qu'en matière civile et pénale.

167. Spécialisation des juridictions en matière civile et commerciale. - En matière civile et commerciale, dans la pratique des juridictions de base de Dakar, la mise en place des chambres spécialisées a précédé l'intervention législative. Au niveau de la Cour d'appel de Dakar ont été créées notamment deux chambres commerciales *(appelées chambres économiques et financières)*, deux chambres des procédures accélérées et deux chambres civiles.

Au tribunal de grande instance hors classe de Dakar, ont été également instituées deux chambres civiles et trois chambres commerciales.

Les chambres commerciales sont habilitées à juger notamment les procédures relatives aux baux à usage professionnel, les affaires impliquant les sociétés commerciales et les groupements d'intérêt économique (*GIE*) et les dossiers liés à la gestion des fonds de commerce.

En matière civile, le tribunal de grande instance hors classe de Dakar avait déjà pris l'initiative de mettre en place une chambre de statut personnel compétente pour connaître des appels dirigés contre les jugements rendus par les tribunaux d'instance en matière de divorce, de succession, de séparation de corps et de pension alimentaire notamment.

Ces initiatives participent sans nul doute du souci des chefs de juridictions de favoriser la qualité de la prestation judiciaire fournie par des juges censés être plus outillés pour connaître de ces contentieux spécifiques.

Au niveau du tribunal d'instance hors classe de Dakar, l'application du principe de collégialité est devenue effective depuis le 1er août 2015. En effet, l'assemblée générale de cette juridiction a mis en place quatre chambres spécialisées conformément à la loi du 03 novembre 2014. Il s'agit d'une chambre civile et commerciale, d'une chambre de statut personnel, d'une chambre de l'état civil et d'une chambre correctionnelle. Chaque chambre est composée de trois magistrats, dont un président.

Cependant, la spécialisation des chambres dans certaines matières présente le défaut de soustraire, de fait, un grand nombre de magistrats de la connaissance de certaines procédures, ce qui ne favorise pas leur formation judiciaire et technique. Ainsi, au tribunal de grande instance hors classe de Dakar, depuis la mise en place de la chambre de statut personnel, les jeunes magistrats affectés dans les autres chambres (*chambres correctionnelles, chambres civiles*) ignorent tout de la spécificité de la procédure d'appel des décisions du tribunal d'instance. C'est sans doute le prix de l'introduction du principe de la spécialisation dans l'organisation juridictionnelle.

168. Spécialisation des juridictions en matière pénale. - En matière pénale, malgré les vœux pieux, la volonté de spécialisation n'a jamais conduit à la création de chambres habilitées à connaître de certaines formes de délinquance.

La nouvelle possibilité donnée aux juridictions de créer des chambres spécialisées devrait conduire les chefs de juridictions à pousser encore les limites du possible, en faisant encore preuve d'ingéniosité et de créativité judiciaire.

Tout au plus, pour les besoins de la lutte contre certaines formes spécifiques de criminalité, le législateur a instauré des pôles en matière d'instruction, afin de favoriser le travail en équipe et rompre la solitude du juge d'instruction. Il en est ainsi en matière de terrorisme, l'article 677-28 du Code de procédure pénale issu de la loi n° 2007-04 du 12 février 2007 modifiant le Code de procédure pénale a institué un pool antiterroriste au tribunal de grande instance hors classe de Dakar composé notamment de cabinets d'instruction spécialisés pour la poursuite et l'instruction des infractions de terrorisme.

D'ailleurs, par un arrêté n° 20672 du 03 novembre 2015, le ministre de la Justice a institué, au sein des tribunaux de grande instance hors classe de Dakar, un pool de cabinets d'instruction spécialisés en matière d'actes de terrorisme. Ce pool est composé de sept (7) juges d'instruction exerçant au tribunal de grande instance de Dakar.

Cependant, la complexité de plus en plus croissante du contentieux de la cybercriminalité, du terrorisme et de la criminalité économique ne devraient-elles pas justifier la création de chambres spécialisées dans ces matières pour garantir l'adaptation de la réponse judiciaire de politique criminelle à ces phénomènes criminels ? Il est légitime de le penser.

Les formes modernes de criminalité très sophistiquées exigent, au-delà de la spécialité des juridictions de jugement, la mise en place de pools d'enquêteurs et de magistrats aussi bien à l'instruction, au parquet qu'à l'étape du jugement, à l'image du modèle français. L'implication de tous les acteurs de la chaîne judiciaire dans la dynamique de spécialisation est de nature à favoriser des réponses judiciaires efficaces et adaptées aux différents contentieux.

La formation continue et spécialisée des magistrats, notamment dans les nouvelles formes de criminalité est le gage d'une meilleure protection des libertés individuelles et des droits de l'Homme (*S. KABA, Les droits de l'homme au Sénégal, Dakar, Collection Xaam sa yoon, 1997. p. 271*).

Il est intolérable qu'une violation des droits et libertés tire sa source d'une erreur de jugement fondée sur l'ignorance du juge. L'on a pu écrire très justement que : « *les blessures de la Justice sont indélébiles. Elles ne se referment, ni ne se cicatrisent* » (*S. KABA, op.cit., p. 272*).

En outre, les particularités criminologiques de la cybercriminalité liées à son immatérialité, à sa grande technicité et à l'anonymat qu'elle offre à ses délinquants exigent non seulement un renforcement des capacités des acteurs judiciaires mais aussi une spécialisation des magistrats en charge de ce type de contentieux à toutes les étapes de la procédure *(poursuite, instruction et jugement)* (*C. SCHULMAN, « Concept : la formation des juges et des procureurs en matière de cybercriminalité », « Coopération contre la cybercriminalité », Conférence Octopus Interface, 23-25 mars 2010*).

Cette démarche est conforme au principe de formation posé par l'article 8 de la loi n° 2008-10 du 25 janvier 2008 portant loi d'orientation sur la société de l'information. Il s'agira ainsi de renforcer leurs capacités à maîtriser les enjeux liés aux investigations judiciaires dans l'environnement électronique.

L'adaptation des normes pénales est sans effet, si les autorités judiciaires chargées de les appliquer n'ont pas les compétences requises pour faire face aux agissements cybercriminels. Cette politique de valorisation des ressources humaines en charge du traitement de la cybercriminalité pourrait conduire à une spécialisation des magistrats chargés de la répression de la cyberdélinquance. Elle devrait à terme favoriser l'émergence d'une véritable « *cybermagistrature* » au Sénégal *(Sur l'ensemble de cette question, P. A. TOURE, Le traitement de la cybercriminalité devant le juge : l'exemple du Sénégal, Paris, L'Harmattan, 2014, p. 325).*

SECTION XI : LA CRÉATION DES CHAMBRES AFRICAINES EXTRAORDINAIRES AU SEIN DES JURIDICTIONS SÉNÉGALAISES.

PARAGRAPHE I : BIBLIOGRAPHIE

AZE KERTE (A.), *L'affaire Hissène Habré. Une première tentative de mise en œuvre de la compétence universelle en Afrique*, Paris, L'Harmattan, 2016.

BOYE (A. K.), « Vers des déconvenues juridiques » : http://www.rewmi.com/vers-des-deconvenues-juridiques-par-abdel-kader-boye_a73933.html sthash.WPBZxvck.dpuf (consulté le 10 septembre 2015).

CASSESE (A.) et DELMAS-MARTY (M.), « Juridictions nationales et crimes internationaux », Paris, PUF, 2002, p. 437 et s.

CISSE (A.), « La compétence universelle des juridictions pénales sénégalaises : l'affaire Hissène HABRE », Africajuris, du 14 au 20 novembre 2002, p. 4.

CISSE (A.), « Droit sénégalais », in A. CASSESE et M. DELMAS-MARTY, « Juridictions nationales et crimes internationaux », Paris, PUF, 2002, p. 437 et s.

DIAKITE (K.), *La justice pénale internationale en Afrique. Aspects juridiques, défis et perspectives*, Paris, L'Harmattan, 2014.

KABA (S.), *La justice universelle en question. Justice de Blancs contre les autres ?*, Paris, L'Harmattan, 2010, p. 175 et s.

KHELIFA (J.), « Chambres extraordinaires africaines au Sénégal, modèle ou exception ? » https://chroniquesinternationalescolla.wordpress.com/2013/12/15/chambres-extraordinaires-africaines-au-senegal-modele-ou-exception (consulté le 10 septembre 2015)

Le Sénégal. Le secteur de la justice et l'État de droit. Une étude d'AFRIMAP et de l'Open society initiative for West Africa (OSIWA), novembre 2008, p. 26-27.

LEMASSON (A-T.), « Justice internationale pénale (Procédure) », *Rép. dr. pén. et proc. pén.*, Dalloz, janvier 2014, n° 294.

MARTIN (P. M.), « Un différend entre la Belgique et le Sénégal : l'affaire Habré », *D.* 2009 p. 2125.

MUBIALA (M.), « Chronique de droit pénal de l'Union africaine. Vers une justice pénale régionale en Afrique », *RIDP* 2012/3 (Vol. 83), p. 547-557.

NDIAYE (A.), « Crime contre l'humanité. Compétence juridictionnelle », note sous Cass.crim. n° 14 du 20 mars 2001, Souleymane Guengueng et autres c/ Hissène HABRE, in La Balance, août 2002, p. 37 et s.

PAZARTZIS (Ph.), « Tribunaux pénaux internationalisés : une nouvelle approche de la justice pénale (inter) nationale ? » In *Annuaire français de droit international*, volume 49, 2003, pp. 641-661.

POISSONNIER (Gh.), « Affaire Hissein HABRE : le Sénégal devra juger ou extrader l'ancien chef d'État tchadien », *D.* 2012 p. 2184.

SALL (A.), *L'affaire Hissein HABRE. Aspects judiciaires nationaux et internationaux*, Paris, L'Harmattan, 2013.

SAVADOGO (R. O.), « Les Chambres africaines extraordinaires au sein des tribunaux sénégalais. Quoi de si extraordinaire ? », Études internationales, vol. 45, n° 01, Institut québécois des hautes études internationales, 2014, pp. 105-127.

SEROUSSI (J.), « L'internationalisation de la justice transitionnelle : l'affaire Hissène Habré. », *Critique internationale* 1/2006 (n° 30), p. 83-101

SY (P.), « Le juge répressif sénégalais face à la compétence universelle : l'affaire Hissène HABRE », *Africajuris*, n° 06.

PARAGRAPHE II : COMMENTAIRE

169. Contexte. - Le 07 juin 1982, Hissein HABRE, un jeune général tchadien renversait, suite à une rébellion armée, le régime de son ex-compagnon et frère d'armes, Goukouni WEDDEYE, alors Président de la République du Tchad.

Mais, durant les huit années de son règne, celui qui a été surnommé le « *Général Pinochet africain* », a été accusé d'avoir commis de graves crimes de masse contre les groupes ethniques qui s'opposaient à son pouvoir.

Ayant été chassé du pouvoir le 1er décembre 1990 par son ancien chef d'état-major, Idriss DEBY, HABRE se réfugia au Sénégal. Une commission d'enquête instituée par un décret n° 014/PCE/CJ/90 du 29 décembre 1990 signé par Idriss DEBY, a estimé à environ quarante mille (40.000) le nombre de victimes d'assassinats politiques et de torture du régime de HABRE. La conclusion de cette commission a été, dès 1992, d'engager des poursuites contre les auteurs des crimes *(K. DIAKITE, La justice pénale internationale en Afrique. Aspects juridiques, défis et perspectives, Paris, L'Harmattan, 2014, p. 56-57).*

170. Tribulations juridico-diplomatiques. - À partir de ce moment, l'affaire a connu des rebondissements et plusieurs péripéties juridico-diplomatiques inattendus. L'affaire dite Hissein HABRE a connu un itinéraire *pour* le moins sinueux et des tribulations judiciaires de toutes sortes *(A. SALL, L'affaire Hissein HABRE. Aspects judiciaires nationaux et internationaux, Paris, L'Harmattan, 2013, p. 13 ; SEROUSSI (J.), « L'internationalisation de la justice transitionnelle : l'affaire Hissène Habré. », Critique internationale 1/2006 (n° 30), p. 83-101).*

171. Feuilleton sénégalais. - Le 25 janvier 2000, sept victimes et l'Association des Victimes de Crimes et Répression Politiques au Tchad (*AVCRP*) ont porté plainte avec constitution de partie civile devant M. Demba KANDJI, Doyen des juges d'instruction du tribunal de grande instance hors classe de Dakar, pour, notamment, crimes contre l'humanité, extermination, tortures, actes de barbarie. Par une ordonnance du 03 février 2000, le magistrat instructeur inculpa Hissein HABRE pour complicité de crimes contre l'humanité, d'actes de tortures et de barbarie et le plaça en résidence surveillée.

Mais, suite à un appel interjeté par l'inculpé, la Chambre d'accusation de la Cour d'appel de Dakar, par un arrêt du 04 juillet 2000, a infirmé l'ordonnance du 3 février 2000, avant d'annuler le procès-verbal d'inculpation de M. HABRE ainsi que la procédure subséquente *(CA, ch. Acc. n° 135 du 04 juillet 2000, inédit).*

La Chambre d'accusation a jugé d'une part que les tribunaux sénégalais ne peuvent connaître des faits de crimes contre l'humanité et d'autre part la compétence universelle n'était pas intégrée dans le dispositif procédural sénégalais.

Sur le pourvoi des victimes, l'arrêt de la Cour de cassation du 20 mars 2001 a énoncé que la seule présence de Hissein HABRE sur le sol sénégalais ne saurait justifier les poursuites dirigées contre lui, dès lors que la compétence universelle n'était consacrée par aucune disposition du Code de procédure pénale *(Cass.crim, n° 14, 20 mars 2001, affaire Hissène HABRE, in, La Balance, le journal de l'Union des Magistrats sénégalais, août 2002, p. 36, note, A. NDIAYE ; sur cette affaire, V. Le Sénégal. Le secteur de la justice et l'État de droit. Une étude d'AFRIMAP et de l'Open society initiative for West Africa-OSIWA, novembre 2008, p. 26-27).* Selon la haute juridiction, « *aucun texte de procédure ne reconnaît une compétence universelle aux juridictions sénégalaises en vue de poursuivre et de juger, s'ils ont été trouvés sur le territoire de la République, les présumés responsables ou complices de faits (de torture) lorsque ces faits ont été commis hors du Sénégal par des étrangers ; que la présence au Sénégal d'Hissein HABRE ne saurait à elle seule justifier les poursuites intentées contre lui » (A. CISSE, « Droit sénégalais », in A. CASSESE et M. DELMAS-MARTY, Juridictions nationales et crimes internationaux, Paris, PUF, Paris, 2002, p. 437 et s.).*

172. Étape tchadienne. - Face aux caprices de la justice pénale sénégalaise, les victimes se tournèrent vers la justice tchadienne, en saisissant le juge d'instruction du tribunal de Ndjamena d'une plainte.

Mais, par une ordonnance du 27 février 1993, le juge d'instruction a estimé que seule la Cour criminelle spéciale était compétente pour juger HABRE et ses complices. Malgré la décision du Conseil constitutionnel tchadien ayant reconnu la compétence des juridictions de droit commun, les plaintes qui ont été déposées au bureau du magistrat instructeur n'ont pu être examinées, ce dernier justifiant son inaction par un manque de moyens.

L'espoir pour les victimes de voir éclore une justice en terre tchadienne a été définitivement enseveli sous la pile des nombreux dossiers qui encombrèrent le bureau du juge d'instruction tchadien.

173. Feuilleton belge. - Suite à l'adoption en Belgique d'une nouvelle loi en 1999, admettant la compétence universelle, les victimes ont vite compris que le chemin de la justice pouvait mener à Bruxelles. Le 30 novembre 2000, vingt et une victimes, dont huit de nationalité tchadienne et trois ressortissants belges, ont saisi le parquet de Bruxelles, sur le fondement de la compétence universelle. Le juge d'instruction Daniel FRANSEN, après s'être rendu au Tchad, dans le cadre d'une commission rogatoire internationale, pour recueillir les déclarations des victimes et des témoins, a délivré le 19 septembre 2005, un mandat d'arrêt international contre HABRE qui résidait toujours au Sénégal et les autorités belges ont ainsi adressé une demande d'extradition au Gouvernement du Sénégal. H. HABRE fut arrêté le 15 novembre 2005 et placé sous écrou extraditionnel.

De façon assez surprenante, la Chambre d'accusation de la Cour d'appel de Dakar, par un arrêt du 25 novembre 2005, se déclara incompétente pour statuer sur la demande d'extradition de la Belgique au motif que HABRE devait bénéficier de l'immunité de juridiction attachée à sa qualité de chef d'État, qui avait vocation à survivre à la cessation de ses fonctions *(CA. ch. Acc. n° 138 du 25 novembre 2005, inédit)*

Dès le lendemain, le ministre de l'Intérieur prit un arrêté d'expulsion de HABRE en le mettant à la disposition de l'Union africaine.

En mai 2006, le Comité contre la torture des Nations Unies déclarait que le Sénégal avait violé la convention contre la torture en ne jugeant pas et en n'extradant pas une personne présente sur son territoire depuis seize (16) ans.

174. Saisine de la justice internationale et communautaire. - Le 19 février 2009, la Belgique a introduit une instance contre le Sénégal devant la Cour internationale de Justice en invoquant la violation de la Convention de 1984 contre la torture et de la coutume internationale imposant l'obligation de poursuivre ou d'extrader vers la Belgique aux fins de poursuites pénales en cas d'accusation de crimes contraires au droit international humanitaire.

Tirant argument d'une déclaration donnée par le Président de la République du Sénégal, lors d'un entretien à Radio France Internationale, selon laquelle le Sénégal pourrait mettre fin à cette mise en résidence surveillée, s'il ne trouve pas le budget qu'il estime nécessaire à l'organisation du procès de M. HABRE, la Belgique a saisi la Cour internationale de Justice de la Haye aux fins d'obliger le Sénégal à maintenir la résidence surveillée en attendant la formulation d'une demande de mesures provisoires pour exiger des autorités sénégalaises qu'elles prennent les dispositions nécessaires afin que HABRE ne quitte pas le Sénégal.

Mais, le Sénégal, s'étant engagé solennellement, au cours de l'audience devant la haute juridiction internationale à ne pas permettre à Hissein HABRE de quitter son sol aussi longtemps que l'affaire sera pendante, la Cour, par une ordonnance du 28 mai 2009, a rejeté la demande de la Belgique, devenue sans objet *(P. M. MARTIN, « Un différend entre la Belgique et le Sénégal : l'affaire Habré », D. 2009 p. 2125).*

Lors de la réunion des 1er et 02 juillet 2006 tenue à Banjul, la Conférence de l'Union africaine a alors donné à la République du Sénégal mandat pour poursuivre HABRE et le juger « *au nom de l'Afrique par une juridiction compétente avec les garanties d'un procès juste* ».

À la suite du sommet de Banjul, le Sénégal, en vue de se conformer à ses engagements conventionnels, a modifié son Code pénal, par une loi n° 2007-02 du 12 février 2007, en y prévoyant les crimes de génocide, les crimes contre l'humanité, les crimes de guerre définis par le Statut de Rome. Par ailleurs, la loi n° 2007-05 du 12 février 2007 modifiant le Code de procédure pénale *(JORS, n° 6332 du 10 mars 2007, p. 2384)* a intégré expressément le principe de la compétence universelle dans le système procédural sénégalais.

Hissein HABRE, estimant que le Sénégal méprise des décisions de justice déjà rendues et en violation des principes généraux de droit, a saisi la Cour de Justice de la Communauté économique des États de l'Afrique de l'Ouest (*CEDEAO*). Il a invoqué une violation à son égard du principe de la non-rétroactivité de la loi pénale, des principes d'égalité devant la justice et une méconnaissance du droit à un procès équitable.

La haute juridiction de la CEDEAO, par un arrêt du 18 novembre 2010, a estimé que « *la mise en œuvre du mandat de l'Union africaine doit se faire selon la coutume internationale qui a pris l'habitude dans de telles situations de créer des juridictions ad hoc ou spéciales* ».

Selon la Cour, l'expression « *juridiction compétente* », évoquée dans ce mandat, « *ne signifie rien d'autre que la mise en place d'un cadre judiciaire ad hoc dont la création et les attributions trouveraient leur bas-relief dans les dispositions de l'article 15. 2 du Pacte International sur les Droits civils et politiques et que le Sénégal est chargé de proposer au mandant les formes et modalités de mise en place d'une telle structure* ». Les hauts magistrats ont précisé que toute autre entreprise du Sénégal, en dehors d'un tel cadre, violerait le principe de la non-rétroactivité de la loi pénale et ferait obstruction au respect du principe de l'impunité consacré par les mêmes textes internationaux.

Statuant au fond sur la requête de la Belgique, la Cour internationale de Justice a, par un arrêt du 20 juillet 2012, énoncé que le droit conventionnel imposait au Sénégal de prendre toutes les mesures nécessaires à la mise en œuvre des poursuites, dans les meilleurs délais. Le Sénégal ne l'ayant pas fait, il a manqué, et continue de manquer, aux obligations qui lui incombent au titre de l'article 7, § 1 de la Convention

(CIJ du 20 juillet 2012, Belgique c/ État du Sénégal, inédit). La Cour a ajouté qu'en « *manquant à ses obligations, le Sénégal a engagé sa responsabilité internationale. Dès lors, s'agissant d'un fait illicite à caractère continu, il est tenu d'y mettre fin, en vertu du droit international général en matière de responsabilité de l'État pour fait internationalement illicite* ». La Cour estime en conséquence que « *le Sénégal doit prendre, sans autre délai, les mesures nécessaires en vue de saisir ses autorités compétentes pour l'exercice de l'action pénale, s'il n'extrade pas M. HABRE* » *(Gh. POISSONNIER, « Affaire Hissein HABRE : le Sénégal devra juger ou extrader l'ancien chef d'État tchadien », D. 2012, p. 2184).*

175. Exploration d'un modèle de justice pénale internationale atypique. - À la suite des arrêts rendus par les hautes juridictions et conformément à la décision adoptée le 31 janvier 2012 par la Conférence des Chefs d'État et de Gouvernement de l'Union africaine, la Commission de l'Union africaine et le Gouvernement du Sénégal ont examiné les modalités pratiques de la poursuite des crimes internationaux commis sur le territoire tchadien au cours de la période du 07 juin 1982 au 1er décembre 1990.

À cet égard, le mandat donné par l'Union africaine au Sénégal de poursuivre et de juger lui-même les faits en son nom tuait dans l'œuf l'option de l'érection d'une juridiction ad hoc à caractère international sur le modèle du tribunal pénal pour l'ex-Yougoslavie et du tribunal pénal pour le Rwanda.

La compétence ratione temporis de la Cour pénale internationale, étant limitée aux crimes commis après l'entrée en vigueur de son statut le 1er juillet 2002, il ne restait au Sénégal que d'explorer le modèle de justice pénale mixte encore appelée justice pénale internationalisée, qui constitue une « *sorte de troisième voie entre la justice internationale et la justice nationale* » *(V. M. GIBERT, « La Cour pénale internationale et l'Afrique, ou l'instrumentalisation punitive de la justice internationale ? », Revue internationale et stratégique1/2015 (n° 97), p. 111-118 ; H. ASCENSIO, E. LAMBERT-ABDELGAWAD et J. M. SOREL (dir.), Les juridictions pénales internationalisées (Cambodge, Kosovo, Sierra Leone, Timor Leste), Paris, Société de législation comparée, 2006 ; Ph. PAZARTZIS, « Tribunaux pénaux internationalisés : une nouvelle approche de la justice pénale (inter)nationale ? » in Annuaire français de droit international, volume 49, 2003, p. 641-661 ; E. LAMBERT-ABDELGAWAD, « Quelques brèves réflexions sur les actes créateurs des tribunaux pénaux internationalisés », in H. ASCENSIO, E. LAMBERT-ABDEL-GAWAD et J. M. SOREL (dir.), Les juridictions pénales internationalisées (Cambodge, Kosovo, Sierra Leone, Timor Leste), Paris, Société de législation comparée, 2006, p. 27 et s.).*

Leur simple appellation laisse songeur sur la difficulté à les situer et à les identifier.

Il s'agit, par une logique « *ad hociste* » d'organes judiciaires de composition mixte comprenant des juges internationaux et des juges ayant la nationalité de l'État où le procès a lieu, appliquant le droit international et le droit interne *(A. CASSESE et M. DELMAS-MARTY, « Juridictions nationales et crimes internationaux », Paris, PUF, 2002, p. 3).*

Mais, ces juridictions ne forment pas un modèle véritablement unique. Il convient donc de distinguer, au cœur même de ce modèle « hybride », les tribunaux internationaux nationalisés, à l'image du Tribunal spécial pour le Liban *(Y. BENKIRANE, « Le tribunal spécial pour le Liban, une juridiction pénale internationale ? » Revue Averroès-Variations, septembre 2009)* et du Tribunal spécial pour la Sierra-Léone (*S. SZUREK, « Sierra Leone : un État en attente de paix durable - la communauté internationale dans l'engrenage de la paix en Afrique de l'Ouest », In Annuaire français de droit international, volume 46, 2000, p. 176-201)* et les tribunaux nationaux internationalisés, comme les chambres extraordinaires au Cambodge *(Gh. POISSONNIER, « Les chambres extraordinaires au sein des tribunaux cambodgiens-Une nouvelle forme de justice internationale », Journal du droit international-Clunet, n° 01, janvier 2007, var. 1 ; Gh. POISSONNIER, « La mise en place des chambres extraordinaires au sein des tribunaux cambodgiens » ; RSC 2007, p. 235 ; D. BOYLE, « Une juridiction hybride chargée de juger les khmers rouges », Droits fondamentaux, n° 01, juillet-décembre 2001, p. 213 et s.)* et les « panels spéciaux » au Timor oriental *(X. TRACOL, « Justice pour le Timor oriental », 2001, p. 291).*

La première catégorie vise des juridictions à caractère international dont la composition, le fonctionnement et la compétence sont majoritairement internationaux mais auxquels l'État concerné (*Sierra-léonais ou libanais*) est directement associé afin de ménager sa souveraineté.

La seconde catégorie renvoie aux tribunaux d'exception intégrés au sein même de l'ordre judiciaire ordinaire du pays dont le fonctionnement, la compétence et la procédure ressortissent ainsi prioritairement de l'ordre juridique national.

Le Sénégal et l'Union africaine n'ont, semble-t-il, exploré aucune de ces voies.

176. Création des Chambres africaines extraordinaires. - Par un Accord du 22 août 2012, le Gouvernement du Sénégal et la Commission de l'Union africaine ont convenu de créer au sein des juridictions sénégalaises des Chambres africaines extraordinaires chargées de poursuivre le ou les principaux responsables des crimes et violations graves du droit international et des conventions internationales, ratifiées par le Tchad et le Sénégal commis sur le territoire tchadien du 07 juin 1982 au 1er décembre 1990 *(V. site des CAE : http://www.chambresafricaines.org).*

La composition et les règles de fonctionnement des Chambres africaines extraordinaires sont déterminées par un Statut annexé à l'Accord dont il fait partie et par les lois sénégalaises *(R. O. SAVADOGO, « Les Chambres africaines extraordinaires au sein des tribunaux sénégalais. Quoi de si extraordinaire ? », Études internationales, vol. 45, n° 01, Institut québécois des hautes études internationales, 2014, pp. 105-127 ; J. KHELIFA, « Chambres africaines extraordinaires au Sénégal, modèle ou exception ? » https://chroniquesinternationalescolla.wordpress.com/2013/12/15/chambres-extraordinaires-africaines-au-senegal-modele-ou-exception) (consulté le 23 novembre 2015).*

Suite à l'adoption de la loi n° 2012-25 du 28 décembre 2012 autorisant le Président de la République à ratifier l'Accord du 22 août 2012, il a été ajouté à l'article 1er de la loi n° 84-19 du 02 février 1984 fixant l'organisation judiciaire un alinéa 3. Ce texte dispose qu'« *une Chambre africaine extraordinaire d'instruction est intégrée au tribunal régional hors classe de Dakar ; une Chambre africaine extraordinaire d'assises et une Chambre africaine extraordinaire d'appel sont rattachées à la Cour d'appel de Dakar* ».

Cette disposition est reprise par l'article 5 de la loi du 03 novembre 2014 fixant l'organisation judiciaire. Ces Chambres africaines extraordinaires sont chargées d'instruire et de juger les crimes internationaux commis au Tchad entre le 07 juin 1982 et le 1er décembre 1990 ; elles seront automatiquement dissoutes à la fin de leur mission. Les Chambres africaines extraordinaires au sein des juridictions sénégalaises ont été ainsi intégrées dans l'appareil judiciaire sénégalais.

Ces Chambres constituent assurément un modèle de justice pénale internationale atypique.

Elles ne sont pas, à proprement parler, une juridiction nationale internationalisée comparable à celles établies au Timor oriental ou au Cambodge. En effet, d'une part, et d'après leur statut, les poursuites sont intentées « *par la République du Sénégal* » en application d'une « *décision de l'Union africaine* » *(art. 1er du Statuts).* Ce qui tranche avec la conception de poursuites engagées au nom de l'humanité tout entière *(A-T. LEMASSON, « Justice internationale pénale (Procédure) », Rép. dr. pén. et proc. pén., Dalloz, janvier 2014, n° 294).*

D'autre part, les juges et procureurs composant ces Chambres africaines extraordinaires sont tous nécessairement « *de nationalité sénégalaise* » et nommés par le président de la Commission de l'Union africaine, sur proposition du ministre de la Justice du Sénégal *(art. 11 et 12 du Statut).*

Cependant, au stade du jugement, la Chambre africaine extraordinaire d'assises de la Cour d'appel de Dakar ainsi que la Chambre africaine extraordinaire d'assises d'appel sont chacune présidées par un ressortissant d'un autre État membre de l'Union africaine *(art. 11 du Statut) (K. DIAKITE, La justice pénale internationale en Afrique. Aspects juridiques, défis et perspectives, Paris, L'Harmattan, 2014, p. 64 et s.).*

En exécution de l'Accord du 22 août 2012, le Président de la République a, par décret n° 2013-212 du 30 janvier 2013, autorisé le Président de la Commission de l'Union africaine, à nommer des magistrats sénégalais composant les Chambres africaines extraordinaires au sein des juridictions sénégalaises.

À la suite de l'inculpation et du placement sous mandat de dépôt de Hissein Habré pour crimes contre l'humanité, crimes de guerres et tortures par la Chambre africaine extraordinaire d'instruction, les conseils de ce dernier ont sollicité l'annulation du décret du 30 janvier 2013 devant la chambre administrative de la Cour suprême, en soulevant « *in limine litis* » l'exception d'inconstitutionnalité de l'Accord du 22 août 2012.

Le requérant a estimé que la nomination de magistrats sénégalais devant exercer au sein des Chambres africaines extraordinaires par le Président de la Commission africaine est contraire aux dispositions de l'article 90 de la Constitution et de l'article 4 de la loi organique n° 92-27 du 30 mai 1992 portant statut des magistrats. Selon l'article 90 de la Constitution, « *les magistrats autres que les membres du Conseil constitutionnel et de la Cour des comptes sont nommés par le Président de la République après avis du Conseil supérieur de la Magistrature* » *(Sur cette question, A. K. BOYE, « Vers des déconvenues juridiques » : http://www.rewmi.com/vers-des-deconvenues-juridiques-par-abdel-kader-boye_a73933.html#sthash.WPBZxvck.dpuf (consulté le 10 septembre 2015).*

Par un arrêt du 23 janvier 2015, la Cour suprême a énoncé que la solution du litige est subordonnée à l'appréciation par le Conseil constitutionnel de la conformité à la Constitution de l'Accord du 22 août 2012, en ce que le décret attaqué fait application de l'Accord du 22 août 2012 entre le Gouvernement de la République du Sénégal et l'Union africaine sur la création des Chambres africaines extraordinaires au sein des juridictions sénégalaises dont la constitutionnalité est contestée.

Constatant que cet accord a un lien suffisant avec le débat contentieux soulevé, la haute juridiction a saisi le Conseil constitutionnel de l'exception d'inconstitutionnalité et a sursis à statuer sur la requête en annulation introduite par Hissein HABRE (*CS ch. Adm. n° 06 du 23 janvier 2015, Hissein Habré c/ État du Sénégal, inédit*).

Dans son arrêt du 03 mars 2015, la haute juridiction constitutionnelle a rejeté ce moyen. D'après le juge constitutionnel sénégalais,

« l'introduction des Chambres africaines extraordinaires dans l'ordre juridictionnel sénégalais constitue une opportunité juridique et pratique autorisée par la loi n° 2012-25 du 28 décembre 2012 modifiant la loi du 02 février 1984 sur l'organisation judiciaire ; Considérant que les Chambres africaines extraordinaires sont habilitées à poursuivre les crimes et violations graves du droit international, de la coutume internationale, commis au Tchad durant la période du 07 juin 1982 au 1er décembre 1990 ; qu'il s'agit notamment du crime de génocide, des crimes contre l'humanité, des crimes de guerre, de la torture ; Considérant que les Chambres africaines extraordinaires sont présidées par des magistrats provenant de pays membres de l'Union africaine, autres que le Tchad ; que dans leur fonctionnement, elles sont régies par un statut spécifique ; qu'elles peuvent s'inspirer de la jurisprudence des tribunaux et cours pénaux internationaux ; qu'elles n'ont aucune vocation à la permanence ; qu'elles sont dissoutes de plein droit une fois que les décisions auront été définitivement rendues (article 37 de l'Accord) ».

La haute juridiction constitutionnelle précise que « *les magistrats de nationalité sénégalaise nommés par le Président de la Commission africaine n'ont pas pour mission de rendre la justice au nom du peuple sénégalais, mais siègent dans une juridiction internationalisée ou mixte, spécialisée qui prend sa source dans l'Accord conclu avec l'Union africaine, engagement rappelé par la Cour de Justice de la Communauté Économique des États de l'Afrique de l'Ouest (CEDEAO) dans sa décision N° ECW/CCJ/JUD/06/10 du 18 novembre 2010* ». En conséquence, ils estiment que l'Accord du 22 août 2012 n'a pas violé l'article 90 de la Constitution (*Cons. Const. n° 01/C/2015 du 03 mars 2015, inédit).*

À la suite de l'arrêt du Conseil constitutionnel, la chambre administrative de la Cour suprême, tirant argument pour l'essentiel de cette décision, a rejeté le recours en annulation formé par Hissein Habré contre le décret n° 2013-212 du 30 janvier 2013 portant autorisation au Président de la Commission de l'Union africaine de nommer des magistrats sénégalais au niveau des Chambres africaines extraordinaires au sein des juridictions sénégalaises *(CS ch. adm. n° 21 du 12 mars 2015, Hissein Habré c/ État du Sénégal, inédit).*

À la lumière de la décision du Conseil constitutionnel du 03 mars 2015, tout porte à croire que les Chambres africaines extraordinaires au sein des juridictions sénégalaises, que le juge constitutionnel qualifie de « *juridiction internationalisée ou mixte spécialisée* », inaugurent un nouveau modèle de justice pénale « *continentalisée* » au service de la lutte contre l'impunité en Afrique *(A-T. LEMASSON, « Justice internationale pénale (Procédure) », Rép. dr. pén. et proc. pén. Dalloz, janvier 2014, n° 294 ; K. DIAKITE, La justice pénale internationale en Afrique. Aspects juridiques, défis et perspectives, Paris, L'Harmattan, 2014, p. 64).*

177. Composition et organisation des Chambres africaines extraordinaires. - Les Chambres africaines extraordinaires ont une organisation assez particulière. Il a été créé au sein des juridictions de la République du Sénégal une Chambre africaine extraordinaire d'instruction au sein du tribunal de grande instance hors classe de Dakar, une Chambre africaine extraordinaire d'accusation à la Cour d'appel de Dakar, une Chambre africaine extraordinaire d'assises à la Cour d'appel de Dakar et une Chambre africaine extraordinaire d'assises d'appel près la Cour d'appel de Dakar *(art. 2 du Statut).*

Le Statut institue une juridiction hybride, dont l'ossature est constituée par des tribunaux sénégalais, avec une participation de juges africains à certains niveaux. *(M. MUBIALA, « Chronique de droit pénal de l'Union africaine. Vers une justice pénale régionale en Afrique », RIDP 2012/3 (Vol. 83), p. 554).* Les juges sénégalais, qui composent intégralement les deux premières chambres, et ceux qui font partie des deux autres chambres, sont nommés par le ministre de la Justice du Sénégal.

Quant aux juges ressortissants des autres pays africains, qui présideront les deux chambres d'assises et d'appel, ils seront nommés par le Président de la Commission de l'Union africaine, sur proposition du ministre de la Justice du Sénégal *(art. 11, paragraphe 5 du Statut).*

Le procureur général et ses trois adjoints, de nationalité sénégalaise, sont nommés par le ministre de la Justice du Sénégal *(art. 12 du Statut).* Il en est de même du greffier et du personnel du greffe, également désignés par le ministre de la Justice du Sénégal *(art. 13 du Statut).*

L'Administrateur des Chambres africaines extraordinaires est en charge des aspects non judiciaires de l'administration et du service des Chambres africaines extraordinaires. Il gère également les ressources en personnel des Chambres africaines extraordinaires en collaboration avec les différents présidents de chambres et le Ministère public ; il représente les Chambres africaines extraordinaires dans leurs relations avec la communauté internationale *(art. 15 du Statut)*.

178. La compétence des Chambres africaines extraordinaires. - Aux termes de l'article 1er du Statut, les Chambres africaines extraordinaires ont pour mission de juger les auteurs présumés des crimes internationaux commis au Tchad entre le 07 juin 1982 et le 1er décembre 1990.

Ainsi, ratione materiae, la compétence des Chambres africaines extraordinaires concerne les crimes et violations du droit international, de la coutume internationale et des conventions internationales ratifiées par le Tchad (*art. 3 du Statut*). Ces crimes incluent le génocide, les crimes de guerre, les crimes contre l'Humanité et la torture (*art. 4 à 8 du Statut*). Le statut reprend pour l'essentiel les définitions contenues dans le Statut de Rome sur la Cour pénale internationale et dans la Convention des Nations Unies contre la torture et autres peines ou traitements cruels, inhumains ou dégradants (*M. MUBIALA, « Chronique de droit pénal de l'Union africaine. Vers une justice pénale régionale en Afrique », RIDP 2012/3 (Vol. 83), p. 553*).

Sous l'angle de la compétence territoriale et temporelle, le Statut vise les crimes commis au Tchad durant la période allant du 07 juin 1982 au 1er décembre 1990, laquelle correspond exactement à celle de la présidence de M. HABRE.

Les Chambres africaines extraordinaires ont une compétence personnelle bien délimitée. Elles ne peuvent juger que les auteurs présumés des crimes précités, lesquels sont tenus individuellement responsables de leurs actes et ne pourront invoquer d'excuses ou d'absence de responsabilité du fait de l'ordre du Gouvernement ou du supérieur hiérarchique (*art. 10 du Statut*).

179. La procédure devant les Chambres africaines extraordinaires. - Les Chambres africaines extraordinaires appliquent, en premier lieu, le Statut et la loi sénégalaise, pour les cas non prévus par le Statut (*art. 16 du Statut*).

Les principes généraux régissant la procédure pénale internationale sont applicables devant les Chambres africaines extraordinaires, notamment le principe non bis in idem (*art. 19 du Statut*), la non-prise en compte de l'amnistie accordée à une personne jugée par les Chambres (*art. 20 du Statut*), le respect des droits de l'accusé, y compris celui à un procès équitable *(art. 21 du Statut),* la publicité des débats *(art. 22 du Statut)* et la motivation des jugements *(art. 23 du Statut) (M. MUBIALA, op. cit, p. 555).*

Les décisions prononcées par la Chambre d'assises sont susceptibles d'appel devant la Chambre d'appel, pour une erreur de procédure, une erreur de droit ou une erreur de fait. Les arrêts rendus par cette dernière Chambre sont définitifs et ne peuvent faire l'objet d'aucune voie de recours même extraordinaire (*art. 25 du Statut*).

Les peines applicables par les Chambres incluent la peine d'emprisonnement à temps (*30 ans au maximum*) ou à perpétuité, pour les crimes graves. Elles peuvent également prononcer des peines additionnelles, dont l'amende et la confiscation des profits, biens et avoirs *(art. 24 du Statut)*. L'exécution des peines se fait au Sénégal ou dans un autre pays africain, suivant les lois du pays concerné et en respectant les standards internationaux en la matière *(art. 26 du Statut)*. Les Chambres peuvent décider de toutes mesures de réparation, y compris la restitution, l'indemnisation et la réhabilitation *(art. 27 du Statut).*

180. État de la procédure.- À la suite de la saisine de la Chambre africaine extraordinaire d'instruction d'un réquisitoire introductif aux fins d'inculpation de Hissein HABRE, et autres pour des crimes commis au Tchad dans la période allant du 07 juin 1982 au 1er décembre 1990, la Chambre d'instruction a, à la date du 02 juillet 2013, procédé à son inculpation pour crimes contre l'humanité, crimes de torture et crimes de guerre et a ordonné son placement sous mandat de dépôt.

Les 05 juillet 2013 et 11 octobre 2013, la Chambre a décerné des mandats d'arrêt internationaux contre les nommés Guihini Koreî et

Abakar Torbo Rahama Saleh Younous, Zakaria Berdeï et Mahamat Djibrine dit El Djonto.

Après avoir délivré plusieurs délégations judiciaires et des commissions rogatoires internationales au Tchad, la Chambre a, par ordonnance de non-lieu, de mise en accusation et de renvoi devant la Chambre africaine extraordinaire d'assises du 13 février 2015, dit n'y avoir lieu à suivre davantage contre Hissein HABRE des chefs de privation d'un prisonnier de guerre ou de toute autre personne protégée de son droit d'être jugée régulièrement et impartialement, de destruction ou appropriation de biens non justifiée par des nécessités militaires et exécutée sur une grande échelle de façon illicite et arbitraire. Elle a en outre ordonné sa mise en accusation et son renvoi devant la Chambre africaine extraordinaire d'assises pour y être jugé conformément à la loi.

Il faut préciser que la Chambre d'accusation n'a pu procéder au renvoi des nommés Guihini Korei, Saleh Younouss, Abakar Torbo Rahama et Mahamat Djibrine El Djonto faute de la délivrance d'un procès-verbal de recherches infructueuses et en raison de l'inexécution, par l'État du Tchad, des mandats d'arrêt et de la commission rogatoire internationale en date du 03 octobre 2014.

Par une décision du 30 mai 2016, sur la base de la responsabilité du supérieur hiérarchique, HABRE a été déclaré coupable de crimes contre l'humanité, de viol, d'esclavage forcé, d'homicide volontaire, de pratique massive et systématique d'exécutions sommaires, d'enlèvement de personnes suivi de leur disparition, de torture et d'actes inhumains, du crime autonome de torture, des crimes de guerre, d'homicide volontaire, de torture, de traitements inhumains et de détention illégale et des crimes de guerre de meurtre, de torture, et de traitements cruels. La Chambre africaine extraordinaire d'assises a acquitté l'accusé du crime de guerre de transfert illégal et l'a condamné à la peine d'emprisonnement à perpétuité. En outre, la chambre a dit n'y avoir pas lieu à confisquer les biens saisis (*CAE Ass. n° 02/2016 du 30 mai 2016, Procureur général des Chambres africaines extraordinaires et autres c/ Hissein HABRE).*

Les conseils de Hissein HABRE ont interjeté appel contre cette décision devant la Chambre africaine extraordinaire d'assises d'appel.

Paragraphe III : Jurisprudence

181. Tribulations judiciaires de l'affaire Hissein HABRE.

182. Le législateur sénégalais devrait parallèlement à la réforme entreprise dans le Code pénal apporter des modifications à l'article 669 du Code de procédure pénale en y incluant l'incrimination de torture, qu'en le faisant il se mettrait en harmonie avec les objectifs de la convention contre la torture et reconnaîtrait par conséquent le principe de la compétence universelle.

Il résulte de ce qui précède que les juridictions sénégalaises ne peuvent connaître des faits de torture commis par un étranger en dehors du territoire sénégalais quelles que soient les nationalités des victimes, que le libellé de l'article 669 du Code de procédure pénale exclut cette compétence.

Les règles de compétence sont d'ordre public ; en inculpant Hissein HABRE de complicité de crime contre l'humanité et d'actes de torture et de barbarie, le juge d'instruction a manifestement violé les règles de compétence matérielle et territoriale.

La méconnaissance de cette règle doit être sanctionnée par la nullité, que celle-ci rentre dans la catégorie des nullités substantielles d'ordre public qui peuvent être soulevées en tout état de cause et tout état de la procédure.

En conséquence, il y a lieu sans qu'il soit nécessaire d'examiner les autres arguments invoqués dans la requête susvisée, d'annuler le procès-verbal d'interrogatoire de première comparution et la procédure subséquente pour incompétence du juge saisi ***(CA. ch. Acc. n° 135 du 04 juillet 2000, Ministère public c/ Hissein HABRE, inédit).***

183. L'article 5-2 de la Convention de New-York du 10 décembre 1984 contre la torture et les autres peines ou traitements cruels, inhumains ou dégradants fait peser sur chaque État partie l'obligation de prendre des mesures nécessaires pour établir sa compétence aux fins de connaître des infractions visées à l'article 4 dans le cas où l'auteur présumé de celles-ci se trouve sur tout territoire sous sa juridiction et où ledit État ne l'extrade pas.

Il en résulte que l'article 79 de la Constitution ne saurait recevoir application dès lors que l'exécution de la Convention nécessite que soient prises par le Sénégal des mesures législatives préalables ; aucun texte de procédure ne reconnaît une compétence universelle aux juridictions sénégalaises en vue de poursuivre et de juger, s'ils sont trouvés sur le territoire de la République, les présumés auteurs ou complices de faits qui entrent dans les prévisions de la loi du 28 août 1996 portant adaptation de la législation sénégalaise aux dispositions de l'article 4 de la Convention lorsque ces faits ont été commis hors du Sénégal par des étrangers. La présence au Sénégal de

HABRE ne saurait à elle seule justifier les poursuites intentées contre lui ***(Cass. n° 14 du 20 mars 2001, Souleymane GUENGUENG et autres c/ Hissein HABRE, in La Balance, le journal de l'Union des Magistrats sénégalais, août 2002, p. 36, note, A. NDIAYE).***

184. La compétence nationale matérielle des juridictions est une question d'ordre public que le juge doit soulever d'office et en tout état de cause.

La Constitution du Sénégal, en son article 101, et la loi organique du 14 février 2002 sur la Haute Cour de Justice ont institué une procédure spéciale, exorbitante du droit commun pour tout acte de poursuite à l'encontre du Président de la République.

Dès lors, la Chambre d'accusation, juridiction ordinaire de droit commun, ne saurait étendre sa compétence aux actes d'instruction et de poursuite engagée contre un Chef d'État pour des faits prétendument commis dans l'exercice de ses fonctions.

Cette exception doit donc s'appliquer nécessairement à la demande d'extradition puisqu'aussi bien, la mise en œuvre de la procédure d'avis, est subordonnée à l'accomplissement préalable d'actes d'instruction fondamentaux, notamment la comparution et l'interrogatoire de mis en cause.

L'extradition procédant elle-même d'acte de poursuite ou d'exécution par délégation de l'État requérant au profit de l'État requis, doit se conformer, en tout cas dans sa phase judiciaire, aux règles d'ordre public de compétence et d'organisation des juridictions répressives, bastion de la souveraineté nationale.

Hissein HABRE doit alors bénéficier de cette immunité de juridiction qui, loin d'être une cause d'exonération de responsabilités pénales, revêt simplement un caractère procédural au sens de l'arrêt Yéro Abdoulaye NDOMBASI du 14 février 2002 rendu par la Cour internationale de Justice dans le litige opposant le Royaume de Belgique et la République Démocratique du Congo (RDC). Ce privilège a vocation à survivre à la cessation de fonctions du Président de la République quelle que soit sa nationalité et en dehors de toute convention d'entraide.

Il s'infère de ces remarques, l'incompétence de la Cour de céans pour connaître de la régularité d'actes de poursuite et de validité de mandat d'arrêt s'appliquant à un Chef d'État. ***(CA. ch. Acc. n° 138 du 25 novembre 2005, inédit).***

185. Au-delà de la justification de la mise en conformité de sa législation avec ses engagements internationaux, l'État du Sénégal a gravement méconnu les dispositions de l'article 7.2 de la Charte africaine des droits de l'Homme et des Peuples et de l'article 11.2 de la Déclaration Universelle des Droits de l'Homme qui interdisent la rétroactivité d'une disposition d'ordre pénal.

La Cour partage les nobles objectifs contenus dans le mandat de l'Union africaine et qui traduit l'adhésion de cette haute organisation aux principes de l'impunité des violations graves des droits humains et de la protection des droits des victimes.

Toutefois, la Cour relève que la mise en œuvre du mandat de l'Union africaine doit se faire selon la coutume internationale qui a pris l'habitude dans de telles situations de créer des juridictions ad hoc ou spéciales. L'expression « ... *juridiction compétente...* » contenue dans ce mandat ne signifie rien d'autre que la mise en place d'un cadre judiciaire ad hoc dont la création et les attributions trouveraient leur bas-relief dans les dispositions de l'article 15. 2 du Pacte international sur les droits civils et politiques et que le Sénégal est chargé de proposer au mandant les formes et modalités de mise en place d'une telle structure.

Ainsi, toute autre entreprise du Sénégal en dehors d'un tel cadre violerait, d'une part, le principe de la non-rétroactivité de la loi pénale, consacré par les instruments internationaux relatifs aux Droits de l'Homme comme étant un droit intangible et d'autre part, ferait obstruction au respect du principe de l'impunité consacré par les mêmes textes internationaux.

En conséquence, la Cour ordonne au Sénégal le respect du principe absolu de non-rétroactivité.

Dit que le mandat reçu par lui de l'Union africaine lui confère plutôt une mission de conception et de suggestion de toutes modalités propres à poursuivre et faire juger dans le cadre strict d'une procédure spéciale ad hoc à caractère international telle que pratiquée en droit international par toutes les nations civilisées ***(CJ/CEDEAO/ECW/CCJ/JUD/06/10 du 18 novembre 2010, Affaire Hissein HABRE c/ République du Sénégal, inédit).***

186. L'introduction des Chambres africaines extraordinaires dans l'ordre juridictionnel sénégalais constitue une opportunité juridique et pratique autorisée par la loi n° 2012-25 du 28 décembre 2012 modifiant la loi du 02 février 1984 sur l'organisation judiciaire. Les Chambres africaines extraordinaires sont habilitées à poursuivre les crimes et violations graves du droit international, de la coutume internationale, commis au Tchad durant la période du 7 juin 1982 au 1er décembre 1990 ; il s'agit notamment du crime de génocide, des crimes contre l'humanité, des crimes de guerre et de torture.

Les Chambres africaines extraordinaires sont présidées par des magistrats provenant de pays membres de l'Union africaine, autres que le Tchad ; dans leur fonctionnement, elles sont régies par un statut spécifique. Elles peuvent s'inspirer de la jurisprudence des tribunaux et Cours pénaux internationaux ; elles n'ont aucune vocation à la permanence et sont dissoutes de plein droit une fois que les décisions auront été définitivement rendues.

Dès lors que les magistrats de nationalité sénégalaise nommés par le Président de la Commission africaine n'ont pas pour mission de rendre la justice au nom du peuple sénégalais, mais siègent dans une juridiction internationalisée ou mixte, spécialisée qui prend sa source dans l'Accord conclu avec l'Union africaine, engagement rappelé par la Cour de Justice de la Communauté Économique des États de l'Afrique de l'Ouest (*CEDEAO*) dans sa décision n° ECW/CCJ/JUD/06/10 du 18 novembre 2010.

Ainsi, l'Accord du 22 août 2012 n'a pas violé l'article 90 de la Constitution (***Cons. Const. n° 01/C/2015 du 02 mars 2015, inédit).***

PARAGRAPHE IV : LÉGISLATION

187. STATUT DES CHAMBRES AFRICAINES EXTRAORDINAIRES AU SEIN DES JURIDICTIONS SÉNÉGALAISES POUR LA POURSUITE DES CRIMES INTERNATIONAUX COMMIS AU TCHAD DURANT LA PÉRIODE DU 7 JUIN 1982 AU 1ER DÉCEMBRE 1990.

Article premier. - Objet

L'objet du présent Statut est de mettre en œuvre la décision de l'Union africaine relative à la poursuite par la République du Sénégal des crimes internationaux commis au Tchad entre le 7 juin 1982 et le 1er décembre 1990, et conformément aux engagements internationaux du Sénégal.

Article 2.- Création des Chambres africaines extraordinaires

Il est créé au sein des juridictions de la République du Sénégal des Chambres africaines extraordinaires comme suit :

a) une Chambre africaine extraordinaire d'instruction au sein du Tribunal régional hors classe de Dakar ;

b) une Chambre africaine extraordinaire d'accusation à la Cour d'appel de Dakar ;

c) une Chambre africaine extraordinaire d'assises à la Cour d'appel de Dakar ; et

d) une Chambre africaine extraordinaire d'assises d'appel près la Cour d'appel de Dakar.

Article 3.- Compétence

1. Les Chambres africaines extraordinaires sont habilitées à poursuivre et juger le ou les principaux responsables des crimes et violations graves du droit international, de la coutume internationale et des conventions internationales ratifiées par le Tchad, commis sur le territoire tchadien durant la période allant du 7 juin 1982 au 1er décembre 1990.

2. Les Chambres africaines extraordinaires peuvent choisir de poursuivre les crimes les plus graves relevant de leur compétence.

Article 4.- Crimes relevant de la compétence des chambres africaines extraordinaires

En vertu du présent Statut, les Chambres africaines extraordinaires ont compétence à l'égard des crimes suivants :

a) le crime de génocide ;

b) les crimes contre l'humanité ;

c) les crimes de guerre ;

d) la torture.

Article 5.- Crime de génocide

Aux fins du présent Statut, on entend par crime de génocide l'un quelconque des actes ci-après, commis dans l'intention de détruire, en tout ou en partie, un groupe national, ethnique, racial ou religieux, comme tel :

a) l'homicide volontaire de membres du groupe ;

b) l'atteinte grave à l'intégrité physique ou mentale de membres du groupe ;

c) la soumission intentionnelle du groupe à des conditions d'existence devant entraîner sa destruction physique totale ou partielle ;

d) les mesures visant à entraver les naissances au sein du groupe ;

e) le transfert forcé d'enfants du groupe à un autre groupe.

Article 6.- Crimes contre l'humanité

Aux fins du présent Statut, on entend par crime contre l'humanité, l'un des actes ci-après commis à l'occasion d'une attaque généralisée ou systématique lancée contre toute population civile :

a) le viol, l'esclavage sexuel, la prostitution forcée, la stérilisation forcée ou toute autre forme de violence sexuelle de gravité comparable ;

b) l'homicide volontaire ;

c) l'extermination ;

d) la déportation ;

e) le crime d'apartheid ;

f) la réduction en esclavage ou la pratique massive et systématique d'exécutions sommaires, d'enlèvement de personnes suivi de leur disparition ;

g) la torture ou les actes inhumains causant intentionnellement de grandes souffrances ou des atteintes graves à l'intégrité physique ou à la santé physique et psychique inspirées par des motifs d'ordre politique, racial, national, ethnique, culturel, religieux ou sexiste.

Article 7.- Crimes de guerre

1. Aux fins du présent Statut, constitue un crime de guerre l'un des actes ci-après lorsqu'il concerne des membres des forces armées, des prisonniers de guerre ou des civils ou des biens protégés par les dispositions des conventions de Genève du 12 août 1949 :

a) l'homicide volontaire ;

b) la torture ou les traitements inhumains, y compris, les expériences biologiques ou causant intentionnellement de grandes souffrances à l'intégrité physique et psychique ;

c) la destruction et l'appropriation des biens, non justifiées par des nécessités militaires et exécutées sur une grande échelle de façon illicite et arbitraire ;

d) le fait de contraindre un prisonnier de guerre ou toute autre personne protégée à servir dans les forces armées ;

e) le fait de priver un prisonnier de guerre ou toute autre personne protégée de son droit d'être jugé régulièrement et impartialement ;

f) la déportation ou le transfert illégal ou la détention illégale ;

g) la prise d'otages ;

2. Les Chambres africaines extraordinaires sont compétentes pour juger les personnes ayant commis des violations graves de l'article 3, commun aux Conventions de Genève du 12 août 1949 pour la protection des victimes en temps de guerre et du Protocole additionnel II auxdites Conventions du 8 juin 1977. Ces violations comprennent :

a) les atteintes portées à la vie, à la santé et au bien-être physique ou mental des personnes, en particulier le meurtre, de même que les traitements cruels tels que la torture, les mutilations ou toutes formes de peines corporelles ;

b) les châtiments collectifs ;

c) la prise d'otages ;

d) les actes de terrorisme ;

e) les atteintes à la dignité de la personne, notamment les traitements humiliants et dégradants, le viol, la prostitution forcée et tout attentat à la pudeur ;

f) le pillage ;

g) les condamnations et les exécutions sans jugement rendu au préalable par un tribunal régulièrement constitué et assorti des garanties judiciaires reconnues comme indispensables par les peuples civilisés ;

h) la menace de commettre les actes précités.

Article 8.- Torture

Aux fins du présent Statut, le terme « torture » désigne tout acte par lequel une douleur ou des souffrances aiguës, physiques ou mentales, sont intentionnellement infligées à une personne aux fins notamment d'obtenir d'elle ou d'une tierce personne des renseignements ou des aveux, de la punir d'un acte qu'elle ou une tierce personne a commis ou est soupçonnée d'avoir commis, de l'intimider ou de faire pression sur elle ou d'intimider ou de faire pression sur une tierce personne, ou pour tout autre motif fondé sur une forme de discrimination quelle qu'elle soit, lorsqu'une telle douleur ou de telles souffrances sont infligées par un agent de la fonction publique ou toute autre personne agissant à titre officiel ou à son instigation ou avec son consentement exprès ou tacite. Ce terme ne s'étend pas à la douleur ou aux souffrances résultant uniquement de sanctions légitimes, inhérentes à ces sanctions ou occasionnées par elles. Aucune circonstance exceptionnelle, quelle qu'elle soit, qu'il s'agisse de l'état de guerre ou de menace de guerre, d'instabilité politique intérieure ou de tout autre état d'exception, ne peut être invoquée pour justifier la torture.

Article 9.- Imprescriptibilité

Les crimes relevant de la compétence des Chambres africaines extraordinaires sont imprescriptibles.

Article 10.- Responsabilité pénale individuelle et défaut de pertinence de la qualité officielle

1. Les Chambres africaines extraordinaires sont compétentes à l'égard des personnes physiques en vertu du présent Statut.

2. Quiconque a commis, ordonné, planifié ou incité à commettre, ou de toute autre manière aidé et encouragé à planifier, préparer ou exécuter un crime visé aux articles 5 à 8 du présent Statut est individuellement responsable dudit crime en tant qu'auteur ou complice.

3. La qualité officielle d'un accusé, soit comme Chef d'État ou de Gouvernement, soit comme haut fonctionnaire, ne l'exonère en aucun cas de sa responsabilité pénale au regard du présent Statut, plus qu'elle ne constitue en tant que telle un motif d'atténuation de la peine encourue.

4. Le fait que l'un quelconque des actes visés aux articles 5 à 8 du présent Statut ait été commis par un subordonné n'exonère pas son supérieur de sa responsabilité pénale s'il savait ou avait des raisons de savoir que le subordonné s'apprêtait à commettre cet acte ou l'avait fait et que le supérieur n'a pas pris les mesures nécessaires et raisonnables pour empêcher que ledit acte ne soit commis ou en punir les auteurs.

5. Le fait qu'un accusé ait agi en exécution d'un ordre d'un gouvernement ou d'un supérieur ne l'exonère pas de sa responsabilité pénale mais peut être considéré comme un motif d'atténuation de la peine.

Article 11.- Composition des Chambres africaines extraordinaires et nomination des Juges

1. La Chambre africaine extraordinaire d'instruction du tribunal régional Hors Classe de Dakar sera composée de quatre (4) juges d'instruction titulaires de nationalité sénégalaise et deux (2) juges suppléants de nationalité sénégalaise nommés par le Président de la Commission de l'Union africaine sur proposition du ministre de la Justice du Sénégal.

2. La Chambre africaine extraordinaire d'Accusation de la Cour d'appel de Dakar est composée de trois (3) juges titulaires de nationalité sénégalaise et d'un (1) juge suppléant de nationalité sénégalaise nommés par le Président de la Commission de l'Union africaine sur proposition du ministre de la Justice du Sénégal.

3. La Chambre africaine extraordinaire d'assises de la Cour d'appel de Dakar est composée d'un Président, de deux (2) juges titulaires de nationalité sénégalaise et de deux (2) juges suppléants de nationalité sénégalaise nommés par le Président de la Commission de l'Union africaine sur proposition du ministre de la Justice du Sénégal. Le Président de la Chambre est ressortissant d'un autre État membre de l'Union africaine.

4. La Chambre africaine extraordinaire d'assises d'appel est composée d'un Président, de deux (2) juges titulaires de nationalité sénégalaise et de deux (2) juges suppléants sénégalais nommés par le Président de la Commission de l'Union africaine sur proposition du ministre de la Justice du Sénégal. Le Président de la Chambre est ressortissant d'un autre État membre de l'Union africaine.

5. Les juges sont choisis parmi des personnes jouissant d'une haute considération morale, connues pour leur impartialité et leur intégrité et ayant

exercé les fonctions de juges pendant au moins dix (10) ans. Les Présidents des Chambres africaines extraordinaires d'assises et d'appel doivent réunir en plus les conditions requises dans leurs États respectifs pour l'exercice des plus hautes fonctions judiciaires.

Article 12.- Ministère public

1. Le procureur général représente en personne ou par ses adjoints le Ministère public auprès des Chambres africaines extraordinaires. Le procureur général et ses trois (3) adjoints de nationalité sénégalaise sont nommés par le Président de la Commission de l'Union africaine sur proposition du ministre de la Justice du Sénégal.

2. Les procureurs doivent jouir d'une haute considération morale, être connus pour leur impartialité et leur intégrité, et avoir une expérience professionnelle d'au moins dix (10) ans, et une grande expérience des enquêtes et des poursuites pénales. Les procureurs exercent leurs fonctions en toute indépendance.

3. Le Ministère public exerce l'action publique devant les Chambres africaines extraordinaires et sauf disposition contraire du présent Statut. Il dispose, à cet effet, des pouvoirs qui lui sont conférés par le Code de procédure pénale sénégalais.

Article 13. - Greffe

1. Les Chambres africaines extraordinaires sont assistées d'un ou de plusieurs greffiers dont les attributions sont déterminées conformément au Code de procédure pénale sénégalais.

2. Les greffiers des Chambres africaines extraordinaires sont nommés par le ministre de la Justice du Sénégal.

Article 14.- Principes généraux relatifs à la participation des victimes en qualité de partie civile

1. La constitution de partie civile peut avoir lieu à tout moment au cours de l'instruction et se fait par demande écrite de la victime ou son ayant droit au greffier. Le greffier communique la demande à la Chambre compétente, ainsi qu'au Ministère public et à la défense.

2. Les victimes peuvent former des groupes et décider d'être représentées par un représentant choisi en commun. Lorsque l'intérêt de la justice le commande, les Chambres africaines extraordinaires peuvent exiger des victimes ou d'un groupe particulier de victimes le choix, au besoin avec l'assistance de l'Administrateur, d'un ou de plusieurs représentants communs. Le mandat ainsi donné peut être révoqué à tout moment.

3. Si les victimes ne sont pas en mesure de choisir un ou plusieurs représentants communs dans le délai imparti par la Chambre compétente, celle-ci peut demander à l'Administrateur de désigner un ou plusieurs représentants.

4. Si un groupe de victimes n'a pas les moyens de rémunérer un représentant commun, il peut demander l'assistance de l'Administrateur qui statue sur la demande.

5. Sous réserve des dispositions du présent Statut, les modalités de la participation des victimes sont régies par le Code de procédure pénale sénégalais.

Article 15.- Administration des Chambres africaines extraordinaires

1. Le ministre de la Justice de la République du Sénégal nomme un Administrateur des Chambres africaines extraordinaires. L'Administrateur est en charge des aspects non-judiciaires de l'administration et du service des Chambres africaines extraordinaires. Il gère également les ressources en personnel des Chambres africaines extraordinaires en collaboration avec les différents Présidents de chambres et le Ministère public. L'Administrateur est assisté, dans l'exercice de ses fonctions, par le personnel nécessaire au fonctionnement des Chambres africaines extraordinaires.

2. L'Administrateur représente les Chambres africaines extraordinaires dans leurs relations avec la communauté internationale, y compris avec le Comité de Gestion établi par le document Final de la Table ronde des donateurs du 24 novembre 2010.

3. L'Administrateur des Chambres africaines extraordinaires peut conclure les accords appropriés pour la mise en œuvre d'actions de sensibilisation et pour informer l'opinion publique africaine et internationale au sujet du travail des Chambres africaines extraordinaires.

4. L'Administrateur est chargé d'orienter et d'aider, de toute manière appropriée, les témoins et les victimes qui comparaissent devant les Chambres africaines extraordinaires ainsi que les autres personnes auxquelles les dépositions de ces témoins peuvent faire courir un risque, ainsi que de prévoir les mesures et les dispositions à prendre pour assurer leur protection et leur sécurité. À cet effet, l'Administrateur coordonne son action avec les gouvernements du Tchad, du Sénégal et d'autres États concernés.

5. L'Administrateur contribue à l'établissement d'un mécanisme de coopération judiciaire entre le Sénégal et d'autres États.

Article 16. - Droit applicable

1. Les Chambres africaines extraordinaires appliquent, le présent Statut.

2. Pour les cas non prévus au présent Statut, elles appliquent la loi sénégalaise.

Article 17. - Procédure et déclenchement de l'action publique

1. Les Chambres africaines extraordinaires appliquent en premier lieu le présent Statut et pour les cas non prévus le Code de procédure pénale sénégalais.

2. Les crimes énoncés aux articles 5 à 8 du présent Statut ne peuvent faire l'objet d'une procédure de médiation.

3. L'action publique ne peut être mise en mouvement que par le Ministère public près les Chambres africaines extraordinaires.

4. Le procureur peut ouvrir une information d'office ou sur la foi des renseignements obtenus de toutes sources, notamment des gouvernements, organisations internationales et non-gouvernementales ou sur plaintes des victimes sans préjudice de leur lieu de domiciliation.

Article 18. - Enquêtes et procédures judiciaires antérieures

1. Les Chambres africaines extraordinaires prennent toutes les mesures nécessaires pour la coopération judiciaire, la réception et l'utilisation, en cas de besoin, des résultats des enquêtes menées par les autorités judiciaires d'autres États pour les crimes visés par le présent Statut.

2. Elles peuvent solliciter tous transferts de poursuite pénale et dans ce cadre valider les procès-verbaux et tout élément de preuve établi par les autorités compétentes des pays requis.

Article 19.- Non bis in idem

1. Sauf disposition contraire du présent Statut, nul ne peut être jugé par les Chambres africaines extraordinaires pour des actes constitutifs de crimes pour lesquels il a déjà été condamné ou acquitté par elles.

2. Nul ne peut être jugé par une autre juridiction pour les crimes visés dans les articles 5 à 8 pour lequel il a déjà été condamné ou acquitté par les Chambres africaines extraordinaires.

3. Quiconque a été jugé par une autre juridiction pour un comportement tombant aussi sous le coup des articles 5, 6, 7 ou 8 ne peut être jugé par les Chambres africaines extraordinaires que si la procédure devant l'autre juridiction :

a) avait pour but de soustraire la personne concernée à sa responsabilité pénale pour des crimes relevant de la compétence des Chambres africaines extraordinaires ; ou

b) n'a pas été au demeurant menée de manière indépendante ou impartiale, dans le respect des garanties d'un procès équitable prévues par le droit international, mais d'une manière qui, dans les circonstances, était incompatible avec l'intention de traduire l'intéressé en justice.

Article 20.- Amnistie

L'amnistie accordée à une personne relevant de la compétence des Chambres africaines extraordinaires pour les crimes visés aux articles 5 à 8 du présent Statut ne fait pas obstacle à l'exercice de poursuites.

Article 21.- Droits de l'accusé

1. Tous les accusés sont égaux devant les Chambres africaines extraordinaires.

2. Tout accusé a droit à ce que sa cause soit entendue équitablement et publiquement, sous réserve des mesures ordonnées par les Chambres africaines extraordinaires pour assurer la protection des victimes et des témoins.

3. Tout accusé est présumé innocent jusqu'à ce que sa culpabilité ait été établie, conformément aux dispositions du présent Statut.

4. Lors de l'examen des charges portées contre lui conformément au présent Statut, tout accusé a droit au moins aux garanties suivantes :

a) être informé, dans le plus court délai, dans une langue qu'il comprend et de façon détaillée, de la nature et des motifs de l'accusation portée contre lui ;

b) disposer du temps et des facilités nécessaires à la préparation de sa défense et communiquer librement avec le conseil de son choix ;

c) être jugé sans retard excessif ;

d) être présent à son procès et se défendre lui-même ou être assisté d'un conseil de son choix ; s'il n'a pas de conseil, être informé de son droit d'en avoir un, et, chaque fois que l'intérêt de la justice le commande, se voir commettre d'office un conseil, sans frais, s'il n'a pas les moyens de le rémunérer ;

e) interroger ou faire interroger les témoins à charge et obtenir la comparution et l'interrogatoire des témoins à décharge dans les mêmes conditions que les témoins à charge ;

f) se faire assister gratuitement d'un interprète s'il ne comprend pas ou ne parle pas la langue employée ;

g) ne pas être forcé de témoigner contre lui-même ou de s'avouer coupable.

Article 22.- Audiences

Les audiences sont publiques et les questions relatives à la conduite des audiences sont régies par le Code de procédure pénale sénégalais.

Article 23.- Sentence

1. La Chambre africaine extraordinaire d'assises prononce des sentences et impose des peines et sanctions à l'encontre des personnes convaincues de violations graves des droits de l'homme, du droit international et de la coutume internationale.

2. La sentence est rendue en audience publique à la majorité des juges de la Chambre africaine extraordinaire d'assises. Elle est établie par écrit et motivée.

Article 24.- Peines applicables

1. Les Chambres africaines extraordinaires peuvent prononcer contre une personne déclarée coupable d'un crime visé aux articles 5 à 8 du présent Statut l'une des peines suivantes :

a) une peine d'emprisonnement à temps de trente (30) ans au plus ; ou

b) une peine d'emprisonnement à perpétuité, si l'extrême gravité du crime et la situation personnelle du condamné le justifient.

2. À la peine d'emprisonnement, les Chambres africaines extraordinaires peuvent ajouter :

a) une amende fixée selon les critères prévus par la loi sénégalaise ;

b) la confiscation des profits, biens et avoirs tirés directement ou indirectement du crime, sans préjudice des droits des tiers de bonne foi.

Article 25.- Procédures d'appel

1. La Chambre africaine extraordinaire d'assises d'appel est compétente pour examiner en dernier ressort les appels interjetés par le procureur ou les personnes condamnées ou les parties civiles quant à ses intérêts civils seulement par la chambre africaine extraordinaire d'assises pour les motifs suivants :

a) une erreur de procédure ;

b) une erreur sur une question de droit matériel qui invalide la décision ; y compris une erreur sur la compétence ;

c) une erreur de fait qui a entrainé un déni de justice.

2. La Chambre africaine extraordinaire d'assises d'appel peut, selon le cas, confirmer, annuler ou réformer les décisions prises par la chambre africaine extraordinaire d'assises.

3. Les juges de la chambre africaine extraordinaire d'appel d'assises peuvent s'inspirer de la jurisprudence des cours ou tribunaux pénaux internationaux.

4. Les arrêts rendus par la Chambre africaine extraordinaire d'assises d'appel sont définitifs. Ils ne sont susceptibles d'aucune voie de recours même extraordinaire.

Article 26.- Mesures de détention provisoire et exécution des peines

1. Toute mesure de détention provisoire et de détention ordonnée par les Chambres africaines extraordinaires préalablement au jugement final est exécutée au Sénégal au sein des établissements pénitentiaires existants et conformément à la pratique et au droit sénégalais.

2. Les peines d'emprisonnement sont exécutées conformément aux standards internationaux. Si les circonstances l'exigent, le condamné peut purger sa peine d'emprisonnement dans l'un des États membres de l'Union africaine qui a conclu un accord d'exécution des peines avec le Sénégal.

3. Les conditions de détention, que ce soit au Sénégal ou dans un autre État membre de l'Union africaine, sont régies par la loi de l'État d'exécution et conformes aux standards internationaux. L'État d'exécution est lié par la durée de la peine.

4. Les juridictions nationales seront en charge de toutes procédures, relatives notamment à la détention, qui pourraient survenir postérieurement à la dissolution des Chambres africaines extraordinaires.

5. Les autorités nationales compétentes font exécuter les peines d'amende et les mesures de confiscation ordonnées par les Chambres africaines extraordinaires en vertu de l'article 22, conformément à la législation du lieu de localisation des biens et avoirs.

Article 27.- Réparations

1. Les réparations accordées par les Chambres africaines extraordinaires sont la restitution, l'indemnisation et la réhabilitation.

2. Les Chambres africaines extraordinaires peuvent décider que l'indemnité accordée à titre de réparation soit versée par l'intermédiaire du fonds visé à l'article 28 du présent Statut.

3. Avant de rendre une décision en vertu du présent article, les Chambres africaines extraordinaires peuvent solliciter les observations de la personne condamnée, des victimes et des autres personnes ou États intéressés.

4. Les dispositions du présent article s'entendent sans préjudice des droits que le droit interne ou le droit international reconnaissent aux victimes.

Article 28.- Le fonds au profit des victimes

1. Un fonds est créé, au profit des victimes de crimes relevant de la compétence des Chambres africaines extraordinaires et de leurs ayants droit. Ce fonds est alimenté par des contributions volontaires de gouvernements étrangers, d'institutions internationales, d'organisations non gouvernementales et d'autres sources désireuses d'apporter un soutien aux victimes.

2. Les réparations peuvent être attribuées aux victimes individuellement ou collectivement, qu'elles aient ou non participé aux procédures devant les Chambres africaines extraordinaires.

Article 29.- Privilèges et immunités

1. Les juges de nationalité étrangère, ainsi que les membres de leur famille qui font partie de leur ménage, jouissent des privilèges et immunités, exemptions et facilités, y compris fiscales, accordés aux agents diplomatiques conformément à la Convention de Vienne de 1961 sur les relations diplomatiques. Ils sont exonérés d'impôts sur leurs traitements, émoluments et indemnités au Sénégal.

2. Les Juges, les procureurs, les greffiers, l'Administrateur et les autres membres du personnel des Chambres africaines extraordinaires de nationalité sénégalaise jouissent, conformément à la Convention générale de l'Organisation de l'Unité africaine (OUA) sur les privilèges et immunités, des privilèges et immunités suivants :

a) de l'immunité de juridiction pénale et civile pour tous les actes (y compris leurs paroles et écrits) qu'ils accomplissent dans l'exercice de leurs fonctions. Cette immunité est maintenue après qu'ils ont quitté le service des Chambres africaines extraordinaires ;

b) de l'exonération de tout impôt sur les traitements, indemnités et émoluments qui leur sont versés dans le cadre de leur participation aux Chambres africaines extraordinaires.

Article 30.- Langue de travail

La langue de travail des Chambres africaines extraordinaires est la langue française.

Article 31.- Dispositions pratiques

1. La mise en place des Chambres africaines extraordinaires se fait selon l'ordre chronologique suivant :

a) Les procureurs et les procureurs adjoints, les juges d'instruction de la Chambre africaine extraordinaire d'accusation de la Cour d'appel de Dakar et les Greffiers sont nommés lors de la première étape de création des Chambres africaines extraordinaires.

b) Lors de la phase d'instruction, les juges de la Chambre africaine extraordinaire d'Accusation sont saisis et statuent sur tout recours qui leur sera déféré en vertu du Code de Procédure pénale du Sénégal. La décision de la Chambre africaine extraordinaire d'accusation est définitive et sans recours.

c) Les juges de la Chambre africaine extraordinaire d'assises seront appelés à siéger de manière permanente à la fin de l'instruction. Les juges de la Chambre africaine extraordinaire d'assises d'appel siégeront au moment où un appel est interjeté à l'encontre de la décision rendue en premier ressort par la Chambre Africaine Extraordinaire d'assises.

2. Le mandat des juges se termine à l'issue de leurs phases d'intervention respectives.

Article 32.- Budget

1. La mise en place et le fonctionnement des Chambres africaines extraordinaires sont financés par le budget approuvé par la Table ronde du 24 novembre 2010.

2. Des ressources financières supplémentaires peuvent être mobilisées en cas de besoin au moment opportun.

Article 33.- Accès au procès

Toutes les mesures raisonnables seront prises afin de garantir l'accès au procès de toutes les parties concernées ainsi que des représentants de la presse, des observateurs de la communauté internationale et de l'Union africaine et des représentants de la société civile.

Article 34.- Protection des parties et témoins au procès

Le Gouvernement du Sénégal assure, sur son territoire, la protection des parties et témoins au procès pendant toute la durée des procédures et jusqu'à leur terme.

Article 35.- Protection des témoins et experts

La protection des témoins et experts pour les actes accomplis au cours de la procédure devant les Chambres africaines extraordinaires est régie par l'Accord relatif à la création des Chambres africaines extraordinaires conclu entre l'Union africaine et le Gouvernement de la République du Sénégal.

Article 36.- Enregistrement des audiences

Les audiences devant les Chambres africaines extraordinaires, sous l'autorité du procureur général, sont filmées et enregistrées afin d'être diffusées sauf si cela contrevient aux mesures nécessaires à la protection des témoins et autres participants.

Article 37.- Durée d'existence des Chambres africaines extraordinaires

1. Les Chambres africaines extraordinaires sont dissoutes de plein droit une fois que les décisions auront été définitivement rendues.

2. Les dossiers sont archivés au Greffe de la Cour d'appel de Dakar une fois que les Chambres africaines extraordinaires auront été dissoutes.

3. Les juridictions nationales sont en charge de toutes les questions qui pourraient survenir postérieurement à la dissolution des Chambres africaines extraordinaires.

Article 6 - Le siège, le ressort, la composition, ainsi que le classement des Cours d'appel, des tribunaux de grande instance, des tribunaux du travail et des tribunaux d'instance sont fixés par décret.

SECTION XII : LE SIÈGE, LE RESSORT, LA COMPOSITION ET LE CLASSEMENT DES COURS ET TRIBUNAUX.

PARAGRAPHE I : BIBLIOGRAPHIE

CAVERIVIERE (M.), « La réforme du service public de la justice au Sénégal (note de présentation des modifications législatives et réglementaires intervenues en 1984) », *RIPAS*, n° 12-13, janvier-juin, 1985, p. 247 et s.

D'ARBOUSSIER (G.), « Communication au Congrès Africain à Lagos sur la primauté du droit », janvier 1961, in *La justice au Sénégal*, p. 8 et s.

D'ARBOUSSIER (G.), « La primauté du droit dans les nouvelles institutions de la République du Sénégal », *Penant*, n° 686, 1961, p. 13.

D'ARBOUSSIER (G.), « Le Sénégal : un exemple africain d'organisation judiciaire », *Penant*, n° 686, avril-mai 1961, p.171 et s.

GAUTRON (J. C.) et ROUGEVIN BAVILLE (M.), *Droit public du Sénégal*, Paris, éd. Pédone, 2e éd., 1977.

MANGIN (G.), « L'organisation judiciaire des États d'Afrique et de Madagascar », *Rev. jur. et pol. d'outre-mer*, 1962, n° 01, p. 77 et s.

MBAYE (K.), « L'organisation judiciaire », *Penant*, n° 705, janvier-février-mars, 1965, p. 27.

MBAYE (K.), « L'organisation judiciaire actuelle », in *Encyclopédie juridique de l'Afrique*, Dakar-Abidjan-Lomé, NEA, 1982, tome 4, p. 38 et s.

MICHELET (E.), « Les incidences de la réforme judiciaire du 1er novembre 1984 sur l'organisation et le fonctionnement des juridictions répressives sénégalaises », *Annales africaines*, 1983, p. 261 et s.

NDIAYE (A.) et Le Cabinet d'Avocats Maître KANDJO et KOITA, « Organisation judiciaire du Sénégal », in *Répertoire quinquennal OHADA. 2006-2010*, Tome I, UNIDA. OHADA.com, p. 375 et s.

NDIAYE (P. M.), *La renaissance de la Cour suprême*, Dakar, éd. de la Cour suprême, 2008.

SAMB (M.), « État des lieux de la justice. Réflexions sur une gouvernance en crise », in M-C. DIOP, *Sénégal (2000-2012), Les institutions et politiques publiques à l'épreuve d'une gouvernance libérale*, Dakar-Paris, CRES-KARTHALA, 2013, p. 347.

THIAM (C. T.), *Droit public du Sénégal. Vol. I : L'État et le citoyen*, Dakar, Les éd. du CREDILA, 1993.

TOURE (M. M.), « Histoire de l'organisation judiciaire du Sénégal : l'unification des juridictions et l'unicité de la juridiction suprême », *Rev.sén.dr.*, n° 17, juin 1975, p. 51.

PARAGRAPHE II : COMMENTAIRE

188. Nouvelle carte judiciaire. - Ce texte renvoie à un décret en ce qui concerne le siège, le ressort, la composition et le classement des Cours d'appel, des tribunaux de grande instance, des tribunaux du travail et des tribunaux d'instance. Le texte réglementaire auquel renvoie la loi du 03 novembre 2014 est, en réalité, le décret n° 2015-1039 du 20 juillet 2015 portant aménagement de l'organisation judiciaire.

L'article 1er de ce texte a procédé à un réaménagement des ressorts des juridictions, à une rénovation du classement et de la composition des juridictions ainsi qu'à l'instauration de nouvelles Cours d'appel.

Article 7. - Sous réserve des compétences d'attribution, en premier et dernier ressort de la Cour suprême, des Cours d'appel et en premier ressort des tribunaux du travail, des tribunaux d'instance et des organismes administratifs à caractère juridictionnel, les tribunaux de grande instance sont juges de droit commun en première instance en toutes matières.

SECTION XIII : LE TRIBUNAL DE GRANDE INSTANCE : JUGE DE DROIT COMMUN EN PREMIÈRE INSTANCE.

PARAGRAPHE I : BIBLIOGRAPHIE

BA (Eh. D.), *Procédures fiscales. Sénégal*, Paris, L'Harmattan, 2016.

BEIGNIER (B.), « Ordre public et compétence », in *Mélanges dédiés à Louis Boyer*, Toulouse, Pu Sciences Sociales, 1996, p. 99.

BOUBLI (B.), « Conseil de prud'hommes. Compétence matérielle », *Juris-class. trav.*, fasc. 81-20.

BOUBLI (B.), « Juridiction du travail », *Juris-class. trav.*, fasc. 80-10.

BOUBLI (B.), « La compétence d'attribution du conseil de prud'hommes », *Semaine soc. Lamy,* supplément au n° 274, 1985, P. D. 83.

DECOTTIGNIES (R.) et DE BIEVILLE (M.), *Les nationalités africaines*, Paris, éd. Pédone, 1963, p. 297.

DIAGNE (M.), « Les nouvelles tendances du droit des contrats administratifs au Sénégal », *Revue EDJA*, n° 80, janvier-février-mars 2009, p. 13

DIOP (S. M.), « Suggestions en vue d'augmenter les compétences des tribunaux du travail et d'instaurer une forclusion pour l'introduction d'instance », *Rev.sén.dr.* n° 12, p. 257.

GARSONNET (E.) et CEZAR-BRU (C.), *Traité théorique et pratique de procédure civile et commerciale en justice de paix et devant les conseils de prud'hommes*, t. 1, Paris, Recueil Sirey, 3e éd., 1912.

GIVERDON (C.), « Compétence civile des tribunaux de première instance », *Rép. proc. civ. et comm.* Tome I, 1955.

HERON (J.), *Droit judiciaire privé,* Paris, Montchrestien, 3e éd., 2006.

ISSA-SAYEGH (J.), *Droit du travail sénégalais*, Paris-Dakar, LGDJ, NEA, 1987, p. 254 et s.

KIRSCH (M.), « La compétence des juridictions du travail », *Penant*, n° 751, janvier-février-mars 1976, p. 72.

KIRSCH (M.), *Le droit du travail africain*, Tome II, Paris, Travail et profession d'outre-mer, 1976, p.315 et s.

Le droit sénégalais du travail et son interprétation jurisprudentielle, chambre de commerce d'industrie et d'artisanat de la région du Cap-Vert (Dakar), Sénégal, janvier 1977.

Le Sénégal en marche. Le Code du travail, Publication du ministère de l'Information et du Tourisme, Dakar.

KIRSCH (M.), « Le procureur de la République et le Code du travail », *Rev. jur. et pol. ind. et coop.*, n° 02, avril-juin 1974, p. 231 et s.

NDIAYE (P. M.), *La sauvegarde de la liberté du travail et le droit sénégalais*, Dakar, EDJA, 2e éd. 2015, p. 186.

NZOUANKEU (J.M.), « Le nouvel article 92 de la Constitution du Sénégal supprime les compétences de la Cour suprême » : http://www.ferloo.com/2016/05/31/faudrait-il-reviser-larticle-92-de-la-constitution-le nouvel-article-92-de-la-constitution-du-senegal-supprime-lecompetences-de-la-cour-supreme-a22184.html (consulté le 30 juin 2016).

PETIT (M.), « L'utilisation des référés en droit du travail », *RPDS* 1976, p. 197.

PIQUEMAL (M.), *Les juridictions du travail en France*, Paris, Colin, 1969.

SEGONDS (M.), « La plénitude de juridiction du tribunal de grande instance », *JCP* 2000. I. 738.

SINAY (H.), « La compétence exclusive », *JCP* 1958. I. 1451.

SOLUS (H.) et PERROT (R.), « Le référé prud'homal », *D.* 1975, chron. p. 191.

SOLUS (H.) et PERROT (R.), *Droit judiciaire privé*, t. 2, Paris, Sirey, 1973.

STRICKLER (Y.), « Compétence civile des tribunaux de grande instance », *Rép. proc.civ. Dalloz*, février 2001.

VINCENT (J.), « Quelques réflexions sur la compétence exclusive des juridictions civiles », *Mélanges P. Hébraud*, Université des sciences sociales, 1981, n° 08.

VUITTON (X.), « Tribunal de grande instance - Compétence d'attribution - Généralités- Compétence en tant que juridiction de droit commun », *JurisClass. Proc. civ.* fasc. 214-1, 2013.

PARAGRAPHE II : COMMENTAIRE

189. Compétence générale du tribunal de grande instance. - Cette disposition a repris textuellement l'ancien article 3 de la loi du 02 février 1984 fixant l'organisation judiciaire. Elle est précisée par l'article 19, alinéa 2 du décret 03 août 2015 fixant la composition et la compétence des Cours d'appel, des tribunaux de grande instance et des tribunaux d'instance.

La loi du 03 novembre 2014 a élevé le tribunal de grande instance au rang de juridiction de droit commun de première instance. Ce tribunal a compétence pour connaître, en principe, de toutes les affaires qui n'ont pas été spécialement attribuées à une autre juridiction ; ce qui lui confère un large domaine de compétence en toutes matières. Tout litige, de quelque nature qu'il soit, peut ainsi être tranché par un juge, puisque si la loi ne prévoit pas la compétence d'une autre juridiction, c'est le tribunal de grande instance qui en connaîtra *(H. SOLUS et R. PERROT, Droit judiciaire privé, tome 2, Paris, Sirey, 1973, n° 14 ; J. HERON, Droit judiciaire privé, Paris, Montchrestien, 3e éd., 2006, n° 929 ; E. GARSONNET et C. CEZAR-BRU, Traité théorique et pratique de procédure civile et commerciale en justice de paix et devant les conseils de prud'hommes, tome 1, Paris, Recueil Sirey, 3e éd., 1912, n° 475 et s.).*

La compétence virtuelle du tribunal de grande instance, en sa qualité de juge de droit commun, demeure pour toute affaire qui ne ressort pas expressément de la compétence spéciale d'une juridiction d'exception *(M. SEGONDS, « La plénitude de juridiction du tribunal de grande instance », JCP, 2000. I. 738).*

190. Compétence de droit commun en matière civile et commerciale. - C'est en vertu de la compétence générale du tribunal de grande instance que cette juridiction connaît, notamment en matière civile, des actions en expulsion pour occupation sans droit ni titre, des instances en matière immobilière *(C.S., n° 37 du 06 février 2008, Ngane SECK c/ Gora Dia et Mame Faty SEYE : www.juricaf.org),* des actions indéterminées, à l'exception de celles relatives au statut personnel.

En effet, en vertu de l'article 9 du décret n° 2015-1145 du 03 août 2015 fixant la composition et la compétence des Cours d'appel, des tribunaux de grande instance et des tribunaux d'instance, le tribunal d'instance connaît des actions relatives au statut personnel.

Le principe de la compétence de droit commun du tribunal de grande instance est réaffirmé par l'article 19 du décret n° 2015-1145 du 03 août 2015. Selon ce texte, les tribunaux de grande instance connaissent tant en matière civile que commerciale de l'ensemble des matières qui ne sont pas de la compétence des tribunaux d'instance.

191. Compétence de droit commun en matière pénale. - En matière pénale, à l'exception des contraventions et des délits limitativement énumérés par la loi n° 84-20 du 02 février 1984 fixant les attributions des tribunaux d'instance en matière correctionnelle, par les lois spéciales ainsi que les délits que la loi attribuait aux justices de paix, le tribunal de grande instance a une compétence de droit commun.

L'article 18 du décret du 03 août 2015 fixant la composition et la compétence des Cours d'appel, des tribunaux de grande instance et des tribunaux d'instance énonce que les tribunaux de grande instance connaissent, en premier ressort, de tous les délits autres que ceux qui sont de la compétence des tribunaux d'instance.

La réforme judiciaire a apporté une grande innovation à la compétence des tribunaux de grande instance en matière pénale. Elle attribue désormais compétence au tribunal de grande instance pour connaître de la matière criminelle. Il s'agit là d'une conséquence de l'institution des Chambres criminelles au sein des tribunaux de grande instance en remplacement des Cours d'assises. L'article 7 de la loi du 03 novembre 2014 fixant l'organisation judiciaire prend en considération la plénitude de juridiction des Chambres criminelles. Cette loi sur l'organisation judiciaire ne fait plus référence à la compétence d'exception en premier et dernier ressort des Cours d'assises. Cette solution est justifiée par la suppression des Cours d'assises par les Chambres criminelles qui ne constituent pas des formations juridictionnelles autonomes ; en effet, elles sont rattachées aux Cours d'appel et aux tribunaux de grande instance.

Selon l'article 19, alinéa 2 du décret du 03 août 2015, les Chambres criminelles du tribunal de grande instance ont plénitude de juridiction pour juger, en premier ressort, les personnes renvoyées devant elles, soit par une ordonnance du juge d'instruction, soit par un arrêt de la Chambre d'accusation, pour les infractions qualifiées crimes et toutes autres infractions connexes.

La plénitude de juridiction du tribunal de grande instance en matière criminelle veut dire que même si les débats révèlent d'autres faits non visés dans la décision de renvoi, la juridiction criminelle peut en connaître *(Crim. du 08 mars 2000, n° 99-82.597, Bull. crim. n° 110).*

En raison du principe de la compétence exclusive du tribunal de grande instance pour connaître des crimes, la décision du juge d'instruction ou l'arrêt de la Chambre d'accusation fixe définitivement la compétence du tribunal de grande instance et l'accusé n'est plus recevable à proposer ultérieurement à la juridiction de cassation un moyen tiré de son incompétence. Ainsi, la juridiction criminelle, saisie par la décision de mise en accusation, peut juger toutes les infractions qui lui sont déférées, quand bien même les débats feraient apparaître qu'elles n'ont pas une nature criminelle (*Crim. du 13 juillet1949, Bull. crim. n° 243 ; crim. du 11 avril 1959, Bull. crim. n° 210 ; crim. du 28 janvier 1981, n° 80-82.348, Bull. crim.n° 41).*

Il résulte de ces principes qu'en matière criminelle, le tribunal de grande instance n'a pas à vérifier sa compétence et que les exceptions d'incompétence sont irrecevables devant cette juridiction *(Crim. du 30 juillet1921, Bull. crim. n ° 326 ; crim. du 13 juillet1949, Bull. crim. n° 243 ; crim. du 10 mars 1993, n° 90-86.854, Bull. crim. n° 107*).

192. Compétence de droit commun en matière administrative. - Sous l'angle du contentieux administratif, le tribunal de grande instance se voit reconnaître le même statut de juridiction de droit commun. L'organisation judiciaire du Sénégal repose sur le principe de l'unité de juridiction et de la spécificité du contentieux administratif.

En premier lieu, ce système spécifique consiste à confier en principe la connaissance du contentieux administratif aux juridictions de droit commun, qui bénéficient ainsi d'une plénitude de compétence en toutes matières. En raison de la suppression de la dualité de juridictions, le même juge connaît de tous les litiges qu'ils soient administratifs ou de droit privé *(A. BOCKEL, Droit administratif, Dakar-Abidjan, NEA, 1978, p. 446).*

En deuxième lieu, ce système maintient la spécificité du contentieux administratif ; les litiges administratifs font l'objet d'une procédure spécifique prévue par les articles 729 à 768 du Code de procédure civile et sont résolus par l'application du droit administratif.

En troisième lieu, le recours pour excès de pouvoir fait l'objet de règles spéciales et ressortit de la compétence de la chambre administrative de la Cour suprême (*P. M. SY, « Quelques remarques sur l'institution du recours pour excès de pouvoir au Sénégal depuis la création du Conseil d'État », EDJA, n° 53, avril-mai-juin 2002, p. 57 et s.).*

Cette organisation particulière présente l'avantage de la simplicité et de la modicité du coût.

Cependant, elle pose de sérieux problèmes juridiques. En effet, la construction d'un droit administratif est laissée entre les mains d'un juge non spécialisé qui a souvent une formation de privatiste. Cette situation particulière contribue à affaiblir l'autonomie du droit administratif sénégalais puisque, le juge, dans son rôle normatif, n'est pas tout à fait techniquement « *outillé* » pour connaître des litiges administratifs du fait de sa formation et de sa non-spécialisation.

Dans la pratique juridictionnelle, il ne manque pas, pour dissiper son malaise, d'avoir recours, soit aux techniques et mécanismes du droit privé, soit aux solutions de la jurisprudence française *(F.P. BENOIT, « Des conditions de développement d'un droit administratif autonome dans les États nouvellement indépendants », Annales africaines, 1962, p. 129 ; plus récemment, D. SY, « Réflexions sur la création d'un droit administratif par le juge administratif », Rev. ass. sén. dr.pén., janvier 1996, p.9 ; D. SY, « L'évolution du droit administratif sénégalais », EDJA, n° 67, octobre-novembre-décembre 2005, p. 39 ; D. SY, Droit administratif, Dakar, CREDILA, L'Harmattan 2014, p. 47).*

193. Particularités de la réforme. - L'article 7 de la loi fixant l'organisation judiciaire présente des particularités par rapport à l'article 3 de la loi du 02 février 1984.

La législation antérieure, après avoir posé le principe de la compétence de droit commun du tribunal régional, avait énuméré les branches du contentieux administratif de pleine juridiction relevant de la compétence de cette juridiction. L'article 3 de la loi du 02 février 1984 visait notamment le contentieux de la responsabilité contractuelle et extracontractuelle, le contentieux fiscal et le contentieux individuel de la fonction publique.

L'article 7 de la loi du 03 novembre 2014 fixant l'organisation judiciaire se contente d'évoquer la compétence de droit commun du tribunal de grande instance en toute matière sans spécifier les différentes branches du contentieux de pleine juridiction.

Mais, il est certain que le juge de grande instance est compétent pour connaître des branches du contentieux administratif autrefois visées par la loi du 02 février 1984. La compétence du tribunal de grande instance en matière administrative est très vaste.

Le juge de grande instance connaît du contentieux extracontractuel. Il s'agit d'abord des instances tendant à faire déclarer débitrices les collectivités publiques, soit à raison des travaux qu'elles ont ordonnés, soit à raison de tous actes de leur part ayant occasionné un préjudice à autrui. Tout le contentieux de la responsabilité publique relève de la compétence des tribunaux de grande instance.

Cette compétence vise également le contentieux contractuel, c'est-à-dire les contestations pouvant naître des contrats conclus par une personne publique. Il s'agit des actions tendant à engager la responsabilité des administrations publiques, à raison des marchés conclus par elles. Ces contrats visent essentiellement les contrats administratifs *(V. art. 3 et suivants du Code des obligations de l'administration) (M. NGAIDE, « La loi n° 2006-16 du 30 juin 2006 modifiant le Code des obligations de l'administration ou le renouveau du droit des contrats administratifs au Sénégal », Droit sénégalais, n° 06, novembre 2007, p. 105 ; G. LIET-VEAUX, « Les critères du contrat administratif », RA 1968, p. 31 ; J.F.PREVOST, « A la recherche du critère du contrat administratif », RDP 1971, p. 817*).

En premier lieu, ces contrats visent les contrats administratifs par détermination de la loi, lorsque la loi ou le règlement qualifie de contrat administratif une catégorie de conventions auxquelles une personne morale de droit public est partie (*art. 6 du Code des obligations de l'administration*). En vertu de l'article 56 de la loi n° 76-66 du 02 juillet 1976 portant Code du domaine de l'Etat, les contrats relatifs au domaine de l'Etat sont des contrats administratifs (*art. 4 du décret n° 2014-1212 du 22 septembre 2014 portant Code des marchés publics).*

En outre, le Code des marchés publics qualifie les marchés publics de contrats administratifs, à l'exception de ceux passés par les sociétés nationales et les sociétés anonymes à participation publique majoritaire qui sont des contrats de droit privé.

Le marché public est un contrat par lequel un cocontractant s'engage à fournir à l'administration une prestation moyennant le versement d'un prix. Parmi les marchés publics, on peut distinguer les marchés publics de travail et des marchés de fourniture et de services.

Sont également considérés comme des contrats administratifs par détermination législative, les concessions de services publics, les contrats de travaux publics et les contrats ayant pour objet l'occupation du domaine public (*En ce sens, D. SY, Droit administratif, Dakar, CREDILA, L'Harmattan 2014, p. 326 ; M. DIAGNE, « Les nouvelles tendances du droit des contrats administratifs au Sénégal », Revue EDJA, n° 80, janvier-février-mars 2009, p. 13).*

En deuxième lieu, les contrats peuvent être administratifs par nature. Il s'agit des conventions auxquelles une personne morale de droit public est partie ou de contrats conclus entre des personnes privées lorsque l'un des cocontractants a traité pour le compte d'une personne morale de droit public (*art. 8 et 9 du Code des obligations de l'administration*)

En troisième lieu, sont administratifs les contrats relatifs à une activité de service public qui utilisent des procédés de gestion publique se manifestant par *« la présence dans la convention de clauses exorbitantes du droit commun »* (*art. 12 du Code des obligations de l'administration*). Le caractère exorbitant de la clause du contrat peut résulter de la rupture de l'égalité contractuelle au profit de l'un des contractants, de l'octroi au cocontractant de l'administration de prérogatives à l'égard des tiers, de l'inclusion d'une règle spécifique du régime des contrats administratifs ou du but d'intérêt général qui a manifestement inspiré la stipulation (*art. 15 du Code des obligations de l'administration*). Le recours au critère légal tiré de la présence de clauses exorbitantes du droit commun constitue une codification de la jurisprudence française *(A. BOCKEL, Droit administratif, Dakar-Abidjan, NEA, 1978, p. 208 ; également, G. VEDEL, « Remarques sur la notion de clause exorbitante », in L'évolution du droit public, Études offertes à Achille Mestre, Paris, Sirey, 1956, p. 527).*

En quatrième lieu, sont considérés comme administratifs les contrats comportant la participation du cocontractant de l'administration à l'exécution du service public. Cette participation est réalisée par voie de délégation de service public ou sur la base d'un contrat de partenariat.

La délégation de service public est une convention par laquelle une personne morale de droit public confie, pour une période déterminée, la gestion d'un service public dont elle a la responsabilité, à un délégataire public ou privé (*art. 10-1 du Code des obligations de l'administration*).

Cette convention peut prendre deux formes juridiques. Il s'agit de la concession et la régie intéressée.

La concession est un contrat par lequel une personne publique charge le concessionnaire soit d'exécuter un ouvrage public, soit de réaliser des investissements relatifs à un tel ouvrage et de l'exploiter en vue d'assurer un service public, soit uniquement d'exploiter un ouvrage ou des équipements publics en vue d'assurer un service public.

La délégation de service public peut également revêtir la forme d'une régie par laquelle une personne publique confie l'exploitation d'un service public à un cocontractant qui en assume la gestion pour le compte de ladite personne publique et reçoit de cette personne publique une rémunération calculée en fonction des revenus ou des résultats de l'exploitation du service.

Le contrat de partenariat est prévu par l'article 10-II du Code des obligations de l'administration, issu de la loi n° 2014-09 du 20 février 2014 relative aux contrats de partenariat *(JORS n° 6781 spécial du 25 mars 2014, p. 293*). Selon ce texte, il s'agit d'un contrat par lequel une personne publique confie à un tiers, pour une période déterminée, une mission globale comprenant le financement et la réalisation, y compris la construction, la réhabilitation ou la transformation d'investissements matériels ou immatériels, ainsi que leur entretien, leur exploitation ou leur gestion et, le cas échéant, d'autres prestations, qui concourent à l'exercice par la personne concernée de la mission de service public dont elle est chargée.

Dans un arrêt du 31 mars 1999, le Conseil d'État sénégalais a jugé que la demande tendant à censurer la décision par laquelle le chef du bureau des Douanes a annulé la vente par adjudication de marchandises en dépôt de douane est un élément du contentieux de pleine juridiction qui relève de la compétence de droit commun du tribunal de grande instance. Selon la haute juridiction administrative, la vente par adjudication de marchandises en dépôt de douane à la suite des enchères publiques est un contrat (*CE, n° 008 du 31 mars 1999, Ndèye Fatou Madior Fall c/ État du Sénégal, in Conseil d'État, Bulletin des arrêts, années judiciaires 1998-1999-2000, p.23).*

La compétence du tribunal de grande instance s'étend au contentieux fiscal défini comme l'ensemble des litiges relatifs à l'assiette au taux et au recouvrement des impositions de toutes natures et particulièrement des demandes en décharge ou réduction formulées par les contribuables ainsi que les demandes en annulation des actes, saisies ou de poursuites administratives.

Le contentieux fiscal peut ainsi être regardé comme appartenant au contentieux administratif dont il est naturellement une composante. En effet, l'opération d'imposition est une opération purement administrative ; quelle que soit la nature de l'impôt en cause, toute opération d'imposition est par essence un acte de puissance publique posé par des agents de l'Etat (*EH. D. BA, Procédures fiscales. Sénégal, Paris, L'Harmattan, 2016, p. 162*).

Le contentieux fiscal est un contentieux objectif puisque le contribuable se trouve dans une situation objective à la fois générale et impersonnelle établie par la loi fiscale.

Le droit fiscal sénégalais a opéré une confusion entre les contentieux de l'assiette et celui du recouvrement des impôts. Le contentieux du recouvrement est relatif aux modalités de détermination du quantum de l'impôt dû par le contribuable. Quant au contentieux du recouvrement, il permet à l'administration fiscale, disposant d'un titre exécutoire, de recouvrer l'impôt sans nécessiter l'autorisation du juge et sans que les réclamations contentieuses introduites par les contribuables aient un effet suspensif *(EH. D. BA, Procédures fiscales. Sénégal, Paris, L'Harmattan, 2016, p. 165*).

Dans le cadre de ce contentieux, la saisine du juge est subordonnée au respect d'une procédure spéciale prévue par les articles 776 à 786 du Code de procédure civile.

Le juge de droit commun a un large domaine de compétence en matière fiscale ; il peut même fixer le montant de l'imposition due par un contribuable se substituant ainsi à l'autorité administrative (*En ce sens, A BOCKEL, Droit administratif, Dakar-Abidjan, NEA, 1978, p. 449*).

Enfin, la compétence du tribunal de grande instance s'étend à tous les litiges portant sur les avantages pécuniaires ou statutaires reconnus aux fonctionnaires et agents des diverses administrations. Il s'agit du contentieux individuel de la fonction publique.

Toutes les réclamations de fonctionnaires tendant à obtenir une indemnité, une prime ou un avantage reconnu par les textes relèvent de la compétence du tribunal de grande instance.

La Cour suprême a récemment jugé que le litige né de la réclamation d'un fonctionnaire de ses avantages statutaires et pécuniaires relève du contentieux des droits dévolu au tribunal de grande instance, juge de droit commun en la matière. Ainsi, la demande de reclassement d'un membre du corps des administrateurs maritimes ne peut être portée devant le juge de l'excès de pouvoir (*CS, n° 15 du 9 juin 2009, Moussa BA c/ État du Sénégal, in Cour suprême. Bulletin des arrêts, n° 01, année judiciaire 2008-2009, décembre 2011, p. 107*).

Cependant, cette compétence ne vaut que pour les agents ayant la qualité de fonctionnaires, au sens de la loi portant statut général de la fonction publique. Les agents non fonctionnaires relèvent du Code du travail. Seuls les tribunaux du travail sont compétents pour connaître des litiges les impliquant (*CS, n° 07 du 29 janvier 1975, Cheikh Tidiane KANE c/ Commune de Dakar, TPOM n° 402, p. 553 ; CS n° 10 du 29 janvier 1975, Yatma SARR c/ État du Sénégal ; CS n° 13 du 23 avril 1980, Idrissa GUEYE c/ État du Sénégal, TPOM, n° 572 du 02 février 1983, p. 69 ; CS n° 07 du 04 mai 1976, État du Sénégal c/ Bamba NDIAYE, inédit*).

Il faut réserver la possibilité d'élever un recours pour excès de pouvoir, si un problème de légalité d'un acte administratif est soulevé. Lorsque le litige ne porte pas sur l'octroi d'un avantage mais sur la légalité d'une décision refusant un avantage, un recours pour excès de pouvoir peut être porté devant la chambre administrative de la Cour suprême. Cette chambre se prononcera sur la légalité de la mesure *(A. BOCKEL, Droit administratif, Dakar-Abidjan, NEA, 1978, p. 450 ; P. M. SY, « Quelques remarques sur l'institution du recours pour excès de pouvoir au Sénégal depuis la création du Conseil d'État », EDJA, n° 53, avril-mai-juin 2002, p. 57 et s.).*

194. Les compétences d'exception en matière administrative. - À la lecture de l'article 7 de la loi du 03 novembre 2014 fixant l'organisation judiciaire, le législateur envisage les compétences d'exception d'autres juridictions. Ce texte réserve les compétences d'exception en premier et dernier ressort de la Cour suprême, de la Cour d'appel et celles en premier ressort des organismes administratifs à caractère juridictionnel *(C. GAUTRON et M. ROUGEVIN BAVILLE, Droit public du Sénégal, Paris, éd. Pédone, 2e éd., 1977, p. 314).*

195. La compétence d'exception de la Cour suprême. - L'instauration d'une formation spéciale de la Cour suprême, à savoir la chambre administrative, se prononçant en dernier ressort sur toutes les affaires administratives, constitue une « *garantie contre le déclin du régime administratif* » selon l'expression de BOCKEL *(A. BOCKEL, Droit administratif, Dakar-Abidjan, NEA, 1978, p. 456).*

Les compétences constitutionnelles de la Cour suprême, notamment ses compétences d'exception en matière administrative étaient fixées par l'article 92 aliénas 3 et 4 de la Constitution du 22 janvier 2001. Aux termes de ce texte : « *la Cour suprême est juge en premier et dernier ressort de l'excès de pouvoir des autorités exécutives. Elle connaît des décisions de la Cour des Comptes par la voie du recours en cassation. Elle est compétente en dernier ressort dans le contentieux des inscriptions sur les listes électorales et des élections aux conseils des collectivités territoriales. Elle connaît, par la voie du recours en cassation, des décisions des Cours et tribunaux relatives aux autres contentieux administratifs.*

En toute autre matière, la Cour suprême se prononce par la voie du recours en cassation sur les jugements rendus en dernier ressort par les juridictions subordonnées ».

Ces dispositions constitutionnelles ont été précisées par la loi organique portant création de la Cour suprême. En vertu de l'article 19 de la loi organique n° 2008-35 du 07 août 2008 portant création de la Cour suprême, la chambre administrative de la Cour suprême connaît en premier et dernier ressort de l'excès de pouvoir des autorités exécutives. Il s'agit d'un recours contentieux par lequel tout intéressé peut demander à la Cour suprême d'annuler un acte administratif pour violation de la légalité *(Sur toute cette question, O. GAYE et M. S. DIOUF, Le Conseil d'État et la pratique du recours en annulation, éd. 2001 ; M. M. MBACKE, « Le contrôle juridictionnel de l'administration. Le recours pour excès de pouvoir », EDJA, juin 1987, p. 9 et s. ; P. M. SY, « Quelques remarques sur l'institution du recours pour excès de pouvoir au Sénégal depuis la création du Conseil d'État », EDJA, n° 53, avril-mai-juin 2002, p. 57 et s.).*

Le recours pour excès de pouvoir n'est recevable que contre une décision explicite ou implicite d'une autorité administrative (*art. 73 de la loi organique n° 2008-35 du 07 août 2008 portant création de la Cour suprême*).

Le délai pour se pourvoir est de deux mois ; ce délai court à compter de la date de la publication de la décision attaquée, à moins qu'elle ne doive être notifiée ou signifiée, auquel cas le délai court de la date de la notification ou de la signification. Le silence gardé plus de quatre mois sur une réclamation par l'autorité compétente vaut décision de rejet *(art. 73-1 de la loi organique n° 2008-35 du 07 août 2008 portant création de la Cour suprême).*

La chambre administrative de la Cour suprême connaît également de la légalité des actes des collectivités territoriales ; elle est compétente, en dernier ressort, pour se prononcer sur le contentieux des inscriptions sur les listes électorales et des élections aux conseils des collectivités territoriales. D'une manière générale, elle juge les contentieux qui lui sont dévolus par le Code électoral.

La chambre administrative est compétente pour connaître des pourvois en cassation en matière administrative. Cette compétence englobe à la fois les décisions rendues par les juridictions et par les organismes administratifs à caractère juridictionnel.

Cependant, à la faveur de la modification de la Constitution introduite par la loi constitutionnelle n° 2016-10 du 05 avril 2016, le nouvel article 92 de la Constitution n'a pas repris les compétences générales de la Cour suprême *(sur cette question, J. M. NZOUANKEU, « Le nouvel article 92 de la Constitution du Sénégal supprime les compétences de la Cour suprême » : http://www.ferloo.com/2016/05/31/faudrait-il-reviser-larticle-92-de-la-constitution-le-nouvel-article-92-de-la-constitution-du-senegal-supprime-les-competences-de-la-cour-supreme-a22184.html ; consulté le 30 juin 2016).* S'agit-il d'une simple omission ou d'une suppression voulue par le constituant ? En tout état de cause, qu'il soit délibéré ou accidentel, le silence constitutionnel gardé sur les compétences de la Cour suprême n'est pas sans portée juridique.

Certes, cette situation ne remet pas en cause l'existence constitutionnelle de la Cour suprême, cette haute juridiction ayant été créée par les articles 6 et 88 de la loi fondamentale qui l'ont élevée au rang d'institution de la République et de composante du pouvoir judiciaire.

Toutefois, en l'état actuel du droit constitutionnel sénégalais, la Cour suprême est la seule haute juridiction dont les compétences ne figurent pas dans le texte constitutionnel.

Il est vrai que la loi organique n° 2008-35 du 07 août 2008 portant création de la Cour suprême a explicité les compétences de cette haute juridiction.

Mais, suite à la suppression des alinéas 2 et 3 de l'article 92 de la Constitution, la constitutionnalité de la loi organique précitée est douteuse. En effet, l'article 94 de la Constitution énonce que les lois organiques n'ont pour seule vocation que de déterminer « *les autres compétences* » de la Cour suprême ainsi que son organisation, les règles de désignation de ses membres et la procédure suivie devant elle. Ainsi, la loi organique portant création de la Cour suprême ne devrait avoir pour objet que de compléter les compétences de la Cour suprême fixées par la Constitution. Or, suite à la réforme constitutionnelle de 2016, ces compétences initiales de la Cour suprême ont été supprimées du texte constitutionnel.

Cette situation préoccupante, outre le fait qu'elle a pour effet de remettre en cause les bases constitutionnelles des compétences de la Cour suprême ainsi privée d'une partie substantielle de ses compétences, pose le problème de la constitutionnalité de la loi organique portant création de la Cour suprême et de la régularité des décisions rendues par la Cour suprême depuis l'entrée en vigueur de la loi constitutionnelle n° 2016-10 du 05 avril 2016.

Il s'y ajoute que les justiciables pourront soulever l'exception d'inconstitutionnalité de la loi organique devant la Cour suprême et même devant la Cour d'appel, ce qui est de nature à ralentir le cours de la Justice.

Face à cette situation, la procédure de rectification d'erreur matérielle, par la publication au Journal officiel de l'article 92 intégrant les compétences de la Cour suprême avec la mention « *rectificatif* », n'est pas appropriée. En effet, cette procédure suppose que le texte réintégré existait déjà dans le texte constitutionnel original, ce qui n'est pas le cas en l'espèce.

En conséquence, il paraît nécessaire de procéder à la réintégration dans l'article 92 de la Constitution des dispositions relatives aux compétences de la Cour suprême, à la suite d'une révision de la Constitution, soit par voie référendaire, soit par voie parlementaire *(J. M. NZOUANKEU, « Le nouvel article 92 de la Constitution du Sénégal supprime les compétences de la Cour suprême » : http://www.ferloo.com/2016/05/31/faudrait-il-reviser-larticle-92-de-la-constitution-le-nouvel-article-92-de-la-constitution-du-senegal-supprime-les-competences-de-la-cour-supreme-a22184.html ; consulté le 30 juin 2016).*

196. La compétence d'exception des organismes administratifs à caractère juridictionnel. - Il existe au Sénégal des organismes administratifs à caractère juridictionnel qui connaissent d'une partie du contentieux administratif *(Conseil de discipline de l'université, ordre des avocats, ordre des médecins, des experts, etc.).* Ce sont des instances assez particulières par leur nature juridique et par leurs attributions quasi juridictionnelles. Ces organismes administratifs sont habilités à prendre des actes juridictionnels en se comportant ainsi comme de véritables juridictions.

Les textes constitutifs des organismes administratifs à caractère juridictionnel prévoient souvent que ces instances sont chargées de réprimer les infractions liées à l'exercice d'une profession (*répression disciplinaire*). Il ne s'agit donc pas d'une répression concernant des infractions à la loi pénale (*répression pénale*).

Ce contentieux est confiné à la répression aux infractions à la discipline professionnelle *(M. DOBKINE, « L'ordre répressif administratif », D. 1975. chron. 157).*

Ces manquements font l'objet de sanctions destinées à assurer le respect des règles disciplinaires. Il s'agit notamment de l'avertissement, de la révocation et de l'interdiction de l'exercice de la profession.

197. La compétence d'exception du tribunal du travail. - Le tribunal du travail constitue une juridiction d'exception. Cependant, le Code du travail a délimité un large domaine de compétence au tribunal du travail *(M. KIRSCH, « La compétence des juridictions du travail », Penant, n° 751, janvier-février-mars 1976, p. 71 et s. ; S. M. DIOP, « Suggestions en vue d'augmenter les compétences des tribunaux du* *travail et d'instaurer une forclusion pour l'introduction d'instance », Rev.sén.dr. n° 12, p. 257 ; P. M. NDIAYE, La sauvegarde de la liberté du travail et le droit sénégalais, Dakar, EDJA, 2e éd. 2015, p. 186).*

198. Les différends individuels entre les travailleurs et leurs employeurs.- Il résulte de l'article L. 229 du Code du travail, qui reprend pour l'essentiel l'ancien article 201 du Code du travail, que les tribunaux du travail connaissent des différends individuels pouvant s'élever entre les travailleurs et leurs employeurs à l'occasion du contrat du travail, du contrat d'apprentissage, des conventions collectives, des conditions de travail, d'hygiène et de sécurité ou du régime de sécurité sociale.

Il y a notamment différend individuel lorsque le litige naît entre un employeur et un ou plusieurs travailleurs pris individuellement et porte sur un intérêt individuel *(M. KIRSCH, « La compétence des juridictions du travail », Penant, n° 751, janvier-février-mars 1976, p. 72).*

Pour que le tribunal du travail puisse connaître du différend individuel entre employeur et travailleur, il faut qu'il se soit élevé à l'occasion d'un contrat de travail, d'un contrat d'apprentissage, des conventions collectives, des conditions de travail, d'hygiène et de sécurité ou du régime de sécurité sociale.

Le conflit individuel se définit comme un litige né entre un employeur et un ou plusieurs travailleurs pris individuellement et qui porte sur un intérêt individuel.

Mais, il faut que les demandes soient individuelles et non collectives *(M. KIRSCH, Le droit du travail africain, Tome II, Paris, Travail et profession d'outre-mer, 1976, p.329)*

Le litige individuel suppose la lésion d'un intérêt matériel ou moral subie par une personne qui en demande réparation. La juxtaposition des demandes émanant de plusieurs personnes contre un même défendeur ne suffit pas à conférer un caractère collectif à un conflit *(En ce sens, J. ISSA-SAYEGH, Droit du travail sénégalais, Paris, LGDJ, NEA, 1987, p. 254).*

La notion de contrat de travail est au cœur de la compétence d'attribution de la juridiction sociale. Le contrat de travail est une convention par laquelle une personne appelée travailleur s'engage à mettre son activité professionnelle moyennant rémunération sous la direction et l'autorité d'une autre personne appelée employeur. Le lien de subordination est le critère le plus important permettant de distinguer le contrat de travail de conventions voisines *(TTHC Dakar du 21 novembre 1985, TPOM, n° 677, p. 327)*. Il y a deux critères pour isoler le lien de préposition.

La subordination économique, proposée par une partie de la doctrine, s'inspire de l'idée que l'individu placé dans une situation de dépendance économique ne peut supporter ce risque (*M. KIRSCH, Op. cit., p.334)*.

La jurisprudence est plus favorable à la thèse de la subordination juridique. Selon la conception juridique du lien de subordination, pour qu'il puisse y avoir contrat de travail, il faut que le prestataire de salaire détienne à l'égard du prestataire de travail un pouvoir de direction, d'instructions, de commandement et de surveillance concernant l'exécution du travail *(ch. réun. du 21 mai 1965, D. 1965. 759, Dr. soc. 1965. 512, note J. Savatier)*.

Cette subordination juridique est appréciée au cas par cas, en fonction des circonstances de fait. Pour caractériser le lien de dépendance, les juges retiennent la conjonction d'éléments de fait les plus variés : lieu de travail, fourniture de moyens, horaires, contrôles et comptes rendus.

Il n'y a pas lieu de distinguer selon la nationalité du travailleur (*CA Dakar du 29 octobre 1959, TPOM. 47, p. 1032)* ou la qualité de l'employeur, qui peut être une personne physique ou morale, de droit privé ou de droit public. Les tribunaux du travail demeurent compétents, alors même qu'une collectivité ou un établissement public est en cause *(article L. 229 du Code du travail)*.

Cependant, la juridiction sociale n'est pas compétente lorsque le litige met en cause des fonctionnaires, c'est-à-dire des agents nommés dans un emploi permanent d'un cadre d'une administration publique, ces litiges relèvent de la compétence du tribunal de grande instance, statuant en plein contentieux *(CS du 23 juillet 1975, Lamine DIA c/ Radiodiffusion nationale ; CA du 15 mars 1967, TPOM, n° 222 p. 4915 ; CA du 30 janvier 1974, TPOM, n° 401, p. 331 ; CA n° 05 du 3 janvier 1979, OPT c/ Momar CISSE, inédit)*.

Inversement, les agents non fonctionnaires de l'État relèvent de la compétence des tribunaux du travail (*CS, n° 07 du 29 janvier 1975,*

Cheikh Tidiane KANE c/ Commune de Dakar, TPOM n° 402, p. 553 ; CS n° 10 du 29 janvier 1975, Yatma SARR c/ État du Sénégal ; CS n° 13 du 23 avril 1980, Idrissa GUEYE c/ État du Sénégal, TPOM, n° 572 du 02 février 1983, p. 69 ; CS n° 07 du 04 mai 1976, État du Sénégal c/ Bamba NDIAYE, inédit).

Peu importe la nature du contrat de travail ; ce contrat peut être un contrat à durée déterminée ou à durée indéterminée, un contrat d'engagement à l'essai, un contrat d'apprentissage etc. Cette dernière convention est un contrat de travail de type particulier par lequel un employeur s'engage, outre le versement d'une allocation d'apprentissage, à assurer une formation professionnelle méthodique et complète, dispensée dans l'entreprise et éventuellement dans un centre de formation d'apprentis, à un jeune travailleur qui s'oblige, en retour, à travailler pour cet employeur pendant la durée du contrat *(article L. 73 du Code du travail).*

La preuve de l'existence du contrat de travail incombe à la partie qui l'invoque. Cette preuve peut être rapportée par tous moyens *(art. L. 32 du Code du travail).*

199. Litiges entre employeurs et travailleurs à l'occasion du travail. - La compétence matérielle du tribunal du travail s'étend également aux différends nés entre travailleurs et entre employeurs à l'occasion du travail ainsi qu'entre les institutions obligatoires de sécurité sociale, leurs bénéficiaires et les assujettis, à l'occasion de l'application du régime de sécurité sociale *(art. L. 229 du Code du travail).*

Les litiges entre employeurs peuvent survenir en matière délictuelle ou contractuelle à l'occasion d'un débauchage d'un salarié, d'un transfert de salariés ou de cession d'entreprise, de l'exécution d'un contrat de tâcheronnat ou du non-respect des conventions collectives par des employeurs signataires ou adhérents.

Les litiges entre travailleurs peuvent être des conflits relatifs au partage des primes ou d'indemnités, au partage de responsabilité entre travailleurs ayant causé un accident du travail par suite de fautes intentionnelles ou inexcusables. De tels conflits relèvent des juridictions du travail, à la condition que le différend n'oppose que des travailleurs et que ceux-ci soient liés par un contrat de travail à un même employeur *(CA du 20 janvier 1965, Rec. Législ. Jurisp. 1965 CT, p. 42).*

200.- Litiges entre les institutions obligatoires de sécurité sociale et actions récursoires. - Quant aux litiges entre les institutions obligatoires de sécurité sociale, leurs bénéficiaires et les assujettis à l'occasion de l'application du régime de sécurité sociale, la loi ne précise pas qu'il s'agisse d'institutions légales ou conventionnelles. L'article 18 de la loi n° 75-50 du 5 avril 1975 relative aux institutions de prévoyance sociale *(JORS n° 4419 du 28 avril 1975, p. 557)* a semblé avoir élargi cette compétence à toutes ces institutions. Selon ce texte, les différends consécutifs à l'application des régimes de prévoyance sociale des institutions autorisées sont réglés comme en matière de conflits individuels de travail.

La jurisprudence sénégalaise a déjà eu l'occasion de juger que l'ancien article 201 du Code du travail concerne également les institutions conventionnelles de sécurité sociale *(CS du 26 mai 1965, Rec. Législ. Jurisp. 1965 CS, p. 123 ; CS du 15 avril 1964, Rec. Législ. Jurisp. 1964 CT, p.67).*

Le litige doit s'élever à l'occasion de l'application du régime de sécurité sociale, cette expression incluant le régime des prestations *(litiges avec les bénéficiaires)* mais aussi le fonctionnement de ces institutions *(recouvrement des cotisations) (En ce sens, J. ISSA-SAYEGH, op.cit., p. 258).*

Cependant, échappent à la compétence du tribunal du travail, les litiges individuels dont la connaissance est attribuée expressément par la loi à d'autres juridictions, même s'il s'agit de conflits relatifs au droit social. Ainsi, ne relève pas de la compétence du tribunal du travail, le contentieux des élections des délégués du personnel *(TT Dakar du 28 septembre 1960, TPOM, n° 72, p. 1597)* ou celui des autorisations administratives de licenciement *(TT Dakar du 29 mai 1962, TPOM, n° 103, p. 2277).*

Cependant, l'article L. 212 du Code du travail attribue compétence au tribunal du travail pour connaître des contestations relatives à l'électorat, à l'éligibilité des délégués du personnel ainsi qu'à la régularité des opérations électorales. La décision de la juridiction sociale qui statue d'urgence et en dernier ressort, peut être déférée à la Cour suprême.

La loi a étendu la compétence des juridictions sociales aux actions récursoires des entrepreneurs contre les tâcherons *(art. L 229 du Code du travail).*

201. La compétence exclusive du tribunal de grande instance. - Si le tribunal de grande instance est juge de droit commun, il a également une compétence exclusive dans les matières déterminées par la loi. Cette compétence spéciale du tribunal de grande instance est, en principe, exclusive, de sorte qu'aucune juridiction d'exception ne peut statuer dans ces matières, que ce soit à titre principal ou à titre incident *(V. aussi, J. VINCENT, « Quelques réflexions sur la compétence exclusive des juridictions civiles », Mél. P. HEBRAUD, Université des sciences sociales, 1981, p. 917 ; H. SINAY, « La compétence exclusive », JCP 1958. I. 1451).*

Lorsqu'une juridiction d'exception est saisie, à l'occasion d'un litige pour lequel il est compétent, d'une question relevant de la compétence exclusive du tribunal de grande instance, elle doit surseoir à statuer jusqu'à ce que le tribunal de droit commun tranche cette question ; il s'agit en effet d'une question préjudicielle *(C. GIVERDON, « Compétence civile des tribunaux de première instance », Rép. proc. civ. et comm. Tome I, 1955, n° 21).*

En droit sénégalais, les compétences spéciales du tribunal de grande instance trouvent un terrain de prédilection en matière de filiation et d'état des personnes. D'ailleurs, l'article 86, alinéa 1er du Code de la famille, après avoir posé le principe de la compétence de droit commun du tribunal d'instance en matière d'état civil, a énoncé que les autres juridictions peuvent connaître des questions d'état civil à l'occasion des instances dont elles sont saisies « *notamment sur l'état des personnes* ».

Ainsi, le tribunal de grande instance a une compétence exclusive pour connaître des demandes de déclaration de présomption d'absence *(art. 17 du Code de la famille),* des actions en réclamation et en contestation d'état *(art. 95 du Code de la famille)*, des instances en établissement et en contestation de filiation *(art. 202 du Code de la famille),* des actions en adoption *(art. 236 du Code de la famille)* et des contestations relatives à la nationalité (*art. 24 du Code de la nationalité) (Y. NDIAYE, Le divorce et la séparation de corps, Dakar-Abidjan-Lomé, NEA, 1979, p. 30, spéc. note n° 13).*

La compétence exclusive du tribunal de grande instance s'étend également aux actions en déchéance de puissance paternelle ou en retrait des droits attachés à la puissance paternelle *(art. 297 du Code de la famille)*, aux instances en maintien de l'indivision résultant du décès (art. 462 du Code de la famille), aux actions en attribution préférentielle *(art. 476 du Code de la famille)*, aux instances tendant à déclarer un enfant abandonné *(art. 294 du Code de la famille)* et aux actions en partage de successions litigieuses *(art. 470 et 475 du Code de la famille et art. 547 et s. du Code de procédure civile) (P. A. TOURE, « La compétence exclusive du tribunal régional en matière de liquidation et de partage successoral : à propos de l'arrêt de la Cour suprême du Sénégal du 21 avril 2010 », Annales africaines n° 01, 2010, p. 243).*

PARAGRAPHE III : JURISPRUDENCE

202. Compétence de droit commun du tribunal de grande instance.

203. Le tribunal régional est la juridiction de droit commun ainsi qu'il résulte de l'article 3 de la loi n° 84-19 du 02 février 1984 fixant l'organisation judiciaire. Autrement dit, il est compétent en premier ressort toutes les fois qu'une matière n'est pas expressément réservée à la connaissance d'une autre juridiction ***(CA Dakar, n° 269 du 1er avril 2011, Coumba Djimby NDIAYE c/ société ASCOMA, Bulletin des arrêts rends par la Cour d'appel de Dakar en matière civile et commerciale, 2013, vol n° 01, p. 43).***

204. L'action en mainlevée de la clause publique inscrite en vertu du décret n° 2006-2440 du 17 mars 2006, qui ne fait aucun grief audit décret dont la légalité n'est pas remise en cause, laquelle n'est soumise à aucune juridiction spéciale, entre parfaitement dans les compétences du tribunal de grande instance, juge de droit commun ***(TGIHC Dakar, n° 207 du 17 janvier 2013 Compagnie Ouest Africaine de Crédit-Bail Locafrique c/ Société Nationale de Recouvrement dite « SNR », inédit).***

205. Le juge de droit commun connaît du contentieux administratif sauf exclusion prévue par un texte notamment le recours pour excès de pouvoir ou le contentieux dévolu aux organismes administratifs et que dans les limites de la compétence du tribunal de grande instance, le juge des référés de cette juridiction dispose d'une compétence d'attribution pour connaître des demandes qui, par leur nature, rentrent dans le domaine de compétence dudit tribunal sous réserve de respecter l'étendue des pouvoirs juridictionnels qui lui sont reconnus par la loi ***(CA n° 273 du 18 novembre 2015, Souleymane KANE c/ Commune d'Arrondissement de Ngor, inédit)***.

206. Les matières attribuées aux tribunaux de grande instance sont fixées par la loi n° 84-19 du 02 février 1984 et son décret d'application n° 84-1194 du 22 octobre 1984 qui dispose en son article 20 que les tribunaux de grande instance connaissent tant en matière civile que commerciale de l'ensemble des matières qui ne sont pas de la compétence des tribunaux d'instance ; ces juridictions disposent ainsi d'une compétence résiduelle.

L'action en réintégration, sur le fondement d'un contrat de bail commercial, qui ne fait pas partie de celles limitativement énumérées par les textes de loi susvisés comme entrant dans le champ de compétence matérielle du tribunal d'instance, le tribunal de grande instance est bien compétent pour en connaître ***(TGIHC Dakar, n° 2554 du 21 novembre 2012, Restaurant SOS services Voile d'or SARL c/ La BCEAO, inédit)***.

207. Le litige né de la réclamation d'un fonctionnaire de ses avantages statutaires et pécuniaires relève du contentieux des droits dévolu au tribunal de grande instance, juge de droit commun en la matière. Ainsi, la demande de reclassement d'un membre du corps des administrateurs maritimes ne peut être portée devant le juge de l'excès de pouvoir ***(CS, n° 15 du 09 juin 2009, Moussa BA c/ État du Sénégal, in Cour suprême. Bulletin des arrêts, n° 01, année judiciaire 2008-2009, décembre 2011, p. 107)***.

208. Le litige né de la réclamation d'un fonctionnaire de ses avantages statutaires et pécuniaires, lié à son reclassement dans le corps des administrateurs maritimes à la hiérarchie A, relève du contentieux des droits dévolu au tribunal de grande instance, juge de droit commun en la matière ***(CE n° 15 du 09 juin 2009 Moussa BA c/ État du Sénégal, inédit)***

209. Le tribunal de grande instance est compétent en matière immobilière en premier ressort. En conséquence, encourt la cassation, la décision du Président du tribunal de grande instance de Diourbel, saisi en appel d'une ordonnance de référé du président du tribunal d'instance expulsant une personne de la parcelle qu'elle occupe sans droit ni titre, a infirmé ladite décision sur la compétence et a au fond ordonné l'expulsion. En effet, la juridiction saisie d'un appel contre une décision ayant statué en premier ressort à la fois sur le fond et la compétence ne peut, après infirmation sur ce dernier chef, user du pouvoir d'évocation que si elle est juge d'appel du tribunal qu'elle estime compétent. ***(C.S., n° 37 du 06 février 2008, Ngane SECK c/ Gora Dia et Mame Faty SEYE : www.juricaf.org).***

210. La compétence exclusive du tribunal de grande instance.

211. Il résulte des dispositions des articles 94, 95 et 202 du Code de la famille que les actions en réclamation, en établissement ou en contestation d'état ou de filiation sont portées devant le tribunal de grande instance par tout intéressé.

L'action par laquelle le père conteste la reconnaissance par lui faite d'un enfant naturel, conformément aux articles 203, alinéa 2, 94, alinéa 2 et 95 du Code de la famille constitue une action en contestation d'état ou de filiation qui est bien de la compétence du tribunal de grande instance ***(TGIHC Dakar n° 78 du 06 janvier 2010, Ramzi Youssef ANTOUN c/ Marie SARR, inédit).***

212. Il résulte de l'assignation que l'action visant à déclarer nul et de nul effet un mariage à la suite d'une union antérieure non dissoute conclue en France, est une contestation d'état de la qualité d'épouse, qui est de la compétence du tribunal de grande instance, conformément aux dispositions de l'article 95 du Code de la famille ***(CA, n° 583 du 08 juillet 2008, Veuve Aminata GUELTON née NDIAYE c/ Veuve Anne Marie GUELTON née ROUSSEAUX, inédit).***

213. En sollicitant l'annulation du jugement l'ayant autorisé une nouvelle fois à inscrire sa naissance dans les registres d'état civil de Kaolack ou l'annulation des actes qui sont la conséquence d'un tel jugement, l'action de S. doit être considérée comme s'inscrivant dans le cadre de l'article 94 du Code de la famille. Aux termes de l'article 95 du Code de la famille, les actions en réclamation ou en contestation d'état relèvent de la compétence exclusive des juridictions civiles ; elles sont portées devant le tribunal de grande instance. Le juge d'instance ne peut en aucun cas être juge de l'annulation de ses propres décisions ou des actes qui en sont la conséquence ***(CA Kaolack, n° 022 du 8 novembre 2001, La Balance, le Journal de l'Union des Magistrats du Sénégal, Juillet 2004, p.22-23).***

214. L'inexactitude de l'état constaté par un acte d'état civil ou par un jugement transcrit sur les registres de l'état civil, ne peut être recherchée que par la voie d'une action en contestation d'état de l'article 94, alinéa 2 du Code de la famille, à l'exclusion de l'action en rectification contentieuse de l'article 91 du Code de la famille ***(CA Dakar, n° 732 du 08 juin 1989, Béye***

c / Diop ; V. également, les conclusions de l'Avocat Général Laïty KAMA, EDJA n° 17 du 25 juillet 1990).

215. Compétence d'exception du tribunal du travail.

216. L'article 114 du Code de procédure civile dispose que si le tribunal est incompétent en raison de la matière, le renvoi peut être demandé en tout état de cause et s'il ne l'est pas, le tribunal est tenu de renvoyer d'office devant qui de droit. L'interprétation unanimement admise de ce texte conduit à dire que l'exception d'incompétence de la juridiction sociale, de par son caractère d'ordre public, doit être soulevée à tout stade de la procédure ; faute de ce faire, le tribunal doit y suppléer en renvoyant d'office devant qui de droit ***(Cass. soc. n° 08 du 06 janvier 1994, Rahmy Cycles c/ René Rahmy, in Cour de cassation. Bulletin des arrêts. Chambre sociale, n° 01, août 1995, p. 48).***

217. Si l'exécution d'un procès-verbal de conciliation dressé par l'inspection du travail et revêtu de la formule exécutoire est poursuivie comme un jugement du tribunal du travail, le procès-verbal de conciliation est considéré comme une convention solennelle de droit privé dont les règles de validité sont sanctionnées par la nullité relative. Il en découle que la nullité du procès-verbal de conciliation peut être demandée par toute personne dont l'intérêt a été lésé par l'inobservation des conditions de formation du contrat énoncées par la loi, l'action étant intentée devant le tribunal du travail territorialement compétent ***(Cass. pén. n° 71 du 10 juin 1998, Bassirou MBOWc/ société GESMA, in Cour de cassation. Bulletin des arrêts, chambre pénale ; chambre sociale, n° 06, mai 2001, p. 11).***

218. Le directeur général d'une société anonyme lié à cette société par un contrat de travail, n'a pas la qualité de travailleur au sens de l'article L. 2 du Code du travail du Sénégal, puisqu'en méconnaissance des articles 489 et 426 de l'Acte uniforme sur les sociétés commerciales et du groupement d'intérêt économique, il n'exerce pas cumulativement à son mandat de directeur général, un emploi effectif distinct des tâches qui lui étaient dévolues en sa qualité de dirigeant. En conséquence, le tribunal du travail hors classe de Dakar n'est pas compétent pour connaître du différend résultant d'une révocation par le conseil d'administration de la société ***(CA Dakar n° 472 du 06 novembre 2007, Société Elton c/ Papa Mactar SARR, Revue EDJA, n° 76, janvier-février-mars 2008, p. 82).***

219. Il résulte des dispositions des articles 426 et 489 de l'Acte uniforme sur les sociétés commerciales et du groupement d'intérêt économique, que le directeur général d'une société commerciale peut bien être lié à ladite société par un contrat de travail. Au surplus, l'article L 2 du Code du travail énonce que pour la détermination de la qualité de travailleur, il ne sera tenu compte ni du statut juridique de l'employeur, ni de celui d'employé.

Le contrat de travail conclu entre le directeur général de la Bank of Africa et ladite banque portant visa de l'inspection du travail, suivi de l'approbation du directeur du travail et de la sécurité sociale abroge de plein droit le contrat d'assistance technique conclu à titre de prestation de service entre les mêmes parties antérieurement au contrat de travail. En conséquence, le tribunal du travail est compétent pour statuer sur le licenciement du directeur général de ladite société ***(CA Dakar ch. soc. n° 263 du 14 juin 2006, Bank of Africa c/ Gérard BONNEAU, Revue EDJA, n° 76, janvier-février-mars 2008, p. 79).***

220. La clause compromissoire insérée dans le contrat ne soumet prioritairement à l'arbitrage que les différends liés à l'interprétation des dispositions contractuelles. Ainsi, tout autre litige né de l'exécution ou relatif à la rupture des relations de travail, relève exclusivement de la compétence du tribunal du travail qui, comme il est dit à l'article L 229 dudit code, connaît des différends individuels s'élevant entre travailleur et employeur à l'occasion du contrat de travail, lors même qu'une collectivité ou un établissement public est en cause, et peut statuer sans qu'il y ait lieu, pour les parties, d'observer, dans le cas où il en existe, les formalités préalables qui sont prescrites avant qu'un procès puisse être intenté à ces personnes morales ***(CA Dakar n° 600 du 24 juillet 2013, Agence Sénégalaise de Promotion des Exportations ASEPEX c/Maïmouna SAVANE, inédit).***

221. Si les tribunaux du travail sont compétents pour statuer sur les litiges entre employeurs et employés à l'occasion du contrat, dans la conclusion d'un contrat, la rupture des négociations précontractuelles ou des faits postérieurs au contrat relèvent de la compétence de la juridiction de droit commun ***(TTHC Dakar du 16 décembre 1964, TPOM, n° 72, p. 1398).***

222. L'action en paiement réclamé par des ex-employés contrc la défunte SOTIBA SIMPAFRIC, constituant le passif social laissé par cette société, relève de la compétence du tribunal du travail ***(CA Dakar n° 286 du 26 novembre 2015, Ex Employés de la SOTIBA SIMPAFRIC à savoir Amadou DIA & Autres c/ DOMITEXKA- Serigne MBOUP - État du Sénégal, inédit).***

223. La demande de dommages-intérêts fondée sur le fait qu'un employeur a fourni des renseignements tendancieux sur un de ses anciens employés, échappe à la compétence des tribunaux du travail, dès lors que les personnes impliquées ne sont plus liées par un contrat de travail ***(CA Dakar du 23 décembre 1964, TPOM, n° 167, p. 3712 ; CREDILA vol I, p. 312)***.

224. L'agent intégré, par arrêté du ministre de la Fonction publique, dans le corps des préposés du service technique relevant du cadre des Postes et Télécommunications, est un fonctionnaire relevant du statut général de la fonction publique. En conséquence, le litige qui l'oppose à son administration ne relève pas de la compétence du tribunal du travail, en application des dispositions de l'article 1er du Code du travail, en vertu desquelles les personnes nommées dans un emploi permanent du cadre d'une administration, ne sont pas soumises aux dispositions du Code du travail ***(CA Dakar n° 05 du 3 janvier 1979, in Répertoire de jurisprudence de droit social : droit du travail et sécurité sociale, CREDILA, décembre 1991, p. 272)***.

225. Le contrat de travail liant une société anonyme au directeur général de cette société conformément aux articles 426 et 489 de l'AUSCGIE, est valable pour avoir été soumis à l'approbation de l'inspecteur du travail et est régi par le Code du travail. Ainsi, la révocation du directeur général, intervenue lors de la réunion du conseil d'administration, alors qu'aucun grief n'a été articulé contre lui, constitue un licenciement abusif, relevant de la compétence du tribunal du travail ***(CA Kaolack n° 05 du 20 mai 2010, Papa Mactar SARR c /ELTON OIL Company SA, inédit).***

226. La demande tendant à faire juger que la décision de l'inspecteur du travail autorisant le licenciement d'un délégué du personnel doit être annulée, ne relève pas de la compétence d'attribution du tribunal du travail ***(TT Dakar du 29 mai 1962- TPOM n° 103, p. 2277)***.

227. Aux termes de l'article 188 du Code du travail, la décision de l'inspecteur du travail accordant ou refusant le licenciement d'un délégué du personnel n'est susceptible d'aucun recours autre que le recours pour excès de pouvoir devant la Cour suprême.

Le tribunal du travail est incompétent pour en connaître ***(Cass. soc. n° 26 du 26 février 1997, Doudou CISSE c/ Venus Industries LTD, in Cour de cassation. Bulletin des arrêts, chambre pénale ; chambre sociale, n° 05, décembre 1998, p. 27).***

228. Le tribunal du travail n'est pas, en principe, compétent pour statuer sur les difficultés d'exécution de ses jugements.

Cependant, le tribunal du travail qui avait condamné l'employeur à mettre à la disposition du travailleur un billet de passage, peut être saisi à nouveau par le travailleur, pour obtenir le paiement du billet de voyage et des dommages - intérêts pour résistance dolosive à la décision judiciaire. En effet, il ne s'agit pas de difficultés d'exécution d'un jugement mais du refus opposé par l'employeur à satisfaire les droits reconnus au travailleur ***(TT. Dakar du 23 avril 1960, TPOM n° 68, p. 1494).***

229. Les juridictions du travail, juridictions d'exception ont seulement compétence pour connaître des différends nés entre employeurs et travailleurs à l'occasion du travail.

Si un agent contractuel de l'administration impute à un fonctionnaire des agissements dommageables, le tribunal du travail n'est pas compétent pour connaître du litige ***(CA du 20 janvier 1965, R.L.J 1965- C. T p. 42, Rép. CREDILA, p. 354).***

230. Si le fait, par un employeur, de fournir des renseignements tendancieux sur un de ses anciens travailleurs constitue, lorsque ce fait est prouvé, le fondement d'une action de dommages et intérêts, cette action ne relève pas du tribunal du travail, car elle a trait à des faits postérieurs à la rupture de ce contrat ***(CA du 23 décembre 1964, TPOM n. 167,3712, Rép. CREDILA, p. 354).***

231. Lorsque le litige porte sur une demande de dommages et intérêts consécutifs à des faits postérieurs à la rupture du contrat de travail mais ayant trait à celui-ci, le tribunal du travail n'est compétent que si le préjudice dont il est demandé réparation résulte du fait que l'ancien employeur a fourni des renseignements tendancieux ou erronés sur le compte du travailleur ***(T.T. Dakar du 03 octobre 1964, TPOM n° 165, p. 368).***

232. Si aux termes du Code du travail, il y a suspension du contrat lorsque le travailleur a été arrêté et maintenu en détention, il n'en reste pas moins que le tribunal du travail n'est pas compétent pour juger une demande de dommages et intérêts fondée sur le préjudice que le travailleur a subi du fait de sa détention ***(TT. Dakar du 13 avril 1962, TPOM n° 103, p. 2269).***

233. En définissant les droits pécuniaires d'un agent décisionnaire de l'État et en condamnant celui-ci à payer un rappel différentiel de salaire, les juges du travail, loin de violer le principe de la séparation des pouvoirs, n'ont fait que remplir la mission qui leur est impartie par le Code du travail ***(CS n° 07 du 4 mai 1976, État du Sénégal c/ Bamba NDIAYE, in Répertoire de jurisprudence de droit social : droit du travail et sécurité sociale, Dakar, CREDILA, décembre 1991, p. 412).***

234. Les agents décisionnaires de la fonction publique ne relèvent pas d'un cadre permanent de l'administration publique. En conséquence, les tribunaux du travail sont compétents pour connaître des litiges opposant ces agents à l'administration *(**CA Dakar du 18 décembre 1974, TPOM, n° 409, p. 526**)*.

235. La contestation portant sur la mise à la retraite d'un agent, qui n'a pas la qualité de fonctionnaire et se trouve en conséquence régi par le Code du travail, est relative au contrat de travail. Le recours pour excès de pouvoir formé devant la Cour suprême contre la décision de mise à la retraite est donc irrecevable *(**CS du 12 juillet 1972, TPOM, n° 424, p. 337 ; pour des commentaires de cette décision, P. LAMPUE, TPOM, n° 424, p. 338 ; A. BOCKEL, « La Cour suprême et l'exception de recours parallèle », Annales africaines, 1971-1972, p. 167 et s. ; J. C. GAUTRON et M. ROUGEVIN-BAVILLE, Droit public du Sénégal, Paris, éd. Pédone, 2e éd., 1977, p.334 ; LAPEYRE, « Revue de la jurisprudence administrative au Sénégal », Annales africaines, 1973, p. 251 et s.**)*.

236. Les litiges opposant une personne recrutée, à titre révocable, en qualité de commis et intégrée dans la fonction publique, à son employeur relève de la compétence des tribunaux du travail *(**CS n° 13 du 23 avril 1980, Idrissa GUEYE c/ État du Sénégal, TPOM, n° 572 du 02 février 1983, p. 69**)*.

237. Les demandes de reclassement des agents non fonctionnaires qui n'ont pas été nommés dans un emploi permanent de cadre d'une administration publique, relèvent de la compétence des tribunaux du travail *(**CS, n° 07 du 29 janvier 1975, Cheikh Tidiane KANE c/ Commune de Dakar, TPOM n° 402, p. 553 ; CS n° 10 du 29 janvier 1975, Yatma SARR c/ État du Sénégal ; CS n° 13 du 23 avril 1980, Idrissa GUEYE c/ État du Sénégal ; CS n° 07 du 04 mai 1976, État du Sénégal c/ Bamba NDIAYE, inédit ; CA n° 13 du 23 août 1980, inédit**)*.

238. Les rapports personnels entre un agent non fonctionnaire et son supérieur hiérarchique fonctionnaire, même ayant un lien avec le travail, échappent à la compétence du tribunal du travail (***CA Dakar du 26 janvier 1965, Rép. CREDILA, vol. I. p. 354***).

239. Le fonctionnaire détaché auprès d'une société privée relève à l'égard de cette dernière de la juridiction du tribunal du travail *(**CS, n° 01 du 29 janvier 1986, inédit**)*.

240. La juridiction sociale n'est pas compétente lorsque le litige met en cause des fonctionnaires, c'est-à-dire des agents nommés dans un emploi permanent de cadre d'une administration publique ***(CS du 23 juillet 1975, Lamine DIA c/ Radiodiffusion nationale ; CA du 15 mars 1967, TPOM, n° 222 p. 4915 ; CA du 30 janvier 1974, TPOM, n° 401, p. 331 ; CA n° 05 du 03 janvier 1979, OPT c/ Momar CISSE, inédit).***

241. La requête d'un travailleur visant à réclamer un droit acquis qui serait né d'un accord d'établissement constitue un différend relatif à l'exécution d'une obligation mise à la charge de l'employeur par un contrat de travail, impliquant une référence aux clauses d'une convention collective. Ainsi, la contestation élevée incidemment dans le cadre de cette procédure de régularité ou non dudit accord ou son inopposabilité à l'employeur, ne saurait être un motif déterminant pour écarter la compétence du tribunal du travail.

La demande d'un tel travailleur entre dans le champ d'application de l'article L. 229 du Code du travail ***(CA Dakar, n° 02 du 05 janvier 2010, Taïbou NDOYE c/ SODEFITEX, Bulletin des arrêts rendus par la Cour d'appel de Dakar en matière sociale, 2013, vol. n° 01, p. 22).***

242. Le tribunal du travail est incompétent pour connaître de la demande en restitution d'objets et de valeurs saisis dans le bureau du travailleur sous astreinte, dès lors qu'ils n'ont aucun lien avec l'activité de l'entreprise. Compte tenu de la nature de la contestation et des procédures spécifiques prévues par la loi pour le trancher, le juge civil est plus indiqué pour en connaître ***(CA Dakar n° 166 du 04 mai 2010, Amie Joof COLE et Espérancie Karwerac/ Centre africain des Femmes dans les Médias, Bulletin des arrêts rendus par la Cour d'appel de Dakar en matière sociale, 2013, vol. n° 01, p. 77).***

243. Ne relève pas de la compétence du tribunal du travail, le contentieux des élections des délégués du personnel ***(TT Dakar du 28 septembre 1960, TPOM, n° 72, p. 1597)*** ou celui des autorisations administratives de licenciement ***(TT Dakar du 29 mai 1962, TPOM, n° 103, p. 2277).***

244. Le contrat de stage et le contrat de promotion dans lequel il est bien spécifié qu'une partie agira en tant que cocontractant indépendant et serait libre de définir et d'engager les moyens qu'il juge adaptés pour parvenir aux résultats prévus par le contrat, ne comportent pas le lien de subordination, élément déterminant du contrat de travail. C'est en conséquence, à bon droit que le juge social s'est déclaré incompétent ***(CA Dakar n° 405 du 13 juillet 2011, Papa Diallo ZATOR c/ la société PNN LDT, Bulletin des arrêts***

rendus par la Cour d'appel de Dakar en matière sociale, 2013, vol. n° 01, p. 135).

245. Le contrat de travail est défini comme étant une convention par laquelle une personne (*travailleur*) s'engage à accomplir une tâche bien déterminée sous l'autorité et la direction d'une autre personne moyennant le paiement d'un salaire. En l'absence de ces éléments et, par conséquent, de contrat de travail, la juridiction sociale doit se déclarer incompétente ***(CA, n° 278 du 06 avril 2011, Alioune Badara KA c/ Performances Edition, Bulletin des arrêts rendus par la Cour d'appel de Dakar en matière sociale, 2013, vol. n° 01, p. 255).***

246. Le licenciement des délégués du personnel, lorsqu'il est envisagé par l'employeur, doit être soumis à l'autorisation de l'inspecteur du travail et de la sécurité sociale. Lorsque l'inspecteur du travail a délivré cette autorisation, le tribunal du travail ne peut l'annuler s'agissant d'un acte administratif ne relevant pas de sa compétence ***(T.T Dakar du 12 mars 1963, TPOM, n° 125, p. 2785 ; TT Dakar du 22 mars 1960, TPOM, n° 64, p. 416 ; TT Dakar du 28 mai 1962, TPOM, n° 103, p. 2277 ; TT Dakar du 12 juin 1962, TPOM, n° 111, p. 2468 ; CA Dakar du 27 mars 1963, Rec. Lég. Jursp. 1963 CT, p. 147 ; Répertoire CREDILA vol. 01, p. 225 ; TT Dakar du 24 novembre 1978, TPOM, n° 490 1979, p. 286 ; Répertoire de jurisprudence de droit social : droit du travail et sécurité sociale, Dakar, CREDILA, décembre 1991, p. 406, V. note J. de SOTO sous TPI Dakar du 27 octobre 1956, Penant 1957, p. 167).***

247. Il est de jurisprudence constante que le caractère définitif de la décision administrative accordant l'autorisation de licenciement d'un délégué du personnel ne saurait avoir pour effet, en l'absence de dispositions législatives contraires, de dessaisir les juridictions de la connaissance des demandes d'indemnisation consécutives au licenciement accordé. En effet, en matière de légitimité du licenciement, l'appréciation de la gravité de la faute retenue par l'administration, doit revenir aux juridictions de droit commun ***(Cass. soc. n° 72 du 28 mai 1997, Ndiack SARR c/ SONACOS, in Cour de cassation. Bulletin des arrêts, chambre pénale et chambre sociale, n° 05, décembre 1998, p. 76).***

248. Les conflits collectifs sont juridiques lorsque l'objet du litige est d'obtenir le respect d'une règle de droit ; les conflits collectifs sont économiques lorsque les travailleurs réclament un avantage économique ou social nouveau par suppression ou modification d'une règle de droit existante ou création d'une règle juridique nouvelle. C'est à tort que la Cour d'appel a considéré que l'action des travailleurs ayant pour objet de contraindre l'employeur à respecter la législation en vigueur sur les points énumérés dans le procès-verbal de non-conciliation du 31 octobre 1989, est un conflit collectif à caractère économique dont le règlement ne peut se faire dans le cadre de la procédure prévue par les conflits de cette nature ***(Cass. soc. n° 34 du 28 janvier 1998, Malick GUEYE et 174 autres c/ TRANSPLAST ; SOPLAD, in Cour de cassation. Bulletin des arrêts, chambre pénale ; chambre sociale, n° 06, mai 2001, p. 54).***

Article 8. - Les juridictions ont, au cours des instances dont elles sont saisies, compétence pour interpréter et apprécier la légalité des décisions des diverses autorités administratives.

SECTION XIV : L'INTERPRÉTATION ET L'APPRÉCIATION DE LA LÉGALITÉ DES DÉCISIONS ADMINISTRATIVES.

PARAGRAPHE I : BIBLIOGRAPHIE

BA (A.A)., « L'exception d'illégalité dans le système sénégalais d'organisation judiciaire », *EDJA*, n° 33, avril-mai-juin 1997, p. 29 et s.

BOCKEL (A.), *Droit administratif*, Dakar-Abidjan, NEA, 1978, p. 450.

BOUTET (D.), « Quelques problèmes concernant les effets de l'exception d'illégalité », *RD publ.* 1990, p. 1735.

DANTONEL-COR (N.), « Le juge judiciaire répressif et l'acte administratif unilatéral depuis la réforme du Code pénal », *RSC*, 1999, p. 17.

DESPORTES (F.), « « Le contrôle de la légalité des actes administratifs par le juge pénal au regard de l'article 111-5 du Code pénal », *Rapp. C. Cass.* 1997, p. 93.

DIALLO (I.), « L'exception d'illégalité dans le système judiciaire sénégalais », *Nouvelles Annales africaines* n° 1, 2010, p. 152.

FAYE (A.), « État de droit et contrôle de l'exécutif : réflexions d'un privatiste sur l'exception d'illégalité en droit sénégalais », *EDJA*, n° 33, avril-mai-juin 1997, p. 29 et s.

FRANCOZ (P.-G.), « Les actes administratifs et l'exception d'illégalité », *Cah. fonct. publ. territ.* 1995, p. 15.

GAUTRON (J. C.) et ROUGEVIN BAVILLE(M.), *Droit public du Sénégal*, Paris, éd. Pédone, 2ème éd., 1977, p. 341.

GAUTRON (J. C.), « Réflexions sur l'autonomie du droit public sénégalais », *Annales africaines*, 1969, p. 29 et s.

GOHIN (O.), « Exception d'illégalité », *Rép.cont.adm.*, n° 1.

KANTE (B.), *Unité de juridiction et droit administratif : l'exemple du Sénégal*, Thèse de doctorat d'État, Université d'Orléans, 1983, p. 137.

LESCLOUS, « L'appréciation des actes administratifs par le juge répressif », *JCP* 1994. I. 3747.

LIET-VEAUX (G.), « Précisions sur l'exception d'illégalité », *Rev. adm.* 1951, p. 492.

MBODJ (E. H.), « Les incidences de la réforme judiciaire du 30 mai 1992 sur le contentieux administratif sénégalais », *Rev. ass. sén. dr.pén*, n° 2, juillet-décembre 1995, p. 26.

MEURISSE, « L'appréciation de la légalité des actes administratifs par le juge répressif », *Gaz. pal.* 1953, 2, doctr. p. 6.

NDIAYE (P. M.), *La renaissance de la Cour suprême,* Dakar, éd. de la Cour suprême, Dakar, 2008.

NZOUANKEU (J.M.), « Remarques sur quelques particularités du droit administratif sénégalais », *RIPAS*, n° 9, janvier-mars 1984, p. 1.

NZOUANKEU (J.M.), *Les grandes décisions de la jurisprudence administrative sénégalaise*, Tome I, Contentieux général de la légalité, 2e éd., publication, Dakar, RIPAS, 1984, p. 30 et s.

PEPY, « La séparation des autorités administratives et judiciaires et l'appréciation par le juge répressif de la légalité des actes administratifs individuels », *Mélanges Patin*, Paris, Cujas, 1965, p. 95.

SY (D.), « Réflexions sur la création du droit administratif par le juge administratif », *Rev. ass. sén. dr. pén.*, janvier 1996, p. 9.

PARAGRAPHE II : COMMENTAIRE

249. Affirmation constante. - La législation sénégalaise a toujours affirmé, de façon constante, la compétence des juridictions pour interpréter et apprécier la légalité des actes administratifs. À la suite de l'ordonnance du 14 novembre 1960, l'article 4 de la loi n° 84-19 du 02 février 1984 fixant l'organisation judiciaire disposait que : « *les juridictions ont, au cours des instances dont elles sont saisies, compétence pour interpréter et apprécier la légalité des décisions des diverses autorités administratives* ».

La loi du 03 novembre 2014 a maintenu la plénitude de juridiction des tribunaux en matière d'interprétation et d'appréciation de la légalité des décisions administratives *(C. GAUTRON et M. ROUGEVIN BAVILLE, Droit public du Sénégal, Paris, éd. Pédone, 2e éd., 1977, p. 341 ; A BOCKEL, Droit administratif, Dakar-Abidjan, NEA, 1978, p. 450 ; J.M. NZOUANKEU, Les grandes décisions de la jurisprudence administrative sénégalaise, Tome I, Contentieux général de la légalité, 2e éd., publication, Dakar, RIPAS, 1984, p. 30 et s. ; A.A. BA, « L'exception d'illégalité dans le système sénégalais d'organisation judiciaire », EDJA, n° 33, avril-mai-juin 1997, p. 39 et s. ; J.M. NZOUANKEU, « Remarques sur quelques particularités du droit administratif sénégalais », RIPAS, n° 09, janvier-mars 1984, p. 1 ; D. SY, Droit administratif, Dakar, CREDILA, p. 122 ; plus récemment, I. DIALLO, « L'exception d'illégalité dans le système judiciaire sénégalais », Nouvelles Annales africaines, n° 01, 2010, p. 152).*

250. L'interprétation des décisions administratives. - L'interprétation d'une décision administrative est l'opération consistant pour le juge à chercher à découvrir l'intention des auteurs de l'acte, lorsque celui-ci n'est pas clair. Au terme de cette opération, le juge applique la décision avec le sens qu'il entend lui donner. L'interprétation, qui n'est pas de nature à troubler les activités de l'administration, n'a pas donné lieu à une jurisprudence abondante au Sénégal.

251. Mécanisme de l'exception d'illégalité. - Il n'en est pas de même de la question de l'appréciation de la légalité des décisions administratives qui a fait l'objet de plusieurs décisions de justice. La loi n° 2014-26 du 03 novembre 2014 fixant l'organisation judiciaire a réaffirmé la compétence des juridictions pour connaître du contentieux de l'interprétation et de l'appréciation de la légalité des décisions administratives. L'article 8 de cette loi énonce que : « *les juridictions ont, au cours des instances dont elles sont saisies, compétence pour interpréter et apprécier la légalité des décisions des diverses autorités administratives* ».

Le mécanisme de l'exception d'illégalité est une application de la règle le juge de l'action *(du fond)* est le juge de l'exception. L'exception d'illégalité est une contestation incidente de la légalité d'un acte administratif soulevée au cours d'un procès en vue d'obtenir la neutralisation de cet acte *(O. GOHIN, « Exception d'illégalité », Rép.cont.adm., n° 1 ; D. BOUTET, « Quelques problèmes concernant les effets de l'exception d'illégalité », RD publ. 1990, p. 1735 ; P.-G. FRANCOZ, « Les actes administratifs et l'exception d'illégalité », Cah.*

fonct. publ. territ. 1995, p. 15. - G. LIET-VEAUX, « Précisions sur l'exception d'illégalité », Rev. adm. 1951, p. 492 ; V. LESCLOUS, « L'appréciation des actes administratifs par le juge répressif », JCP 1994. I. 3747).

La question de l'appréciation de la légalité d'un acte administratif pose, à l'image du recours pour excès de pouvoir, un problème de contentieux objectif relatif à la légalité d'une décision administrative. Cependant, l'exception d'illégalité se différencie du recours pour excès de pouvoir.

En premier lieu, il constitue un recours incident *(un procès dans un procès)* et non une voie d'action principale *(un procès contre un acte administratif)* ; c'est-à-dire qu'il dérive d'une instance en cours devant le juge judiciaire. L'exception d'illégalité constitue un contrôle de légalité par voie d'exception.

En deuxième lieu, contrairement au recours pour excès de pouvoir, l'exception d'illégalité n'est pas enfermée dans des délais. Elle permet de contester la légalité d'un acte administratif qui n'aurait pas été déféré en temps utile devant la juridiction administrative ; elle est perpétuelle *(Crim. du 18 juin 1998, Bull.crim., n° 201 ; également, A. FAYE, « État de droit et contrôle de l'exécutif : réflexions d'un privatiste sur l'exception d'illégalité en droit sénégalais », EDJA, n° 33, avril-mai-juin 1997, p. 31 ; A.A. BA, « L'exception d'illégalité dans le système sénégalais d'organisation judiciaire », EDJA, n° 33, avril-mai-juin 1997, p. 39).*

En troisième lieu, l'exception d'illégalité n'a pas pour objet d'obtenir l'annulation de l'acte administratif mais simplement une déclaration relative à la légalité de cet acte.

S'il s'avère qu'il est illégal, le juge se contente d'écarter son application du litige qui lui est soumis.

Les décisions des juges du fond sur l'exception d'illégalité n'ont que l'autorité relative de la chose jugée. Elles ont pour seul effet d'écarter l'acte déclaré illégal du procès en cours ; ce qui ne vaut que pour ce seul procès *(F. MELLERAY, « L'étendue de l'autorité de chose jugée des déclarations d'illégalité d'actes administratifs opérées par le juge administratif », AJDA 2004, p.138).*

. Rien n'empêcherait alors à une autre juridiction de faire application de l'acte illégal, si l'exception n'a pas été soulevée. Le système de l'exception d'illégalité laisse entrevoir de « *belles cacophonies judiciaires* » préjudiciables à la sécurité juridique *(F. DESPORTES et F. LE GUNEHEC, Droit pénal général, Paris, Economica, 12e éd., 2005, p. 243).*

252. L'exception d'illégalité dans le système français. -Dans le système français, le principe de la séparation des autorités administratives et judiciaires implique une interdiction faite aux tribunaux de l'ordre judiciaire d'examiner la légalité des actes administratifs.

Lorsque la légalité d'un acte administratif est soulevée devant le juge judiciaire, il doit surseoir à statuer jusqu'à ce que cette question préjudicielle soit tranchée par la juridiction administrative *(G. MALEVILLE, « Questions préjudicielles relevant des juridictions administratives devant les juridictions judiciaires », Juris-class. adm. fasc. 204, n° 108 et 1992).*

Il n'en est autrement qu'en matière répressive, où la jurisprudence a reconnu une compétence au juge pénal pour apprécier la légalité des actes administratifs *(V. PEPY, « La séparation des autorités administratives et judiciaires et l'appréciation par le juge répressif de la légalité des actes administratifs individuels », Mélanges Patin, Paris, Cujas, 1965, p. 95 ; MEURISSE, « L'appréciation de la légalité des actes administratifs par le juge répressif », Gaz.pal. 1953, 02, doctr., p. 06 ; V. LESCLOUS, « L'appréciation des actes administratifs par le juge répressif », JCP, 1994. I. 3747).*

Mais, la détermination des actes susceptibles d'être soumis au contrôle de la juridiction répressive avait donné lieu, quelquefois, à une jurisprudence sinueuse et contradictoire. Dans l'arrêt *Avranches et Desmarets (Trib. Conflits du 05 juillet 1951, Avranches et Desmarets, S. 1952, 3, 1 note Auby ; D. 1952, 492, note Liet-Veaux),* le Tribunal des Conflits a jugé que le contrôle devait être limité aux actes réglementaires puisque la déclaration d'illégalité avait pour seul effet d'écarter ces actes des débats, sans les annihiler. Cette solution revenait à priver définitivement les actes administratifs individuels de toute efficacité. Une telle conséquence était jugée par le tribunal des Conflits comme incompatible avec le principe de la séparation des autorités administratives et judiciaires.

Cependant la Chambre criminelle de la Cour de cassation française a réaffirmé que les juges répressifs avaient le pouvoir d'apprécier la légalité des actes tant réglementaires qu'individuels *(Crim. du 1er juin 1967, Canivet et Dame Moret, Bull. crim. n° 172 ; JCP 1968. II. 15505, note Lamarque).*

La haute juridiction a assorti cette solution d'une réserve concernant les actes individuels dont la légalité ne pouvait être appréciée par le juge pénal qu'à la condition qu'ils fussent clairs et qu'il ne fût pas nécessaire de les interpréter *(Crim. du 21 décembre 1961, Bull. crim. n° 551 ; D. 1962) (Sur cette question, N. DANTONEL-COR, « Le juge judiciaire répressif et l'acte administratif unilatéral depuis la réforme du Code pénal », RSC, 1999, p. 17 ; F. DESPORTES, « Le contrôle de la légalité des actes administratifs par le juge pénal au regard de l'article 111-5 du Code pénal », Rapp. C. Cass. 1997, p. 93).*

253. L'exception d'illégalité : une question préalable à la base. - Le droit sénégalais a adopté le système de l'unité de juridiction à dualité du contentieux *(un juge unique et deux droits).* Le juge de l'administration est en principe le juge de droit commun. Il y a au Sénégal un seul ordre de juridiction qui connaît de tous les litiges, quelle que soit leur nature. La compétence n'étant pas liée au droit applicable, le même juge applique le droit privé aux particuliers et connaît en même temps des litiges impliquant l'administration.

Le système de l'unité de juridiction oblige le juge à rechercher le droit applicable à chaque espèce. C'est en conséquence, de lui que dépendra l'avenir du droit administratif *(B. KANTE, Unité de juridiction et droit administratif : l'exemple du Sénégal, Thèse de doctorat d'État, Université d'Orléans, 1983, p. 137 ; D. SY, « Réflexions sur la création du droit administratif par le juge administratif », Rev. ass. sén. dr.pén, janvier 1996, p. 9 ; MB. M. DIAGNE, Les méthodes et techniques du juge administratif sénégalais, Thèse de doctorat Dakar, 1995, 532 p. ; MB. M. DIAGNE, « La contribution du Conseil d'État sénégalais à la construction de l'État de droit », Rev. Adm., numéro spécial, p. 81-82 ; D. SY, Droit administratif, Dakar, CREDILA, L'Harmattan 2014, p. 47).*

Dans le modèle de l'unité de juridiction, marqué par la suppression des questions préjudicielles devant les juridictions du fond, la légalité des actes administratifs constitue une question préalable de la compétence de toutes juridictions *(J. C. GAUTRON et M. ROUGEVIN BAVILLE, Droit public du Sénégal, Paris, éd. Pédone, 2e éd., 1977, p. 341 ; A. BOCKEL, Droit administratif, Dakar-Abidjan, NEA, 1978, p. 450 ; J.M. NZOUANKEU, Les grandes décisions de la jurisprudence administrative sénégalaise, Tome I, Contentieux général de la légalité, 2e éd., publication, Dakar, RIPAS, 1984, p. 30 et s.).*

La compétence ainsi reconnue aux juridictions de base constitue une simplification considérable par rapport au droit français. Lorsqu'une exception d'illégalité est soulevée, le juge du fond sénégalais n'a pas à surseoir à statuer, il doit se prononcer sur la légalité de la décision en cause.

Toutes les juridictions sont compétentes pour connaître de l'exception d'illégalité *(tribunal d'instance, tribunal de grande instance, tribunal du travail et Cours d'appel)*. L'essentiel est que le contrôle par voie d'exception soit exercé à l'occasion d'un litige relevant au principal de la compétence de la juridiction saisie, qu'il s'agisse d'un litige entre un particulier et l'administration ou entre deux particuliers *(C. GAUTRON et M. ROUGEVIN BAVILLE, Droit public du Sénégal, Paris, éd. Pédone, 2e éd., 1977, p. 341).*

254. L'exception d'illégalité une question préjudicielle au sommet. - Sous l'empire de la législation antérieure, en raison de la spécialisation des hautes juridictions, l'exception d'illégalité était une question préjudicielle devant la Cour de cassation *(E. H. MBODJ, « Les incidences de la réforme judiciaire du 30 mai 1992 sur le contentieux administratif sénégalais », Rev. ass. sén. dr.pén, n° 02, juillet-décembre 1995, p. 26)*. En effet, l'ancien article 36 de la loi organique n° 92-25 du 30 mai 1992 énonçait que : « *lorsque la solution d'un litige porté devant la Cour de cassation est subordonnée à l'appréciation de la légalité d'un acte administratif, la formation de la Cour de cassation compétente pour connaître du litige saisit obligatoirement le Conseil d'État de l'exception d'illégalité ainsi soulevée et sursoit à statuer jusqu'à ce que le Conseil d'État se soit prononcé sur la légalité de l'acte* ».

Ce texte écartait ainsi le jeu des dispositions de l'article 4 de la loi du 02 février 1984 fixant l'organisation judiciaire.

À l'époque, la Cour de cassation s'était déjà prononcée sur l'autorité de la décision rendue sur l'exception par la juridiction de renvoi *(Conseil d'État)* dans un arrêt du 22 mars 2006 *(Cass. ch.soc. n° 15 du 22 mars 2006, Fousseynou NIANG c/ BCEAO, inédit)*. Dans cette espèce, un arrêt de la Cour d'appel, accueillant une exception d'incompétence soulevée par la BCEAO, a infirmé un jugement du tribunal du travail de Dakar qui a considéré que la mise à la retraite à l'âge de cinquante-cinq (55) ans d'une personne constitue un licenciement abusif. Suite à un pourvoi formé contre l'arrêt de la Cour d'appel, le sieur NIANG avait soulevé l'exception d'illégalité de l'article 116 du Code de procédure civile.

La Chambre sociale de la Cour de cassation, sur le fondement des articles 36 et 67 de la loi organique n° 92-25 du 30 mai 1992, a sursis à statuer et a saisi le Conseil d'État de l'exception d'illégalité.

Par un arrêt du 02 août 2001, le Conseil d'État a déclaré l'article 116 du Code de procédure civile conforme à l'ordonnancement juridique interne.

Tirant argument de cette décision du Conseil d'État, la chambre sociale de la Cour de cassation a en conséquence déclaré le moyen tiré de l'exception d'illégalité non fondé. Ainsi, cet arrêt de la Cour de cassation a jugé que la décision rendue par le Conseil d'État sur l'exception d'illégalité a l'autorité de la chose jugée devant la Cour de cassation.

Mais, à l'époque, le Conseil d'État n'avait pas le monopole du contrôle de la légalité ; il partageait le pouvoir d'appréciation de la légalité des actes administratifs avec les tribunaux de base et la Cour d'appel *(E. H. MBODJ, Ibid)*.

La solution dégagée par l'ancien article 36 de la loi organique sur la Cour de cassation, tirait logiquement les conséquences de la spécialisation des juridictions au sommet de la pyramide judiciaire impliquant une distinction entre le contentieux judiciaire, de la compétence de la Cour de cassation et le contentieux administratif qui relève de la compétence du Conseil d'État *(En ce sens, A. FAYE, « État de droit et contrôle de l'exécutif : réflexions d'un privatiste sur l'exception d'illégalité en droit sénégalais », EDJA, n° 33, avril-mai-juin 1997, p. 36 ; A.A. BA, « L'exception d'illégalité dans le système sénégalais d'organisation judiciaire », EDJA, n° 33, avril-mai-juin*

1997, p. 41 ; I. DIALLO, « L'exception d'illégalité dans le système judiciaire sénégalais », Nouvelles Annales africaines, n° 1, 2010, p. 152).

255. L'exception d'illégalité et la restauration de la Cour suprême. - La réforme judiciaire introduite en 2008 a apporté des changements majeurs dans le régime de l'exception d'illégalité au Sénégal. Par la loi constitutionnelle n° 2008-34 du 07 août 2008, le législateur a restauré la Cour suprême dans l'organisation judiciaire, en réintroduisant l'unité de juridiction au sommet de la hiérarchie judiciaire.

D'après l'exposé des motifs de la loi organique n° 2008-35 du 07 août 2008 portant création de la Cour suprême, *« l'institution d'une pluralité de juridictions supérieures a mis le pouvoir judiciaire en situation de ne plus être en mesure d'accomplir, comme auparavant, sa mission fondamentale, qui est d'assurer l'égalité des citoyens par le droit ; ce qui rend ainsi improbable l'unicité de la jurisprudence dans l'intérêt des justiciables et de la justice »*.

En vertu de l'article 19 de la loi organique n° 2008-35 du 07 août 2008 portant création de la Cour suprême, la Cour comprend quatre chambres.

La chambre criminelle connaît des pourvois en cassation en matière pénale.

La chambre civile connaît des pourvois en cassation en matière civile et commerciale.

La chambre sociale connaît des pourvois en cassation en matière sociale.

La chambre administrative est juge en premier et dernier ressort de l'excès de pouvoir des autorités exécutives, ainsi que de la légalité des actes des collectivités territoriales. Elle est compétente, en dernier ressort, dans les contentieux des inscriptions sur les listes électorales et des élections aux conseils des collectivités territoriales. Cette chambre juge les contentieux qui lui sont dévolus par le Code électoral. Elle connaît, par la voie du recours en cassation, des décisions rendues en dernier ressort par les organismes administratifs à caractère juridictionnel ou par les Cours et tribunaux en matière administrative.

Un auteur a récemment écrit que dans le nouveau schéma organisationnel de la Cour suprême, l'appréciation de la légalité des actes administratifs, qui est restée une question préalable devant les juridictions de base, est devenue « *une question complexe devant la Cour suprême* » *(I. DIALLO, « L'exception d'illégalité dans le système judiciaire sénégalais », Nouvelles Annales africaines, n° 1, 2010, p. 167).* Selon l'auteur, l'exception d'illégalité constitue désormais une question préjudicielle devant les chambres civile, sociale et pénale. Elle est de la compétence de principe de la chambre administrative de la Cour suprême. Ainsi, d'après lui, lorsqu'une question d'appréciation de la légalité d'un acte administratif se pose devant la Cour suprême, seule la chambre administrative sera compétente puisque connaissant des pourvois en cassation en matière administrative.

Cette analyse est pour le moins curieuse. En effet, la « *résurrection* » de la Cour suprême au Sénégal opérée par la loi constitutionnelle n° 2008-34 du 07 août 2008, a eu pour objectif de réintroduire l'unité de juridiction au sommet de la pyramide judiciaire. Avec la loi organique du 07 août 2008, la Cour suprême retrouve toute son « *unicité juridictionnelle* » *(P. M. NDIAYE, La renaissance de la Cour suprême, Dakar, éd. de la Cour suprême, 2008, p. 22).*

L'instauration de chambres au sein de la haute juridiction n'est guidée que par une volonté d'assurer une bonne administration de la Cour, les formations de ladite Cour n'ayant aucune attribution juridictionnelle particulière. D'ailleurs, il résulte de l'article 19 in fine de la loi organique sur la Cour suprême que les parties en litige ne sont pas recevables à contester la saisine de telle ou telle chambre.

Cette disposition conforte l'idée selon laquelle les chambres de la Cour suprême n'ont pas d'attributions juridictionnelles propres mais constituent de simples « *formations de jugement* » de la haute juridiction *(P. M. NDIAYE, Op. cit, p. 50).*

Dès lors, par quelle logique juridique, l'exception d'illégalité devrait-elle constituer une question préjudicielle devant la chambre pénale et devenir une question préalable devant la chambre administrative de la Cour suprême, alors que ces chambres ne constituent que de simples formations de la Cour ?

Pourquoi le même raisonnement n'est-il pas transposé au niveau de la Cour d'appel et du tribunal de grande instance qui comportent pourtant quasiment les mêmes formations juridictionnelles ?

En réalité, la réintroduction de l'unité de juridiction au sommet de la hiérarchie judiciaire a pour effet d'uniformiser le traitement juridictionnel de l'exception d'illégalité en droit sénégalais. Devant les juridictions de base, comme devant la Cour suprême, le contentieux de l'appréciation de la légalité des décisions administratives est devenu une question préalable de la compétence de toutes les juridictions. La théorie de l'exception d'illégalité retrouve toute sa cohérence dans le modèle de l'unité de juridiction à la base et au sommet.

Il faut préciser que l'introduction de l'unité juridictionnelle n'est pas totale au sommet de la pyramide judiciaire. La Cour suprême ne cumule que les compétences dévolues à la défunte Cour de cassation et de l'ancien Conseil d'État.

Cependant, le Conseil constitutionnel et la Cour des comptes conservent toujours leurs compétences spécifiques.

256. Les causes d'illégalité. - Les moyens susceptibles d'être invoqués devant la juridiction administrative, en vue d'obtenir la nullité d'un acte administratif, peuvent également être allégués à l'appui de son illégalité devant les juridictions du fond. Peuvent ainsi être invoqués, notamment, l'incompétence de l'autorité qui a édicté l'acte, la violation de la loi, le terme « *loi* » incluant toutes les normes d'une valeur supérieure *(Constitution, loi, décret)*, le vice de procédure et le détournement de pouvoir.

La seule limite à l'étendue du pouvoir de contrôle du juge est liée à l'opportunité de l'acte administratif. Pas plus que le juge de l'excès de pouvoir, le juge saisi de l'exception d'illégalité n'est pas habilité à opérer un contrôle de l'opportunité d'une décision administrative.

Bien que la loi du 03 novembre 2014 fixant l'organisation judiciaire et le décret du 03 août 2015 n'évoquent que l'examen de la « *légalité* » des décisions des autorités administratives, il ne fait pas l'ombre d'un doute que ces textes autorisent également les juridictions à contrôler leur constitutionnalité. En effet, la légalité est entendue au sens large, ce qui implique toutes les normes supérieures, notamment la Constitution.

Dans l'arrêt Aïssatou Guèye DIAGNE, rendu le 22 août 2012, la Cour d'appel de Dakar a eu l'occasion d'apprécier, de façon incidente, la conformité de l'article 27 du décret n° 2009-328 du 08 avril 2009 relatif au statut des notaires par rapport à l'article 67 de la Constitution *(CA n° 890 du 22 août 2012, Ministère public c/ Aïssatou Guèye DIAGNE, in Bulletin des arrêts rendus par la Cour d'appel de Dakar en matière pénale, année 2014, p. 134).*

257. Le régime juridique de l'exception d'illégalité. - Dans le système judiciaire sénégalais, l'exception d'illégalité a une grande portée juridique.

Elle peut être invoquée à l'encontre de tous les actes administratifs, qu'il s'agisse d'actes individuels ou d'actes réglementaires. L'essentiel est que la décision en question revête la nature d'un acte administratif. Mais, le droit sénégalais ne fait aucune distinction entre les actes administratifs réglementaires et les actes administratifs individuels, l'article 8 de la loi du 03 novembre 2014 se contentant de viser « *les décisions des diverses autorités administratives* ».

L'exception d'illégalité obéit à un régime procédural assez original. Elle ne constitue pas une exception au sens processuel du terme ; il ne s'agit pas d'un moyen de défense par lequel le défendeur conteste la régularité de la procédure initiée par le demandeur. L'exception d'illégalité peut être invoquée aussi bien par le demandeur à l'appui de sa demande que par le défendeur pour s'opposer à celle-ci *(En ce sens, C. GAUTRON et M. ROUGEVIN BAVILLE, Droit public du Sénégal, Paris, éd. Pédone, 2e éd., 1977, p. 341).*

Lorsqu'elle est invoquée par le défendeur, elle constitue une défense au fond par laquelle ce dernier conteste la légalité d'un acte administratif susceptible de lui être appliqué par le juge.

En procédure pénale, l'exception d'illégalité ne s'analyse pas en une question préjudicielle au jugement au sens de l'article 374 du Code de procédure pénale, laquelle doit être soulevée avant toute défense au fond.

Dans l'affaire Fadel SECK c/ Bara DIENG, la Cour d'appel de Dakar a rappelé que l'exception d'illégalité ne constitue pas une exception au sens procédural du terme mais un moyen de défense. D'après les juges d'appel, « *l'exception d'illégalité, en tant que moyen de défense, peut être soulevée à tout moment de la procédure, même pour la première fois en cause d'appel » (CA Dakar, n° 454 du 25 juin 1986, Ministère public et Fadel SECK c/ Bara DIENG, inédit).*

En procédure civile, l'exception d'illégalité n'est pas soumise aux rigueurs de l'article 129 du Code de procédure civile relatif au moment de présentation des exceptions de procédure et fins de non-recevoir formelles. Elle peut être présentée à toute hauteur de la procédure, même après conclusion au fond.

Pour que l'exception d'illégalité soit recevable, la solution du litige doit dépendre de l'examen de la légalité de la décision administrative. À cet égard, les articles 13 et 19 du décret n° 2015-1145 du 03 août 2015 fixant la composition et la compétence des Cours d'appel, des tribunaux de grande instance et des tribunaux d'instance, attribuent compétence aux tribunaux de grande instance et aux tribunaux d'instance pour interpréter et apprécier la légalité des décisions des autorités administratives, *« lorsque de cet examen de la légalité dépend la solution du litige »*.

En matière pénale, on admet que la décision administrative doit servir de fondement aux poursuites. L'exception d'illégalité doit tendre à contester la légalité de l'acte même qui a servi de base aux poursuites pénales. Le texte à l'encontre duquel l'exception d'illégalité est soulevée doit constituer le fondement même de la décision faisant grief *(J.M. NZOUANKEU, Les grandes décisions de la jurisprudence administrative sénégalaise, Tome I, Contentieux général de la légalité, 2e éd., publication, Dakar, RIPAS, 1984, p. 36).*

Dans l'arrêt Aïssatou Guèye DIAGNE du 22 août 2012, la Cour d'appel de Dakar a mis en œuvre le mécanisme de l'exception d'illégalité en matière pénale. Dans cette affaire, le tribunal de grande instance hors classe de Dakar a déclaré la notaire Aïssatou Guéye DIAGNE coupable d'abus de confiance et l'a condamnée à six (06) mois d'emprisonnement ferme et à payer à la partie civile la somme de 35. 000. 000 de francs CFA à titre de dommages et intérêts (*CA n° 890 du 22 août 2012, Ministère public c/ Aïssatou Guèye DIAGNE, in Bulletin des arrêts rendus par la Cour d'appel de Dakar en matière pénale, année 2014, p. 134).*

À l'appui de son appel contre le jugement de première instance, la prévenue a fait valoir que l'article 27 du décret n° 2009-328 du 08 avril

2009 relatif au statut des notaires subordonne l'exercice des poursuites contre un notaire à une autorisation préalable du ministre de la Justice, après avis de la Chambre disciplinaire, sauf dans les cas de flagrant délit. Elle a estimé que cette garantie de procédure n'a pas été respectée en l'espèce.

De son côté, le conseil de la partie civile a soulevé l'exception d'illégalité de l'article 27 du décret relatif au statut des notaires, au motif qu'il instaure une garantie procédurale pour les notaires, violant l'article 67 de la Constitution, la procédure pénale relevant du domaine exclusif de la loi.

La Cour d'appel a jugé « *qu'en vertu de l'article 4 de la loi n° 84-19 du 02 février 1984 fixant l'organisation judiciaire, les juridictions de jugement ont, au cours des instances dont elles sont saisies, compétence pour interpréter et apprécier la légalité des actes administratifs qui leur sont soumis ; considérant que l'article 27, alinéa 3 du décret n° 2009-328 du 08 avril 2009, abrogeant et modifiant certaines dispositions du décret n° 2002-1032 du 15 octobre 2002 fixant le statut des notaires, dispose que le notaire ne peut être poursuivi, recherché, arrêté, détenu ou jugé en matière pénale, à raison d'actes ou faits commis à l'occasion de l'exercice de ses fonctions professionnelles, sauf le cas de flagrant délit ou de crime flagrant, qu'avec l'autorisation du ministre de la Justice, Garde des Sceaux, après avis de la Chambre disciplinaire prévue par l'article 106 dudit décret ; considérant qu'il en résulte que ce texte aménage une procédure pénale spéciale dérogatoire aux règles édictées par la loi n° 65-61 du 21 juillet 1965 portant Code de procédure pénale et constituant une garantie supplémentaire pour le notaire ; qu'il viole manifestement ladite loi ainsi que l'article 67 de la Constitution, en s'immisçant subrepticement dans les attributions relevant exclusivement du domaine du pouvoir législatif ; qu'il s'ensuit qu'il doit être écarté* ».

Les juges de la Cour d'appel ont ainsi estimé que l'article 27 du décret fixant le statut des notaires, qui subordonne les poursuites contre les notaires à l'autorisation du Garde des Sceaux, ministre de la Justice, après avis de la Chambre disciplinaire, intervient dans le domaine de la loi et méconnait l'article 67 de la Constitution.

En effet, d'une part, ce texte a délimité un domaine « *entièrement législatif* » dans lequel la loi fixe les règles relatives notamment aux droits civiques, à la détermination des crimes et des délits ainsi qu'aux peines, à la procédure pénale et aux garanties fondamentales accordées aux fonctionnaires civils et militaires de l'État.

D'autre part, l'article 67 de la Constitution a fixé un domaine « *semi-législatif* » dans lequel la loi ne détermine que les principes fondamentaux (*Sur cette question, J. M. NZOUANKEU, « Les domaines respectifs de la loi et du règlement en droit sénégalais », RIPAS n° 11, octobre-décembre 1984, p. 889 et s.).* Il s'agit notamment de la libre administration des collectivités territoriales, du régime de rémunération des agents de l'État et du régime de la propriété. L'article 76 de la Constitution énonce que les matières qui ne sont pas du domaine législatif ont un caractère réglementaire.

Le juge a ainsi écarté l'article 27 du décret fixant le statut des notaires du procès avant de condamner la prévenue à 6 mois d'emprisonnement ferme.

Paragraphe III : Jurisprudence

258. L'exception d'illégalité devant les juridictions.

259. Si à la date du jugement susvisé il n'appartenait pas à l'autorité judiciaire à l'occasion d'un procès civil, de se prononcer par voie d'exception sur la légalité d'un acte administratif et que si, par suite, c'est à bon droit que le tribunal de première instance de Saint-Louis s'est alors déclaré incompétent, il résulte des dispositions de l'article 4 de l'ordonnance n° 60-56 du 14 novembre 1960, et de l'article 8, alinéa 2 du décret n° 60-390 du 10 novembre 1960, qu'à compter de l'entrée en vigueur de la réforme judiciaire, c'est au tribunal de première instance, juge de droit commun de l'ensemble du contentieux administratif, et sous réserve des compétences d'attribution de la Cour suprême, au nombre desquelles ne figure pas le recours en appréciation de validité, qu'il appartient désormais de se prononcer sur ledit recours. C'est par une inexacte application de la loi que le président du Conseil du contentieux administratif, par son ordonnance susvisée de dessaisissement, a prescrit la transmission du dossier à la Cour suprême, qui est incompétente pour en connaître en premier ressort ***(CS du 05 juillet 1961, Waly SARR c/ Commune de Saint-Louis, Ann.afr. 1973, p. 257 ; RLJ 1961, I, 33 ; GDJAS, n° 04, tome 1, p.28 et s., Rec. Législ. Jursip. 1962, n° 741, p. 33).***

260. Aux termes de l'article 812, alinéa 3 du Code des obligations civiles et commerciales, le refus d'enregistrement doit être motivé. En l'espèce, il ne peut être discuté que la décision dont s'agit n'est nullement motivée étant donné son caractère implicite ; dès lors, elle est manifestement illégale alors qu'elle sert de fondement aux poursuites dirigées contre le sieur DIOP.

Le fait de faire fonctionner le Rassemblement National Démocratique (RND) sans enregistrement ou sans autorisation préalable découle indiscutablement de la décision susvisée qui porte une atteinte grave à la liberté d'association et par suite aux libertés individuelles garanties par la Constitution.

L'illégalité de la décision attaquée étant suffisamment établie, les faits reprochés au prévenu ne peuvent être pénalement réprimés ; en effet, il est de jurisprudence constante que le prévenu doit être relaxé lorsque l'acte administratif, en l'espèce le refus d'enregistrement du RND, servant de fondement à la poursuite est illégal ; il y a lieu, en conséquence de relaxer Cheikh Anta DIOP des fins de la poursuite sans peine ni dépens ***(Trib. 1ère inst. Dakar du 07 avril 1981, MP c/ Cheikh Anta DIOP, GDJAS, n° 04, tome 1, p.29 et s.).***

261. Les juridictions de fond ont, au cours des instances dont elles sont saisies, compétence pour interpréter et apprécier la légalité des décisions des diverses autorités administratives ***(CS, n° 106 du 16 décembre 2010, Abdoul Aziz NDAO c/ Ibrahima NDIAYE, Cour suprême. Bulletin des arrêts, n° 02-03, année judiciaire 2010-2011, décembre 2012, p. 125).***

262. L'exception d'illégalité est une procédure visant à faire apprécier par le juge pénal la légalité d'une loi ou d'un règlement servant de fondement à la poursuite ou invoqué comme un moyen de défense. Cette exception suppose cependant l'existence d'une norme supérieure dont la violation est alléguée ***(CA Dakar, n° 172 du 05 février 2013, Ministère public et Viviane MENDY c/ Sidy BODIAN, inédit).***

263. La décision d'affectation d'une parcelle faisant partie du domaine privé de l'État par une décision du Conseil rural est entachée d'illégalité, en ce que son affectation échappe à la compétence du Conseil rural. Ainsi cette décision ne saurait servir de fondement à un jugement de condamnation pour occupation illégale d'un terrain appartenant à autrui en application de l'article 423 du Code pénal, dès lors qu'elle est inopposable au prévenu. L'exception d'illégalité, en tant que moyen de défense, peut être soulevée à tout moment de la procédure, même pour la première fois en cause d'appel ***(CA Dakar, n° 454 du 25 juin 1986, Ministère public et Fadel SECK c/ Bara DIENG, inédit).***

264. L'article 4 de la loi n° 84-19 du 02 février 1984 fixant organisation judiciaire au Sénégal a expressément prévu que les juridictions ont, au cours des instances dont elles sont saisies, compétence pour interpréter et apprécier la légalité des décisions des autorités administratives. Cependant, ce moyen ne peut prospérer que si l'acte est entaché d'une violation manifeste et prouvée des conditions de légalité interne *(détournement de pouvoir, violation de la loi, erreur de droit, de fait, etc.)* ou externe *(compétence de l'auteur de l'acte, règles de procédure, etc.)* d'un acte administratif. Tel n'est pas le cas lorsque le plaideur se borne à invoquer les moyens de son recours en excès de pouvoir sans établir le caractère bien fondé de l'exception ***(CA n° 357 du 11 septembre 2012, SOCOCIM Industries SA c/ Société Les Ciments du Sahel dite CDS, inédit)***.

265. Le tribunal correctionnel, saisi d'une procédure d'occupation illégale d'un terrain appartenant à autrui, a l'obligation d'apprécier la validité des actes administratifs, notamment des délibérations soumis à son appréciation conformément aux dispositions de l'article 4 de la loi n° 84-19 du 02 février 1984 fixant l'organisation judiciaire ***(CA n° 01 du 06 janvier 2014, MP et Ousseynou THIOR c/ Sérigne Abdoulaye THIAM et Sérigne Mbaye FALL, inédit)***.

266. Pour que le délit d'occupation illégale de terrain appartenant à autrui puisse être retenu contre l'occupant irrégulier, il faudrait que celui qui revendique le terrain litigieux dispose d'un titre valable. L'acte administratif allégué par la partie civile, qui n'a pas fait l'objet d'une approbation par le représentant de l'État, comme l'exige le décret n° 72-1288 du 27 octobre 1972 relatif aux conditions d'affectation et de désaffectation des terres du domaine national, est irrégulier et doit, par conséquent, en vertu de la loi n° 84-19 du 02 février 1984 fixant l'organisation judiciaire, être écarté ***(CA n° 1684 du 30 décembre 2013, Ministère public et Mouhamadou SOW c/ Ousmane SOW, inédit)***.

267. En vertu de l'article 4 de la loi n° 84-19 du 02 février 1984 fixant l'organisation judiciaire, les juridictions ont compétence pour interpréter et apprécier la légalité des décisions des diverses autorités administratives. Ainsi, la Cour d'appel a compétence pour interpréter et apprécier la légalité de la décision du conseil d'administration de l'IPRES relative au taux des cotisations qui constitue un acte administratif quelle que soit la qualification que lui donne son auteur ***(CA Dakar, n° 144 du 21 mars 2007, Direction Générale de l'ASECNA c /Direction générale de l'IPRES, inédit)***.

268. Aux termes de l'article 67 de la Constitution, les règles concernant la détermination des crimes et délits ainsi que les peines qui leur sont applicables, la procédure pénale et les garanties fondamentales accordées aux citoyens relèvent exclusivement du domaine de la loi.

En vertu de l'article 4 de la loi n° 84-19 du 02 février 1984 fixant l'organisation judiciaire, les juridictions de jugement ont, au cours des instances dont elles sont saisies, compétence pour interpréter et apprécier la légalité des actes administratifs qui leur sont soumis.

L'article 27, alinéa 3 du décret n° 2009-328 du 08 avril 2009, abrogeant et modifiant certaines dispositions du décret n° 2002-1032 du 15 octobre 2002 fixant le statut des notaires, dispose que le notaire ne peut être poursuivi, recherché, arrêté, détenu ou jugé en matière pénale, à raison d'actes ou faits commis à l'occasion de l'exercice de ses fonctions professionnelles, sauf le cas de flagrant délit ou de crime flagrant, qu'avec l'autorisation du ministre de la Justice, Garde des Sceaux, après avis de la Chambre disciplinaire.

Il en résulte que ce texte aménage une procédure pénale spéciale dérogatoire aux règles édictées par la loi n° 65-61 du 21 juillet 1965 portant Code de procédure pénale et constituant une garantie supplémentaire pour le notaire ; il viole manifestement ladite loi ainsi que l'article 67 de la Constitution, en s'immisçant subrepticement dans les attributions relevant exclusivement du domaine du pouvoir législatif. Il s'ensuit qu'il doit être écarté ***(CA n° 890 du 22 août 2012, Ministère public c/ Aïssatou Guèye DIAGNE, in Bulletin des arrêts rendus par la Cour d'appel de Dakar en matière pénale, année 2014, p. 134).***

Article 9. - La Cour suprême, les Cours d'appel, les tribunaux de grande instance et les tribunaux d'instance statuent en formation collégiale et en nombre impair.

Toutefois, lorsque l'effectif qui leur est affecté est inférieur à trois magistrats, non compris les juges d'instruction, le tribunal de grande instance et le tribunal d'instance statuent à juge unique, sauf en manière criminelle

Le tribunal de grande instance en formation spéciale est complété par des assesseurs.

Le tribunal du travail est composé d'un Président et de deux assesseurs.

SECTION XV : LE PRINCIPE DE LA COLLÉGIALITÉ.

PARAGRAPHE I : BIBLIOGRAPHIE

ARRIGHI DE CASANOVA (J.), « À propos de la compétence pour généraliser le juge unique en contentieux administratif », *AJDA*, 2006, p. 1689.

BAUDOUIN (J. M.), « La collégialité est-elle une garantie de la sûreté des jugements ? Réflexions sur un exercice d'école », *RTD* Civ. ; 1992, p. 532-538.

COHENDET (M. A.), « La collégialité des juridictions : un principe en voie de disparition », *RDC const.* 2006/68, p. 713.

DE LA VASSIERE (F.), « Quelques réflexions simples sur le juge unique », *Gaz. Pal*, 06 janvier 2000 n° 6, p. 2.

DOST(C.), *Collégialité et juge unique dans le droit judiciaire français*, Thèse Bordeaux IV, 1999.

LE BRAS (Th.), « Juge unique/ collégialité », in L. CADIET (dir), *Dictionnaire de la Justice*, Paris, PUF, 1ère éd., 2004, p. 683 et s.

PARISI (Cl.), « L'extension du juge unique en Europe », *RICD*, 2007/3, p. 647.

PERDRIAU (A.), « Les audiences tenues par un seul juge sonnent-elles le glas des délibérés collégiaux ? », *Gaz. Pal.*, 2, 1996, p. 1488-1489.

SIRE (P.), « Défense et juge unique », *JCP*, 1962, I, 1720.

STRICKLER (Y.), « Le juge unique en procédure pénale », *Petites affiches*, n° 45, 2002, p. 9-14.

Paragraphe II : Commentaire

269. De la collégialité. - La collégialité est un « *système d'organisation judiciaire selon lequel les décisions de justice sont en principe prises après délibération en commun par plusieurs magistrats* » (*G. CORNU, Vocabulaire juridique, Paris, PUF, 2014, p. 193*) *(Sur le principe de la collégialité, V. J. M. BAUDOUIN, « La collégialité est-elle une garantie de la sûreté des jugements ? Réflexions sur un exercice d'école », RTD civ. 1992, p. 532-538 ; C. DOST, Collégialité et juge unique dans le droit judiciaire français, Thèse Bordeaux IV, 1999 ; Y. STRICKLER, « Le juge unique en procédure pénale », Petites affiches, n° 45, 2002, p. 9-14 ; A. PERDRIAU, « Les audiences tenues par un seul juge sonnent-elles le glas des délibérés collégiaux ? », Gaz. Pal., 2, 1996, p. 1488-1489 ; P. SIRE, « Défense et juge unique », JCP, 1962, I, 1720 ; Th. LE BRAS, « Juge unique/ collégialité », in L. CADIET (dir), Dictionnaire de la Justice, Paris, PUF, 1ère éd., 2004, p. 683 et s. ; F. DE LA VASSIERE, « Quelques réflexions simples sur le juge unique », Gaz. Pal, 06 janvier 2000 n° 6, p. 2).*

La collégialité est sans conteste un principe d'organisation judiciaire, mais il serait excessif de vouloir l'ériger en principe directeur du procès pénal. Le Conseil constitutionnel français a déjà admis, à propos du recours au juge unique pour le jugement de délits, que le législateur pouvait déroger à la collégialité à condition de respecter le principe d'égalité (*Cons. Const. n° 75-56 DC, 23 juillet 1975, Rec. 22, GDCC, n° 29, paragraphe 6).*

Il s'agit plus d'un principe d'organisation judiciaire que de procédure *(En ce sens, F. DESPORTES et L. LAZERGES-COUSQUER, Traité de procédure pénale, Paris, Economica, 2e éd., 2013, p.190 et s., n° 288).*

270. L'âge d'or du juge unique. - Au lendemain des indépendances, le système du juge unique régnait en maître. L'adage « *juge unique, juge inique* » n'a pas semblé avoir impressionné le législateur sénégalais de 1960. Tant dans les anciennes justices de paix, dans les tribunaux du travail que dans les tribunaux de première instance, le système du juge unique a été institué *(K. MBAYE, « L'organisation judiciaire actuelle », in Encyclopédie juridique de* *l'Afrique,* Dakar-Abidjan-Lomé, *NEA, 1982, tome 4, p. 42 ; K. MBAYE, « L'organisation judiciaire », Penant, n° 705, janvier-février-mars, 1965, p. 27).*

En vertu de l'article 5, alinéa 2 de l'ordonnance n° 60-56 du 14 novembre 1960 fixant l'organisation judiciaire dans la République du Sénégal ainsi que les principes fondamentaux applicables aux litiges de droit privé, le tribunal de première instance et la justice de paix statuent à juge unique. C'est seulement au niveau des Cours d'appel, des Cours d'assises et de la Cour suprême que la collégialité retrouvait droit de cité *(V. art. 5, alinéa 1er de l'ordonnance n° 60-56 du 14 novembre 1960 fixant l'organisation judiciaire dans la République du Sénégal ainsi que les principes fondamentaux applicables aux litiges de droit privé).*

271. Apparition timide de la collégialité. - Il a fallu attendre la loi n° 92-28 du 04 juin 1992 modifiant la loi n° 84-19 du 02 février 1984 fixant l'organisation judiciaire *(JORS n° 5470 du 04 juin 1992, p. 266),* pour assister à l'introduction de la règle de la collégialité dans le fonctionnement des tribunaux régionaux. En vertu de l'ancien article 5 de la loi du 02 février 1984, le tribunal régional statue en forme collégiale.

Mais, le décret n° 92-918 du 17 juin 1992 modifiant le décret n° 84-1194 du 22 octobre 1994 fixant la composition et la compétence des Cours d'appel, des tribunaux régionaux et des tribunaux départementaux *(JORS, n° 5481 du 15 août 1992, p. 71)* n'avait pas véritablement fixé les conditions d'application de la collégialité. Il se contentait d'énoncer que la collégialité est écartée, si à titre transitoire, l'effectif des juges qui sont affectés aux tribunaux régionaux est inférieur à trois magistrats, non compris les juges d'instruction.

272. Intérêts de la collégialité. - Sans nier les bienfaits du juge unique, la généralisation de la collégialité dans l'organisation judiciaire présente des intérêts certains.

D'abord, elle garantit une justice mieux éclairée, la délibération provoquant une discussion entre les juges sur la valeur des moyens invoqués par les parties.

Ensuite, la collégialité est une garantie d'une justice impartiale ; l'impartialité de chaque juge est garantie par le contrôle de ses collègues.

Enfin, la collégialité assure l'indépendance de la justice, puisque lorsque la décision rendue par un collège de juges au nom d'une juridiction, l'anonymat sauvegarde l'indépendance de chaque juge *(Sur ces arguments en faveur de la collégialité, V. PERROT, Institutions judiciaires, Paris, Montchrestien, 12e éd., 2006, p. 398 et 399 ; Th. LE BRAS, « Juge unique/ collégialité », in L.CADIET (dir.), Dictionnaire de la Justice, Paris, PUF, 1ère éd., 2004, p. 684).*

273. La collégialité dans toutes les juridictions ! - La réforme de l'organisation judiciaire a apporté une innovation importante en procédant à une généralisation du principe de la collégialité qui désormais a vocation à s'appliquer à toutes les juridictions.

L'article 9 de la loi du 03 novembre 2014 énonce que : « *la Cour suprême, les Cours d'appel, les tribunaux de grande instance et les tribunaux d'instance statuent en formation collégiale et en nombre impair. Toutefois, lorsque l'effectif qui leur est affecté est inférieur à trois magistrats, non compris les juges d'instruction, le tribunal de grande instance et le tribunal d'instance statuent à juge unique, sauf en matière criminelle* ».

Ainsi, les Chambres criminelles près les tribunaux de grande instance statuent toujours en formation collégiale. Aucune dérogation au principe de la collégialité n'est admissible.

En vertu de l'article 226 du Code de procédure pénale, modifié par la loi n° 2014-28 du 03 novembre 2014, la Chambre criminelle près le tribunal de grande instance comprend le président et deux juges exerçant leurs fonctions dans le ressort dudit tribunal.

Les modalités de mise en œuvre de la collégialité devant les Cours d'appel et les tribunaux de grande instance sont prévues par le décret n° 2015-1145 du 03 août 2015 fixant la composition et la compétence des Cours d'appel, des tribunaux de grande instance et des tribunaux d'instance *(V. art. 15, alinéa 3 et 4 et 25).*

Force est de constater que ce texte n'a pas précisé les modalités d'application de la collégialité devant les tribunaux d'instance, notamment en cas d'absence, d'empêchement ou d'indisponibilité au niveau du siège de cette juridiction.

Récemment, la Cour d'appel de Dakar, dans un arrêt du 23 juillet 2015, a eu l'occasion, faisant application de l'article 9 de la loi du 03 novembre 2014 fixant l'organisation judiciaire, de rappeler l'obligation pour le tribunal de grande instance de statuer en formation collégiale, à propos de l'instance en opposition à décompte d'intérêts de droit *(CA Dakar, n° 170 du 23 juillet 2015, Héritiers de feu Babacar TALL c/ Babacar DIAGNE, Les Assurances la Sécurité Sénégalaise, inédit)*.

La Cour, saisie d'un appel interjeté contre une ordonnance du président du tribunal de grande instance statuant sur une opposition à décompte d'intérêts de droit, a soulevé d'office l'exception d'incompétence de la juridictionnelle présidentielle.

Selon la Cour, la loi n° 92-28 du 4 juin 1992 modifiant cette loi du 02 février 1984, notamment en son article 5, énonce que le tribunal régional statue également en forme collégiale, sauf à titre transitoire, si l'effectif des juges qui lui sont affectés est inférieur à trois magistrats, non compris les juges d'instruction, dans des conditions déterminées par décret.

En outre, la Cour ajoute que le tribunal régional est remplacé par le tribunal de grande instance, lequel statue, en principe, ainsi qu'il est dit à l'article 9 de la loi n° 2014-26 du 03 novembre 2014, en formation collégiale et en nombre impair.

Elle a précisé que les articles 327 et suivants du Code de procédure civile, bien que règlementant la procédure de liquidation des dommages et intérêts moratoires, n'ont pas indiqué la juridiction compétente.

Selon la Cour, « *aucune disposition légale n'ayant créé une juridiction chargée de statuer à juge unique sur les contestations d'un décompte d'intérêts de droit* », le président du tribunal de grande instance *(juge unique)* est incompétent pour connaître de l'opposition à décompte d'intérêts de droit.

Ainsi, d'après la Cour d'appel de Dakar, seule la formation collégiale du tribunal de grande instance est compétente pour statuer sur l'opposition à décompte d'intérêts de droit, à l'exclusion de la juridiction présidentielle.

Cette décision est tout à fait fondée. En effet, le décompte d'intérêts de droit est une forme de réparation d'un préjudice causé à un créancier d'une somme d'argent, en raison du retard qu'a pris son débiteur pour se libérer ; il s'analyse au fond en dommages et intérêts moratoires prévus à l'article 8 du Code des obligations civiles et commerciales. Or, aucune disposition du Code de procédure civile, n'habilite la juridiction présidentielle à statuer sur l'instance en opposition audit décompte qui a pour objet de contester le décompte fait par le créancier. En conséquence, une telle action devrait ressortir de la compétence de la formation collégiale du tribunal de grande instance.

274. Le tribunal d'instance : juridiction collégiale. - Depuis toujours, la Cour suprême, les Cours d'appel et le tribunal du travail ont statué en formation collégiale.

Il a été jugé qu'un arrêt de la Cour d'appel, régulièrement signé, qui ne mentionne que le nom du président et celui d'un conseiller, la place réservée au deuxième conseiller étant laissée en blanc, est entaché d'une irrégularité de nature à entraîner la nullité de la décision, tant dans ses motifs que dans son dispositif *(CA, n° 10 du 25 avril 1980, G. Vignoboul c/ T. Dotou, in Répertoire de jurisprudence de droit social : droit du travail et sécurité sociale, Dakar, CREDILA, décembre 1991, p. 426).* Cette décision a réaffirmé l'obligation pour la Cour d'appel de statuer collégialement.

Désormais, les tribunaux d'instance, qui statuaient jusque-là à juge unique, doivent respecter le principe de la collégialité tant en matière civile que pénale. Aux termes de l'article 15, alinéa 3 du décret du 03 août 2015 fixant la composition et la compétence des Cours d'appel, des tribunaux de grande instance et des tribunaux d'instance, « *le tribunal de grande instance statue en formation collégiale composée de trois juges* »

En matière pénale, le tribunal de simple police compétent pour juger les contraventions, les délits « *mineurs* » énumérés par la loi n° 84-20 du 02 février 1984 siège en formation collégiale ainsi que ceux prévus par des lois spéciales.

En matière civile, les tribunaux d'instance ont également l'obligation de statuer en collégialité dans les matières qui leur sont dévolues ; il en est ainsi notamment des contentieux relatifs aux baux à usage d'habitation, quels que soient l'objet du litige et le montant du loyer, au statut personnel et aux baux à usage professionnel, lorsque le montant du loyer mensuel est inférieur ou égal à cent mille (*100.000*) francs.

Les tribunaux d'instance statuent aussi en formation collégiale dans les contentieux dévolus à la compétence du « *juge de paix* » par les textes du Code de la famille. Il en est ainsi en matière de divorce par consentement mutuel *(V. art. 159 du Code de la famille)* et de divorce contentieux *(V. art. 167 du Code de la famille),* et de séparation de corps *(V. art. 181 et s. du Code de la famille)*. Il en est de même des procédures d'autorisation d'inscription d'état civil *(V. art. 87 du Code de la famille)*, de rectification d'acte d'état civil *(V. art. 90 et 91 du Code de la famille),* de reconstitution des actes d'état civil *(art. 89 al. 2 du Code de la famille)*, d'annulation d'acte de naissance d'un enfant trouvé *(V. art. 55 du Code de la famille)* et de jugement d'hérédité *(V. art. 403 du Code de la famille).*

La référence faite par le Code de la famille au « *juge de paix* » pour désigner l'instance judiciaire compétente pour connaître de ces contentieux ne saurait prêter à discussion. Cette formule renvoie actuellement au tribunal d'instance. D'ailleurs, sous l'empire de la législation antérieure, les décisions rendues par les anciens tribunaux départementaux dans ces matières prenaient la forme de « *jugements* » *(jugement de divorce, de rectification, d'hérédité, d'autorisation d'inscription de naissance, etc.)*, même si elles étaient rendues, à l'époque, par des juges uniques.

Toutefois, il faut réserver le cas de certaines procédures particulières portées devant le tribunal d'instance. Même si l'article 170 du Code de la famille évoque les « *jugements* » sur les mesures provisoires en cours d'instance de divorce contentieux *(garde, pension alimentaire, résidence remise des effets)*, il semble que la conciliation des époux, devrait être portée devant un juge unique. En effet, compte tenu de la particularité de la procédure de conciliation, on ne voit pas comment elle pourrait se dérouler devant une instance collégiale.

En cas de non-conciliation, le juge conciliateur rend une ordonnance de non-conciliation et renvoie l'affaire devant le tribunal d'instance statuant en formation collégiale qui est habilité à rendre le jugement de divorce. Cette seconde phase de la procédure de divorce ne se déroule plus devant le tribunal d'instance statuant comme juge conciliateur, mais devant la juridiction d'instance statuant en formation collégiale *(Y. NDIAYE, Le divorce et la séparation de corps, Dakar-Abidjan-Lomé, NEA, 1979, p. 89 et s.).*

Depuis le 1er août 2015, l'assemblée générale du tribunal d'instance hors classe de Dakar a mis en place quatre chambres spécialisées conformément à la loi du 03 novembre 2014 fixant l'organisation judiciaire. Il s'agit d'une chambre civile et commerciale, d'une chambre de statut personnel, d'une chambre de l'état civil et d'une chambre correctionnelle. Chaque chambre est composée de trois magistrats, dont un président.

Dans la pratique du tribunal d'instance hors classe de Dakar, le principe de collégialité reçoit une application singulière dans certaines matières. A titre d'exemple, dans les procédures de divorce, de jugement d'hérédité, d'autorisation d'inscription d'état civil, notamment, dès le dépôt de la requête, le président attribue le dossier à la chambre compétente.

L'instruction de l'affaire est faite par un juge unique de la chambre. En matière de divorce contentieux, ce juge procède à la tentative de conciliation et prescrit, au besoin, par ordonnance, les mesures provisoires prévues par l'article 170 du Code de la famille. Après l'instruction du dossier, notamment en cas d'échec de la tentative de conciliation, le juge constate la non-conciliation, avant de renvoyer le dossier devant la chambre collégiale pour mise en délibéré.

Les membres de la chambre statuent sur les affaires mises en délibéré avant de les vider à l'audience publique.

Mais, la mise en œuvre du principe de la collégialité est susceptible de poser des problèmes en raison de l'insuffisance du personnel magistrat. C'est certainement la raison pour laquelle, récemment, dans les instances pénales (procédures de flagrants délits et grande correctionnelle), les procédures liées à l'état civil *(autorisation d'inscription, rectification, annulation des actes de l'état civil etc.)* et au jugement d'hérédité, le système du juge unique a été restauré dans la pratique du tribunal d'instance hors classe de Dakar.

On peut douter de la légalité d'une telle pratique. En effet, l'article 9, alinéa 2 de la loi du 03 novembre 2014 fixant l'organisation judiciaire ne prévoit une exception à l'obligation des juridictions de statuer en formation collégiale que « *lorsque l'effectif qui leur est affecté est inférieur à trois magistrats, non compris les juges d'instruction* ».

Ainsi, dès lors que l'effectif affecté au tribunal d'instance est supérieur à trois (3) magistrats, non compris les juges d'instruction, en principe la juridiction d'instance a l'obligation de statuer collégialement.

Cependant, l'application effective de cette disposition suppose un renforcement des effectifs des magistrats, surtout à Dakar où le contentieux du tribunal d'instance risque de connaître un accroissement avec l'option des pouvoirs publics d'étendre la compétence matérielle de cette juridiction.

275. Particularité du tribunal de grande instance de Dakar en formation spéciale.- Aux termes de l'article 9 de la loi du 03 novembre 2014 fixant l'organisation judiciaire : « *le tribunal de grande instance en formation spéciale est complété par des assesseurs* ».

A titre d'exemple, en matière militaire, le tribunal de grande instance hors classe de Dakar statue en formation spéciale. En vertu de l'article 5 de la loi n° 94-44 du 27 mai 1994 portant Code de justice militaire (*JORS n° 5602 du samedi 15 octobre 1994, p. 451 et s.*), la Cour d'appel et le tribunal de grande instance de Dakar en formation collégiale rendent la justice militaire. Ils prennent à cette occasion l'appellation de juridictions ordinaires à formation spéciale.

Le Code de justice militaire a prévu que les juridictions ordinaires à formation militaire s'adjoignent avec voix délibérative, deux assesseurs militaires ou assimilés désignés par le président de la juridiction sur une liste dressée par le ministre chargé des Forces armées, le ministre chargé de l'Intérieur et par l'autorité habilitée par les statuts propres aux personnels des corps paramilitaires, pour ce qui concerne les personnels des corps paramilitaires.

L'article 7 du Code de justice militaire précise que les assesseurs sont d'un grade supérieur ou au moins égal à celui des prévenus et, dans ce dernier cas, d'une ancienneté supérieure. Ils doivent appartenir à la même arme et service que le prévenu.

Nul ne peut être désigné en qualité d'assesseur s'il n'est de nationalité sénégalaise et âgé de vingt et un ans au moins *(art. 15 du Code de justice militaire)*. En outre, l'assesseur dans une affaire soumise à une juridiction ordinaire à formation spéciale ne doit pas être parent ou allié du prévenu ou de l'accusé, s'il a précédemment connu de l'affaire comme administrateur ou participé à une décision au fond de l'affaire. Il en est de même s'il a porté plainte ou déposé comme témoin ou a participé à l'enquête ou mis en mouvement l'action publique et s'il a été engagé dans un procès contre le prévenu ou l'accusé dans les cinq années qui ont précédé *(art. 16 du Code de justice militaire).*

Au début de la première audience et avant d'entrer en fonction, les assesseurs sont tenus de prêter serment dans la forme prescrite par la loi *(art. 13 du Code de justice militaire).*

Un arrêt de la Cour d'appel de Dakar du 23 août 2013 a jugé qu'en application des articles 27 et suivants du Code de justice militaire, le tribunal de grande instance hors classe de Dakar et la Cour d'appel, dans leur composition ordinaire, sont incompétents pour connaître des infractions reprochées à un médecin-militaire en activité à l'Hôpital Principal de Dakar, qui est également une structure militaire (*CA Dakar, n° 1269 du 23 août 2013, Ministère public et Adama LY c/ El Hadji Amadou FAYE, Abdoulaye LOPY, Pape Saliou MBAYE, inédit*).

Dans la pratique du tribunal de grande instance hors classe de Dakar à formation militaire, le tribunal militaire est composé d'un président qui s'adjoint d'assesseurs militaires ou paramilitaires.

On peut s'interroger sur la légalité de cette pratique à la lumière des dispositions du Code de justice militaire.

En effet, il résulte de l'article 7 du Code de justice militaire que les juridictions ordinaires à formation spéciale statuent en premier et dernier ressort. Elles s'adjoignent avec voix délibérative, de deux assesseurs militaires ou assimilés.

En d'autres termes, ce sont les « *juridictions ordinaires à formation spéciale* » qui s'adjoignent d'assesseurs. Mais, quel est le sens de cette expression ?

Cette disposition signifie-t-elle que c'est la formation collégiale du tribunal de grande instance hors classe de Dakar qui doit s'adjoindre d'assesseurs militaires pour constituer le tribunal de grande instance de Dakar en formation spéciale ? Cette juridiction serait donc constituée de cinq membres, dont trois magistrats, et de deux assesseurs militaires ou assimilés.

Cependant, selon le Code de justice militaire, il ne s'agit pas de la formation ordinaire du tribunal de grande instance ou de la Cour d'appel qui s'adjoint de militaires mais plutôt les « *juridictions ordinaires à formation spéciale* ». Quelles sont ces formations spéciales qui doivent s'adjoindre d'assesseurs ? Le texte vise-t-il alors le président du tribunal militaire qui s'adjoint, à cet effet, d'assesseurs militaires ou assimilés ?

Cette interprétation semble être celle de la pratique judiciaire, le tribunal de grande instance de Dakar à formation militaire étant composé du président et de deux assesseurs militaires ou assimilés.

En tout état de cause, l'article 7 du Code de justice militaire, qui entretient un véritable flou sur la composition de la juridiction militaire, mérite d'être clarifié.

Il nous semble plus conforme à l'esprit du texte de considérer que c'est la formation collégiale du tribunal de grande instance de Dakar qui s'adjoint d'assesseurs militaires. Sous ce rapport, l'article 7 du Code de justice militaire devrait se limiter à énoncer que la Cour d'appel et le tribunal de grande instance hors classe de Dakar s'adjoignent d'assesseurs militaires. Cette interprétation éviterait que les assesseurs militaires ne profitent de leur majorité pour s'opposer à des décisions défavorables ou même favorables à leurs collègues au nom d'un « *esprit de corps* ». Elle assurerait ainsi une plus grande protection des militaires prévenus contre la partialité de leurs collègues.

La pratique du tribunal de grande instance de Dakar est d'autant plus curieuse qu'au niveau de la Cour d'appel, qui constitue pourtant une juridiction ordinaire à formation spéciale au même titre que le tribunal de grande instance *(V. art. 5 et 7 du Code de justice militaire)*, c'est la formation collégiale de cette juridiction qui s'adjoint de deux assesseurs militaires ou assimilés (*notamment, CA Dakar, ch. mil. n° 006 du 29 octobre 2014, MP c/ Attab DIEME, inédit ; CA Dakar, ch. mil. n° 001 du 23 décembre 2014, MP c/ Samba SARR et Adama SALL, inédit*).

276. La collégialité devant le tribunal du travail. - L'article 9 de la loi du 03 novembre 2014 précise que le tribunal du travail est composé d'un président et de deux assesseurs.

Le tribunal du travail siège au chef-lieu de chaque région ; son ressort est le territoire de la région. Ce tribunal a toujours été une juridiction collégiale avec cette particularité qu'il fonctionne selon le principe de l'échevinage. Il s'agit d'un système d'organisation judiciaire consistant à composer une juridiction de jugement de magistrats de carrière et de « *magistrats* » non professionnels choisis notamment en raison de leur appartenance à une catégorie socioprofessionnelle *(G. CORNU, Vocabulaire juridique, Paris, PUF, 2014, V° Echevinage, p. 381)*. En effet, la juridiction sociale comporte des assesseurs employeurs et travailleurs. Ces derniers peuvent apporter leurs connaissances des usages et des particularités propres à chaque activité professionnelle et partager avec le tribunal leur expérience de la vie des entreprises *(J. ISSA-SAYEGH, Droit du travail sénégalais, Paris, LGDJ, NEA, 1987, p. 251)*.

Le Code du travail est beaucoup plus précis sur la composition échevinale de la juridiction sociale. En vertu de l'article L. 233 du Code du travail, le tribunal du travail est composé du président, ou, en cas d'empêchement de celui-ci, d'un juge du tribunal du travail, désigné par ordonnance du président de la juridiction.

En cas d'absence ou d'empêchement de tous les magistrats du tribunal du travail, la présidence est assurée par le président du tribunal de grande instance ou par le magistrat du siège délégué par lui.

Le tribunal est également composé d'un assesseur employeur et assesseur travailleur. Les assesseurs et leurs suppléants sont nommés par arrêté du ministre chargé du Travail. Ils sont choisis sur des listes présentées par les organisations syndicales les plus représentatives et comportant un nombre de noms double de celui des postes à pourvoir ou, en cas de carence de celles-ci par le ministre chargé du Travail *(art. L. 235 du Code du travail)*.

Pour chaque affaire, le président désigne autant que possible l'assesseur employeur et l'assesseur travailleur appartenant à la catégorie intéressée *(art. L. 233 du Code du travail)*.

Il a été jugé qu'est irrégulière la formation du tribunal du travail qui n'est composée que du président et d'un seul assesseur en violation des dispositions de l'article L. 233 du Code du travail, qui prévoit que la juridiction sociale est composée du président, assisté d'un assesseur employeur et d'un assesseur travailleur *(CA Dakar, n° 439 du 13 octobre 2001, Marianne Sambou et Henriette DIAGNE c/ Océan Fish, inédit)*.

En outre, est inexistant le jugement du tribunal du travail duquel il résulte qu'ont siégé trois assesseurs, dont deux représentant les travailleurs *(CA Dakar du 26 avril 1967, Boissons gazeuses du Cap-Vert c/ Djibril DIOUF, inédit).*

277. Le maintien du juge unique. - La généralisation du principe de la collégialité dans les juridictions ne saurait faire illusion. En réalité, le système du juge unique n'a pas totalement disparu ; il a même tendance à gagner du terrain en droit sénégalais.

Le recul du principe de la collégialité constitue une véritable tendance du droit judiciaire (*En ce sens, M. A. COHENDET, « La collégialité des juridictions : un principe en voie de disparition », RDC const. 2006/68, p. 713 ; P. BAILLY, « La collégialité est-elle morte ? », Gaz. Pal. 5 mars 1996 ; Cl. PARISI, « L'extension du juge unique en Europe », RICD, 2007/3, p. 647 ; J. ARRIGHI DE CASANOVA, « À propos de la compétence pour généraliser le juge unique en contentieux administratif », AJDA, 2006, p. 1689).*

Le système du juge unique garde encore un relief particulier dans certaines procédures particulières. Il s'agit aussi bien du juge de la mise en état *(art. 54-2 du Code de procédure civile)* que du conseiller de la mise en état *(art. 280 bis du Code de procédure civile).* On peut citer aussi le juge des référés *(V. art. 247 et s. du Code de procédure civile)* et le juge commissaire *(V. art. 39 et 40 de l'Acte uniforme portant organisation des procédures collectives d'apurement du passif)* qui siègent à juge unique.

Quelquefois, c'est tout un contentieux qui est abandonné à l'appréciation d'un juge unique. Il en est ainsi du contentieux des incidents de saisies qui est tombé dans le champ de compétence du « *président de la juridiction statuant en matière d'urgence* » ou du « *magistrat délégué par lui* » *(V. art. 49 de l'AUPSRVE).*

Dans la pratique juridictionnelle du tribunal de grande instance hors classe de Dakar, c'est le juge des référés *(à compétence élargie)* qui exerce les attributions du juge de l'article 49 de l'AUPSRVE.

Dans le contentieux pénal, durant la phase préparatoire du procès, le législateur s'est accommodé d'une totale solitude du juge d'instruction au cours de l'instruction *(V. art. 70 et s. du Code de procédure pénale ; P. CHAMBON, Le juge d'instruction. Théorie et pratique de la procédure, 4e éd., 1997, Paris, Dalloz ; M. DORW- LING-CARTER, « Faut-il supprimer le juge d'instruction ? », JCP, 1990. I. 3458)* ; le juge d'instruction constitue à lui seul une juridiction ayant une compétence exclusive pour procéder, conformément à la loi, à tous les actes utiles à la manifestation de la vérité au cours de l'information *(V. art. 72 du Code de procédure pénale).*

Mais, les législations pénales contemporaines tendent de plus en plus à poser le principe de la collégialité de l'instruction comme en matière de terrorisme. L'article 677-28 du Code de procédure pénale issu de la loi n° 2007-04 du 12 février 2007 modifiant le Code de procédure pénale a institué un pool antiterroriste au tribunal de grande instance hors classe de Dakar composé notamment de cabinets d'instruction spécialisés pour l'instruction des infractions de terrorisme.

Par un arrêté n° 20672 du 03 novembre 2015, le ministre de la Justice a institué, au sein des tribunaux de grande instance hors classe de Dakar, un pool de cabinets d'instruction spécialisés en matière d'actes de terrorisme. Ce pool est composé de sept (7) juges d'instruction exerçant au tribunal de grande instance de Dakar.

Dans la seconde phase de l'instruction, la Chambre d'accusation, juridiction d'instruction du second degré, siège en formation collégiale *(A. DIOP, « Une juridiction méconnue : la Chambre d'accusation », Rev.sén. dr. décembre 1975, n° 18, p. 33 et s.).*

En vertu de l'article 185 du Code de procédure pénale, la Chambre d'accusation est une section spéciale de la Cour d'appel composée d'un président de chambre, ou à défaut d'un conseiller, exclusivement attaché à ce service, et de deux conseillers qui peuvent, en cas de besoin, assurer le service des autres chambres de la cour.

Le président et les conseillers composant la Chambre d'accusation sont désignés chaque année, pour la durée de l'année judiciaire suivante, par l'assemblée générale de la Cour.

PARAGRAPHE III : JURISPRUDENCE

278. Mise en œuvre du principe de collégialité.

En vertu des dispositions de l'article 29 du décret n° 60-390 du 10 novembre 1960, la Cour d'appel statuant en la forme collégiale, est composée d'un président assisté de deux conseillers. Dès lors, l'arrêt régulièrement signé, qui ne mentionne que le nom du président et celui d'un conseiller, la place réservée au deuxième conseiller étant laissée en blanc, est entaché d'une irrégularité de nature à entraîner la nullité de la décision, tant dans ses motifs que dans son dispositif ***(CA n° 10 du 25 avril 1980, G. Vignoboul c/ T. Dotou, in Répertoire de jurisprudence de droit social : droit du travail et sécurité sociale, CREDILA, décembre 1991, p. 426)***.

279. Est irrégulière la formation du tribunal du travail qui n'est composée que du président et d'un seul assesseur en violation des dispositions de l'article L 233 du Code du travail, qui prévoit que la juridiction sociale est composée du président, assisté d'un assesseur employeur et d'un assesseur travailleur ***(CA Dakar, n° 439 du 13 octobre 2001, Marianne Sambou et Henriette DIAGNE c/ Océan Fish, inédit)***.

280. Est inexistant le jugement du tribunal du travail duquel il résulte qu'ont siégé trois assesseurs, dont deux, représentaient les travailleurs ***(CA du 26 avril 1967, Boissons gazeuses du Cap-Vert c/ Djibril DIOUF, inédit)***.

281. La compétence est une règle d'ordre public qui peut être soulevée à toutes les étapes de la procédure. Il ressort des articles 27 et suivants du Code de justice militaire que les infractions de toute nature commises par des militaires dans le service, les casernes, les quartiers, les établissements militaires et même chez l'hôte sont justiciables des juridictions ordinaires à formation spéciale.

En application de ces textes, le tribunal de grande instance hors classe de Dakar et la Cour d'appel, dans leur composition ordinaire sont incompétents pour connaître des infractions reprochées à un médecin-militaire en activité à l'Hôpital Principal de Dakar, qui est également une structure militaire (***CA Dakar, n° 1269 du 23 août 2013, Ministère public - et Adama LY c/ El Hadji Amadou FAYE, Abdoulaye LOPY, Pape Saliou MBAYE, inédit***).

282. La loi n° 92-28 du 04 juin 1992 modifiant la loi du 02 février 1984, notamment en son article 5 énonce que le tribunal régional statue également en forme collégiale, sauf à titre transitoire, si l'effectif des juges qui lui sont affectés est inférieur à trois magistrats, non compris les juges d'instruction, dans des conditions déterminées par décret.

Le tribunal régional est remplacé par le tribunal de grande instance, lequel statue, ainsi qu'il est dit à l'article 9 de la loi n° 2014-26 du 03 novembre 2014, en formation collégiale et en nombre impair sauf si l'effectif des juges qui lui est affecté est inférieur à trois magistrats, non compris les juges d'instruction ; auquel cas, il siège, excepté en matière criminelle, à juge unique.

Les articles 327 et suivants du Code de procédure civile, bien que règlementant la procédure de liquidation des dommages et intérêts moratoires, n'ont pas indiqué la juridiction compétente.

Aucune disposition légale n'ayant créé une juridiction chargée de statuer à juge unique sur les contestations d'un décompte d'intérêts de droit, le président du tribunal de grande instance *(juge unique)* est incompétent pour connaître de l'opposition à décompte d'intérêts de droit ***(CA Dakar, n° 170 du 23 juillet 2015, Héritiers de feu Babacar TALL c/ Babacar DIAGNE, Les Assurances la Sécurité Sénégalaise, inédit)***.

Article 10. - Les audiences, sauf en matière de contributions directes et de taxes assimilées, de taxes sur le chiffre d'affaires et de taxes indirectes dont l'assiette est confiée au service des contributions directes et lorsque la loi en dispose autrement, sont publiques en matières civile et pénale, à moins que cette publicité ne soit dangereuse pour l'ordre public ou les bonnes mœurs, auquel cas, la juridiction ordonne le huis clos par l'arrêt ou jugement préalable.

Dans tous les cas, les jugements autres que ceux qui interviennent sur les incidents nés durant le huis clos sont, en toute manière, prononcés publiquement.

Les jugements doivent être motivés à peine de nullité.

SECTION XVI : LE PRINCIPE DE LA PUBLICITÉ DES DÉBATS.

PARAGRAPHE I : BIBLIOGRAPHIE

BESSON (A.), « Le secret de la procédure pénale et ses incidences », *D.* 1959, chron. 191.

BOULAN, « Le secret de l'enquête et de l'instruction », *Mélanges Kayser*, Aix-en-Provence, PUAM, 1979, p. 127.

D'AMBRA (D.), Publicité », in L. CADIET (dir), *Dictionnaire de la Justice*, Paris, PUF, 2004, p. 1111 et s.

DE MONTGOLFIER (E.) et AL., « Les divulgations de la police et des magistrats à la presse », in *Droit à l'information et secret de l'enquête et de l'instruction ?,* Actes du Forum Légipresse - Conseil national des Barreaux du jeudi 3 juin 2004. Maison de la Chimie, Légicom 2005/1 n° 33, p. 39-43.

DERIEUX(E.), « Les comptes rendus d'audience », *Légipresse*, avril 1994, p. 25 s.

DIALLO (Ch. T.), « Le secret de l'instruction et le droit à l'information », Discours d'usage de la rentrée solennelle des Cours et tribunaux, année judiciaire 1995-1996.

DUPUY (R.), « Le secret de l'instruction », *Gaz. Pal.* 1978. 2. Doctr. 379.

GARAPON (A.), « Faut-il filmer les audiences ? », *Justices,* n° 3, 1996. 127.

GRANIER, « L'article 11 du Code de procédure pénale », *RSC,* 1959, p. 313.

KAYSER (P.), « Le principe de la publicité de la justice dans la procédure civile », *Mélanges Pierre Hébraud,* Toulouse, Université des sciences sociales, 1981, p. 501-526.

LEVASSEUR (G.), CLERC (F.) et BOLLE (P.), « La publicité dans le procès pénal », *RSC* 1976, p. 519.

LINDON (R.), « La télévision à l'audience », *D.* 1985, p. 81-82.

MASSON, « Le secret de l'instruction », *RSC* 1981, p. 393.

PRADEL (J.), « Les techniques audiovisuelles, la justice et l'histoire », *D.* 1986, p. 113.

VERIN (J.), « Téléviser les débats judiciaires », *RSC,* 1984, p. 813.

VITU (A.), « Le principe de la publicité de la justice dans le Code de procédure pénale », *Ann. Fac. dr. et sc. écon.*, Toulouse 1968, p. 293.

Paragraphe II : Commentaire

283. Du principe de la publicité des débats. - Pour être crédible et échapper à toute suspicion de partialité, de superficialité ou de manipulation, la justice doit être transparente *(F. DESPORTES et L. LAZERGES-COUSQUER, Traité de procédure pénale, Paris, Economica, 2e éd. 2013, p.299, n° 418)*. La juridiction saisie de l'affaire « *doit être une maison de verre* » *(A. DIOUF, « Les règles de procédure civile et la mise en œuvre des droits fondamentaux », in Bulletin d'information (Cour suprême), n° 03, décembre 2011, p. 102).*

La publicité désigne « *l'ensemble des moyens destinés à permettre d'informer le public de l'existence, du déroulement et de l'issue d'une instance juridictionnelle* » *(D. D'AMBRA, Publicité », in L. CADIET (dir), Dictionnaire de la Justice, Paris, PUF, 2004, p. 1111).*

Ce principe entretient un lien étroit avec le principe des droits de la défense. Il est aujourd'hui rattaché aux droits de la défense ; il faut que « *la contradiction s'opère au grand jour pour que la justice soit rendue sous le contrôle de l'opinion* » *(S. AMRANI-MEKKI et STRICKLER, op. cit. p. 383, n° 207).*

La publicité de la justice est une garantie fondamentale des droits et des libertés des citoyens. L'opinion publique apparaît en quelque sorte comme une caution virtuelle d'une bonne administration de la justice alors que le secret fait peser une suspicion sur l'indépendance et l'impartialité des juges *(H. SOLUS et R. PERROT, Droit judiciaire privé, t. 3, Paris, Sirey, 1991, n° 248)*. L'opinion publique doit contrôler le fonctionnement de la Justice, puisque qu'elle est rendue au nom du Peuple sénégalais *(V. art. 1er de la loi du 03 novembre 2014 fixant l'organisation judiciaire).*

Ce principe est rappelé par de nombreux textes internationaux. Il est affirmé par l'article 10 de la Déclaration universelle des Droits de l'Homme et consacré par l'article 14 du Pacte international de 1966, relatif aux droits civils et politiques.

L'article 10 de la loi fixant l'organisation judiciaire a repris l'article 6 de la loi n° 84-19 du 02 février 1984 selon lequel : « *les audiences, sauf en matière de contributions directes et de taxes assimilées, de taxes sur le chiffre d'affaires et de taxes indirectes dont l'assiette est confiée au service des contributions directes et lorsque la loi en dispose autrement, sont publiques en matière civile et pénale, à moins que cette publicité ne soit dangereuse pour l'ordre public ou les bonnes mœurs, auquel cas, la juridiction ordonne le huis clos par arrêt ou jugement préalable* ».

Le principe de la publicité des débats est énoncé par plusieurs textes de droit sénégalais.

L'article 60 du Code de procédure civile dispose que les audiences sont publiques, à moins que cette publicité ne soit dangereuse pour l'ordre ou les mœurs, auquel cas la juridiction saisie le déclare par arrêt ou jugement préalable, le Ministère public entendu.

Ce principe est également consacré par le Code de procédure pénale. En vertu de l'article 388 du Code de procédure pénale, les audiences sont publiques. Néanmoins, le tribunal peut, en constatant que la publicité est dangereuse pour l'ordre public et les mœurs, ordonner, par jugement rendu en audience publique, que les débats auront lieu ou seront poursuivis à huis clos.

Lorsque le huis clos a été ordonné, celui-ci s'applique au prononcé des jugements séparés qui peuvent intervenir sur les incidents ou exceptions ainsi qu'il est dit à l'article 446, alinéa 4 dudit Code. Le jugement sur le fond doit toujours être prononcé en audience publique *(V. art. 261 du Code de procédure pénale, devant les Chambres criminelles).*

La Chambre criminelle de la Cour de cassation française a vu dans le principe de la publicité des débats un principe essentiel de la procédure pénale présentant un caractère d'ordre public (*Crim. du 10 juillet 1974, Bull. crim. n° 253 ; crim. du 17 mars 1970, Bull. crim, n° 110*).

Le Conseil d'État français a estimé que la publicité des débats constitue un principe général du droit, en précisant qu'il n'appartient qu'au législateur « *d'en étendre ou d'en restreindre les limites* » (*CE du 4 octobre 1974, Dame David, D. 1975. 369, note Auby ; JCP 1975. II. 17967, note Drago ; Gaz. Pal. 1975. 1. 117, note Amson ; RTD civ. 1975. 355, obs. Normand*).

284. Virtualité du principe de la publicité. - L'exigence de la publicité des débats ne signifie pas que la régularité de l'audience soit subordonnée à l'existence d'un public dans la salle d'audience. Le principe de la publicité des audiences se satisfait d'une simple virtualité, en ce sens qu'il n'est pas exigé que le public ait effectivement assisté aux audiences ; il suffit qu'il ait pu y assister. La publicité de la justice se réalise ainsi par sa potentialité.

La notion de publicité ne peut être définie de manière subjective, en recherchant au cas par cas, si chaque personne intéressée a pu assister aux débats (*T. corr. Lille du 02 juillet 1987, Gaz. Pal. 1987, 2, p. 541, note M. R.*). Cette hypothèse de publicité est de celle où, présidant à la diffusion de la connaissance, le droit se contente de la possibilité d'une information et n'exige pas une information effective. Pour que la procédure soit régulière, il suffit qu'un public ait pu assister aux débats, ce qui se traduit en pratique par la possibilité d'accéder à la salle d'audience. Un débat est public lorsque le public peut y avoir accès et non pas nécessairement lorsqu'il y assiste effectivement.

285. Les comptes rendus des débats d'audiences. - La publicité des débats a pour conséquence naturelle la possibilité de diffusion de comptes rendus des débats, sans que la reproduction puisse donner lieu à des poursuites en diffamation. C'est tout le sens des dispositions de l'article 269, alinéa 5 du Code pénal. Selon ce texte, « *ne donneront lieu à aucune action en diffamation, injure ou outrage, ni le compte rendu fidèle de bonne foi des débats judiciaires, ni les discours prononcés ou les écrits produits devant les tribunaux* ».

Au Sénégal, les journalistes diffusent dans la presse des comptes rendus des débats auxquels ils ont assisté. Cette diffusion donne à la publicité des débats son véritable sens ; elle est « *un corollaire de la publicité des débats judiciaires* » *(Crim. du 15 mai 1885, D.P. 1885, 1, p. 328 ; E. DERIEUX, « Les comptes rendus d'audience », Légipresse, avril 1994, p. 25 et s.).*

Cependant, la possibilité de publication des comptes rendus d'audience est enfermée dans des limites dictées par le souci de protection de certaines personnes. Ainsi, dans le cadre d'une procédure pénale, impliquant un mineur « *est interdite la publication par tous moyens du compte rendu des débats, du jugement et de toutes indications concernant l'identité du mineur et la personnalité des mineurs délinquants* » *(art. 579 du Code de procédure pénale).*

En outre, l'article 268 du Code pénal prohibe le compte rendu des débats « *des procès en diffamation ou injures lorsqu'ils concernent la vie privée de personnes, ou des faits remontant à plus de dix années ou amnistiés, ainsi que des procès en déclaration de paternité, en divorce, en séparation de corps, en adultère et d'avortement* ».

Mais, cette interdiction ne s'applique pas aux jugements ou arrêts, qui pourront être publiés.

Dans tous les cas, dans toutes les affaires civiles et commerciales, les Cours et tribunaux pourront interdire le compte rendu du procès *(art. 268 in fine du Code pénal).*

286. L'enregistrement et la diffusion des débats. - Photographier ou enregistrer les débats judiciaires avant de diffuser les images saisies ou les enregistrements permet d'offrir au public une sorte d'accès virtuel à l'audience. L'enregistrement et la diffusion des débats ne constituent-ils pas, dès lors, une manière moderne et efficace d'assurer la publicité de la justice ?

Il n'est pas douteux que l'emploi d'appareils d'enregistrement ou d'appareils photographiques pendant l'audience peut être de nature à porter atteinte à la dignité de la personne et à la sérénité des débats.

À notre connaissance, au Sénégal aucun texte de droit positif, à l'image de la loi française du 06 décembre 1954, ne prohibe l'enregistrement et la diffusion des débats d'audience. Pour autant, ces opérations ne sont ni admises, ni autorisées, ni organisées dans notre arsenal juridique interne.

Dans la pratique judiciaire, la prohibition de l'enregistrement et de la diffusion des débats d'audience prévaut, sans doute en vertu de l'exception tirée de l'exigence de la préservation de l'ordre public et des bonnes mœurs *(V. art. 60 du Code de procédure civile et art. 388 du Code de procédure pénale).*

Récemment, le Statut des Chambres africaines extraordinaires a admis la possibilité de l'enregistrement et de la diffusion des audiences sous l'autorité du procureur général. Aux termes de l'article 36 du Statut : « *les audiences devant les Chambres africaines extraordinaires, sous l'autorité du procureur général, sont filmées et enregistrées afin d'être diffusées sauf si cela contrevient aux mesures nécessaires à la protection des témoins et autres participants* ».

Le Conseil National de Régulation de l'Audiovisuel *(CNRA)* s'était prononcé sur cette question par un avis en date du 07 avril 2014. L'instance de régulation de l'audiovisuel a insisté sur les dangers d'une diffusion qui ne serait pas précédée d'une réflexion partagée, alors surtout que le statut des Chambres africaines extraordinaires ne précise pas les modalités pratiques de la diffusion et de l'enregistrement des audiences.

Par un communiqué du 19 juillet 2015 sur la retransmission du procès de Hissein HABRE, le CNRA a précisé que l'autorisation d'enregistrement et de diffusion des audiences heurte plusieurs principes qui gouvernent la distribution de la Justice, à savoir le principe de la présomption d'innocence, le respect de la vie privée, de l'honneur et de la dignité des personnes ainsi que le droit à l'oubli. Selon l'instance de régulation de l'audiovisuel, la possible incursion de la publicité et du sponsoring au moment de la diffusion par la chaîne autorisée ou celles qui reprennent le signal, laisse craindre une utilisation mercantiliste du procès.

287. Domaine du principe de la publicité des débats. - Le principe de la publicité des débats a un domaine très précis. En principe, en matière pénale, la phase d'instruction du procès n'est pas concernée par la publicité. L'enquête et l'instruction des causes sont secrètes. Aux termes de l'article 11 du Code de procédure pénale : « *sauf dans les cas où la loi en dispose autrement, et sans préjudice des droits de la défense, la procédure est, au cours de l'enquête et de l'instruction, secrète* ».

Le public n'a pas en principe accès au dossier d'enquête ou d'instruction ; les décisions rendues par les juridictions d'instruction ne sont pas rendues publiquement mais en chambres du conseil *(A. BESSON, « Le secret de la procédure pénale et ses incidences », D. 1959, chron. 191 ; GRANIER, « L'article 11 du Code de procédure pénale », RSC 1959, p. 313 ; R. DUPUY, « Le secret de l'instruction », Gaz pal. 1978. 2. Doctr. 379 ; BOULAN, « Le secret de l'enquête et de l'instruction », in Mélanges Kayser, Aix-en-Provence, PUAM, 1979, p. 127 ; MASSON, « Le secret de l'instruction », RSC 1981, p. 393).*

L'exigence du secret de l'instruction et de l'enquête est justifiée par un souci de faciliter l'œuvre répressive en évitant d'étaler en public le travail de recherches et d'investigations des autorités judiciaires. Il s'agit également d'éviter des pressions de l'opinion publique sur une magistrature qui doit être indépendante et libre.

Enfin, ce principe protège le public contre les dérives de la presse qui cultive bien souvent le goût du scandale dans des affaires pénales sensibles *(R. MERLE et A. VITU, Traité de droit criminel. Problèmes de la législation criminelle. Droit pénal général. Procédure pénale, Paris, éd. Cujas, 1976, p. 900 ; Ch. T. DIALLO, « Le secret de l'instruction, et le droit à l'information », Discours d'usage de la rentrée solennelle des Cours et tribunaux, année judiciaire 1995-1996).*

Le respect du secret de l'instruction s'impose « *sauf dans les cas où la loi en dispose autrement* ». La loi prévoit en effet des dérogations au principe du secret dans l'intérêt de la conduite de l'instruction ou de la défense.

Pendant la durée de l'information, des dérogations autorisées résultent notamment de la communication du dossier aux avocats de l'inculpé ou de la partie civile *(art. 105 du Code de procédure pénale).*

288. La communication du parquet. - Le projet de modification du Code de procédure pénale a prévu une importante limite au principe du secret de l'enquête et de l'instruction par l'encadrement de ce qu'il est convenu d'appeler la « *communication du Ministère public* ». Selon le projet de Code de procédure pénale, pour prévenir la propagation d'informations parcellaires ou inexactes ou pour mettre fin à un trouble à l'ordre public, le procureur de la République peut rendre publics, des éléments objectifs tirés de la procédure ne comportant aucune appréciation sur le bien-fondé des indices ou charges retenues contre les personnes mises en cause *(E. DE MONTGOLFIER et AL., « Les divulgations de la police et des magistrats à la presse », in Droit à l'information et secret de l'enquête et de l'instruction ?, Actes du*

Forum Légipresse - Conseil national des Barreaux du jeudi 3 juin 2004. Maison de la Chimie, Légicom 2005/1 n° 33, p. 39-43).

En énonçant que le parquet peut « *rendre publics* » des éléments objectifs d'une procédure en cours, ce texte ne précise pas les modalités de la diffusion de ces informations au public. Le procureur de la République peut ainsi se contenter de faire un communiqué de presse, organiser un point de presse, voire convier les médias à une conférence de presse.

L'essentiel est que la communication de ces informations au public devra se faire dans le respect du principe de la présomption d'innocence et du secret de l'enquête et de l'instruction *(« Présomption d'innocence et protection de l'efficacité de l'enquête », Légicom 2005/1, n° 33, p. 25-25*).

289. Autres dérogations au principe de la publicité des débats. - Malgré le caractère fondamental du principe de la publicité des débats, il a toujours été admis que l'on pouvait y déroger dans certains cas exceptionnels.

Il en est ainsi, en premier lieu, lorsque la publicité est dangereuse pour l'ordre public ou les bonnes mœurs, auquel cas, la juridiction ordonne le huis clos par arrêt ou jugement préalable. Le huis clos signifiant « *toutes portes fermées* », désigne soit l'audience à laquelle le public n'est pas admis, soit la décision prise par le juge de ne pas admettre le public (*G. CORNU, Vocabulaire juridique, Paris, PUF, 2014, V° huis clos, p. 460).*

Cette expression doit être soigneusement distinguée de la chambre du conseil. Cette dernière notion renvoie à un local attenant à la salle d'audience dans lequel les magistrats délibèrent *(G. CORNU, Vocabulaire juridique, Paris, PUF, 2014, V° chambre du conseil, p. 144).*

En deuxième lieu, l'article 579 du Code de procédure pénale énonce que le jugement concernant un mineur est rendu en audience non publique en présence du mineur. Ce texte pose également un principe de prohibition de la publication par tous moyens du compte rendu des débats, du jugement et de toutes indications cernant l'identité et la personnalité des mineurs délinquants.

En troisième lieu, l'article 10 de la loi du 03 novembre 2014 a exclu de la publicité des débats les litiges en matière de contributions directes et de taxes assimilées, de taxes sur le chiffre d'affaires et de taxes indirectes dont l'assiette est confiée au service des contributions directes. Cette exception majeure est déjà posée par l'article 760 du Code de procédure civile, selon lequel les réclamations relatives aux impôts sur le revenu et taxes accessoires ainsi qu'aux amendes sont instruites et jugées à huis clos.

La juridiction de jugement apprécie souverainement l'opportunité du huis clos *(Crim. du 13 mars 1969, Gaz. Pal. 1969, I. 269).*

Quoi qu'il en soit, même dans les cas où la juridiction de jugement déroge à la publicité des débats, les jugements, sauf ceux qui interviennent sur les incidents nés durant le huis clos, sont prononcés publiquement *(V. art. 10 de la loi du 03 novembre 2014 fixant l'organisation judiciaire).*

Cette exigence est confirmée par l'article 60 du Code de procédure civile. Ce texte énonce que dans tous les cas, sauf dispositions légales contraires, les jugements, en toute matière, sont prononcés publiquement.

L'article 288 du Code de procédure pénale précise que lorsque le huis clos a été ordonné, celui-ci s'applique au prononcé des arrêts qui peuvent intervenir sur les incidents contentieux. Mais l'arrêt sur le fond doit toujours être prononcé en audience publique.

Ainsi, le huis clos s'applique aux jugements qui interviennent sur les incidents nés durant le huis clos et tous les incidents contentieux.

290. Sanction de la publicité des débats. - L'exigence de la publicité étant d'ordre public sa méconnaissance emporte la nullité de la décision concernée *(CA Riom du 02 octobre 1997, D. 1997, IR, 230).*

La nullité tirée de la non-publicité doit nécessairement être invoquée par les parties. Le moyen tiré de la non-publicité des débats ne peut être invoqué pour la première fois devant la Cour de cassation (*Civ. 1e du 03 novembre 1993, n° 92-13.402, Bull. civ. I, n° 308 ; civ. 1e du 22 mai 2002, n° 99-13.871 et n° 99-13.872, Bull. civ. I, n° 140 ; Gaz. Pal. 28-29 août 2002, p. 8, note Damien et Lambling ; V. par ex. civ. 1edu 5 avril 1978, D. 1978. IR 412, obs. Julien*) et le juge ne peut pas le relever d'office.

Paragraphe III : Jurisprudence

291. L'application du principe de la publicité des débats.

292. L'article 187 du Code de la famille énonce que l'époux demandeur en conversion saisit le juge de paix du domicile de son conjoint. La cause est débattue et instruite en la forme ordinaire en audience non publique et le jugement rendu en audience publique. Il s'agit d'une formalité substantielle et que le jugement en question ne porte aucune mention relative à l'instruction de l'affaire et aux débats (***Cass. civ. comm. n° 09 du 21 décembre 1994, Henriette Jeanne Turpin dite Arlette c/ Mamadou Mansour SECK,* in *Cour de cassation. Bulletin des arrêts, chambre civile et chambre commerciale*, n° 03, février 1998, p. 11)**.

SECTION XVII : L'OBLIGATION DE MOTIVATION DES DÉCISIONS.

PARAGRAPHE I : BIBLIOGRAPHIE

BLOCH (C.), « Le défaut de réponse à conclusions » : www.thémis.u-3mrs.fr.

BORE (L.), « La motivation des décisions de justice dans la convention européenne des droits de l'homme », *JCP,* 2002, I, 104.

DEVOLVE (L.), « Essai sur la motivation des sentences arbitrales », *Rev. arb.* 1989, p. 149

DIALLO (B.) et NDIAYE (J. A.), « Le contrôle normatif et le contrôle disciplinaire », in « les mardis de la Cour suprême », 28 mai 2013, *Bulletin d'information. Cour suprême,* n° 05-06, décembre 2014, p. 19.

DIOUF (A.), « Les règles de procédure civile et la mise en œuvre des droits fondamentaux », in *Bulletin d'information (Cour suprême),* n° 03, décembre 2011, p. 97 et s.

ESTOUP (P.), « Une réforme souhaitable, l'assouplissement de certaines règles relatives à la motivation des jugements », *Gaz. Pal.* 1990. 2. Doctr. 413.

LEROY (J.), « La force du principe de la motivation », in *La motivation*, Paris, LGDJ, 2000, p. 35 et s.

LOQUIN (E.), « L'obligation pour l'amiable compositeur de motiver la sentence », *Rev.arb*. 1976, p. 223.

NORMAND (J.), « Le domaine de l'obligation de motivation », in *La motivation des décisions de justice*, Travaux du Centre national de recherches de logiques, Bruxelles, Bruylant, 1978, p. 17 et s.

PERDRIAU (A.), « Les dispositifs implicites des jugements », *JCP,* 1988. I. 3352.

PERDRIAU (A.), « Visas et chapeaux et dispositif des arrêts de la Cour de cassation en matière civile », *JCP*, 1986. I. 3257.

PERELMAN (C.) et FORIERS (P.), *La motivation des décisions de justice,* Travaux du Centre national dc rccherches de logiques, Bruxelles, Bruylant, 1978.

TOUFFAIT (A.) et TUNC (A.), « Pour une motivation plus explicite des décisions de justice, notamment celles de la Cour de cassation », *RTD civ.* 1974. 487.

VOULET (J.), « Le défaut de réponse à conclusion », *JCP,* 1965. I. 1912.

WELAMSON (L.), « La motivation des décisions des cours judiciaires suprêmes », *RIDC* 1979. 509.

Paragraphe II : Commentaire

293. La vertu de la motivation. - À la fin du XVIIIe siècle, dans son *Dictionnaire de droit*, FERRIERE écrivait que : « *les motifs étant l'âme du jugement, se servir d'un arrêt sans en rapporter le motif, c'est se servir d'un corps sans âme* ».

Les motifs correspondent aux raisons qui ont conduit le juge à adopter sa décision. C'est grâce à la motivation que les parties sont en mesure de vérifier si le juge a pris en compte leurs moyens de fait et de droit, comprendre la solution, et que la Cour de cassation peut exercer son contrôle.

Motiver une décision de justice est devenu un principe fondamental qui tend de plus en plus à s'étendre à tous les actes juridiques tels que les actes administratifs, les demandes en justice (*assignation*) et les actes de droit privé *(par exemple, le licenciement*) *(A. DIOUF, « Les règles de procédure civile et la mise en œuvre des droits fondamentaux », in Bulletin d'information (Cour suprême), n° 03, décembre 2011, p. 102 ; E. JEULAND, « Motivation », in L. CADIET (dir), Dictionnaire de la Justice, Paris, PUF, 2004, p. 911 ; J. LEROY, « La force du principe de la motivation », in La motivation,* Paris, LGDJ, *2000, p. 35 et s.).*

L'obligation de motivation des décisions juridictionnelles est considérée aujourd'hui comme un aspect du droit à un procès équitable *(Civ. du 26 février 1991, n° 90-10-453)* ; elle est en réalité une conséquence du droit d'être entendu par un tribunal impartial (*CEDH du 09 décembre 1994, HiroBalani c/Espagne, req. 91, D. 1996. Somm. 202, obs. Fricero).*

294. La motivation des décisions judiciaires. - L'article 10, alinéa 3 de la loi du 03 novembre 2014 fixant l'organisation judiciaire en énonçant que « *les jugements doivent être motivés à peine de nullité* », n'a fait que reprendre les dispositions de l'ancien article 6 de la loi du 02 février 1984.

L'obligation de motiver les décisions de justice a une portée générale ; elle concerne tous les jugements et tous les chefs du dispositif des jugements. Elle s'applique à toutes les juridictions, qu'elles soient civiles, répressives ou administratives, de droit commun ou d'exception, étatiques ou arbitrales ou de référé *(J. NORMAND, « Le domaine de l'obligation de motivation », in La motivation des décisions de justice, Bruxelles, Bruylant, 1978, p. 17 et s.).*

Elle est exigée dans tous les contentieux. L'article 60, alinéa 2 du Code de procédure civile dispose que : « *dans tous les cas, sauf dispositions légales contraires, les jugements, en toute matière, sont prononcés publiquement et doivent être motivés, à peine de nullité* ».

Cette obligation est également vivace en procédure pénale. En vertu de l'article 472 du Code de procédure pénale, tout jugement doit contenir, outre un exposé des faits et des moyens de droit des parties et du Ministère public des motifs et un dispositif. Les motifs constituent la base de la décision.

Le principe de la motivation a même pénétré le contentieux arbitral. Il résulte de l'article 20 de l'Acte uniforme du 11 mars 1999 relatif au droit de l'arbitrage que la sentence arbitrale doit être motivée. Le défaut de motivation est sanctionné par la nullité de la sentence puisque l'article 26 de l'Acte uniforme précité prévoit parmi les causes d'annulation, l'absence de motivation de la sentence arbitrale *(J.L. DEVOLVE, « Essai sur la motivation des sentences arbitrales », Rev. arb. 1989, p. 149 ; E. LOQUIN, « L'obligation pour l'amiable compositeur de motiver la sentence », Rev.arb. 1976, p. 223).*

Même en l'absence de disposition légale expresse, l'obligation de motiver s'applique. La Cour de cassation l'a rappelé à propos des jugements rendus par défaut *(Com. du 17 juin 1986, n° 84-16.887, Bull. civ. IV, n° 124)* et les décisions rendues sur opposition *(Civ. 2e du 03 juillet 1996, n° 94-21.624, Bull. civ. II, n° 195 ; JCP 1996. IV. 2009).*

Tous les chefs du dispositif du jugement doivent être justifiés par des motifs propres.

Cette exigence soulève la question de la valeur des formules générales utilisées dans certaines décisions, par lesquelles le juge rejette « *toutes autres demandes, fins et conclusions* ». Si les motifs du jugement n'expliquent pas les raisons précises du rejet de ces demandes, la Cour de cassation considère qu'il y a défaut de motifs (*civ. 1e du 16 mai 1960, Bull. civ. I, n° 261 ; civ. du 1er mars 1983, n° 81-16.652, Bull. civ. I, n° 83 ; Gaz. Pal. 1983. 1. Pan. 176, obs. Guinchard ; JCP, 1983. IV. 157 ; RTD civ. 1983. 596, obs. Perrot ; civ. du 27 février 1985, n° 83-14.955).* Le juge ne peut pas procéder par simple affirmation sans aucune analyse, même sommaire, des éléments de preuve soumis à son appréciation.

295. Exceptions à l'obligation de motivation. - La motivation n'est pas exigée pour tous les actes du juge. La loi dispense parfois de l'obligation de motivation pour des raisons tenant à la spécificité de la matière, liées au souci de protéger la vie privée ou de sauvegarder l'intérêt d'une bonne administration de la justice.

C'est ainsi qu'en matière d'adoption, le jugement qui prononce l'adoption plénière n'a pas à être motivé. Aux termes de l'article 237, alinéa 2 du Code de la famille : « *Le tribunal, après avoir, s'il y a lieu fait procéder à une enquête par toute personne qualifiée et, après avoir vérifié si toutes les conditions de la loi sont remplies, prononce, sans énoncer de motifs, qu'il y a lieu à adoption* ».

Cependant, le jugement rendu en matière d'adoption limitée « *doit être motivé* » *(V. art. 253, alinéa 2 du Code de la famille).*

En principe, les mesures prises par le juge de la mise en état font l'objet d'une simple mention au dossier, avis en est aussitôt donné aux avocats ; elles ne sont pas donc motivées *(art. 54-15, alinéa 1er du Code de procédure civile).*

Cependant, doivent être motivées les ordonnances constatant l'extinction de l'instance *(art. 54-12 du Code de procédure civile)*, les ordonnances statuant sur les exceptions de procédure, celles allouant une provision, les décisions ordonnant des mesures provisoires ou conservatoires ou des mesures d'instruction *(art. 54-13 du Code de procédure civile).*

Les mesures d'administration judiciaire échappent à l'obligation de motivation, puisqu'elles ne sont pas soumises aux règles relatives aux jugements *(mesure de radiation ou de retrait de l'affaire du rôle, jonction ou de disjonction de procédure, etc.)*. Puisque le juge ne fait qu'administrer la procédure, les droits de la défense ne sont pas en cause s'agissant des actes d'administration judiciaire.

Les décisions qui relèvent du pouvoir discrétionnaire du juge ne sont pas motivées *(T. BARTHOUL, « Essai sur la notion de pouvoir discrétionnaire du juge en droit privé », RRJ 1992, p. 343)* ; il en est ainsi de la partie d'une sentence pénale relative aux circonstances atténuantes *(art. 433 du Code pénal)* ; si le juge décide de motiver sa décision dans de telles conditions, « *ses motifs, quels qu'ils soient, peuvent être tenus pour surabondants* » *(Com. du 22 février 1983, n° 81-14.995, Bull. civ. IV, n° 75).*

296. Sanction de la méconnaissance de l'obligation de motivation. - L'article 10 de la loi du 03 novembre 2014 sanctionne le non-respect de l'obligation de motivation par la nullité de la décision. La nullité peut être mise en œuvre par l'exercice d'une voie de recours, qu'il s'agisse de l'appel, de l'opposition, de la tierce opposition ou du pourvoi en cassation.

Le grief tiré du défaut de motifs relève du contrôle disciplinaire de la Cour suprême *(B. DIALLO et J. A. NDIAYE, « Le contrôle normatif et le contrôle disciplinaire », in « les mardis de la Cour suprême », 28 mai 2013, Bulletin d'information. Cour suprême, n° 05-06, décembre 2014, p. 19).*

Dans la jurisprudence actuelle de la Cour suprême du Sénégal, le défaut de motif peut renvoyer à plusieurs cas. Il peut s'agir de l'absence de motifs, de la contradiction de motifs, du défaut de réponse à conclusions ou des motifs dubitatifs ou hypothétiques.

Le défaut de motifs est une situation assez rare. Mais, il arrive des cas où la cassation est justifiée par un tel grief. Ainsi, la Cour régulatrice du Sénégal a jugé qu'il y a absence de motifs, lorsque les juges du fond ont statué sans donner de motifs à leur décision *(Cass, civ. et com., arrêt n° 30 du 07 février 2001, inédit),* lorsqu'ils se sont déterminés par le seul visa des documents et par la seule référence aux débats n'ayant fait l'objet d'aucune analyse *(Cass, civ. et com., n° 50 du 02 juillet 2003, inédit).* Il en est de même lorsque les juges se sont déterminés par des motifs dont la généralité ne permet pas à la Cour de cassation d'exercer son contrôle *(Cass. civ. et com., n° 09 du 19 novembre 2003, inédit)* ou par le seul visa des déclarations d'une partie et des documents de la cause n'ayant fait l'objet d'aucune analyse *(Cass. civ. et com., n° 105 du 20 décembre 2006, inédit).*

En outre, encourt la cassation, la décision qui se contente d'énoncer que la demande apparaît « *juste et bien fondée* » *(Cass., com. du 26 octobre 1976, Bull. civ. IV, n° 271 ; Cass. civ. du 18 juin 1985, Bull. civ. IV, n° 194).*

La contradiction de motifs est aussi assimilée au défaut de motifs *(CS, civ. et com. n° 62 du 16 juin 2010, inédit).* Les motifs contradictoires « *se détruisent et s'annihilent réciproquement* », aucun d'eux ne pouvant alors être retenu comme fondement de la décision *(E. FAYE, in Jacques BORÉ et Louis BORÉ, La cassation en matière civile, Paris, Dalloz 2009-2010, p. 417).*

Le juge de cassation assimile la contradiction de motifs à la contradiction entre les motifs et le dispositif. Lorsque le dispositif d'une décision est en contradiction avec les motifs de l'arrêt, la haute juridiction considère une telle décision comme privée de toute justification et, par là même, viciée par une absence de motifs *(CS, civ. et com. n° 62 du 16 juin 2010, inédit).*

Pour la jurisprudence, l'absence de motifs, cause de nullité, peut résulter d'un défaut de réponse à des conclusions *(sur cette question, J. VOULET, « Le défaut de réponse à conclusion », JCP 1965. I. 1912).* Les juges du fond sont donc tenus de répondre aux moyens des parties contenus dans leurs écritures. Dès lors, encourt la cassation, toute décision qui ne répondrait pas à des conclusions *(Cass., civ. et com., n° 97 du 08 août 2001, inédit ; Cass., civ. et com n° 125 du 05 décembre 2007, inédit ; CS, civ. et com., n° 05 du 17 septembre 2008, inédit ; CS. civ. et com., n° 75 du 07 juillet 2010, inédit).*

Toutefois, les juges ne sont tenus de répondre qu'aux véritables moyens contenus dans les conclusions des parties, et non aux allégations ou aux simples arguments *(En ce sens, B. DIALLO et J. A. NDIAYE, « Le contrôle normatif et le contrôle disciplinaire », in « les mardis de la Cour suprême », 28 mai 2013, Bulletin d'information. Cour suprême, n° 05-06, décembre 2014, p. 21).*

Les magistrats ne sont pas également tenus de répondre aux moyens inopérants *(Cass, civ. et com., n° 43 du 21 mars 2001, inédit ; Cass, civ. et com n° 03 du 21 novembre 2001, inédit),* ni de suivre les parties dans le détail de leur argumentation *(Cass. civ. et com., n° 128du 19 décembre 2007, inédit ; Cass. civ. et com n° 129 du 19 décembre 2007, inédit).*

La réponse des juges du fond n'est pas forcément explicite *(CS, civ. et com. n° 62 du 16 juin 2010, inédit).* Les magistrats peuvent, soit se contenter de faire référence aux motifs adoptés par une précédente décision rendue entre les mêmes parties à l'occasion du même litige, aux conclusions d'un rapport d'expertise, à celles d'une enquête administrative, dès lors que ces actes s'étaient prononcés sur la question posée par les conclusions. Les juges peuvent aussi se contenter d'une motivation implicite, mais il faudra « *qu'il ressorte bien de la rédaction que l'affaire a été examinée sous tous les aspects où elle a été présentée* » *(En ce sens, C. BLOCH, « Le défaut de réponse à conclusions », www.thémis.u-3mrs.fr ; B. DIALLO et J. A. NDIAYE, Ibid).*

Enfin, les motifs hypothétiques ou dubitatifs sont assimilés à une absence de motifs. La juridiction de cassation sénégalaise annule les décisions entachées de ce vice sous le visa de l'article 6 de la loi n° 84-19 du 02 février 1984 fixant l'organisation judiciaire.

Les motifs dubitatifs sont ceux qui expriment un doute. Ils se caractérisent par l'emploi d'expressions telles que : « *il semble* », « *il paraît* », « *laisser penser* ».

Le motif est hypothétique lorsque la déduction juridique qui s'appuie sur lui repose sur la supposition d'un fait qui n'a pas été établi. Il se caractérise par l'emploi d'expressions telles que : « *il est vraisemblable* », « *il est permis de penser* », « *il peut arriver que...* » *(CS, civ. et com, n° 66 du 13 août 2003, inédit ; CS, civ. et com n° 50 du 02 septembre 2009, inédit).*

PARAGRAPHE III : JURISPRUDENCE

297. Sanctions de l'obligation de motivation

298. En application de l'article 6 de l'ordonnance n° 60-56 du 14 novembre 1960, les jugements doivent être motivés à peine de nullité ; l'insuffisance de motifs équivaut à leur absence. L'arrêt confirmatif de la Cour d'appel qui ne s'explique pas sur les circonstances dans lesquelles un détournement a été commis, ni sur le montant des valeurs remboursées, ne met pas la Cour suprême en mesure d'exercer son contrôle sur les conditions légales d'application de l'article 3 de la loi n° 64-28 du 07 avril 1964 ***(CS, n° 07 du 18 février 1967, MP c/ Oumar CAMARA, inédit).***

299. Tout jugement ou arrêt doit contenir des motifs propres à justifier sa décision et l'insuffisance de motifs équivaut à une absence de motifs. Le manque de précision d'un motif général ne permet pas à la Cour suprême d'exercer son contrôle sur la légalité de la décision ***(CS, n° 09 du 25***

février 1967, Cheikh Ndiaye et autres c/ MP et Marouf ATTYE et Aly ATTYE, inédit).

300. Aux termes de l'article 60 du Code de procédure civile, dans tous les cas, sauf dispositions légales contraires, les jugements en toute matière, doivent être motivés à peine de nullité ; cette règle est d'ordre public. Les énonciations de l'arrêt de la Cour d'appel selon lesquelles le jugement de première instance procède d'une exacte appréciation des faits et circonstances de la cause et d'une juste application de la loi pénale ne satisfont pas aux prescriptions du texte précité ***(CS, n° 37 du 27 décembre 1978, Ould Hossen Ahmed Assane c/ MP, inédit).***

301. Selon l'article 60 du Code de procédure civile, dans tous les cas, sauf dispositions légales contraires les jugements en toute matière, doivent être motivés à peine de nullité. Cette règle est d'ordre public. La Cour d'appel qui, saisie par la partie civile d'une demande tendant à fixer la durée de la contrainte par corps au minimum, a infirmé la décision du premier juge, en élevant cette durée au maximum, sans motiver sa décision, a violé le texte précité ***(CS, n° 26 du 14 mai 1966, Nicolas Nehmer c/ MP, inédit).***

302. En application de l'article 6 de l'ordonnance n° 60-56 du 14 novembre 1960, les jugements doivent être motivés à peine de nullité.

Le seul motif selon lequel « *quiconque veut tourner à gauche doit non seulement avertir mais encore et surtout regarder s'il peut le faire sans danger pour les autres usagers* », qui ne contient pas la relation des circonstances de fait n'est pas de nature à justifier les condamnations aux dommages-intérêts en faveur des parties civiles ***(CS, n° 35 du 23 juillet 1966, Laboratoire national de Hanne c/ MP, inédit).***

303. Aux termes de l'article 6 de l'ordonnance n° 60-56 du 14 novembre 1960, les jugements doivent être motivés à peine de nullité.

L'arrêt infirmatif qui se borne à une pétition de principe sur la gravité des conséquences des manquements à leurs obligations imputables aux piétons et aux automobilistes, ne contenant aucune relation précise des éléments de fait reconnus constants par la Cour d'appel, ne met pas la Cour suprême en mesure d'exercer son contrôle sur la qualification de la faute de la victime ***(CS, n° 10 du 22 janvier 1966, Marcel CAMARA c/ Jean Paul RODDE, inédit ; également, CS, n° 22 du 27 mai 1967, Amadou Kébé c/ MP inédit).***

304. Selon l'article 6 de l'ordonnance n° 60-56 du 14 novembre 1960, les jugements doivent être motivés à peine de nullité.

L'arrêt attaqué qui a confirmé, par adoption de motifs, les dispositions relatives à la culpabilité du prévenu, sans préciser aucune des circonstances dans lesquelles le délit avait été commis, ne permet pas à la Cour suprême d'exercer son contrôle. Ainsi, en confirmant la déclaration de culpabilité par adoption de motifs insuffisants sans les compléter par des motifs propres, la Cour d'appel a violé le texte précité ***(CS, n° 10 du 06 février 1965, Simon DOGUE c/ Germain DIOGOYE, inédit).***

305. En vertu de l'article 6 de l'ordonnance n° 60-56 du 14 novembre 1960, les jugements doivent être motivés à peine de nullité.

La déclaration du tribunal correctionnel de Dakar, statuant en matière militaire, formulée dans les termes de la loi, sans préciser les circonstances dans lesquelles les délits ont été commis, ne met pas la Cour suprême en mesure d'exercer son contrôle. En statuant ainsi, le tribunal correctionnel a violé le texte précité ***(CS, n° 36 du 23 juillet 1966, Waly Ndiaye c/ MP, inédit ; également, CS, n° 29 du 27 mai 1967, Yaesline Mohamed FALL c/ MP, inédit).***

306. Selon l'article 6 de la loi n° 84-19 du 02 février 1984 fixant l'organisation judiciaire, les jugements doivent être motivés à peine de nullité ; le défaut de réponse à conclusions constitue un défaut de motifs ***(Cass. pén. n° 08 du 02 décembre 1998, Elias FAZAH c/ Salim ZAIAT, in Cour de cassation. Bulletin des arrêts, chambre pénale ; chambre civile ; chambre commerciale ; chambre sociale, n° 07, avril 2005, p. 10).***

307. Selon l'article 6 de la loi n° 84-19 du 02 février 1984 fixant l'organisation judiciaire, les jugements doivent être motivés à peine de nullité ; le défaut de réponse à conclusions constitue un défaut de motifs. La Cour d'appel, qui a confirmé un jugement, sans répondre aux conclusions d'une autre partie qui invoquait l'irrecevabilité de l'action pour défaut de qualité à agir, n'a pas satisfait aux exigences du texte susvisé ***(CS n° 02 du 05 janvier 2011, la Société Sénégalaise de Travaux Ferroviaires dite SOSETRAF, c/ Assane DIAGNE, inédit).***

308. Selon l'article 6, alinéa 1er de la loi n° 84-19 du 02 février 1984 fixant l'organisation judiciaire, tout jugement doit être motivé à peine de nullité ; le défaut de réponse à conclusions constitue un défaut de motifs.

La Cour d'appel pour débouter des héritiers, de leurs demandes, a retenu que si l'incendie dont est victime une personne a pu être causé par une explosion de gaz, rien cependant ne permet de conclure qu'un vice propre de structure propre à la bouteille de gaz en serait la cause. En se prononçant par de tels motifs qui sont hypothétiques, la Cour d'appel n'a pas donné de base légale à sa décision ***(CS n° 22 du 21 février 2007, Les héritiers de Arame NIANG c/ TOTAL Sénégal – SNAS devenue AGF, inédit)***.

309. Selon l'article 6, alinéa 1er de la loi n° 84-19 du 02 février 1984 fixant l'organisation judiciaire, tout jugement doit être motivé à peine de nullité ; la Cour d'appel qui après avoir constaté qu'une personne a été licenciée après quatorze (14) ans de service au cours desquels elle a occupé plusieurs fonctions, qu'elle est âgée de plus de 50 ans, divorcée, mère de famille et éprouve des difficultés à trouver un emploi et à subvenir aux besoins de sa famille, a réformé le premier jugement sans indiquer d'autres éléments de détermination du préjudice différent de ceux déjà retenus par ce jugement, n'a pas légalement justifié sa décision ***(CS, n° 16 du 25/04/07, le Bureau d'Appui à la Coopération Canadienne (B.A.C.C.) c/ Suzanne TISSEIRA, inédit)***.

310. Selon l'article 6, alinéa 1er de la loi n° 84-19 du 02 février 1984 fixant l'organisation judiciaire, tout jugement doit être motivé à peine de nullité ; la contradiction de motifs équivaut à une absence de motifs.

La Cour d'appel qui, après avoir retenu qu'un employeur a refusé de réintégrer un salarié qui bénéficiait de la protection accordée par l'article 216 du Code du travail en lui allouant l'indemnité supplémentaire que le jugement avait rejetée, a cependant confirmé ledit jugement en toutes ses dispositions, a entaché sa décision d'une contradiction ***(CS n° 32 du 12 mai 2010, La Société IKAGEL S.A c/ Dominique SAGNA, inédit)***.

311. Selon l'article 6 de la loi n° 84-19 du 02 février 1984 fixant l'organisation judiciaire, tout jugement doit être motivé à peine de nullité ; le motif dubitatif ou hypothétique équivaut au défaut de motifs.

La Cour d'appel, pour condamner une partie à payer à une autre partie la somme de quatre millions (*4.000.000*) de francs CFA, se borne à énoncer que l'acte de vente, qui est un commencement de preuve par écrit, rend vraisemblable le fait allégué. En se déterminant par de tels motifs hypothétiques, la Cour d'appel, qui n'a pas satisfait aux exigences du texte susvisé, a privé sa décision de base légale ***(CS, n° 50 du 02 septembre 2009, Ousseynou NIANG c/ Ibrahima SAMB, inédit)***.

312. En vertu de l'article 6 de la loi n° 84-19 du 02 février 1984 relatif à l'organisation judiciaire, tout jugement doit être motivé à peine de nullité ; la contradiction entre les motifs et le dispositif équivaut au défaut de motifs.

N'a pas satisfait aux exigences du texte susvisé, l'arrêt de la Cour d'appel, qui après avoir dans ses motifs, alloué à une autre partie une somme d'argent a, dans son dispositif, infirmé le jugement en ce qu'il a déclaré la rupture anticipée du contrat abusive et alloué des dommages et intérêts ***(CS n° 62 du 16 juin 2010, La Standing Immobilier SARL c/ La Sénégalaise de l'automobile, inédit ; CS n° 58 du 07 octobre 2009, Papa Sandembou DIOP c/ Compagnie Air France, inédit).***

313. Tout jugement ou arrêt doit contenir les motifs propres à justifier sa décision et l'insuffisance de motifs équivaut à leur absence. Pour ordonner la mise en liberté provisoire du prévenu, l'arrêt se borne à énoncer d'une part qu'il s'agit d'une opportunité laissée au juge du siège de statuer sur la mise en liberté provisoire en attendant le jugement et d'autre part que rien dans la procédure ne permet de retenir ni de rejeter la matérialité des faits. En l'état de ces énonciations imprécises et dubitatives, la juridiction d'appel n'a pas mis la Cour suprême en mesure d'exercer son contrôle ***(CS n° 80 du 06 septembre 2012, MP c/ Papa Mamadou SARR, Cour suprême. Bulletin des arrêts, n° 4-5, année judiciaire 2012, p. 30).***

314. En vertu de l'article 6 de la loi n° 84-19 du 02 février 1984 relatif à l'organisation judiciaire, tout jugement doit être motivé à peine de nullité ; que le défaut de réponse à conclusions constitue un défaut de motifs.

Pour confirmer le jugement entrepris, la Cour d'appel a énoncé que les appelants n'ont prouvé ni offert de prouver qu'ils habitent effectivement l'immeuble convoité, qu'ils procèdent par simples affirmations lorsqu'ils allèguent qu'une partie et ses enfants habitent à Touba, alors que ces derniers ont versé au dossier des documents attestant qu'ils ne sont pas domiciliés audit lieu et qu'ils sont héritiers du défunt et propriétaires de la villa qui leur servait effectivement d'habitation. En se déterminant ainsi, sans répondre aux conclusions qui sollicitaient le sursis à statuer jusqu'à décision définitive sur la tierce opposition, la Cour d'appel n'a pas satisfait aux exigences du texte susvisé ***(CS n° 05 du 17 septembre 2008, Fatou SAMB et autres c/ Khady THIOUNE et autres, inédit ; CS n° 58 du 21 juin 2006, Mor Thioro DIOP c/ El Hadji Maguette DIOP, inédit ; CS n° 62 du 04 juillet 2012, Société AFRIGEL c/ International Business Desk, inédit ; CS, n° 75 du 07 juillet 2010, Geneviève Cécile RENAUD et autres c/ Mamadou Samba LY, inédit ; CS n° 119 du 05 décembre 2007, Jean Jacques BANCAL c/ René BANCAL c/ Monique BUEB Veuve BANCAL, inédit ; CS n° 125 du 05 décembre 2007, Les héritiers de feu Ibrahima BITTAR et autres c/ La SNR, inédit ; CS n° 23 du 17 février 2009, Madia SOW et autres et MP c/ Sadio NDIAYE, inédit).***

315. En vertu de l'article 6 de la loi n° 84-19 du 02 février 1984 relatif à l'organisation judiciaire, tout jugement ou arrêt doit contenir des motifs propres à justifier sa décision ; l'insuffisance de motifs équivaut à leur absence. Pour rejeter la requête d'un avocat, la Cour d'appel a retenu que pour l'exercice d'une profession règlementée, elle est tenue de se conformer au cadre législatif et règlementaire institué à cet effet. L'avocat ne fournit pas de service commercial au sens où l'entendent les rédacteurs de l'Accord général sur le commerce des services (*AGCS*) et l'invocation des accords de l'OMC est sans influence quant à la pertinence de la demande de ce dernier.

En se déterminant ainsi sans s'expliquer sur la nature des services que fournit l'avocat et l'impertinence de l'invocation des accords de l'OMC, la Cour d'appel n'a pas légalement justifié sa décision ***(CS, n° 101 du 1er décembre 2010, Habibatou TOURE c/ Ordre des Avocats, inédit ; CS n° 97 du 03 juin 2010, Seynabou DIEYE c/ Ndiaga WADE, inédit).***

316. Selon l'article 6 de la loi n° 84-19 du 02 février 1984 portant organisation judiciaire, tout jugement doit être motivé à peine de nullité. Pour motiver sa décision, le juge doit se déterminer d'après les circonstances particulières du procès, et non par voie de référence à des causes déjà jugées. Pour fixer le point de départ des intérêts de droit, l'arrêt infirmatif se borne à énoncer qu'il est de jurisprudence constante que les intérêts de droit ne sont dus que du jour où le créancier a été assigné en justice. Cependant, en se déterminant ainsi par la seule référence à une jurisprudence constante, fût-elle celle de ce siège, sans s'expliquer sur la nature de la créance génératrice d'intérêts moratoires, la Cour d'appel n'a pas satisfait aux exigences du texte susvisé ***(CS n° 12 du 17 mars 2010, La Prévoyance Assurances c/ Bocar Samba DIEYE, inédit)***.

CHAPITRE 2

DISPOSITIONS TRANSITOIRES

317. Généralités. - Ce chapitre contenant les dispositions transitoires est une fidèle reproduction des anciens articles 11 et 12 et de la loi n° 84-19 du 02 février 1894 fixant l'organisation judiciaire. Il est relatif aux modalités de dévolution et de règlement des procédures engagées devant les juridictions actuelles.

Article 11. - À la date d'entrée en vigueur de la présente loi, à titre transitoire, les affaires pendantes devant les tribunaux régionaux et les tribunaux départementaux sont réglées conformément aux dispositions des articles 12 et 13 ci-après.

Article 12. - En matière pénale, les mesures spécifiques édictées ci-après, sont observées :

Les procédures d'instruction préparatoire :

***a)* sont poursuivies d'office et sans aucune formalité de saisine par le juge d'instruction du tribunal de grande instance pour les informations menées par un juge d'instruction du tribunal régional et par le juge d'instruction du tribunal d'instance pour les informations menées par un juge du tribunal départemental ;**

***b)* sont communiquées pour règlement au Procureur de la République près le tribunal de grande instance ;**

***c)* sont clôturées, le cas échéant par une ordonnance de renvoi devant la juridiction compétente pour connaître de l'infraction ;**

2°) Les procédures déjà engagées devant les juridictions de jugement sont poursuivies d'office et sans formalité de saisine par le tribunal de grande instance pour les affaires pendantes devant le tribunal régional et par le tribunal d'instance pour celles pendantes devant le tribunal départemental ;

3°) Les minutes, dossiers, rapports ou procès-verbaux d'enquête, archives, scellés, pièces à conviction et documents divers concernant les procédures dont a connu le tribunal régional restent classés au greffe du tribunal, au parquet et au secrétariat du tribunal de grande instance, sauf en ce qui concerne les affaires qui n'entrent pas dans la compétence de cette juridiction, auquel cas, ils seront transférés à la juridiction compétente.

Les minutes, dossiers, rapports ou procès-verbaux d'enquête, archives, scellés, pièces à conviction et documents divers concernant les procédures dont a connu le tribunal département restent classés au greffe, au parquet et au secrétariat du tribunal d'instance, sauf en ce qui concerne les affaires qui n'entrent pas dans la compétence de cette juridiction, auquel cas, ils seront transférés à la juridiction compétente.

Toutefois, les pièces à conviction sont transférées en même temps que le dossier de la procédure d'information lorsque, par application des dispositions du paragraphe l-C du présent article, l'ordonnance de renvoi saisit une autre juridiction que le tribunal auquel appartient le magistrat instructeur.

Article 13. - En matière civile, commerciale ou de statut personnel, et par dérogation, le cas échéant, aux règles de compétence d'attribution, les instances seront poursuivies sans formalité procédurale jusqu'à décision sur le fond :

- devant le tribunal de grande instance pour les affaires pendantes devant le tribunal régional ;

- devant le tribunal d'instance pour les affaires pendantes devant le tribunal départemental ;

Les minutes, dossiers, archives et documents divers concernant les litiges que les tribunaux régionaux et départementaux ont déjà connus, sont classés au greffe et au secrétariat du tribunal de grande instance et du tribunal d'instance, sauf lorsqu'il s'agit d'affaires n'entrant pas dans la compétence de ces juridictions, auquel cas, ils seront transférés à la juridiction compétente.

SECTION PREMIÈRE : LES MODALITÉS DE DÉVOLUTION ET DE RÈGLEMENT DES PROCÉDURES.

PARAGRAPHE I : BIBLIOGRAPHIE

BODIAN (S.), « Réflexion sur la réforme judiciaire de 2014 instituant les chambres criminelles » : http://www.ums.sn/article_detail.php?idarticle =2057

PARAGRAPHE II : COMMENTAIRE

318. Principes généraux de dévolution et de règlement des procédures. - Les articles 12 et 13 de la loi du 03 novembre 2014 organisent les modalités de dévolution et de règlement des procédures engagées devant les juridictions actuelles. Ces textes distinguent suivant qu'il s'agit de procédures d'instruction préparatoire ou d'instances engagées devant les juridictions de jugement.

Le dispositif de dévolution et de règlement des procédures est le même que celui prévu par les anciens articles 11 et 12 et de la loi n° 84-19 du 02 février 1984 fixant l'organisation judiciaire.

319. Controverses judiciaires autour de la survivance des Cours d'assises. - La loi du 03 novembre 2014 fixant l'organisation judiciaire, au titre des dispositions transitoires, n'a aménagé que les modalités de dévolution et de règlement des procédures engagées devant les tribunaux régionaux et les tribunaux départementaux *(V. art. 12 et 13 de la loi n° 2014-26 du 03 novembre 2014 fixant l'organisation judiciaire).* En d'autres termes, il s'agit d'une réglementation des modalités de règlement des instances pendantes devant les anciennes juridictions à la date d'entrée en vigueur des nouveaux textes.

Mais, le législateur n'a pas pris en charge un autre problème de droit transitoire, résultant de l'entrée en vigueur retardée des décrets d'application de la loi fixant l'organisation judiciaire *(En ce sens, S. BODIAN, « Réflexion sur la réforme judiciaire de 2014 instituant les chambres criminelles » : http://www.ums.sn/article_detail.php?idarticle=2057).*

En effet, en vertu de l'article 6 de la loi du 03 novembre 2014, le siège, le ressort, la composition ainsi que le classement des Cours d'appel, des tribunaux de grande instance, des tribunaux du travail et des tribunaux d'instance sont fixés par décret.

L'acte règlementaire auquel renvoie ce texte est en réalité le décret portant aménagement de l'organisation judiciaire.

Cependant, la loi du 03 novembre 2014 est entrée en vigueur depuis le mois de novembre 2014, alors que le décret n° 2015-1039 du 20 juillet 2015 portant aménagement de l'organisation judiciaire n'a été publié au *Journal officiel* que le 22 juillet 2015 *(JORS, n° 6862 du 22 juillet 2015, p. 685).*

Dès lors, au lendemain de l'adoption de la loi n° 2014-26 du 03 novembre 2014 fixant l'organisation judiciaire et de la loi n° 2014-28 du 03 novembre 2014 modifiant le Code de procédure pénale et dans la période qui a précédé l'entrée en vigueur effective et des décrets d'application de la loi sur l'organisation judiciaire, il s'est posé, dans les milieux judiciaires, la question de la survivance des Cours d'assises.

La loi du 03 novembre 2014 fixant l'organisation judiciaire, en son article 4, a remplacé les tribunaux régionaux par les tribunaux de grande instance et les tribunaux départementaux par les tribunaux d'instance. Ces dispositions doivent être combinées avec celles de la loi n° 2014-28 du 03 novembre 2014 modifiant la loi n° 65-61 du 21 juillet 1965 portant Code de procédure pénale. Ce texte adopté concomitamment prévoit en son article premier des dispositions à insérer au Code de procédure pénale parmi lesquelles les articles 218 et 219 ainsi libellés : « *il est institué au sein de chaque tribunal de grande instance une Chambre criminelle qui a plénitude de juridiction pour juger en premier ressort les personnes renvoyées devant elle soit par une ordonnance du juge d'instruction, soit par un arrêt de la Chambre d'accusation pour des infractions qualifiées crimes et toutes les autres infractions connexes.*

Il est également institué au sein de chaque Cour d'appel une Chambre criminelle pour connaître de l'appel interjeté contre les décisions des Chambres criminelles des tribunaux de grande instance ».

Aussi, l'article 2 de la loi n° 2014-28 du 03 novembre 2014 modifiant le Code de procédure pénale a procédé à une mise à jour lexicale dudit Code en énonçant que l'expression « *Cour d'assises* » est remplacée dans les autres articles du Code de procédure pénale où elle figure par celle de « *Chambre criminelle du tribunal de grande instance ou de la Cour d'appel* ».

Il résulte de ces textes que, suite à l'adoption de la loi du 03 novembre 2014, les Cours d'assises n'ont plus d'existence juridique pour avoir été remplacées par les Chambres criminelles près le tribunal de grande instance et près la Cour d'appel.

En outre, même avant l'entrée en vigueur des décrets d'application de la loi fixant l'organisation judiciaire, il est possible de tenir des sessions de chambres criminelles devant les tribunaux de grande instance dont le ressort territorial correspondant à celui des anciens tribunaux régionaux *(tribunaux de grande instance de Dakar, Thiès, Saint-Louis, Diourbel, Louga, Fatick, Ziguinchor, Matam, Tambacounda, etc.).* En effet, ces juridictions ayant remplacé les anciens tribunaux régionaux ont effectivement hérité de leurs compétences territoriales. C'est dans ce sens qu'il faudra comprendre la circulaire n° 04298 MJ/DACG du ministre de la Justice du 10 juin 2015 qui a instruit les procureurs généraux près les Cours d'appel et les procureurs de la République d'organiser, dans les meilleurs délais, des sessions des Chambres criminelles compétentes dans leurs ressorts. Selon cette circulaire, « *le dispositif légal permet, dès à présent la tenue de sessions des Chambres criminelles pour résorber dans les meilleurs délais les retards constatés dans l'audiencement des affaires criminelles au niveau de certains ressorts juridictionnels.*

Le décret prévu à l'article 6 de la loi fixant l'organisation judiciaire est seulement nécessaire pour le fonctionnement des tribunaux de grande instance ou d'instance qui pourraient être créés avec une compétence territoriale ne correspondant pas à celle des anciens tribunaux régionaux ou départementaux auxquels ils auront à se substituer, à savoir la région ou le département. Mais tant que ces nouvelles entités juridictionnelles n'ont pas été créées par décret et installées par arrêté ministériel, la compétence notamment du tribunal de grande instance est celle de l'ancien tribunal régional auquel il s'est substitué conformément à l'article 4 de ladite loi qui dispose que les tribunaux régionaux et les tribunaux départementaux sont remplacés respectivement par des tribunaux de grande instance et des tribunaux d'instance ».

En définitive, la circulaire du ministre de la Justice du 10 juin 2015 a conclu que les affaires criminelles qui doivent être jugées en premier ressort peuvent immédiatement être enrôlées à la Chambre criminelle compétente, à savoir le tribunal de grande instance compétente pour les dossiers devant être jugés en premier ressort. En outre, les dossiers d'appel qui étaient pendants devant la Cour d'assises d'appel seront enrôlés devant la Chambre criminelle d'appel compétente.

Cependant, si la tenue de sessions des Chambres criminelles était possible même avant l'entrée en vigueur des décrets d'application, il n'en est pas de même des tribunaux de grande instance nouvellement créés *(par exemple le tribunal de grande instance de Kaffrine)* et notamment des tribunaux de grande instance avec une compétence territoriale ne correspondant pas avec celle des anciens tribunaux régionaux. Il en est ainsi des tribunaux de grande instance de Pikine-Guédiawaye, Rufisque, Mbour, Tivaouane et Mbacké.

En effet, d'une part, ces nouvelles entités juridictionnelles sont créées par le décret portant aménagement de l'organisation judiciaire qui fixe également leurs compositions et leurs ressorts. Tant que ce texte n'est pas effectivement adopté, il est impossible d'envisager l'organisation de sessions des Chambres criminelles, faute de pouvoir déterminer avec précision leurs ressorts. En réalité, il résulte du décret n° 2015-1039 du 20 juillet 2015 portant aménagement de l'organisation judiciaire que les ressorts de ces juridictions correspondent au département et non à la région.

D'autre part, les nouveaux tribunaux de grande instance créés *(les nouvelles créations),* doivent être installés par arrêté du ministre de la Justice pour être fonctionnels *(V. art. 02 du décret n° 2015-1039 du 20 juillet 2015 portant aménagement de l'organisation judiciaire).*

C'est d'ailleurs, à la lumière de ces observations que la première session des Chambres criminelles près le tribunal de grande instance de Dakar a été ouverte le lundi 29 juin 2015.

Le tribunal de grande instance de Kaolack a tenu sa première session de Chambres criminelles le jeudi 03 décembre 2015, avec trente et une (31) affaires au rôle.

En tout état de cause, pour éviter ces hésitations et ces errements, il eut été plus pratique de faire coïncider l'entrée en vigueur de la loi du 03 novembre 2014 fixant l'organisation judiciaire avec celle de ses décrets d'application ou à défaut, d'insérer dans cette loi des dispositions transitoires fixant les modalités de jugement des dossiers criminels relevant de la compétence des tribunaux de grande instance créés avec une compétence territoriale ne correspondant pas avec celle des anciens tribunaux régionaux.

Paragraphe III : Législation.

320. Lettre circulaire n° 04298 MJ/DACG du Ministre de la Justice du 10 juin 2015

Le Garde des Sceaux, Ministre de la Justice,

Pour exécution aux

Madame, Messieurs les Procureurs généraux près les Cours d'appel

Messieurs les procureurs de la République

Pour information aux

Messieurs les Premiers Présidents des Cours

Mesdames, Messieurs.

La réforme de l'organisation judiciaire, objet de la loi n° 2014-26 du 03 novembre 2014 abrogeant et remplaçant la loi n° 84-19 du 02 février 1984 fixant l'organisation judiciaire, a été caractérisée notamment par la création des Chambres criminelles au sein des tribunaux de grande instance et des Cours d'appel compétents pour connaître des crimes en lieu et place des Cours d'assises désormais supprimées.

L'article 6 de ladite loi précise que « *le siège, le ressort, la composition, ainsi que le classement des Cours d'appel, des tribunaux de grande instance, des tribunaux du travail et des tribunaux d'instance sont fixés par décret* ». C'est ainsi que des projets de décrets d'application ont été élaborés et adoptés en Conseil des Ministres et seront très prochainement signés et publiés.

Toutefois, il faut relever que le dispositif légal existant permet dès à présent la tenue des sessions des Chambres criminelles pour résorber dans les meilleurs délais les retards constatés dans l'audiencement des affaires criminelles au niveau de certains ressorts juridictionnels.

Le décret prévu à l'article 6 de la loi est seulement nécessaire pour le fonctionnement des tribunaux de grande instance ou d'instance qui pourraient être créés avec une compétence territoriale ne correspondant pas à celle des anciens tribunaux régionaux ou départementaux auxquels ils auront à se substituer, à savoir la région ou le département.

Mais tant que ces nouvelles entités juridictionnelles n'ont pas été créées par décret et installées par arrêté ministériel, la compétence notamment du tribunal de grande instance est celle de l'ancien tribunal régional auquel il s'est substitué conformément à l'article 4 de ladite loi qui dispose que « *les tribunaux régionaux et les tribunaux départementaux sont remplacés respectivement par des tribunaux de grande instance et des tribunaux d'instance* ».

En effet, les dispositions de la loi nouvelle sur l'organisation judiciaire doivent être combinées avec celle de la loi n° 2014-28 du 03 novembre 2014 modifiant la loi n° 65-61 du 21 juillet 1965 portant Code de procédure pénale. Cette loi, adoptée concomitamment, prévoit en son article premier des dispositions à insérer au Code de procédure pénale parmi lesquelles les articles 218 et 219 ainsi libellés : « *Il est institué au sein de chaque tribunal de grande instance une Chambre criminelle qui a plénitude de juridiction pour juger en premier ressort les personnes renvoyées devant elle soit par une ordonnance du juge d'instruction, par un arrêt de la Chambre d'accusation pour des infractions qualifiées crimes et toutes autres infractions connexes.*

Il est également institué au sein de chaque Cour d'appel une Chambre criminelle pour connaître de l'appel interjeté contre les décisions des Chambres criminelles des tribunaux de grande instance ».

Ainsi que l'annonce l'exposé des motifs de ladite loi, les Chambres criminelles au sein des tribunaux de grande instance et des Cours d'appel se substituent aux Cours d'assises. Ce que confirment les dispositions de l'article 2 de la même loi qui prescrit une mise à jour lexicale du Code de procédure pénale en précisant que : « l'expression "Cour d'assises" est remplacée dans les autres articles du Code de procédure pénale où elle figure par celle de "Chambre criminelle compétente du tribunal de grande instance de la Cour d'appel" ».

Les affaires criminelles qui doivent être jugées en premier ressort peuvent donc immédiatement être enrôlées dans la Chambre criminelle compétente, à savoir le tribunal de grande instance compétente pour les dossiers devant être jugés en premier ressort et les dossiers d'appel qui étaient pendants devant les Cours d'assises d'appel enrôlés devant la Chambre criminelle de la Cour d'appel compétente.

Je vous demande instamment d'organiser dans les meilleurs délais la tenue des sessions des Chambres criminelles compétentes de vos ressorts respectifs.

En accusant réception de la présente, vous me rendrez compte de vos diligences dans l'exécution de son objet.

Article 14. - Sont abrogées les dispositions de la loi n° 84-19 du 02 février 1984 fixant l'organisation judiciaire.

SECTION II : L'ABROGATION DE LA LOI N° 84-19 DU 02 FÉVRIER 1984.

PARAGRAPHE I : BIBLIOGRAPHIE

BACH (L.), « Contribution à l'étude du problème de l'application des lois dans le temps », *RTD civ.* 1969. 405.

DEKEUWER-DEFOSSEZ (F.), *Les dispositions transitoires dans la législation civile contemporaine*, Paris, LGDJ, 1977.

HÉRON (J.), *Principes du droit transitoire*, Paris, Dalloz, 1996.

LEVEL, *Essai sur les conflits de lois dans le temps (contribution à la théorie générale du droit transitoire)*, Paris, LGDJ, 1959.

MOLFESSIS, « Deux figures législatives en vogue : l'abrogation par mégarde et la résurrection fortuite », *RTD civ.* 2001, p. 688.

PARAGRAPHE II : COMMENTAIRE

321. Abrogation expresse. - Ce texte n'appelle pas d'observations particulières. Il constitue une disposition abrogative prévoyant le retrait exprès de l'ordonnancement juridique de la loi n° 84- 19 du 02 février 1984 fixant l'organisation judiciaire.

Ce choix traduit une nette volonté du législateur sénégalais de « *tourner la page* » de l'ancienne organisation judiciaire, en vue de jeter les bases d'une nouvelle architecture juridictionnelle dont les grands axes sont déclinés dans la loi n° 2014-26 du 03 novembre 2014 fixant l'organisation judiciaire.

Force est de constater que le législateur n'a pas procédé à l'abrogation des dispositions contraires à la loi du 03 novembre 2014 fixant l'organisation judiciaire. Il a eu recours à une formule abrogatoire plus radicale que celle contenue dans le décret n° 2015-1039 du 20 juillet 2015 portant aménagement de l'organisation judiciaire. En effet, toutes les dispositions de la loi n° 84-19 du 02 février 1984 ont été abrogées par la loi n° 2014-26 du 03 novembre 2014 fixant l'organisation judiciaire.

DÉCRET N° 2015-1039 DU 20 JUILLET 2015 PORTANT AMÉNAGEMENT DE L'ORGANISATION JUDICIAIRE.

RAPPORT DE PRÉSENTATION

L'exploitation des statistiques judiciaires et les constats faits sur le terrain appellent un nouveau découpage de la carte judiciaire, en raison de l'inadéquation de l'actuel aménagement judiciaire.

Pour apporter des correctifs et rationaliser l'organisation judiciaire, un schéma différent de celui de l'organisation administrative est proposé. Il induit une nouvelle dénomination des tribunaux régionaux et des tribunaux départementaux et la création de nouvelles juridictions, dans un souci d'efficacité et d'un meilleur rapprochement de la justice des justiciables.

Le présent projet de décret prend également en considération l'institution qu'est la Maison de Justice comme maillon de la chaîne judiciaire.

Telle est l'économie du présent projet de décret.

LE PRÉSIDENT DE LA RÉPUBLIQUE,

Vu la Constitution ;

Vu la loi n° 2014-26 du 03 novembre 2014 abrogeant et remplaçant la loi n° 84-19 du 02 février 1984 fixant l'organisation judiciaire, modifiée ;

Vu le décret n° 2007-1253 du 23 octobre 2007 modifiant le décret n° 99-1124 du 17 novembre 1999 relatif aux Maisons de justice, à la médiation et à la conciliation ;

Vu le décret n° 2014-845 du 06 juillet 2014 portant nomination du Premier Ministre ;

Vu le décret n° 2014-870 du 22 juillet 2014 relatif aux attributions du Ministre de la Justice, Garde des Sceaux ;

Vu le décret n° 2014-853 du 09 juillet 2014 portant répartition des services de l'État et du contrôle des établissements publics, des sociétés nationales et des sociétés à participation publique entre la Présidence de la République, la Primature et les ministères ;

Vu le décret n° 2015-855 du 22 juillet 2015 portant composition du Gouvernement ;

Sur le rapport du Garde des Sceaux, Ministre de la Justice,

322. Généralités. - Le décret n° 2015-1039 du 20 juillet 2015 portant aménagement de l'organisation judiciaire a procédé à un véritable remaniement des structures judiciaires, en vue de mettre en œuvre la réforme de l'organisation juridictionnelle voulue par les rédacteurs de la loi n° 2014-26 du 03 novembre 2014 fixant l'organisation judiciaire.

En premier lieu, à la suite de la création des Cours d'appel de Tambacounda et de Thiès, les ressorts des Cours d'appel du Sénégal ont été totalement refondus *(art. 1er du décret du 20 juillet 2015).*

En deuxième lieu, si les quarante-cinq (45) tribunaux d'instance créés ont tous maintenu leurs ressorts dans les départements, il n'en est pas de même au niveau de certains tribunaux de grande instance où le découplage entre l'organisation judiciaire et le découpage administratif présente un relief particulier. Les tribunaux de grande instance de Dakar, Thiès, Pikine-Guédiawaye, Mbacké, Rufisque et Tivaouane ont des ressorts de compétence confinés aux départements, tout en héritant de la compétence matérielle des anciennes juridictions régionales *(V. tableau II annexé au décret du 20 juillet 2015).*

En troisième lieu, le classement et la composition des juridictions n'ont pas connu de grands bouleversements ; le critère de classement retenu est toujours tiré du volume et de la qualité du contentieux. Les tribunaux de Dakar sont toujours élevés à la dignité de juridictions hors classe *(V. tableaux II, III et IV annexés au décret du 20 juillet 2015).*

En quatrième lieu, même si le dispositif de justice de proximité ne fait pas partie de l'organisation judiciaire *(V. art. 4 de la loi du 03 novembre 2014 fixant l'organisation judiciaire),* le décret du 20 juillet 2015 a, pour la première fois, pris en considération les Maisons de Justice dans la chaîne judiciaire *(art. 3).*

DECRETE :

Article premier. - Le siège, le ressort et la composition des Cours d'appel sont fixés par le tableau I annexé au présent décret.

Le siège, le ressort, le classement et la composition des tribunaux de grande instance (T.G.I) sont fixés par le tableau II annexé au présent décret.

Le siège, le ressort, la composition et le classement des tribunaux d'instance (T.I) sont fixés par le tableau III annexé au présent décret.

Le siège, le ressort, la composition et le classement des tribunaux du travail (T.T) sont fixés par le tableau IV annexé au présent décret.

L'énumération et la composition des emplois judiciaires à l'administration centrale du ministère de la Justice sont fixés par le tableau V annexé au présent décret.

SECTION PREMIÈRE : AMÉNAGEMENT DE L'ORGANISATION JUDICIAIRE.

PARAGRAPHE I : BIBLIOGRAPHIE

AURILLAC (M.), « La Cour suprême du Sénégal », *Rev. jur. et pol.* 1969, p. 65.

CAVERIVIERE (M.), « La réforme du service public de la justice au Sénégal (note de présentation des modifications législatives et réglementaires intervenues en 1984) », *RIPAS*, n° 12-13, janvier-juin, 1985, p. 247 et s.

D'ARBOUSSIER (G.), « Communication au Congrès Africain à Lagos sur la primauté du droit », janvier 1961, in *La justice au Sénégal*, p. 8 et s.

D'ARBOUSSIER (G.), « La primauté du droit dans les nouvelles institutions de la République du Sénégal », *Penant*, n° 686, 1961, p. 13.

D'ARBOUSSIER (G.), « Le Sénégal : un exemple africain d'organisation judiciaire », *Penant*, n° 686, avril-mai 1961, p.171 et s.

GAUTRON (J. C.) et ROUGEVIN BAVILLE (M.), *Droit public du Sénégal,* Paris, éd. Pédone, 2e éd., 1977.

GUILLABERT (A.), « La Cour suprême du Sénégal », *Penant,* 1961, p. 496.

KANTE (A.), « Réflexions sur l'organisation judiciaire au Sénégal (1830-1992) », in M. BADJI et O. DEVAUX, *Droit sénégalais*, n° 05, *De la justice coloniale aux systèmes judiciaires africains contemporains*, Toulouse, Presses de l'Université des Sciences sociales de Toulouse, 2006, p. 199-221.

MANGIN (G.), « L'organisation judiciaire des États d'Afrique et de Madagascar », *Rev. jur. et pol. d'outre-mer,* 1962, n° 1, p. 77 et s.

MBAYE (K.), « L'organisation judiciaire », *Penant*, n° 705, janvier-février-mars, 1965, p. 27.

MBAYE (K.), « L'organisation judiciaire actuelle », in *Encyclopédie juridique de l'Afrique*, Tome IV, Dakar-Abidjan-Lomé, *NEA*, 1982, p. 38 et s.

MICHELET (E.), « Les incidences de la réforme judiciaire du 1er novembre 1984 sur l'organisation et le fonctionnement des juridictions répressives sénégalaises », *Annales africaines,* 1983, p. 261 et s.

NDIAYE (A.) et Le Cabinet d'Avocats Maître KANDJO et KOITA, « Organisation judiciaire du Sénégal », in Répertoire quinquennal OHADA. 2006-2010, Tome I, UNIDA. OHADA.com, p. 375 et s.

NDIAYE (M.) et ROBIN (N.), *Délinquance et politique pénale au Sénégal. Les chiffres clés de la Justice*, Institut de recherche pour le développement, Ministère de la Justice, Organisation internationale des migrants, 2002.

NDIAYE (P. M.), *La renaissance de la Cour suprême,* Dakar, éd. de la Cour suprême, 2008.

SAMB (M.), « État des lieux de la justice. Réflexions sur une gouvernance en crise », in M-C. DIOP, *Sénégal (2000-2012), Les institutions et politiques publiques à l'épreuve d'une gouvernance libérale*, Dakar-Paris, CRES-KARTHALA, 2013, p. 347.

SAMB (M.), « La gouvernance judiciaire au Sénégal », in M. BADJI et O. DEVAUX (dir), *Droit sénégalais*, n° 05, *De la justice coloniale aux systèmes judiciaires africains contemporains*, p. 335.

THIAM (C. T.), *Droit public du Sénégal. Vol. I : L'État et le citoyen*, Dakar, Les éd. du CREDILA, 1993.

TOURE (M. M.), « Histoire de l'organisation judiciaire du Sénégal : l'unification des juridictions et l'unicité de la juridiction suprême », *Rev.sen.dr*, n° 17, juin 1975, p. 51.

TOURE (S.), « Le pouvoir judiciaire face aux autres pouvoirs », Discours d'usage de la rentrée solennelle des Cours et tribunaux de l'année 1991-1992, in D. NDOYE, *Le pouvoir judiciaire face aux autres pouvoirs, doctrine politique et réalités,* Dakar, Les éd. du Caford, p. 10.

PARAGRAPHE II : COMMENTAIRE

323. Réaménagement des ressorts juridictionnels. - Dans la nouvelle pyramide judiciaire dessinée par le décret du 20 juillet 2015 portant aménagement de l'organisation judiciaire, les ressorts des tribunaux de grande instance et d'instance ont été réaménagés.

L'article 1er du décret du 20 juillet 2015 fixe le siège, le ressort et la composition des Cours d'appel, des tribunaux de grande instance et des tribunaux d'instance et renvoie aux annexes de ce texte.

À l'image des anciens tribunaux départementaux, les quarante-cinq (45) tribunaux d'instance créés ont tous des ressorts coïncidant avec les départements.

Il s'agit des tribunaux d'instance de Dakar, Pikine, Guédiawaye, Rufisque, Thiès, Mbour, Tivaouane, Diourbel, Mbacké, Bambey, Saint-Louis, Dagana, Podor, Matam, Kanel, Ranérou, Tambacounda, Bakel, Goudiry, Koumpentoum, Kaolack, Nioro, Guinguinéo, Fatick, Gossas, Foundioungne, Ziguinchor, Oussouye, Bignona, Kolda, Vélingara, Médina Yoro Foulah, Louga, Kébémer, Linguère, Sédhiou, Goudomp, Bounkiling, Kédougou, Saraya, Salémata, Kaffrine, Birkélane, Koungheul et Malem Hoddar.

Cependant, les tribunaux d'instance suivants ne sont pas encore fonctionnels. Il s'agit de Ranérou, Goudiry, Koumpentoum, Guinguinéo, Médina Yoro Foulah, Goudomp, Bounkiling, Saraya, Salémata, Birkélane, Koungheul et Malem Hoddar.

Les dix-neuf (19) tribunaux de grande instance institués sont ceux de Dakar, Thiès, Diourbel, Mbacké, Saint-Louis, Matam, Tambacounda, Kaolack, Fatick, Ziguinchor, Kolda, Louga, Kédougou, Pikine-Guédiawaye, Tivaouane, Mbour, Rufisque, Kaffrine et Sédhiou.

C'est surtout au niveau des tribunaux de grande instance que la rupture avec l'organisation administrative se manifeste avec acuité dans certaines juridictions. Il s'agit des tribunaux de grande instance de Dakar, de Thiès, Pikine-Guédiawaye, Mbour, Mbacké, Rufisque et Tivaouane où le volume du contentieux est souvent important. Selon le tableau II annexé au décret n° 2015-1039 du 20 juillet 2015 portant aménagement de l'organisation judiciaire, ces tribunaux ont respectivement leurs ressorts dans les départements de Dakar, Thiès, Pikine, Guédiawaye, Mbour, Mbacké, Rufisque et Tivaouane.

Le découplage avec les structures de l'administration est manifeste. Il semble que les ressorts de ces dernières juridictions ont été tracés en fonction du volume du contentieux. Par souci d'efficacité, dans ces juridictions, l'organisation judiciaire ne suit plus le découpage administratif mais les différents nids de contentieux. « *Désormais, c'est en fonction du niveau de peuplement de chaque zone et donc de l'abondance du contentieux que sont réparties les juridictions sur le territoire* » *(V. Rapport d'activités du ministère de la Justice, année 2014, p. 8).*

Par la magie de la nouvelle répartition géographique des juridictions, les tribunaux de grande instance de Dakar, Thiès, Pikine-Guédiawaye, Mbacké, Rufisque et Tivaouane, ont des ressorts de compétence confinés aux départements, tout en héritant de la compétence matérielle des anciennes juridictions régionales.

Il convient d'isoler le cas particulier de la région de Thiès qui comporte trois tribunaux de grande instance *(Thiès, Mbour et Tivaouane)* ; c'est d'ailleurs ce qui explique que le ressort du tribunal de grande instance de Thiès correspond au département.

La nouvelle carte judiciaire permettra de rééquilibrer le flux des dossiers pénaux, en évitant des transfèrements de détenus coûteux entre le lieu de commission de l'infraction et la juridiction régionale compétente ; ce qui contribuera au rapprochement de la Justice des justiciables.

À titre d'exemple, le département de Mbour qui était doté d'un tribunal départemental en raison de son statut administratif de département abritera, avec la nouvelle organisation judiciaire, un tribunal de grande instance qui sera l'équivalent de celui installé à Thiès. Ce réaménagement de l'organisation judiciaire évitera aux plaideurs de Mbour d'avoir à se déplacer jusqu'à Thiès pour obtenir justice.

Cette analyse est pertinente s'agissant de la création des tribunaux de grande instance de Pikine-Guédiawaye, de Mbour et de Mbacké, qui présente le mérite de favoriser respectivement le désengorgement des tribunaux de grande instance de Dakar, de Thiès et de Diourbel.

Mais, il n'en est pas de même de la mise en place du tribunal de grande instance de Tivaouane, le volume du contentieux dans ce département ne semblant pas justifier, du moins techniquement, la création d'un tribunal de grande instance.

324. Le classement des juridictions. - Comme sous l'empire du décret n° 84-1995 du 22 octobre 1984 portant aménagement de l'organisation judiciaire, le critère retenu pour classer les juridictions est toujours tiré du volume et de la qualité du contentieux ; les affaires à juger étant plus importantes et souvent plus complexes dans les juridictions hors classe que dans les tribunaux de première et de deuxième classe.

Au niveau des tribunaux de grande instance, seule Dakar a été élevée au rang de juridiction hors classe. Kaolack, Saint-Louis, Thiès, Ziguinchor et Pikine-Guédiawaye sont des juridictions de première classe.

Tous les autres tribunaux de grande instance sont des tribunaux de deuxième classe.

En ce qui concerne les tribunaux d'instance, à part Dakar qui est également une juridiction hors classe, seuls Pikine, Guédiawaye, Rufisque, Thiès et Mbour sont des tribunaux de première classe. Tous les autres tribunaux d'instance sont de la deuxième classe.

325. L'instauration de nouvelles Cours d'appel. - Le réaménagement de l'organisation des juridictions de base s'est accompagné de la mise en place de nouvelles Cours d'appel. Il s'agit de la Cour d'appel de Thiès et de Tambacounda.

Il faut préciser que contrairement aux tribunaux de grande instance et aux tribunaux d'instance, les Cours d'appel ne font pas l'objet d'un classement ; elles sont d'égale dignité.

La Cour d'appel de Thiès a été instituée par le décret n° 2009-421 du 27 avril 2009 abrogeant et remplaçant l'article 1er et le tableau I y annexé du décret n° 84-1195 du 22 octobre 1984 portant aménagement de l'organisation judiciaire modifié. Cette juridiction d'appel a été installée par arrêté n° 2014-18641 du 22 décembre 2014, avant d'être officiellement inaugurée le 29 décembre 2014. Son ressort s'étend aux régions de Thiès et de Diourbel. Les plaideurs de Diourbel, Mbour, Thiès et Tivaouane notamment pourront désormais interjeter leurs appels devant la Cour d'appel de Thiès et obtenir ainsi une justice plus proche.

La création et l'installation effective de la Cour d'appel de Thiès, à la suite de celle de Saint-Louis, présentent le mérite de « *casser* » ce que les documents sur la justice au Sénégal appellent « *la macrocéphalie dakaroise* » liée à une forte concentration des activités judiciaires à Dakar. A titre d'exemple, en 1999, 33 % de la délinquance du Sénégal et 70 % de la criminalité de la région du Cap-Vert avaient comme cadre d'expression Dakar *(M. NDIAYE et N. ROBIN, Délinquance et politique pénale au Sénégal. Les chiffres clés de la Justice, Institut de recherche pour le développement, Ministère de la Justice, Organisation internationale des migrants, octobre 2002, p. 27 et s.).*

Selon le rapport d'activités valant statistiques du tribunal de grande instance hors classe de Dakar, en matière civile et commerciale, cette juridiction a enregistré, pour l'exercice de l'année 2012, 11.039 affaires constituées de demandes en justice.

Le tribunal a rendu 9.768 décisions, soit 88,48 % de la saisine initiale, durant la période du 02 janvier 2012 au 31 décembre 2012.

Quant à la Cour d'appel de Tambacounda, elle a été intégrée dans l'édifice judiciaire par le décret n° 2014-126 du 03 février 2014 abrogeant et remplaçant l'article 1er et le tableau 1 y annexé du décret n° 84-1195 du 22 octobre 1984 portant aménagement de l'organisation judiciaire modifié. Cette nouvelle juridiction couvre les régions de Tambacounda et de Kédougou.

Actuellement, les Cours d'appel de Ziguinchor et de Tambacounda ne sont pas encore fonctionnelles. Les locaux devant accueillir ces juridictions ne sont pas encore disponibles.

Mais, à titre transitoire et jusqu'à son installation, les affaires relevant de la Cour d'appel de Tambacounda restent de la compétence de la Cour d'appel de Kaolack.

Suite à la création de la Cour d'appel de Thiès et de Tambacounda, les ressorts des Cours d'appel ont été également refondus.

Le Sénégal compte actuellement six Cours d'appel dont seulement quatre sont fonctionnelles. La Cour d'appel de Dakar qui couvrait autrefois les régions de Dakar, Thiès et Diourbel, a désormais son ressort confiné à la région de Dakar.

La Cour d'appel de Kaolack couvre les régions de Kaolack, Fatick et Kaffrine et la Cour d'appel de Saint-Louis étend son ressort dans les régions de Saint-Louis, Louga et Matam.

Quant à la Cour d'appel de Ziguinchor, elle couvre les régions de Ziguinchor, de Kolda et de Sédhiou.

326. La composition des juridictions. - Les fonctions énumérées par les tableaux annexés au décret recoupent les emplois judiciaires prévus par la loi organique n° 92-27 du 30 mai 1992 portant statut des magistrats.

Les tribunaux d'instance sont composés au niveau du siège d'un président et de juges. Le parquet d'instance est dirigé par le délégué du procureur de la République. Le décret portant aménagement de l'organisation judiciaire a innové en visant la fonction d'adjoint au délégué du procureur *(V. Tableau III)*.

Cette fonction correspond à un emploi judiciaire prévu par la loi organique portant statut des magistrats *(V. art. 49 de la loi organique portant statut des magistrats)*.

Mais, certains tribunaux d'instance ne comportent pas d'adjoints au délégué ; il s'agit des tribunaux d'instance de Kanel, Ranérou, Tambacounda, Goudiry, Koumpentoum, Nioro, Guinguinéo, Oussouye,

Médina-Yoro Foulah, Goudomp, Bounkiling, Saraya, Salémata, Birkélane, Koungheul et Malem Hoddar.

Au niveau des tribunaux de grande instance, il convient de relever la particularité du tribunal de grande instance hors classe de Dakar. Dans cette juridiction, à côté du président, il y a au siège un premier vice-président, un Doyen des juges, des vice-présidents, des juges et des juges d'instruction.

Le parquet de grande instance comporte un procureur, un procureur adjoint, un Premier substitut et vingt (20) substituts.

Les autres juridictions de grande instance comptent tous les postes précités à l'exception de ceux de premier vice-président et de vice-présidents *(V. Tableau II)*.

Cependant, force est de constater que le tableau II du décret portant aménagement de l'organisation judiciaire n'est pas conforme aux emplois judiciaires prévus par la loi organique du 30 mai 1992 portant statut des magistrats. En effet, ce tableau a prévu les postes de vice-président, de Doyen des juges d'instruction et premier substitut du Procureur de la République dans la composition de tous les tribunaux de grande instance *(hors classe, de première classe et de 2e classe)*.

Or, il résulte de l'article 49 de la loi organique n° 92-27 du 30 mai 1992 portant statut des magistrats que les fonctions de premier vice-président, de vice-présidents, de Doyen des juges d'instruction et de procureur adjoint près le tribunal de grande instance ne constituent des emplois judiciaires qu'au niveau du tribunal de grande instance hors classe *(le tribunal de grande instance de Dakar)*. Quant au poste de premier substitut du procureur, il n'est un emploi judicaire qu'au niveau des tribunaux de grande instance hors classe et de première classe.

Les six (6) Cours d'appel sont composées au siège d'un Premier président, de présidents de Chambre, de conseillers et d'un secrétaire général. Au parquet général, il y a un procureur général, un premier avocat général, des avocats généraux et des substituts généraux *(V. Tableau I)*.

Le nombre de magistrats devant occuper les emplois décrits dans les tableaux annexés au décret du 20 juillet 2015 varie suivant le classement des juridictions. A titre d'exemple, le tribunal de grande instance hors classe de Dakar est composé d'un président, d'un premier vice-président, d'un Doyen des juges, de trois (3) vice-présidents, quarante (40) juges et quinze (15) juges d'instruction.

Cependant, dans une juridiction comme le tribunal de grande instance de deuxième classe de Tivaouane, il y a un président, un Doyen des juges, un vice-président, six (6) juges et deux (2) juges d'instruction. Le parquet comprend le procureur de la République, un premier substitut et trois (3) substituts.

En ce qui concerne l'énumération et la composition des emplois judiciaires à l'administration centrale du ministère de la Justice, elles sont fixées par le tableau V annexé au décret. Le décret du 20 juillet 2015 prévoit un emploi de secrétaire général du ministère de la Justice et d'inspecteur général de l'administration de la Justice.

Il est prévu dix emplois de directeurs de l'administration centrale de la Justice, deux emplois d'inspecteurs adjoint de l'administration de la Justice, huit inspecteurs de l'administration de la Justice et vingt emplois de directeurs adjoints à l'administration centrale de la Justice.

Il faut préciser que les emplois prévus par le tableau V annexé au décret du 20 juillet 2015 ne sont pas tous effectivement pourvus dans la pratique.

L'énumération et la composition des emplois judiciaires à l'administration centrale du ministère de la Justice fixées par le tableau V annexé au décret du 20 juillet 2015 posent également un problème d'articulation avec la loi organique n° 92-27 du 30 mai 1992 portant statut des magistrats. En effet, les emplois de Secrétaire général du ministère de la Justice et d'inspecteurs adjoint de l'administration de la Justice énumérés par le décret du 20 juillet 2015 ne constituent pas encore des emplois judiciaires fixés par la loi organique du 30 mai 1992 portant statut des magistrats *(V. art. 3 et 49 de la loi organique n° 92-27 du 30 mai 1992 portant statut des magistrats)*. Or, le décret portant aménagement de l'organisation judiciaire n'a d'autre objet que de fixer la composition des juridictions, et ce, conformément aux emplois judiciaires consacrés par la loi organique portant statut des magistrats ; il ne saurait créer de nouveaux emplois judiciaires.

Ces incohérences du nouveau cadre de l'organisation judiciaire posent un véritable problème d'articulation du dispositif d'ensemble. Elles tirent essentiellement leur source de l'absence d'une approche globale et holistique de la réforme.

Une refonte complète du secteur de la Justice devrait impliquer aussi bien l'organisation des juridictions, les règles de compétence juridictionnelle que le statut des magistrats. La réforme judiciaire devrait être portée par un « *package normatif* » constitué de textes interdépendants et complémentaires. Aussi, en bonne règle légistique, le réaménagement de l'organisation judiciaire passe-t-il par une relecture du système des emplois judiciaires prévus par la loi organique n° 92-27 du 30 mai 1992 portant statut des magistrats.

Article 2.- Un arrêté du Ministre de la Justice fixe la date d'installation de chacun des tribunaux de grande instance et tribunaux d'instance.

SECTION II : L'INSTALLATION DES TRIBUNAUX PAR ARRÊTÉ DU MINISTRE DE LA JUSTICE.

PARAGRAPHE I : BIBLIOGRAPHIE

D'ARBOUSSIER (G.), « Le Sénégal : un exemple africain d'organisation judiciaire », *Penant*, n° 686, avril-mai 1961, 171 et s.

DIOP (A.), « L'organisation judiciaire sénégalaise en matière administrative », *Rev. jur. Ind. et coop.*, n° 4, 1969, p. 944.

MBAYE (K.), « L'organisation judiciaire », *Penant*, n° 705, janvier-février-mars, 1965, p. 27 ;

MBAYE (K.), « L'organisation judiciaire actuelle », in *Encyclopédie juridique de l'Afrique*, Tome IV, Dakar-Abidjan-Lomé, NEA, 1982, t. 4, p. 38 et s.

NZOUANKEU (J.M.), « Les domaines respectifs de la loi et du règlement en droit sénégalais », *RIPAS* n° 11, octobre-décembre 1984, p. 889 et s.

THIAM (C. T.), *Droit public du Sénégal. Vol. I : L'État et le citoyen*, Dakar, Les éd. du CREDILA, 1993.

TOURE (M. M.), « Histoire de l'organisation judiciaire du Sénégal : l'unification des juridictions et l'unicité de la juridiction suprême », *Rev. sén.dr.* n° 17, juin 1975, p. 51.

PARAGRAPHE II : COMMENTAIRE

327. La création de nouveaux ordres de juridictions par voie législative.- Cette disposition habilite le ministre de la Justice à fixer, par arrêté, la date d'installation de chacun des tribunaux de grande instance et des tribunaux d'instance.

En droit constitutionnel sénégalais, la loi fixe les règles concernant « *la création de nouveaux ordres de juridictions* » *(art. 67 de la Constitution).* En d'autres termes, cette matière relève du domaine de la loi, c'est-à-dire du domaine « *entièrement législatif* » *(Sur cette question, J. M. NZOUANKEU, « Les domaines respectifs de la loi et du règlement en droit sénégalais », RIPAS n° 11, octobre-décembre 1984, p. 889 et s.).*

Dans le langage juridique, l'ordre de juridiction renvoie à un *« ensemble distinct et hiérarchisé de juridictions de même nature » (G. CORNU, Vocabulaire juridique, Paris, PUF, 2014, V° ordre de juridiction, p. 716)*. Il en est ainsi des juridictions de l'ordre administratif et des juridictions de l'ordre judiciaire.

Au Sénégal, dès le lendemain des indépendances, l'option a été prise de passer d'une organisation judiciaire dualiste à une organisation judiciaire unitaire *(V. K. MBAYE, « L'organisation judiciaire », Penant, n° 705, janvier-février-mars, 1965, p. 27 ; M.M. TOURE, « Histoire de l'organisation judiciaire du Sénégal : l'unification des juridictions et l'unicité de la juridiction suprême », Rev. sén.dr., n° 17, juin 1975, p. 51 ; A. KANTE, « Réflexions sur l'organisation judiciaire au Sénégal (1830-1992) », in M. BADJI et O. DEVAUX, Droit sénégalais, n° 05, De la justice coloniale aux systèmes judiciaires africains contemporains, Toulouse, Presses de l'Université des Sciences sociales de Toulouse, 2006, p. 199-221)*.

Le législateur a mis en place un système judiciaire fondé sur l'unification de l'ordre juridictionnel, qui est la conséquence de la suppression des juridictions administratives *(A. DIOP, « L'organisation judiciaire sénégalaise en matière administrative », Rev. jur. Ind. et coop., n° 4, 1969, p. 944 ; K. MBAYE, « L'organisation judiciaire actuelle », in Encyclopédie juridique de l'Afrique, Tome IV, Dakar-Abidjan-Lomé, NEA, 1982, tome 4, p. 38 et s. ; K. MBAYE, « L'organisation judiciaire », Penant, n° 705, janvier-février-mars, 1965, p. 27)*.

Malgré l'introduction de la spécialisation au sommet de la hiérarchie judiciaire par la réforme de 1992, le système judiciaire s'est toujours accommodé de l'unité de juridiction.

Quoi qu'il en soit, toute remise en cause du système d'unification juridictionnelle, par la création de nouveaux ordres de juridictions *(juridictions administratives, judiciaires, coutumières)* exige l'intervention d'un texte de nature législative.

328. Principe de la création de nouvelles juridictions par décret. - Cependant, la création de nouvelles juridictions n'est pas visée dans la liste des matières relevant du domaine de la loi. Or, l'article 76 de la

Constitution énonce que les matières qui ne sont pas du domaine législatif ont un caractère réglementaire.

En conséquence, du moins en principe, la création de nouvelles entités juridictionnelles relève du domaine réglementaire.

Au Sénégal, les juridictions de base *(Cours d'appel, tribunal de grande instance, tribunal d'instance, tribunal du travail)* ont été créées à la suite de modifications du décret portant aménagement de l'organisation judiciaire. Les tribunaux régionaux et les tribunaux départementaux, remplaçant les anciens tribunaux de première instance et les justices de paix, ont été institués par le décret n° 84-1195 du 22 octobre 1984 portant aménagement de l'organisation judiciaire.

Également dans le cadre de la nouvelle réforme de l'organisation judiciaire, la création des tribunaux de grande instance de Pikine-Guédiawaye, Mbour, Mbacké, Rufisque, Tivaouane, Kaffrine et Kédougou et des tribunaux d'instance de Kanel, Ranérou, Goudiry, Koumpentoum, Guinguinéo, Nioro, Médina Yoro Foulah, Goudomp, Bounkiling, Saraya, Salémata, Kédougou, Birkélane, Koungheul et Malem Hoddar, résulte du décret n° 2015-1039 du 20 juillet 2015 portant aménagement de l'organisation judiciaire.

A titre d'exemple, la Cour d'appel de Tambacounda a été intégrée dans l'édifice judiciaire par le décret n° 2014-126 du 03 février 2014 abrogeant et remplaçant l'article 1er et le tableau 1 y annexé du décret n° 84-1195 du 22 octobre 1984 portant aménagement de l'organisation judiciaire modifié.

Le décret du 20 juillet 2015 détermine également le siège, le ressort, la composition et le classement des Cours et tribunaux.

Mais, le législateur déroge bien souvent au principe de la création des nouvelles juridictions par décret.

D'une part, il faut réserver le cas des hautes juridictions que sont le Conseil constitutionnel, la Cour suprême, la Cour des comptes et la haute Cour de Justice. Ces juridictions sont, en effet, instituées par la Constitution, qui renvoie à des lois organiques pour fixer leurs règles d'organisation et de fonctionnement.

D'autre part, il est également dérogé au principe de la création des juridictions par décret, en ce qui concerne les juridictions d'exception dont certaines ont une compétence nationale. Ces entités juridictionnelles spéciales ont été toujours instituées par des lois ordinaires. Il en est ainsi de la Cour de répression de l'enrichissement illicite créée par la loi n° 81-54 du 10 juillet 1981, du tribunal militaire institué par la loi n° 94-44 du 27 mai 1994 portant Code de justice militaire et du tribunal pour enfants créé par la loi n° 65-61 du 21 juillet 1965 portant Code de procédure pénale. La Cour de sûreté de l'État, supprimée de l'architecture judiciaire par la loi n° 92-31 du 04 juin 1992, avait également été instituée par la loi n° 73-47 du 4 décembre 1973, en remplacement du Tribunal spécial.

Récemment, dans son arrêt du 18 août 2014, la Cour de répression de l'enrichissement illicite, se prononçant sur la question de son existence juridique a énoncé que *« toutes les juridictions à compétence nationale ont été créées par une loi spéciale distincte de la loi n° 84-19 du 02 février 1984 fixant l'organisation judiciaire du Sénégal. Il en est ainsi, sans que l'énumération ne soit exhaustive, du tribunal militaire, de la haute Cour de Justice et de la Cour de répression de l'Enrichissement illicite » (CREI, n° 03/2014 du 18 août 2014, MP et État du Sénégal (AJE) c/ Karim WADE et autres, inédit).*

L'option de la création des juridictions pénales d'exception par voie législative ne saurait étonner. En réalité, les textes particuliers portant création de ces juridictions aménagent en même temps des règles relatives à leur compétence ainsi que la procédure pénale à suivre devant ces instances juridictionnelles.

Or, il résulte des dispositions de l'article 67 de la Constitution que la procédure pénale relève du domaine de la loi, c'est-à-dire du « *domaine entièrement législatif* » (*Sur cette question, J. M. NZOUANKEU, « Les domaines respectifs de la loi et du règlement en droit sénégalais », RIPAS n° 11, octobre-décembre 1984, p. 889 et s.).*

En conséquence, les textes portant création et fixant les règles d'organisation et de fonctionnement des juridictions pénales d'exception ne peuvent avoir pour support normatif que la loi.

329. L'installation des tribunaux par arrêté. - Si la création de nouvelles juridictions relève en principe du domaine « *décrétal* », leur installation est faite par arrêté du ministre de la Justice. C'est ce qui résulte de l'article 2 du décret du 20 juillet 2015 portant aménagement de l'organisation judiciaire. Aux termes de ce texte : « *un arrêté du*

Ministre de la Justice fixe la date d'installation de chacun des tribunaux de grande instance et tribunaux d'instance ».

Seules les nouvelles juridictions créées sont concernées par l'arrêté d'installation du Ministre de la Justice, à l'exclusion des anciennes juridictions. Par l'effet de l'automaticité du remplacement des tribunaux départementaux et des tribunaux régionaux par les tribunaux d'instance et les tribunaux de grande instance posé par l'article 4 de la loi n° 2014-26 du 03 novembre 2014 fixant l'organisation judiciaire, il n'est pas nécessaire de procéder à l'installation des anciens tribunaux régionaux et départementaux.

L'article 2 du décret du 20 juillet 2015 ne vise que les tribunaux de grande instance et les tribunaux d'instance. Pourtant, toutes les Cours d'appel visées au tableau I annexé au décret portant réaménagement de l'organisation judiciaire, n'ont été effectivement installées. En effet, la date d'installation des Cours d'appel de Ziguinchor et de Tambacounda, qui ne sont pas encore fonctionnelles, n'est pas encore fixée par arrêté.

Il eut été plus logique de viser dans l'énumération de l'article 2 du décret du 20 juillet 2015 portant aménagement de l'organisation judiciaire, les Cours d'appel, en vue de prendre en considération la future installation d'autres Cours d'appel à l'image de celles de Ziguinchor et de Tambacounda.

Au niveau des tribunaux de grande instance, sept (7) nouvelles juridictions seront concernées par l'arrêté d'installation ; il s'agit des tribunaux de grande instance de Pikine-Guédiawaye, Mbour, Mbacké, Rufisque, Tivaouane, Kaffrine et Kédougou.

Les nouveaux tribunaux d'instance créés sont au nombre de quinze (15). Il s'agit des tribunaux d'instance de Kanel, Ranérou, Goudiry, Koumpentoum, Guinguinéo, Nioro, Médina Yoro Foulah, Goudomp, Bounkiling, Saraya, Salémata, Kédougou, Birkélane, Koungheul et Malem Hoddar.

Il faut préciser que la fixation de la date d'installation de ces nouvelles entités juridictionnelles, par arrêté du Ministre de la Justice, suppose des moyens humains et matériels nécessaires à leur fonctionnement effectif. C'est certainement ce qui explique que les arrêtés d'installation des nouvelles créations juridictionnelles ne soient pas encore signés.

PARAGRAPHE III : JURISPRUDENCE

330. Création des juridictions d'exception par voie législative.

331. Toutes les juridictions à compétence nationale ont été créées par une loi spéciale distincte de la loi n° 84-19 du 02 février 1984 fixant l'organisation judiciaire du Sénégal. Il en est ainsi, sans que l'énumération ne soit exhaustive, du tribunal militaire, de la haute Cour de Justice et de la Cour de répression de l'enrichissement illicite ***(CREI, n° 03/2014 du 18 août 2014, MP et État du Sénégal (AJE) c/ Karim WADE et autres, inédit)***.

Article 3.- Les modalités de création et de fonctionnement des Maisons de Justice sont déterminées par le décret n° 2007-1253 du 23 octobre 2007 modifiant le décret n° 99-1124 du 17 novembre 1999 relatif aux Maisons de Justice, à la médiation et à la conciliation.

SECTION III : LES MODALITÉS DE CRÉATION ET DE FONCTIONNEMENT DES MAISONS DE JUSTICE.

PARAGRAPHE I : BIBLIOGRAPHIE

AMRANI MEKKI (S.) et STRICKLER (Y.), *Procédure civile*, Thémis, Paris, PUF, 2014.

AMRANI MEKKI (S.), « Les nouveaux titres exécutoires : les accords amiables homologués », *Dr. patr.* décembre 2013.

COHEN, « À propos de la conciliation et de la médiation, les textes et leur (libre) application », *Gaz. Pal.* 1998. 2. Doctr. 1199.

CORDIER-VASSEUR et CASSAVETTI, « Clauses de règlement amiable : gare à l'insécurité juridique ! », *JCP* 2012. 343.

COUVRAT et GIUDICELLI-DELAGE, « Conciliation et médiation », *Juris.-Class. pr. civ.,* fasc. 160.

DESDEVISES (Y.), « Conciliation et médiation », in L. CADIET (dir), *Dictionnaire de la Justice*, Paris, PUF, 1ère éd., 2004, p. 191 et s.

DESDEVISES (Y.), « Modes alternatifs de règlement des litiges », *Justices* 1996, p. 339.

DESDEVISES (Y.), « Remarques sur la conciliation dans les textes récents de procédure civile », *D.* 1981. Chron. p. 241.

DOUCHY-OUDOT(M.), « Médiation et conciliation », *Rép. Proc. civ. Dalloz*, n° 122.

FRICERO, « Une justice conciliatoire modernisée », *Dr. et proc.* 2011, p. 2.

GUINCHARD (S.), MONTAGNIER (G.), VARINARD (A.) et DEBARD (T.), *Institutions judiciaires*, Paris, Précis Dalloz, 12e éd., 2013.

JARROSSON (C.), « Médiation et conciliation : définition et statut juridique », *Gaz. Pal.* 1996. 2. Doctr. 951.

KAMINSK (R.) et SAK BUN (D.), « La médiation, mode alternatif de règlement des conflits incontournable », *Journal des sociétés* n° 104, 2012, p. 66 et s.

LAGARDE, « L'efficacité des clauses de conciliation ou de médiation », *Rev. arb.* 2000, p. 396.

LAMOTTE (M.), Discours d'usage de la rentrée solennelle des Cours et tribunaux, in D. NDOYE, *Les systèmes non juridictionnels de règlement des conflits au Sénégal*, Dakar, Les éd. du Caford, 2001, p.9 et s.

MICHELET (E.), « La conciliation dans la procédure sénégalaise », *Penant*, 1980, p. 135.

NDOYE (D.), *Les systèmes non juridictionnels de règlement des conflits au Sénégal*, Dakar, Les éd. du Caford, 2001.

OLIVIER, « La conciliation et la médiation judiciaires en matière civile, aspects anciens et actuels », *Gaz. Pal.* 1996. 2. Doctr. 1257.

OPPETIT, « Arbitrage, médiation et conciliation », *Rev. arb.* 1984, p. 307.

PERROT, « Justice de proximité : conciliation et médiation », *Procédures*, n° 1, avril 1995.

PLUYETTE, « La médiation judiciaire en matière civile », *Gaz. Pal.* 1994. 2. Doctr. 1098.

PLUYETTE, « La médiation judiciaire », *Gaz. Pal.* 1998. 2. Doctr. 704.

SAMB (M.), « À propos de la médiation comme mode alternatif de résolution des conflits en Afrique », in *De l'esprit du droit africain, Mélanges en l'honneur de Paul Gérard POUGOUE*, CREDIJ, 2014, p. 637 et s.

SAMB (M.), « L'accès des justiciables à la justice au Sénégal. Vers une justice de proximité ? », in *Afrique contemporaine* 2014/2, n° 250, p. 168.

SAMB (M.), « Pluralisme juridique et institutionnel : à propos de la résolution des conflits sociaux par des modes alternatifs dans les pays africains, in Ph. AUVERGNON (dir), *Les juges et le droit social*, Actes du séminaire international de droit comparé du travail, des relations professionnelles et de la sécurité sociale, Bordeaux, Comptrasec, 2002, p. 205 et s.

PARAGRAPHE II : COMMENTAIRE

332. Le dispositif de justice de proximité. - Dans le cadre du Programme Sectoriel Justice (*PSJ*), ayant pour objet de mettre en œuvre la composante bonne gouvernance judiciaire du Programme national de bonne gouvernance *(PNBG),* il a été prévu un volet « *Justice de proximité* » *(Sur la justice de proximité, V. PERROT, « Justice de proximité : conciliation et médiation », Procédures, n° 1, avril 1995).*

Il s'agit d'un dispositif visant à rapprocher la justice du justiciable, par le biais de trois types de structures phares, à savoir les Maisons de Justice, les Bureaux d'Accueil et d'Orientation du Justiciable (*BAOJ*) et les Bureaux d'Information du Justiciable (*BIJ*) (*V. Rapport national sur la gouvernance au Sénégal*, 2011).

Les Bureaux d'Information du Justiciable (*BIJ*) ainsi que les Bureaux d'Accueil et d'Orientation du Justiciable (*BAOJ*), installés au sein des universités et des juridictions, ont pour rôle de faire de l'accès au droit et d'orienter les justiciables au sein des juridictions. Ils ont vocation à faire principalement de l'accueil et de l'information des justiciables sur leurs droits, en les orientant vers le circuit judiciaire indiqué.

La justice de proximité encourage notamment l'accès à l'information juridique et aux modes alternatifs de règlement des litiges inspiré par la tradition africaine. Elle est à mi-chemin entre la justice moderne et la justice traditionnelle, puisqu'elle reprend les principes et modes de régulation traditionnels des conflits familiaux, tout en assurant la promotion du droit moderne *(M. SAMB, « Pluralisme juridique et institutionnel : à propos de la résolution des conflits sociaux par des modes alternatifs dans les pays africains, in Ph. AUVERGNON (dir), Les juges et le droit social, Actes du séminaire international de droit comparé du travail, des relations professionnelles et de la sécurité sociale, Bordeaux, Comptrasec, 2002, p. 205 et s.).*

Ce dispositif permet de répondre en partie à l'engorgement des juridictions et au rapprochement de la justice des justiciables *(M. SAMB, « L'accès des justiciables à la justice au Sénégal. Vers une justice de proximité ? », in Afrique contemporaine 2014/2, n° 250, p. 168).* Il a notamment pour finalité de créer autant de « *circuits de dérivation du contentieux* », en vue de favoriser le traitement non judiciaire des litiges et d'offrir aux justiciables des réponses plus adaptées à leurs différends que la voie strictement judiciaire *(OPPETIT, « Arbitrage, médiation et conciliation », Rev. arb. 1984. 307).*

333. La prise en compte des Maisons de Justice dans la chaîne judiciaire. - Il résulte de l'article 5 de la loi du 03 novembre 2014 fixant l'organisation judiciaire que les Maisons de Justice ne font pas partie de l'architecture judiciaire, l'organigramme judiciaire ne comportant que les juridictions (*Cours et tribunaux*).

Néanmoins, le nouveau cadre juridique de l'organisation judiciaire a été marqué par une volonté de prise en compte de la justice de proximité dans l'édifice judiciaire. Les Maisons de Justice, jusque-là organisées par le décret n° 2007-1253 du 23 octobre 2007, n'étaient pas évoquées dans les textes de l'organisation judiciaire. Selon le rapport de présentation du décret n° 2015-1039 du 20 juillet 2015 portant aménagement de l'organisation judiciaire, ce texte a « *pris en considération l'institution qu'est la Maison de Justice comme maillon de la chaîne judiciaire* ».

Aux termes de l'article 4 du décret du 20 juillet 2015 portant aménagement de l'organisation judiciaire, « *les modalités de création et de fonctionnement des Maisons de Justice sont déterminées par le décret n° 2007-1253 du 23 octobre 2007 modifiant le décret n° 99-1124 du 17 novembre 1999 relatif aux Maisons de Justice, à la médiation et à la conciliation* ».

L'objectif de rapprocher la justice du justiciable avait amené les pouvoirs publics à instituer des Maisons de Justice chargées d'organiser les procédures de médiation et de conciliation prévues par le décret n° 99-1124 du 17 novembre 1999 relatif aux Maisons de Justice, à la médiation et à la conciliation, abrogé et remplacé par le décret n° 2007-1253 du 23 octobre 2007.

Les Maisons de Justice qui sont créées par arrêté du ministre de la Justice, après concertation avec la collectivité territoriale concernée, peuvent être implantées en milieu urbain ou rural (*art. 1er du décret n° 2007-1253 du 23 octobre 2007).*

La suppression d'une Maison de Justice résulte de la résiliation de la convention-type liant l'État à la collectivité locale concernée. Dans ce cas, le ministre de la Justice prend un arrêté portant suppression de la Maison de Justice *(art. 12 du décret n° 2007-1253 du 23 octobre 2007).*

Les Maisons de Justice ont pour mission essentielle d'impulser un service public de justice de proximité. Ainsi, elles développent des activités relatives au droit, à la régulation des conflits, à la prévention et au traitement de la délinquance, à l'information des justiciables et à l'aide aux victimes *(art. 2 du décret n° 2007-1253 du 23 octobre 2007).*

À ce titre, elles sont chargées d'assurer un accueil de la population locale pour lui fournir une information sur ses droits et devoirs ainsi que d'organiser ou de faciliter un traitement de proximité, rapide, diversifié et adapté des litiges de la vie quotidienne et de certaines infractions pénales.

Les Maisons de Justice constituent un cadre de rencontre, d'échange, d'élaboration de stratégies concertées et cohérentes de tous ceux qui, dans un même espace géographique, contribuent à la prévention de la délinquance, à la prise en charge des personnes en difficulté, à la régulation des conflits et au maintien de la paix sociale.

Elles jouent également une mission de facilitation puisqu'elles assurent la liaison entre les populations de la collectivité territoriale concernée et les tribunaux pour faciliter l'obtention d'actes, notamment l'extrait du casier judiciaire, le certificat de nationalité et le certificat d'inscription au registre du commerce et du crédit mobilier *(M. SAMB, « À propos de la médiation comme mode alternatif de résolution des conflits en Afrique », in De l'esprit du droit africain, Mélanges en l'honneur de Paul Gérard POUGOUE, CREDIJ, 2014, p. 649).*

334. Le cadre juridique de la médiation et de la conciliation. - Prenant appui sur la réglementation parcellaire de la médiation et de la conciliation contenue dans les articles 7 et suivants du Code de procédure civile, le décret n° 2014-1653 du 24 décembre 2014 relatif à la médiation et à la conciliation *(JORS, n° 6827 bis du 31 décembre 2014, p. 1639),* a mis en place d'un dispositif de médiation et de conciliation inspiré des meilleures pratiques internationales. L'article 1er du décret du 24 décembre 2014 définit la conciliation comme « *tout processus consensuel et structuré par lequel deux ou plusieurs parties tentent, à l'appui des propositions et avis d'un tiers conciliateur, de parvenir à un accord, dit accord de conciliation, en vue de la résolution amiable de leur différend* ».

Ce texte voit dans la médiation « *tout processus consensuel et structuré par lequel un tiers dit médiateur aide les parties à trouver elles-mêmes un accord dit de médiation, en vue de la résolution amiable de leur différend* » *(R. KAMINSK et D. SAK BUN, « La médiation, mode alternatif de règlement des conflits incontournable », Journal des sociétés n° 104, 2012, p. 66 et s.).*

Ces deux modes conventionnels et pacifiques de règlement des conflits sont de même nature, puisque la médiation n'est qu'une expression particulière de la conciliation (*PEULVE, « Conciliation et médiation : des jumeaux... vrais ou faux », Gaz. Pal. 28 juin 2011, n° 179, p. 17).*

Mais, il y a une différence de degré entre ces deux modes alternatifs de règlement des litiges, qui réside dans l'implication du tiers dans la résolution du conflit *(S. GUINCHARD, G. MONTAGNIER, A. VARINARD et T. DEBARD, Institutions judiciaires, Paris, Précis Dalloz, 2013, 12e éd., n° 44).*

Alors que le médiateur aide seulement les parties à trouver un accord, le conciliateur est habilité à faire des propositions et à donner son avis dans la perspective de la résolution du litige *(Sur la distinction, V. C. JARROSSON, « Médiation et conciliation : définition et statut juridique », Gaz. Pal. 1996. 2. Doctr. 951 ; M. DOUCHY-OUDOT, « Médiation et conciliation », Rép. proc. civ. Dalloz, n° 12 ; également, M. LAMOTTE, Discours d'usage de la rentrée solennelle des Cours et tribunaux, in D. NDOYE, Les systèmes non juridictionnels de règlement des conflits au Sénégal, Dakar, Les éd. du Caford, 2001, p. 13-14).*

Le médiateur est un tiers neutre, impartial et indépendant qui aide les parties à trouver elles-mêmes une solution amiable à leur différend.

Quant au conciliateur, il s'agit d'un tiers neutre, impartial et indépendant qui est chargé d'assister les parties dans la recherche d'une solution amiable à leur différend, à travers la facilitation des négociations privées et qui peut donner son avis ou proposer une solution aux parties.

En réalité, le médiateur ne peut pas faire de propositions, ni émettre d'avis sur le différend qui oppose les parties pour leur imposer une solution. Il se contente de les aider à trouver une solution consensuelle à leur différend, à travers la facilitation des négociations privées *(V. art. 19 du décret du 24 décembre 2014).*

La mission du conciliateur, outre l'exercice des attributs du médiateur, est de faire des propositions et d'émettre un avis sur le conflit et suggérer une solution afin de faciliter la conclusion d'un accord de conciliation *(V. art. 19, alinéa 4 du décret du 24 décembre 2014) (E. MICHELET, « La conciliation dans la procédure sénégalaise », Penant, 1980, p. 135).*

335. La médiation pénale. - Toute personne physique candidate à des fonctions de médiateur pénal dans le ressort d'une juridiction peut présenter sa demande au procureur de la République. La demande doit être accompagnée de toutes informations relatives à l'état civil et aux qualifications professionnelles *(art. 14 du décret n° 2007-1253 du 23 octobre 2007).*

Une fois habilité, le candidat signe un protocole avec le procureur de la République *(art. 17 du décret n° 2007-1253 du 23 octobre 2007).*

Le rôle du médiateur pénal est de rechercher une solution librement négociée entre les parties à un conflit né d'une infraction. Le décret du 23 octobre 2007 a donc organisé une procédure de médiation pénale sous la direction des magistrats.

Le recours à la médiation pénale ne peut être ordonné que par le procureur de la République ou la juridiction de jugement selon le cas. Elle se déroule sous le contrôle du magistrat mandant.

Le mécanisme de la médiation pénale à la diligence du procureur de la République a été introduit dans la procédure pénale sénégalaise par la loi n° 99-88 du 03 septembre 1999 qui a modifié l'article 32 du Code de procédure pénale. Selon ce texte, le procureur de la République peut, préalablement à la décision sur l'action publique, et avec l'accord des parties, soumettre l'affaire à la médiation pénale s'il apparaît qu'une telle mesure est susceptible d'assurer la réparation du dommage causé à la victime, mettre fin au trouble causé résultant de l'infraction et contribuer au reclassement de l'auteur.

Le procureur peut procéder lui-même à la médiation pénale ou déléguer tout ou partie de la tâche à un médiateur pénal chargé d'aider les parties à trouver une solution acceptée par elles. Cependant, la solution ne doit être contraire, ni à l'ordre public, ni aux bonnes mœurs.

La tentative de médiation doit intervenir dans les quinze (15) jours de la saisine du médiateur. Le procès-verbal de l'accord ainsi que le rapport du médiateur sont transmis au procureur de la République.

La Cour d'appel de Saint-Louis a déjà eu l'occasion de juger que le procès-verbal de médiation pénale signé par le procureur de la République et les parties ne constitue pas un titre exécutoire au sens des articles 33 et 247 de l'AUPSRVE, pour n'avoir pas été signé par le juge *(CA Saint-Louis, n° 01 du 04 janvier 2011, la COPHASE c/ Moussa FALL et la CNCAS, inédit).*

Le médiateur pénal veille à ce que la solution retenue soit équitable, conforme à l'ordre public et aux bonnes mœurs et reçoive l'accord des parties *(art. 20 du décret du 23 octobre 2007).*

En cas d'échec de la médiation pénale, par refus de comparution de l'auteur des faits ou pour toute autre raison, le procureur apprécie l'inopportunité d'engager des poursuites.

La loi n° 99-88 du 03 septembre 1999 modifiant le Code de procédure pénale a aussi prévu une médiation pénale ordonnée par la juridiction correctionnelle. L'article 451 du Code de procédure pénale énonce que pour la réparation du préjudice né de l'infraction, le tribunal peut recourir, avec le consentement des parties, à la médiation pénale. Ainsi, le recours à la médiation pénale devant la juridiction de jugement ne concerne que la réparation du préjudice né de l'infraction *(action civile).*

En cas de succès, le médiateur envoie le procès-verbal constatant l'accord aux parties, au juge mandant pour apposition de la formule exécutoire et un rapport du procureur de la République.

En cas de non-accord, le juge statue sur l'action civile.

336. La médiation civile. - L'article 22 du décret du 23 octobre 2007 relatif à la médiation et à la conciliation a prévu la possibilité de recours à la médiation en matière civile. Selon ce texte, la médiation peut intervenir en matière civile dans les conditions prévues par le Code de procédure civile. En vertu de l'article 7 ter du Code de procédure civile, le juge saisi d'un litige peut, à tout stade de la procédure, après avoir recueilli l'accord des parties, désigner un médiateur.

La médiation porte sur tout ou partie du litige. En aucun cas, elle ne dessaisit le juge qui peut prendre à tout moment les mesures qui lui paraissent nécessaires.

Le juge fixe la durée initiale de la médiation qui ne peut excéder quatre mois et peut être renouvelée une fois.

La décision qui ordonne la médiation mentionne l'accord des parties, désigne le médiateur, fixe la durée initiale de sa mission et indique la date à laquelle l'affaire sera rappelée à l'audience.

Le rapport du médiateur sur l'exécution de sa mission éclaire le juge sur les suites à donner à l'affaire et la décision la plus appropriée à prendre.

337. La conciliation. - Au-delà de la médiation, le décret du 20 octobre 2007 a instauré un processus de conciliation. Le conciliateur, saisi d'un différend, prend l'initiative de proposer une solution pour régler le litige.

Il peut être mandaté par le juge régulièrement saisi d'une affaire. Dans ce cas, la conciliation est conduite sous l'autorité du juge mandant *(art. 24 du décret du 20 octobre 2007).*

Il peut aussi être saisi sans aucune formalité par toute personne physique ou morale impliquée dans un litige. Dans cette situation, il ne peut officier qu'avec l'accord de toutes les parties, dans un délai fixé préalablement.

En vertu de l'article 25 du décret du 20 octobre 2007, lorsque le juge saisit le conciliateur, il est procédé conformément aux dispositions du Code de procédure civile. En vertu de l'article 7 bis du Code de procédure civile issu du décret n° 99-1125 du 17 novembre 1999, lorsque le juge saisit un conciliateur, il lui fixe le délai pour procéder à la conciliation. Le conciliateur intervient à titre bénévole.

Le conciliateur peut se rendre sur les lieux et entendre, sous réserve de leur acceptation, toute personne dont l'audition paraît utile.

En cas de conciliation, même partielle, le conciliateur transmet le procès-verbal de l'accord signé des parties au juge mandant. Le procès-verbal de conciliation peut, à la demande des parties, être revêtu de la forme exécutoire. Il n'est pas susceptible d'appel.

Les dispositions de l'article 7 bis du Code de procédure civile, applicables au tribunal d'instance, ne sont pas contraires à celles relatives au tribunal de grande instance. Ainsi, ces dispositions sont également applicables à cette dernière juridiction *(V. art. 26 du Code de procédure civile).*

338. Fonctionnement des Maisons de Justice. - Les modalités de fonctionnement de la Maison de Justice sont précisées dans une convention-type signée entre l'État et la collectivité territoriale concernée *(art. 3 du décret n° 2007-1253 du 23 octobre 2007).*

Les problèmes traités par les Maisons de Justice concernent notamment le divorce, le mariage, l'état civil, les contributions aux charges du ménage, les litiges fonciers, les relations de voisinage, la protection des personnes vulnérables et les successions.

En vertu de l'article 4 du décret n° 2007-1253 du 23 octobre 2007, la Maison de Justice est placée sous l'autorité du procureur de la

République près le tribunal de grande instance ou son représentant. À ce titre, ce magistrat adresse un rapport annuel au ministre de la Justice sur ses activités de contrôle et d'animation des Maisons de Justice placées sous son autorité.

339. Le Comité de coordination.- La Maison de Justice est pilotée par un Comité de coordination *(art. 7 du décret n° 2007-1253 du 23 octobre 2007).* Ce Comité peut s'adjoindre, à titre consultatif, toute personne pouvant contribuer à l'amélioration des services proposés par la Maison de Justice.

Le Comité de coordination a pour mission de définir les orientations de la Maison de Justice. À ce titre, il évalue, tous les six mois, le travail de la Maison de Justice et peut faire des recommandations. À cet effet, il définit et recherche d'autres modes de financement.

Le Comité de coordination se réunit au moins une fois tous les trois mois sur convocation, soit de son délégué, soit du procureur de la République ou de son représentant.

Les procès-verbaux des travaux du Comité de coordination sont transmis par le coordonnateur au procureur de la République qui les fait parvenir, avec ses observations, au ministre de la Justice *(art. 9 du décret n° 2007-1253 du 23 octobre 2007).*

340. Coordonnateur et secrétariat.- L'article 10 du décret n° 2007-1253 du 23 octobre 2007 énonce que la Maison de Justice est animée par le coordonnateur désigné par le procureur de la République. Il assure le secrétariat du Comité de coordination et la mise en œuvre de ses orientations. Il est responsable sous l'autorité du procureur de la République du ressort de l'organisation et de la supervision des différentes activités de la Maison de Justice. Il assure toutes les relations utiles avec les partenaires et le contact avec les populations.

Il rédige un rapport semestriel d'activités mentionnant les résultats statistiques, les difficultés rencontrées ainsi que les suggestions visant à améliorer le fonctionnement de la Maison de Justice. Ce rapport est adressé au procureur de la République et au chef de juridiction.

Un ou plusieurs salariés ou bénévoles, travailleurs sociaux, représentants d'organismes non gouvernementaux, peuvent assurer, en liaison avec le coordonnateur, le secrétariat de la Maison de Justice ; il en est de même de l'accueil, l'information du public sur ses droits, l'aide aux victimes et toutes autres activités décidées par le Comité de coordination *(art. 11 du décret n° 2007-1253 du 23 octobre 2007).*

341. Mise en œuvre du dispositif de justice de proximité. - Le dispositif de justice de proximité a démarré ses activités en mai 2004. Dans une phase pilote, trois Maisons de Justice ont été installées aux HLM, à Sicap Mbao *(Diamaguène)* et à Rufisque (*M. SAMB, « État des lieux de la justice. Réflexions sur une gouvernance en crise », in M-C. DIOP, Sénégal (2000-2012), Les institutions et politiques publiques à l'épreuve d'une gouvernance libérale, CRES-KARTHALA, Dakar-Paris, 2013, p. 354).* Actuellement le dispositif comporte quatorze (14) Maisons de Justice, à savoir celles des HLM, des Parcelles Assainies, de la SICAP, de Mbao Diamaguène Rufisque, de Grand Yoff, de Ziguinchor, de Mbour, de Tivaouane, de Mbacké, de Kaolack, de Koungheul, de Tambacounda, de Richard-Toll et de Kédougou.

Au cours de l'année 2014, trois nouvelles Maisons de Justice ont été installées avec l'appui de l'Union européenne ; il s'agit des Maisons de Justice de Grand-Yoff, de Richard-Toll et de Kédougou.

Il existe actuellement quatre bureaux d'Information du Justiciable (BIJ), à Dakar, Thiès, Ziguinchor et Saint-Louis ainsi que quatorze (14) Bureaux d'Accueil et d'Orientation du Justiciable (*BAOJ*).

Ces bureaux sont installés dans les palais de Justice suivants : le palais de justice de Lat-Dior, le Palais de Justice de Pikine, le tribunal d'instance de Mbour, le tribunal de grande instance de Kaolack, le tribunal d'instance de Kaolack, la Cour d'appel de Kaolack, le Palais de Justice de Diourbel, le Palais de Justice de Louga, le Palais de Justice de Saint-Louis, la Cour d'appel de Saint Louis, le tribunal d'instance de Ziguinchor, le tribunal de grande instance de Ziguinchor, le tribunal d'instance de Tivaouane, le tribunal d'instance de Kaffrine, le tribunal d'instance de Nioro et le tribunal d'instance de Rufisque.

Le dispositif de Justice de proximité a permis de lever des barrières financières et juridiques à l'accès au service public de la Justice *(M. SAMB, « État des lieux de la justice. Réflexions sur une gouvernance en crise », in M-C. DIOP, Sénégal (2000-2012). Les institutions et politiques publiques à l'épreuve d'une gouvernance libérale, CRES-KARTHALA, Dakar-Paris, 2013, p. 355 et s.).* Aussi, a-t²-il connu un grand succès et constitue aujourd'hui une véritable référence au regard des résultats très importants enregistrés. Entre l'année 2011 et l'année 2012, le taux de fréquentation des Maisons de Justice a augmenté de 50 % concernant le volet « *accès au droit* » et de plus de 25 % pour le volet « *médiation-conciliation* », soit un taux de réussite de 80 %. 34.000 citoyens ont été concernés par le travail des Maisons de Justice en 2012.

PARAGRAPHE III : JURISPRUDENCE

342. La médiation pénale.

343. Il ressort des dispositions de l'article 451 du Code de procédure pénale que la loi n'attache au procès-verbal de médiation pénale les effets d'une décision judiciaire, que lorsque le médiateur pénal, en cas de succès de sa mission, envoie le procès-verbal constatant l'accord des parties au juge mandant pour apposition de la formule exécutoire.

Le procès-verbal de médiation pénale signé par le procureur de la République et les parties ne constitue pas un titre exécutoire au sens des articles 33 et 247 de l'AUPSRVE, pour n'avoir pas été signé par le juge **(CA Saint-Louis, n° 01 du 04 janvier 2011, la COPHASE c/ Moussa FALL et la CNCAS, inédit).**

344. Les parties qui ont décidé d'un commun accord, suivant protocole (*d'accord*) notarié, suite à une médiation pénale équivalant à une transaction, de recourir à l'expertise judiciaire pour évaluer la valeur réelle et actuelle des parts sociales d'une société par ailleurs, en s'engageant de façon irrévocable, à ne pas contester les conclusions de l'expert, ont renoncé à tout recours judiciaire tendant à contester les conclusions expertales relatives à l'évaluation des parts sociales ; d'où une extinction de leur droit d'agir sur ce chef ***(CA Dakar, n° 55 du 21 janvier 2014, Héritiers Feu Abdourahmane NDIAYE c/ Birame NDIAYE, inédit).***

Paragraphe IV : Législation

345. Décret n° 2007-1253 du 23 octobre 2007 relatif aux maisons de justice, à la médiation et à la conciliation (*JORS n° 6385 du samedi 12 janvier 2008*)

Rapport de présentation

L'objectif de rapprocher la justice du justiciable avait amené les pouvoirs publics à instituer, par décret n° 99-1124 du 17 novembre 1999, des Maisons de Justice chargées d'organiser des procédures de médiation et de conciliation.

C'est ainsi que trois Maisons de Justice pilotes furent installées aux HLM, Sicap-Mbao et à Rufisque en mai 2004.

L'évaluation du fonctionnement des Maisons de Justice établie en mars 2006 a révélé certains dysfonctionnements.

Les recommandations issues des séminaires de juin et juillet sur les Maisons de Justice avaient d'ailleurs préconisé la modification dudit décret dans le but de corriger ces lacunes.

Aussi, différentes dispositions du décret ont été réaménagées tant sur la forme que sur le fond. Il en est ainsi, des articles 1er et 2nd qui ont permuté, de l'extension des missions des Maisons de Justice (4e point de l'art. 1), de la signature d'une Convention type entre l'État et la collectivité locale concernée (art. 3), de l'harmonisation des modes de désignation du coordonnateur et du médiateur (art. 4), du renforcement des pouvoirs de suivi et de contrôle du procureur de la République (art. 6, alinéa 4), de la redéfinition de la composition et des missions du Comité de coordination ainsi que du rôle de ses différents membres (art. 8 et 9), de l'amélioration de l'encadrement des missions du coordonnateur et du médiateur (art. 11 et 19) et des modalités de suppression de la Maison de Justice (section V, art. 13 et 14).

Tel est l'objet du présent décret que nous avons l'honneur de soumettre à votre approbation.

LE PRÉSIDENT DE LA RÉPUBLIQUE,

Vu la Constitution, notamment en ses articles 43 et 76 ;

Vu le Code de procédure pénale notamment en ses articles 32, 451 et 570 ;

Vu le Code de procédure civile, notamment en ses articles 7,7 bis, 7 ter, 21, 30 et 570 ;

Vu le décret n° 99-1124 du 17 novembre 1999 relatif aux Maisons de Justice, à la médiation et à la conciliation ;

Vu le décret n° 2004-571 du 30 avril 2004 relatif aux attributions du Ministre d'État, Garde des Sceaux, Ministre de la Justice ;

Vu le décret n° 2007-826 du 19 juin 2007, portant nomination du Premier Ministre ;

Vu le décret n° 2007-908 du 31 juillet 2007 portant répartition des services de l'État et du contrôle des établissements publics, des sociétés nationales et des sociétés à participation publique entre la Présidence de la République, la Primature et les ministères, modifié par le décret n° 2007-1116 du 21 septembre 2007 ;

Vu le décret n° 2007-1094 du 18 septembre 2007, portant réaménagement du Gouvernement ;

Le Conseil d'État entendu en sa séance du 1er juillet 1999 ;

Sur le rapport du Ministre d'État, Garde des Sceaux, Ministre de la Justice,

DECRETE :

Chapitre I. - La Maison de Justice

Section I. - La création, les missions et l'organisation de la Maison de Justice

Article premier. - La Maison de Justice est créée par arrêté du Ministre de la Justice après concertation avec la collectivité locale concernée. Elle est implantée en milieu urbain ou rural.

Article 2. - La Maison de Justice est le siège d'activités relatives au droit, à la régulation des conflits, à la prévention et au traitement de la délinquance, à l'information des justiciables et à l'aide aux victimes.

La Maison de Justice a pour fonctions essentielles :

1. d'assurer un accueil de la population locale pour lui fournir une information sur ses droits et devoirs ;

2. d'organiser ou de faciliter un traitement de proximité, rapide, diversifié et adapté des litiges de la vie quotidienne et de certaines infractions pénales et de prévenir leur déroulement ;

3. de constituer un lieu de rencontre, d'échange, d'élaboration de stratégies concertées et cohérentes de tous ceux qui, dans un même espace géographique, contribuent à la prévention de la délinquance, à la prise en charge des personnes en difficulté, à la régulation des conflits et au maintien de la paix sociale ;

4. d'assurer la liaison entre les populations de la collectivité locale concernée et les tribunaux pour faciliter l'obtention d'actes, notamment l'extrait de casier judiciaire et le certificat d'inscription au registre du commerce et du crédit mobilier ;

5. La Maison de Justice accueille des activités de médiation et de conciliation, notamment celles qui sont mises en œuvre à l'initiative des parties, du procureur de la République ou du juge, dans les conditions prévues aux articles 32, 451, 570 du Code de procédure pénale et aux articles 7, 7 bis, 7 ter, 21, 30 du Code de procédure civile.

Article 3. - Les modalités de fonctionnement de la Maison de Justice sont précisées dans une convention-type signée entre l'État et la collectivité locale concernée. La convention fixe la répartition entre les signataires des charges inhérentes au fonctionnement de la Maison de Justice.

Section II. - Le contrôle et le suivi des Maisons de Justice

Article 4. - La Maison de Justice est placée sous l'autorité du Procureur de la République près le tribunal régional ou son représentant.

Article 5. - Le procureur de la République est responsable de l'organisation de la Maison de Justice, des liaisons avec les élus et autres partenaires. Le procureur de la République ou son représentant convoque les auteurs d'infractions, procède au rappel à la loi, reçoit les victimes d'infractions, notifie les obligations et le classement, contrôle l'exécution des conditions liées au classement, assure le suivi des mineurs en danger et des mesures socio-éducatives les concernant, supervise les Médiateurs pénaux, assure le contact avec les mineurs en danger et le suivi des mesures socio-éducatives les concernant, accueille et vient en aide aux victimes d'infractions.

Le procureur de la République adresse un rapport annuel au Ministre de la Justice sur ses activités de contrôle et d'animation des Maisons de Justice placées sous son autorité.

Art. 6. - Le président de la juridiction ou le juge qu'il désigne est chargé de faire le lien entre les juridictions de jugement et la Maison de Justice et organise la participation des différents magistrats du siège.

Section III. - Le Comité de coordination

Article 7. - La Maison de Justice est pilotée par un Comité de coordination. Ce comité comprend :

- le procureur de la République ou son représentant ;
- le chef de juridiction dans le ressort duquel elle est implantée ou son représentant ;
- le représentant de l'administration territoriale ;
- le représentant de la collectivité locale concernée ;
- le coordonnateur et le médiateur de la Maison de Justice ;
- le commissaire de police ou son représentant ;
- le commandant de brigade de gendarmerie ou son représentant ;
- le représentant des services sociaux.

Le Comité de coordination peut s'adjoindre, à titre consultatif toute personne pouvant contribuer à l'amélioration des services proposés par la Maison de Justice.

Le Comité de coordination est animé conjointement par un délégué élu en son sein et par le procureur de la République ou son représentant.

Article 8. - Le Comité de coordination est informé des attentes et observations exprimées par la population, des orientations retenues par les autorités judiciaires, policières et autres, des résultats statistiques et de l'activité des différents services de la Maison de Justice.

Le comité définit les orientations de la Maison de Justice.

Il décide :

- des conditions d'intervention des différents partenaires dans la Maison de Justice ;
- de l'organisation d'un secrétariat et d'un accueil commun ;
- de l'organisation générale et des modalités de fonctionnement et de gestion de la Maison de Justice.

Le Comité de coordination veille à la bonne exécution du budget alloué par le Ministère de la Justice. Il évalue, tous les six mois, le travail de la Maison de Justice et peut faire des recommandations à cet effet. Il définit et recherche d'autres modes de financement.

Le Comité de coordination se réunit au moins une fois tous les trois mois sur convocation, soit de son délégué, soit du procureur de la République ou de son représentant.

Les missions des différents acteurs au sein de la Maison de Justice sont fixées par arrêté du Ministre de la Justice.

Article 9. - Les procès-verbaux des travaux du Comité de coordination sont transmis par le coordonnateur au procureur de la République qui les fait parvenir, avec ses observations, au Ministre de la Justice.

Section IV. - Le coordonnateur.

Article 10. - La Maison de Justice est animée par le coordonnateur désigné par le Procureur de la République, selon les modalités prévues aux articles 15, 16, 17 et 18 du présent décret.

Il assure le secrétariat du Comité de coordination et la mise en œuvre de ses orientations. Il est responsable sous l'autorité du procureur de la République du ressort, de l'organisation et de la supervision des différentes activités de la Maison de Justice. Il assure toutes les relations utiles avec les partenaires et le contact avec les populations.

Il rédige un rapport semestriel d'activités mentionnant les résultats statistiques, les difficultés rencontrées ainsi que les suggestions visant à améliorer le fonctionnement de la Maison de Justice. Ce rapport est adressé au procureur de la République et au chef de juridiction.

Article 11. - Un ou plusieurs salariés ou bénévoles, travailleurs sociaux, représentants d'organismes non gouvernementaux, peuvent assurer, en liaison avec le Coordonnateur, le secrétariat de la Maison de Justice, l'accueil, l'information du public sur ses droits, l'aide aux victimes et toutes autres activités décidées par le Comité de coordination.

Section V. - La suppression de la Maison de Justice.

Article 12. - En cas de résiliation de la convention mentionnée à l'article 3 du présent décret, le Ministre de la Justice prend un arrêté portant suppression de la Maison de Justice.

Article 13. - En cas de suppression de la Maison de Justice, les meubles restent propriété du Ministère de la Justice qui pourra les affecter à d'autres services.

Chapitre II. - La Médiation

Article 14. - Toute personne physique candidate à des fonctions de médiateur pénal dans le ressort d'une juridiction peut présenter sa demande au procureur de la République. La demande doit être accompagnée de toutes informations relatives à l'état civil et aux qualifications professionnelles.

Article 15. - Tout médiateur pénal doit satisfaire aux conditions suivantes :

- ne pas exercer d'activités judiciaires à titre professionnel ;
- ne pas avoir fait l'objet d'une condamnation pénale ;
- jouir de ses droits politiques, civiques et civils ;
- ne pas avoir été l'auteur de faits contraires à l'honneur, à la probité ou aux bonnes mœurs ou ayant donné lieu à une sanction disciplinaire ou administrative de destitution, ou de révocation entre autres ;
- présenter des garanties de compétences, d'indépendance et d'impartialité ;
- n'être investi d'aucun mandat électif dans le ressort de la Maison de Justice ;
- s'engager expressément à ne recevoir aucune gratification de la part des parties et à ne tirer aucun avantage de la mission.

L'habitation est accordée par l'assemblée générale de la juridiction.

En cas d'urgence, une habilitation provisoire peut être prise par le procureur de la République ; elle est ensuite validée par l'assemblée générale de la juridiction.

L'habilitation peut être retirée à la demande du procureur de la République dans les mêmes formes que la décision initiale. En cas d'urgence, le procureur de la République peut retirer provisoirement l'habilitation jusqu'à la décision de l'assemblée générale de la juridiction.

Article 16. - Le procureur de la République présente à l'assemblée générale le dossier du candidat après qu'il ait auparavant lui-même fait mener une enquête pour s'assurer que le candidat remplit les conditions de moralité et celles énumérées à l'article 14.

Article 17. - Une fois habilité, le candidat signe avec le procureur de la République un protocole dont le modèle est annexé au présent décret.

Article 18. - Le médiateur pénal recherche une solution librement négociée entre les parties à un conflit né d'une infraction.

Le recours à la médiation pénale ne peut être ordonné que par le Procureur de la République ou la juridiction de jugement selon le cas. Elle se déroule sous le contrôle du magistrat mandant.

Article 19. - La médiation pénale peut être effectuée par une équipe de médiateurs pénaux diversifiés, aptes à comprendre aussi bien l'une ou l'autre partie qu'à faciliter un réel dialogue entre elles.

Le médiateur pénal doit s'assurer que les parties adhèrent au principe de la tentative de médiation pénale.

Ces parties doivent comparaître en personne devant le médiateur pénal.

Elles peuvent néanmoins se faire assister d'un avocat.

Article 20. - Le médiateur pénal veille à ce que la solution retenue soit équitable, conforme à l'ordre public et aux bonnes mœurs et reçoive l'accord des parties.

Il rédige séance tenante l'accord intervenu entre les parties et le fait signer par celles-ci. Dans le cas où l'une ou les parties ne savent ni lire, ni écrire, le médiateur leur traduit l'acte et en fait mention sur le procès-verbal. Il s'assure de son exécution dans les meilleures conditions en l'assortissant, le cas échéant, d'un délai supplémentaire accepté par les parties.

Article 21. - Le médiateur pénal est tenu au respect de la confidentialité de tous les éléments d'informations portés à sa connaissance dans l'exercice de ses fonctions. Lorsqu'il considère sa mission terminée, il adresse, dans les meilleurs délais, un rapport au procureur de la République ou à la juridiction qui l'avait saisi. Dans ce dernier cas, le procureur de la République reçoit copie du rapport.

Les éléments d'informations y contenus ne peuvent pas être utilisés dans le cadre de poursuites pénales.

Article 22. - La médiation peut intervenir en matière civile dans les conditions prévues par le Code de procédure civile.

Chapitre III. - La conciliation.

Article 23. - Le conciliateur, saisi d'un différend, prend l'initiative de proposer une solution pour régler le litige.

Article 24. - Il peut être mandaté par le juge régulièrement saisi d'une affaire. Dans ce cas, la conciliation est conduite sous l'autorité du juge mandant.

Il peut aussi être saisi sans aucune formalité par toute personne physique ou morale impliquée dans un litige. Dans ce cas, il ne peut officier qu'avec l'accord de toutes les parties, dans un délai fixé préalablement.

Article 25. - Lorsque le juge saisit le conciliateur, il est procédé conformément aux dispositions du Code de procédure civile.

Article 26. - Le Garde des Sceaux, Ministre de la Justice est chargé de l'exécution du présent qui sera publié au Journal officiel avec son annexe.

346. Décret n° 2014-1653 du 24 décembre 2014 relatif à la médiation et à la conciliation (*JORS n° 6827 bis du mercredi 31 décembre 2014, p. 1639 et s.*)

LE PRÉSIDENT DE LA RÉPUBLIQUE

Vu la Constitution ;

Vu le Code de procédure civile ;

Vu le décret n° 2014-853 du 06 juillet 2014 portant répartition des services de l'État et du contrôle des établissements publics, des sociétés nationales et des sociétés à participation publique entre la Présidence de la République, la Primature et les ministères ;

Vu le décret n° 2014-870 du 24 juillet 2014 relatif aux attributions du Garde des Sceaux, Ministre de la Justice ;

Sur le rapport du Garde des Sceaux, Ministre de la Justice,

DECRETE :

TITRE PREMIER. - DÉFINITIONS

Article premier

Aux fins du présent décret, les expressions suivantes s'entendent comme suit :

- **accord de conciliation** : convention signée par les parties à l'issue d'un processus de conciliation à travers lequel elles s'accordent sur une solution amiable qui met fin à tout ou partie du différend qui les oppose ;

- **accord de médiation** : convention signée par les parties à l'issue d'un processus de médiation à travers lequel elles s'accordent sur une solution amiable qui met fin à tout ou partie du différend qui les oppose ;

- **conciliateur** : tiers neutre, impartial et indépendant qui est chargé d'assister les parties dans la recherche d'une solution amiable à leur différend, à travers la facilitation des négociations privées et qui peut donner son avis ou proposer une solution aux parties ;

- **conciliation** : tout processus consensuel et structuré par lequel deux ou plusieurs parties tentent, à l'appui des propositions et avis d'un tiers dit conciliateur, de parvenir à un accord, dit accord de conciliation, en vue de la résolution amiable de leur différend ;

- **conciliation ad hoc** : toute conciliation organisée directement par les parties qui choisissent le ou les conciliateurs en dehors de toute intervention d'une institution ou d'un organisme de conciliation ;

- **conciliation extrajudiciaire :** toute conciliation intervenue en dehors de toute procédure judiciaire ;

- **conciliation institutionnelle :** toute conciliation dans laquelle les parties font appel à une institution de conciliation pour organiser la procédure ;

- **conciliation judiciaire :** toute conciliation ordonnée par le juge, à la demande conjointe des parties ou de sa propre initiative mais avec l'accord de celles-ci, dans le cadre d'un litige ou d'un contentieux judiciaire dont est saisi le tribunal compétent ;

- **différend :** toute contestation entre deux ou plusieurs personnes provenant d'avis ou d'intérêts différents ;

- **médiateur :** tiers neutre, impartial et indépendant qui aide les parties à trouver elles-mêmes une solution amiable à leur différend ;

- **médiation :** tout processus consensuel et structuré par lequel un tiers dit médiateur aide les parties à trouver elles-mêmes un accord, dit accord de médiation, en vue de la résolution amiable de leur différend ;

- **médiation ad hoc :** toute médiation organisée directement par les parties qui choisissent le ou les médiateurs en dehors de toute intervention d'une institution ou d'un organisme de médiation ;

- **médiation extrajudiciaire :** toute médiation intervenue en dehors de toute procédure judiciaire ;

- **médiation institutionnelle :** toute médiation dans laquelle les parties font appel à une institution de médiation pour organiser la procédure de médiation ;

- **médiation judiciaire :** toute médiation ordonnée par le juge, à la demande conjointe des parties ou de sa propre initiative, mais avec l'accord de celles-ci, dans le cadre d'un litige ou d'un contentieux judiciaire dont est saisi le tribunal compétent.

TITRE II.- DISPOSITIONS GÉNÉRALES

CHAPITRE PREMIER. -Objet et champ d'application

Article 2.- Objet

Le présent décret réglemente la médiation et la conciliation extrajudiciaires ou judiciaires au Sénégal.

Article 3.- Champ d'application

Sauf dispositions contraires, tout différend peut faire l'objet d'une médiation ou d'une conciliation dans les conditions fixées par le présent décret.

En matière contractuelle, les parties peuvent convenir d'une clause de médiation ou de conciliation, par laquelle elles s'engagent à recourir à la médiation ou à la conciliation préalablement à tout autre mode de résolution des différends que la formation, l'interprétation ou l'exécution du contrat pourraient susciter.

Sauf dispositions contraires, tout débiteur peut demander en accord avec ses créanciers, en matière de recouvrement de créances ou de sauvegarde d'une entreprise en difficulté et préalablement à toute cessation des paiements et à l'ouverture d'une procédure collective, l'évaluation de sa situation financière par un ou des médiateurs ou des experts désignés par ces médiateurs, ainsi que la médiation entre ses créanciers et lui. Tout créancier peut procéder de la même manière vis-à-vis de son débiteur.

La procédure de médiation ou de conciliation ne fait pas obstacle à la prise de mesures provisoires et conservatoires qui n'entraînent pas renonciation à la médiation ou à la conciliation.

Sauf dispositions contraires, les personnes morales de droit public peuvent être parties à une médiation ou conciliation.

CHAPITRE II.- Principes généraux

Article 4.- Autonomie de la volonté des parties

Le recours à la médiation ou à la conciliation est soumis à l'autonomie de la volonté des parties.

Elles peuvent, à leur initiative ou dans les conditions prévues par le présent décret, tenter de résoudre leur différend de façon amiable avec l'assistance d'un médiateur ou d'un conciliateur.

Article 5.- Confidentialité

La médiation et la conciliation sont soumises au principe de confidentialité.

Sauf dans les cas où la loi en dispose autrement et sous réserve des dispositions de l'article 20 in fine du présent décret, les documents établis ainsi que les déclarations faites au cours d'une procédure de médiation ou de conciliation et pour les besoins de celle-ci sont confidentiels. Ils ne peuvent être utilisés dans une procédure judiciaire, administrative ou arbitrale ou dans toute autre procédure visant à résoudre des conflits et ne sont pas admissibles comme preuve, même comme aveu extrajudiciaire contre la partie qui les a produits ou faits.

Le médiateur ou le conciliateur, les parties et tout tiers participant à la médiation ou à la conciliation ne peuvent, sauf accord des parties, faire état, notamment :

- de l'invitation d'une partie à recourir, ou du fait qu'une partie était disposée à participer, à la médiation ou à la conciliation ;

- du fait qu'une partie se soit déclarée disposée à accepter une proposition ou un avis dans la procédure ;

- des vues ou avis exprimés ou des suggestions ou propositions formulées par une partie à propos d'un éventuel règlement du différend ;

- des déclarations ou des aveux faits par une partie lors de la procédure ;
- des propositions faites par le médiateur ou le conciliateur ;

- de tout document élaboré uniquement aux fins de la médiation ou de la conciliation ;

- de l'existence de la médiation ou de la conciliation ou de tout autre aspect de ladite procédure.

L'obligation de secret ne peut être levée qu'avec l'accord des parties pour permettre notamment au juge d'homologuer les accords de médiation ou de conciliation.

La violation de cette obligation de confidentialité expose la partie qui en est l'auteur au paiement de dommages et intérêts fixés par le juge saisi à la demande de l'autre partie. Les documents confidentiels qui sont malgré tout communiqués ou sur lesquels une partie se base en violation de l'obligation de confidentialité sont d'office écartés des débats.

Sans préjudice des obligations que la loi lui impose, le médiateur ou le conciliateur ne peut rendre publics les faits dont il prend connaissance dans l'exercice de sa fonction.

Il ne peut être appelé comme témoin par les parties dans une procédure relative aux faits dont il a pris connaissance au cours de la médiation ou de la conciliation.

Article 6.-Indépendance, neutralité et impartialité du médiateur et du conciliateur

Le médiateur ou le conciliateur doit être indépendant, neutre et impartial à l'égard des parties.

Lorsqu'une personne est pressentie en vue de sa nomination éventuelle en qualité de médiateur ou de conciliateur, elle signale sans délai toute circonstance de nature à soulever des doutes légitimes sur son indépendance, sa neutralité et son impartialité.

À cet égard, tout médiateur ou conciliateur doit faire mention, dans le protocole de médiation ou de conciliation prévu à l'article 22 du présent décret, d'une déclaration d'indépendance, de neutralité et d'impartialité avant d'entrer en fonction et s'engager à assumer toute responsabilité et obligation dans la procédure de médiation ou de conciliation.

Sans préjudice de la législation en vigueur au Sénégal, le médiateur ou le conciliateur ne peut représenter, ni conseiller l'une des parties dans une procédure de médiation ou de conciliation.

TITRE III.- DROITS ET OBLIGATIONS DES PARTIES

Article 7.- Droits

Les parties peuvent se faire assister d'un avocat ou de toute autre personne de leur choix pendant la durée de la médiation ou de la conciliation.

Chaque partie peut soumettre au médiateur ou au conciliateur, à tout moment de la procédure, des suggestions ou des propositions pour résoudre le différend.

Chacune des parties peut, à tout moment, mettre fin à la médiation ou à la conciliation conformément à l'article 34 ci-dessous, sans que cela puisse lui porter préjudice.

Article 8.- Obligations

Les parties ou leurs représentants mandatés se présentent personnellement à la médiation ou à la conciliation.

Les parties ne peuvent engager, au cours d'une médiation ou d'une conciliation, une procédure arbitrale ou judiciaire relative au différend objet de la médiation ou de la conciliation ainsi que toute autre procédure analogue visant à résoudre ledit différend, sauf si une telle démarche est nécessaire pour préserver ou sauvegarder leurs droits à titre provisoire ou conservatoire.

Les parties sont tenues de faire preuve de bonne foi et de loyauté l'une envers l'autre en ce qui concerne notamment l'échange des informations qu'elles détiennent, la production de documents écrits, la présentation de preuves, la participation à des réunions ou séances et la coopération active dans la recherche d'une solution amiable à leur différend.

TITRE IV.- COMITÉ NATIONAL DE MÉDIATION ET DE CONCILIATION

Article 9.- Statut

Il est institué un Comité national de Médiation et de Conciliation placé sous l'autorité du Ministère de la Justice. Il est administré par un Secrétaire exécutif sous la supervision d'un Conseil de Direction.

Article 10.- Mission du Comité

Le Comité national de Médiation et de Conciliation a pour missions, notamment de :

- fixer la procédure d'agrément et de retrait temporaire ou définitif du titre de médiateur et de conciliateur ;

- établir et publier la liste des médiateurs et des conciliateurs ;

- agréer les organes de formation des médiateurs et des conciliateurs ainsi que valider les programmes de formation ;

- déterminer les critères d'agrément des médiateurs et des conciliateurs par type de médiation et de conciliation ;

- agréer les médiateurs et les conciliateurs ;

- établir un code de bonne conduite et déterminer les sanctions qui en découlent ;

- formuler des recommandations sur les matières objet de médiation et de conciliation ainsi que sur les difficultés d'application de la règlementation ;

- assurer le traitement, la mise en œuvre, le suivi et l'évaluation du dispositif de médiation et de conciliation.

Le Comité national établit son règlement de médiation et de conciliation, un manuel de procédures, un règlement intérieur et une charte du médiateur et du conciliateur.

Il publie un rapport annuel au plus tard le 31 mars de l'année qui suit la période de l'exercice concerné. Le rapport est transmis au Ministre de la Justice, Garde des Sceaux.

Article 11.- Conseil de Direction

Le Conseil de Direction est chargé, notamment :

- de définir les orientations du Comité national et d'opérer les choix stratégiques en matière de médiation et de conciliation ;

- d'approuver le budget et d'arrêter les comptes ainsi que les états financiers annuels du Comité national ;

- d'approuver le programme d'activités proposé par le Secrétaire exécutif ;

- de s'assurer de la conformité du règlement de médiation et de conciliation du Comité national avec le présent décret ;

- d'assurer la bonne application dudit règlement de médiation et de conciliation ;

- d'examiner le rapport d'activités du Secrétaire exécutif ;

- de superviser l'action du Secrétariat exécutif.

Article 12.- Composition du Conseil de Direction

Le Conseil de Direction est composé de onze (11) membres, à savoir : deux magistrats, deux représentants du secteur privé, deux représentants des organismes de médiation ou de conciliation habilités par les pouvoirs publics, un économiste, un administrateur de société, un représentant des Universités, un représentant de la Chambre des Notaires et un représentant de l'Ordre national des Avocats.

Les membres sont désignés par le Ministre de la Justice sur proposition motivée de leurs corps respectifs pour une durée de trois ans renouvelable une fois.

Sur proposition de ses membres, le Président du Conseil de Direction est nommé par arrêté du Ministre de la Justice pour un mandat de trois ans non renouvelable.

Pour délibérer valablement, la majorité des membres du Conseil de Direction doit être présente. Les décisions sont prises à la majorité simple des voix. En cas d'égalité, la voix du président est prépondérante.

Les décisions du Conseil de Direction sont motivées.

Le Président et les membres du Conseil de Direction perçoivent une indemnité de session dont le taux et les conditions d'octroi sont fixés par décret sur proposition du Conseil.

Article 13.- Secrétaire exécutif

Le Secrétaire exécutif est nommé, sur proposition du Conseil de Direction, par le Ministre de la Justice.

Il assiste à toutes les réunions et assure les fonctions de secrétaire du Conseil de Direction avec voix consultative.

Il est assisté par un personnel d'appui qu'il choisit conformément au règlement intérieur du Comité national.

Il assure la bonne exécution de l'ensemble des missions du Comité national de Médiation et de Conciliation. À ce titre, il est chargé notamment :

- de recevoir les demandes de désignation de conciliateur et de médiateur ;

- de proposer des médiateurs et des conciliateurs aux parties ;

- de s'assurer du bon déroulement des procédures de médiation ou de conciliation ;

- de préparer le budget et les états financiers du Comité national et de les soumettre au Conseil de Direction ;

- d'élaborer les programmes d'activités et d'études ;

- de recruter, d'administrer et de gérer le personnel conformément à la réglementation en vigueur ;

- de préparer, en rapport avec le Président du Conseil de Direction, l'ordre du jour des différentes sessions dudit Conseil ainsi que les convocations y afférentes, les comptes rendus des délibérations et d'exécuter les décisions du Conseil de Direction ;

- d'assurer la gestion administrative et financière du Comité ;

- de représenter le Comité dans les actes de la vie civile et en justice.

Article 14.- Ressources

Les ressources du Comité national de Médiation et de Conciliation sont constituées par :

- une subvention annuelle de l'État ;
- les produits de prestations ;
- les dons et legs ;
- les contributions et subventions exceptionnelles d'organismes internationaux ;
- toutes autres ressources affectées par la loi.

TITRE V.- STATUT ET MISSIONS DU MÉDIATEUR ET DU CONCILIATEUR

CHAPITRE PREMIER. - STATUT

Article 15.- Désignation du médiateur ou du conciliateur

Dans le cadre d'une médiation ou d'une conciliation extrajudiciaire, les parties désignent le médiateur ou le conciliateur ad hoc d'un commun accord ou chargent une institution de médiation et de conciliation de désigner un médiateur ou un conciliateur institutionnel, à condition que les critères et conditions de l'article 16 ci-dessous soient remplis. Si une institution de médiation et de conciliation est chargée de designer un médiateur ou un conciliateur institutionnel, le représentant habilité de ladite institution soumet aux parties le nom de la ou des personnes physiques inscrites sur la liste des médiateurs ou conciliateurs agréés par l'institution, et qui assureront, au sein de celle-ci, l'exécution de la mesure de médiation ou de conciliation.

À cet égard, les parties peuvent demander à l'institution de médiation et de conciliation de recommander une ou plusieurs personnes physiques inscrites sur sa liste de médiateurs ou de conciliateurs ayant les qualités énoncées à l'article 16 du présent décret pour servir de médiateur ou de conciliateur institutionnel, ou elles peuvent convenir, par écrit, que ladite institution nommera directement un ou plusieurs médiateurs ou conciliateurs institutionnels de sa liste selon l'article mentionné.

Dans le cadre d'une médiation ou conciliation judiciaire, le juge compétent désigne le médiateur ou le conciliateur choisi par les parties, ou, à défaut, nomme un médiateur ou conciliateur d'office. Dans les deux cas, le médiateur ou le conciliateur désigné doit être un médiateur ou un conciliateur agréé par le Comité national visé à l'article 9 du présent décret et qui doit satisfaire aux critères et conditions de l'article 16 ci-dessous.

Nonobstant les dispositions de l'alinéa précédent, les parties peuvent, conjointement et de manière motivée, demander au juge qu'il désigne un médiateur ou conciliateur non agréé par ledit Comité. Sauf si le médiateur ou le conciliateur proposé par les parties ne répond manifestement pas aux conditions visées à l'article 16 du présent décret, le juge fait droit à cette demande si les parties démontrent qu'aucun médiateur ou conciliateur agréé par le Comité national présente les compétences requises pour les besoins de la médiation ou de la conciliation n'est disponible.

Article 16.- Critères et conditions de désignation du médiateur et du conciliateur

La médiation ou la conciliation ne peut être confiée qu'à une personne physique.

Le médiateur ou le conciliateur doit satisfaire aux conditions suivantes :

- ne pas avoir fait l'objet d'une condamnation, d'une incapacité ou d'une déchéance mentionnée sur le bulletin n° 03 du casier judiciaire ;

- posséder, par l'exercice présent ou passé d'une activité, la qualification requise eu égard à la nature du différend ;

- justifier, selon le cas, d'une formation ou d'une expérience adaptée à la pratique de la médiation ou de la conciliation ;

- présenter les garanties d'indépendance, de neutralité et d'impartialité nécessaires à l'exercice de la médiation ;

- ne pas avoir fait l'objet de sanction disciplinaire ou administrative incompatible avec l'exercice de la fonction de médiateur agréé, ni avoir fait l'objet de retrait d'agrément.

Article 17.- Nombre de médiateurs ou de conciliateurs

La procédure de médiation ou de conciliation est menée par un médiateur ou un conciliateur. Toutefois, en raison de la complexité du différend, deux ou plusieurs médiateurs ou conciliateurs peuvent être désignés conformément aux articles 15 et 16 ci-dessus. Les co-médiateurs ou co-conciliateurs peuvent partager entre eux toute information reçue dans la procédure de médiation ou de conciliation.

Article 18.- Récusation et remplacement du médiateur ou du conciliateur

Le médiateur ou le conciliateur peut être récusé et remplacé pour les raisons suivantes :

- pour parenté ou alliance avec une des parties jusqu'au quatrième degré inclusivement ;

- pour avoir eu un différend avec l'une des parties ;

- pour avoir déjà émis un avis ou fourni un témoignage sur l'objet du différend sans le consentement écrit des parties ;

- pour avoir été le conseil d'une des parties ;

- pour n'avoir pas continué à satisfaire aux exigences de l'article 16 du présent décret ;

- pour tout autre motif soulevant des craintes raisonnables de partialité.

En outre, le médiateur ou le conciliateur peut, à la demande des parties, être remplacé lorsqu'il n'a pas été capable d'exercer sa fonction pour toute raison ou n'a pas initié sa mission dans le délai convenu ou ordonné conformément aux dispositions du présent décret.

CHAPITRE II : MISSION DU MÉDIATEUR ET DU CONCILIATEUR

Article 19.- Missions du médiateur et du conciliateur

Le médiateur ou le conciliateur aide les parties à trouver une solution équitable et veille à ce que celle-ci soit conforme à l'ordre public et aux bonnes mœurs et qu'elle reçoive leur accord.

Le médiateur a pour mission d'aider les parties à rechercher une solution consensuelle à leur différend, à travers la facilitation des négociations privées, en vue de la conclusion d'un accord de médiation.

Le médiateur ne peut pas faire de propositions ni émettre d'avis sur le différend qui oppose les parties pour leur imposer une solution.

La mission du conciliateur, outre l'exercice des attributs du médiateur, est de faire des propositions et d'émettre un avis sur le conflit et suggérer une solution afin de faciliter la conclusion d'un accord de conciliation.

À cet égard, tout médiateur ou conciliateur doit être guidé par les principes d'objectivité, d'équité et de justice et est également tenu d'accorder un traitement équitable aux parties, essentiellement en favorisant la conclusion d'un accord de médiation ou de conciliation équilibré.

Article 20.- Pouvoirs du médiateur et du conciliateur

Le médiateur ou le conciliateur peut demander aux parties l'échange de mémorandums sur les questions du différend, y compris l'historique des négociations entre elles, solliciter les documents qu'il estime nécessaires pour les aider à résoudre leur conflit.

Il peut réclamer des informations supplémentaires, prendre des avis d'experts indépendants, spécialistes du domaine considéré, et mettre fin à sa mission s'il lui apparaît que le processus de médiation ou de conciliation n'aboutira pas à un accord de médiation ou de conciliation.

Il peut, avec l'accord des parties, se rendre sur les lieux, sous réserve de leur acceptation ou entendre les tiers qui y consentent.

Les parties, les experts, les tiers entendus ainsi que le médiateur et le conciliateur sont tenus à l'obligation de confidentialité.

Le médiateur ou le conciliateur ne dispose pas de pouvoirs d'instruction et ne peut pas effectuer de mesure d'instruction.

Le médiateur ou le conciliateur ne peut solliciter, ni recevoir d'instructions des parties ou de toute autre personne physique ou morale.

En tout état de cause, le médiateur ou conciliateur peut également interroger les autorités de contrôle et de supervision du secteur d'activité dont relève le différend.

Le médiateur ou le conciliateur peut inviter les parties à se rencontrer et il communique avec elles par voie orale, écrite ou électronique. Si le médiateur ou le conciliateur l'estime utile, il entend les parties ensemble ou séparément après avoir obtenu leur accord de principe sur cette faculté.

Si le médiateur ou le conciliateur entend les parties séparément, il veille à assurer un équilibre de traitement entre elles et à faire respecter la confidentialité du processus.

Le médiateur ou le conciliateur peut aussi confronter les points de vue des parties pour leur permettre de trouver une solution amiable au conflit, après avoir reçu leur accord de principe.

Lorsque la procédure de médiation ou de conciliation n'aboutit pas à un accord de médiation ou de conciliation pour quelque cause que ce soit, le médiateur ou le conciliateur le constate par procès-verbal dont il délivre copie aux parties.

Lorsque l'absence d'accord de médiation ou de conciliation est due au défaut de participation de l'une des parties ou à une entrave grave et injustifiée à la procédure, le médiateur ou le conciliateur en fait mention au procès-verbal de non-médiation ou de non-conciliation.

Article 21. - Obligations du médiateur et du conciliateur

Sauf consentement écrit des parties, il est interdit à toute personne, ayant rempli les fonctions d'arbitre, de représentant ou de conseil d'une partie dans une procédure arbitrale, judiciaire ou administrative, ainsi que dans toute autre procédure analogue visant à résoudre des conflits relatifs au différend faisant l'objet de la médiation ou de la conciliation, d'être médiateur ou conciliateur.

Le médiateur ou le conciliateur doit signaler toute situation susceptible de constituer une cause de récusation.

TITRE VI. - PROCÉDURE DE MÉDIATION ET DE CONCILIATION

CHAPITRE PREMIER. - DISPOSITIONS COMMUNES

Article 22. - Protocole de médiation ou de conciliation

Les parties définissent entre elles, avec l'aide du médiateur ou du conciliateur, les modalités d'organisation de la médiation ou de la conciliation et la durée du processus. Ces modalités sont consignées dans un protocole de médiation ou de conciliation signé par les parties et par le médiateur ou le conciliateur.

Le protocole contient les mentions suivantes :

le nom et le domicile des parties et de leurs conseils ;

le nom, la qualité et l'adresse du médiateur ou du conciliateur, et, le cas échéant, la mention que le médiateur ou le conciliateur est agréé par le Comité national de Médiation et de Conciliation ;

- le rappel du principe volontaire de la médiation et de la conciliation ;

- un exposé succinct du différend ;

- la durée initiale de la médiation ou de la conciliation ;

- les moyens de communication, qui peuvent être électroniques ;

- la date de la première réunion ou séance ;

- le rappel du principe de la confidentialité des communications échangées dans le cours de la médiation ou de la conciliation ;

- le mode de fixation et le taux des honoraires du médiateur ou du conciliateur, ainsi que les modalités de leur paiement ;

- la déclaration par le médiateur ou le conciliateur de son indépendance, de sa neutralité et de son impartialité à l'égard des parties ;

- la date et la signature des parties et du médiateur ou du conciliateur.

Dans le cadre d'une médiation ou d'une conciliation judiciaire, un exemplaire du protocole prévu ci-dessus est transmis, à la diligence du médiateur ou du conciliateur, au greffe du tribunal compétent dans les huit jours à compter de la signature.

Sous réserve de dispositions contraires au présent décret, la signature du protocole de médiation ou de conciliation suspend la prescription à compter de la date de cette signature et pendant toute la durée de la procédure de médiation ou de conciliation.

Sauf accord exprès des parties, la suspension de la prescription prend fin un mois après la survenance de l'un des évènements énumérés à l'article 34 ci-dessous, exception faite du premier cas à savoir la signature d'un accord de médiation ou de conciliation entre les parties.

Article 23. - Déroulement de la médiation ou de la conciliation

Le médiateur ou le conciliateur organise la première réunion ou séance avec les parties. À cette occasion, il vérifie la qualité des parties ou de leurs représentants.

La date et le lieu des réunions et séances subséquentes sont décidés par le médiateur ou le conciliateur après consultation des parties ou de leurs représentants.

Toute réunion ou séance peut être tenue par tout moyen électronique tel que la visioconférence et la téléconférence, à la condition que l'identité et la qualité des participants puissent être valablement vérifiées et contrôlées par le médiateur ou le conciliateur et la confidentialité assurée. Toute communication peut s'effectuer par tout moyen électronique, tel que le courrier électronique, ainsi que par toute autre méthode de communication convenue par les parties.

CHAPITRE II.- DE LA MÉDIATION ET DE LA CONCILIATION EXTRAJUDICIAIRES

Article 24.- Dispositions générales

La médiation et la conciliation extrajudiciaires peuvent être ad hoc ou institutionnelles.

En cas de médiation ou de conciliation ad hoc ou en l'absence de règlement de médiation ou de conciliation de l'institution choisie par les parties, la médiation ou la conciliation s'organise et se déroule conformément aux dispositions ci-après.

Article 25.- Recours à la médiation ou à la conciliation extrajudiciaire

Les parties peuvent recourir volontairement à la médiation ou à la conciliation extrajudiciaire, qu'elle soit ad hoc ou institutionnelle, pour mettre fin à tout ou partie d'un différend né ou à naître tel que défini à l'article premier.

Toute partie peut proposer à l'autre ou aux autres parties avant tout autre mode de résolution des différends, y compris toute procédure judiciaire ou arbitrale, de recourir à la médiation ou à la conciliation. À cet égard, tout contrat peut contenir une clause, par laquelle les parties s'engagent à recourir à la médiation ou à la conciliation préalablement à tout autre mode de résolution des conflits.

Le juge ou l'arbitre, ainsi que toute autre instance, saisi d'un différend faisant l'objet d'une clause de médiation ou de conciliation déclare l'action irrecevable à la demande d'une partie, à moins que cette clause ne soit pas valable.

Le médiateur ou le conciliateur dans une procédure de médiation ou de conciliation extrajudiciaire est désigné conformément aux dispositions des articles 15 et 16 ci-dessus.

Article 26.- Ouverture de la médiation ou de la conciliation ad hoc ou institutionnelle

La partie qui prend l'initiative de la médiation ou de la conciliation ad hoc ou institutionnelle communique, par écrit, à l'autre ou aux autres parties une invitation à la médiation ou à la conciliation. Cette invitation doit contenir au moins, les informations suivantes :

- ses noms, adresses, numéros de téléphones et télécopies et adresses électroniques et éventuellement ceux de son représentant ou conseil ;

- le contrat ou la convention comportant la clause de médiation ou de conciliation, s'il en existe ;

- l'exposé succinct des faits et des circonstances de la cause et de l'objet du différend ;

- sa position et la nature de la procédure souhaitée.

La médiation ou la conciliation extrajudiciaire débute après que l'autre ou les autres parties acceptent cette invitation, que le médiateur ou le conciliateur désigné accepte sa mission et que toutes les parties ont payé les frais d'ouverture de la médiation ou de la conciliation conformément à l'article 37 du présent décret. Toute acceptation donnée oralement doit être confirmée par écrit. Les moyens de communication électronique sont admis à cet effet.

Si l'autre ou les autres parties rejettent l'invitation ou si la partie qui a pris l'initiative de la médiation ou de la conciliation n'a pas reçu de réponse dans les quinze jours qui suivent son envoi, la procédure ne s'ouvre pas.

Article 27.- Organisation et déroulement de la procédure de médiation ou de conciliation ad hoc

Les parties définissent entre elles-mêmes, avec l'aide du médiateur ou du conciliateur désigné, les modalités d'organisation et de déroulement de la procédure. Celles-ci doivent respecter les exigences du présent décret, notamment celles relatives à l'ouverture de la médiation ou de la conciliation énoncées à l'article 26 du présent décret et à celles du protocole de médiation ou de conciliation décrites à l'article 22 ci-dessus.

Article 28.- Organisation et déroulement de la procédure de médiation ou de conciliation institutionnelle

Les modalités d'organisation et de déroulement de la médiation ou de la conciliation institutionnelle sont soumises aux règlements demédiation ou de conciliation de l'institution de médiation et de conciliation choisie par les parties. Ces règlements doivent satisfaire aux exigences du présent décret, notamment celles relatives à l'ouverture de la médiation ou de la conciliation énoncées à l'article 26 du présent décret et à celles du protocole de médiation ou de conciliation décrites à l'article 22 ci-dessus.

CHAPITRE III.- DE LA MÉDIATION ET DE LA CONCILIATION JUDICIAIRES

Article 29.-Ouverture de la procédure de médiation ou conciliation judiciaire

En tout état du contentieux judiciaire, et ainsi qu'en référé, le juge déjà saisi d'un litige peut, à la demande conjointe des parties ou de sa propre initiative mais avec l'accord de celles-ci :

- ordonner une médiation ou une conciliation sur tout ou partie du litige qui oppose les parties ;
- désigner un médiateur ou un conciliateur conformément aux articles 15 et 16 ci-dessous.

Les parties peuvent solliciter une médiation ou une conciliation judiciaire soit dans l'acte introductif d'instance, soit à l'audience, soit par simple demande écrite déposée ou adressée au greffe de la juridiction compétente. Dans cette dernière hypothèse, la cause est fixée dans les quinze jours de la demande

Lorsque les parties sollicitent conjointement qu'une médiation ou une conciliation judiciaire soit ordonnée, les délais de procédure judiciaire qui leur sont impartis sont suspendus à compter du jour où elles formulent cette demande.

Le juge compétent est tenu de vérifier que l'affaire proposée pour la médiation ou la conciliation porte sur des questions pouvant faire l'objet d'une transaction conformément aux articles premier et 3 du présent décret.

Le recours à la médiation ou à la conciliation judiciaire par les parties ne dessaisit pas le juge.

Article 30.- La décision du juge compétent

La décision du juge qui ordonne la médiation ou la conciliation judiciaire mentionne expressément l'accord des parties, ainsi que le nom, la qualité et l'adresse du médiateur ou du conciliateur désigné conformément aux articles 15 et 16 ci-dessous, fixe la durée initiale de sa mission, sans que celle-ci puisse excéder deux mois, précise la ou les questions sur lesquelles la médiation ou la conciliation porte et indique la date à laquelle l'affaire est remise, qui est la première date utile après l'expiration de ce délai.

L'affaire peut également être renvoyée au rôle d'attente.

La décision du juge fixe également le montant de la provision à valoir sur tous les frais de médiation ou dc conciliation énoncés à l'article 37, y compris les honoraires ou la rémunération du médiateur ou du conciliateur, à un niveau aussi proche que possible du montant prévisible, et désigne la ou les parties qui consigneront la provision dans le délai imparti. Si plusieurs parties sont impliquées, la décision du juge indique dans quelle proportion chacune des parties devra consigner. À défaut de consignation de la provision dans le délai imparti, la décision du juge est caduque et l'instance se poursuit.

Article 31.- Notification par le greffe

Dans les huit jours suivant le prononcé de la décision du juge désignant le médiateur ou le conciliateur, le greffier de la juridiction en notifie copie aux parties pour consignation de la provision. Dès consignation, le médiateur ou le conciliateur est avisé par le greffier par lettre recommandée avec accusé de réception ou par tout moyen laissant trace écrite, y compris le courrier électronique. Le médiateur ou le conciliateur fait connaître au juge son acceptation dans les huit jours suivant la réception de l'avis du greffier. Le greffier avise les parties de l'acceptation du médiateur ou du conciliateur de sa mission dans les plus brefs délais. Toute acceptation donnée oralement doit être confirmée par écrit.

Article 32.-Organisation et déroulement de la médiation ou de la conciliation judiciaire

En accord avec le médiateur ou le conciliateur, le greffier convoque les parties, et, le cas échéant, leurs conseils. Les parties définissent entre elles, avec l'aide du médiateur ou du conciliateur, les modalités d'organisation et de déroulement de la médiation ou de la conciliation. Celles-ci sont consignées dans un protocole de médiation ou de conciliation établi conformément à l'article 22 ci-dessus.

Au cours de la procédure, le médiateur ou le conciliateur tient le juge compétent informé du déroulement de la médiation ou de la conciliation, y compris des difficultés qu'il rencontre dans l'accomplissement de sa mission.

La cause peut être ramenée devant le juge avant le jour fixé par simple déclaration écrite déposée ou adressée au greffier par les parties ou l'une d'elles. La cause est fixée dans les quinze jours de la demande. Le greffier convoque les parties, et, le cas échéant, leurs conseils par simple pli. S'il s'agit d'une demande conjointe des parties, celles-ci et, le cas échéant, leurs conseils, sont appelés par simple convocation.

Au plus tard lors de l'audience de renvoi, les parties informent le juge de l'issue de la médiation ou de la conciliation. Si elles ne sont pas parvenues à un accord de médiation ou de conciliation, elles peuvent solliciter un nouveau délai ou demander que la procédure judiciaire soit poursuivie. Dans ce dernier cas, les parties ou l'une d'elles peuvent solliciter de nouveaux délais pour la mise en état de la cause à l'audience de renvoi du différend devant le juge compétent.

Si un nouveau délai leur est accordé pour poursuivre la médiation ou la conciliation, il ne peut dépasser un mois. À l'issue de ce nouveau délai, l'affaire est radiée si les parties qui ne sont pas parvenues à un accord manifestent leur volonté de poursuivre la médiation ou la conciliation.

Article 33.- Expiration de la mission du médiateur ou du conciliateur.

À l'expiration de sa mission, le médiateur ou le conciliateur informe par écrit le juge de ce que les parties sont ou non parvenues à trouver une solution au différend qui les oppose. Le jour fixé, l'affaire revient devant le juge.

Dans tous les cas, l'affaire doit être préalablement rappelée à une audience à laquelle les parties sont convoquées à la diligence du greffier par tout moyen laissant trace écrite. À cette audience, le juge, s'il met fin à la mission du médiateur ou du conciliateur conformément à l'article 34 ci-dessous, peut poursuivre l'instance. Le cas échéant, le médiateur ou le conciliateur est informé de cette décision.

Lorsque les parties ne sont parvenues qu'à un accord de médiation et de conciliation partiel, elles peuvent saisir la juridiction compétente à l'effet qu'elle statue sur le différend résiduel conformément aux règles régissant la procédure applicable.

Le juge fixe les frais de médiation ou de conciliation définitifs, y compris les honoraires ou la rémunération du médiateur ou du conciliateur, conformément à l'article 37 ci-dessous, et autorise ce dernier à se faire remettre, jusqu'à due concurrence, les sommes consignées au greffe. Il ordonne, s'il y a lieu, le versement des sommes complémentaires en indiquant la ou les parties qui en ont la charge, ou la restitution des sommes consignées en surplus sur production de pièces justificatives conformément au dernier alinéa de l'article 37 du présent décret.

TITRE VII.- DÉNOUEMENT DE LA MEDIATION OU DE LA CONCILIATION

Article 34.-Fin de la médiation ou de la conciliation

La médiation ou la conciliation prend notamment fin à la survenance de l'un des évènements suivants :

- la signature de l'accord de médiation ou de conciliation effectuée par les parties et le médiateur ou le conciliateur ;

- la déclaration écrite du médiateur ou du conciliateur indiquant, après consultation des parties, que de nouveaux efforts de médiation ou de conciliation ne se justifient plus ;

- le non-paiement par les parties des provisions ;

- la déclaration écrite d'une partie adressée à une autre partie et au médiateur ou au conciliateur, indiquant qu'il est mis à la procédure ;

- la déclaration écrite conjointe des parties adressée au médiateur ou au conciliateur, indiquant qu'il est mis à la procédure ;

- la décision du juge compétent mettant fin à la médiation ou à la conciliation judiciaire, sur demande d'une partie ou à l'initiative du médiateur ou du conciliateur, ou lorsque le déroulement efficace de la médiation ou de la conciliation lui apparaît compromis ;

- le renvoi de la procédure de médiation ou de conciliation au juge compétent ;

- l'expiration de la durée de la procédure.

La médiation ou la conciliation prend fin également si les parties ne payent pas les provisions supplémentaires, y compris les honoraires du médiateur ou du conciliateur, conformément à l'article 37 ci-dessus.

La médiation ou la conciliation prend fin dans les cas où il existe une absence de communication entre le médiateur ou le conciliateur et toute partie ou son représentant pendant une période de vingt et un jours après une réunion ou séance de médiation ou de conciliation. Le médiateur ou le conciliateur en fait mention au procès-verbal.

Article 35.- Accord de médiation ou de conciliation

Lorsque les parties parviennent à un accord sur tout ou partie du différend objet de la médiation ou de la conciliation, celui-ci est consigné dans un accord de médiation ou de conciliation daté et signé par elles et le médiateur ou le conciliateur. Le cas échéant, il est fait mention de l'agrément du médiateur ou du conciliateur. En l'absence de représentants, si les parties le demandent, le médiateur ou le conciliateur rédige ledit accord ou les aide à le faire.

Cet écrit contient les engagements précis pris par chacune des parties.

Dans les cas où l'une d'elles ou les parties ne savent ni lire ni écrire, le médiateur ou le conciliateur leur traduit l'acte et en fait mention dans le corps de l'écrit.

Lorsque l'accord de médiation ou de conciliation concerne un mineur capable de discernement, la requête mentionne les conditions dans lesquelles le mineur a été informé de son droit à être entendu par le juge ou la personne désignée par lui et à être assisté par une personne majeure ou un avocat.

Un exemplaire de l'accord de médiation ou de conciliation est remis à chaque intéressé. Le médiateur ou le conciliateur procède également, sans délai, au dépôt d'un exemplaire à l'institution ou à l'organisme qui a ordonné la médiation ou la conciliation.

Article 36.- Force exécutoire de l'accord de médiation ou de conciliation

L'accord de médiation ou de conciliation, partiel ou total, acquiert force exécutoire, soit par son dépôt, d'un commun accord entre les parties, au rang des minutes d'un notaire, soit par son homologation par le juge compétent.

Si les parties optent pour l'homologation, l'accord de médiation ou de conciliation auquel elles sont parvenues est soumis au président de la juridiction compétente pour connaître du contentieux dans la matière considérée. Celui-ci est saisi par requête de l'une des parties, du médiateur, du conciliateur ou de l'institution ou l'organisme de médiation ou de conciliation, à laquelle sont joints l'accord et le protocole de médiation ou de conciliation.

Le juge à qui l'accord est soumis ne peut en modifier les termes. Il statue sur la requête qui lui est présentée sans débats.

Le juge ne peut refuser l'homologation de l'accord de médiation et de conciliation que si celui-ci est contraire à l'ordre public, aux bonnes mœurs ou à l'intérêt des mineurs. La décision par laquelle le juge refuse d'homologuer l'accord ne peut faire l'objet que d'un pourvoi en cassation.

En cas d'homologation, l'accord de médiation ou de conciliation, partiel ou total, acquiert la force de chose jugée. Il met fin, de manière définitive, à tout ou partie du différend et oblige les parties à l'exécuter de bonne foi.

TITRE VIII. - FRAIS RELATIFS A LA MÉDIATION OU A LA CONCILIATION

Article 37.-Frais et honoraires

L'ouverture et le déroulement de la médiation ou de la conciliation sont soumis au paiement des frais relatifs à la procédure. Sauf accord écrit signé entre les parties, tous les frais de la médiation ou de la conciliation sont répartis à parts égales entre elles. En outre, chacune des parties assume directement les frais de déplacement et autres indemnités de ses témoins, experts, avocats ou autres personnes qui la représentent ou l'assistent lors de la procédure.

Les frais de médiation ou de conciliation, outre les honoraires ou la rémunération du médiateur ou du conciliateur, comprennent notamment :

- tout frais administratif, y compris les frais d'ouverture de la médiation ou de la conciliation, ceux de déplacement et de séjour du médiateur ou du conciliateur et d'autres frais encourus par ce dernier à l'occasion de la procédure ;
- les frais afférents à la tenue des réunions ou séances de la médiation ou de la conciliation ;
- les frais des experts indépendants sollicités par le médiateur ou le conciliateur ;
- les autres frais similaires encourus directement à l'occasion de la médiation ou de la conciliation.

En cas de médiation ou de conciliation ad hoc ou en l'absence de barème relatif au frais de procédure de l'institution choisie par les parties, il est fait référence, sauf accord contraire des parties, au barème fixé par le Comité national de Médiation et de Conciliation

À l'ouverture de la procédure, le médiateur, le conciliateur ou le juge compétent, selon le cas, fixe le montant de la provision à verser. Des provisions supplémentaires peuvent être fixées dans les mêmes conditions. Ces provisions sont supportées à parts égales par les parties.

Si les provisions fixées ne sont pas entièrement payées dans les trente jours suivant la demande, le médiateur ou le conciliateur peut clôturer la procédure. Avis en est donné aux parties et au juge en cas de médiation ou de conciliation judiciaire.

À la fin de la procédure, le médiateur, le conciliateur ou le juge compétent, selon le cas, communique aux parties le compte final et leur restitue ou réclame tout solde.

Article 38.- Dispositions finales

Le Garde des Sceaux, Ministre de la Justice et le Ministre de l'Economie, des Finances et du Plan sont chargés chacun en ce qui le concerne de l'exécution du présent décret qui sera publié au Journal officiel.

Article 4.- Sont abrogées toutes dispositions contraires au présent décret, notamment le décret n° 84-1195 du 22 octobre 1984 portant aménagement de l'organisation judiciaire, modifié.

SECTION IV : L'ABROGATION EXPRESSE DU DÉCRET N° 84-1195 DU 22 OCTOBRE 1984.

PARAGRAPHE I : BIBLIOGRAPHIE

BACH (L.), « Contribution à l'étude du problème de l'application des lois dans le temps », *RTD civ.* 1969, p. 405.

DEKEUWER-DEFOSSEZ (F.), *Les dispositions transitoires dans la législation civile contemporaine*, Paris, LGDJ, 1977.

HÉRON (J.), *Principes du droit transitoire*, Paris, Dalloz, 1996.

LEVEL, *Essai sur les conflits de lois dans le temps (contribution à la théorie générale du droit transitoire)*, Paris, LGDJ, 1959.

MOLFESSIS, « Deux figures législatives en vogue : l'abrogation par mégarde et la résurrection fortuite », *RTD civ.* 2001, p. 688.

PARAGRAPHE II : COMMENTAIRE

347. Abrogation expresse.- Ce texte n'appelle pas d'observations particulières. Il constitue une disposition abrogatoire prévoyant le retrait exprès de l'ordonnancement juridique de toutes dispositions contraires au décret du 20 juillet 2015, notamment le décret n° 84-1195 du 22 octobre 1984 portant aménagement de l'organisation judiciaire, modifié.

Ce choix traduit une nette volonté du législateur sénégalais de « *tourner la page* » de l'ancienne réglementation de l'organigramme judiciaire, en vue de jeter les bases d'une nouvelle architecture juridictionnelle dont les grands axes sont déclinés dans la loi n° 2014-26 du 03 novembre 2014 fixant l'organisation judiciaire.

Force est de constater que le législateur n'a procédé à l'abrogation que des dispositions contraires du décret du 20 juillet 2015 portant aménagement de l'organisation judiciaire.

Article 5.- Le Garde des Sceaux, Ministre de la Justice est chargé de l'exécution du présent décret qui sera publié au Journal officiel.

SECTION V : DISPOSITION D'EXÉCUTION

PARAGRAPHE I : COMMENTAIRE

Ce texte n'appelle pas également des observations particulières. Il s'agit d'une disposition d'exécution qui met à la charge du Garde des Sceaux, ministre de la Justice l'obligation de mettre en œuvre les mesures prescrites par le décret n° 2015-1039 du 20 juillet 2015 portant aménagement de l'organisation judiciaire.

A cet effet, le ministre chargé de la Justice peut prendre des arrêtés en vue d'assurer l'exécution des dispositions du décret portant aménagement de l'organisation judiciaire.

En premier lieu, aux termes de l'article 2 du décret du 20 juillet 2015 portant aménagement de l'organisation judiciaire : « *un arrêté du ministre de la Justice fixe la date d'installation de chacun des tribunaux de grande instance et tribunaux d'instance* ».

Cependant, seules les nouvelles juridictions créées *(notamment les tribunaux de grande instance de Mbacké, Tivaouane, Mbour, Rufisque, Pikine-Guédiawaye)* sont concernées par l'arrêté d'installation du ministre de la Justice, à l'exclusion des anciennes juridictions *(tribunal d'instance hors classe de Dakar, tribunaux d'instance de Diourbel, Saint-Louis, Dagana, etc.)*.

Par l'effet de l'automaticité du remplacement des tribunaux départementaux et des tribunaux régionaux par les tribunaux d'instance et les tribunaux de grande instance posé par l'article 4 de la loi n° 2014-26 du 03 novembre 2014 fixant l'organisation judiciaire, il n'est pas nécessaire de procéder à l'installation des anciens tribunaux régionaux et départementaux.

En deuxième lieu, les Maisons de Justice sont créées par arrêté du ministre de la Justice, après concertation avec la collectivité territoriale concernée, peuvent être implantées en milieu urbain ou rural *(art. 1er du décret n° 2007-1253 du 23 octobre 2007)*. Leur suppression résulte de la résiliation de la convention-type liant l'État à la collectivité territoriale concernée. Dans ce cas, le ministre de la Justice prend un arrêté portant suppression de la Maison de Justice *(art. 12 du décret n° 2007-1253 du 23 octobre 2007).*

ANNEXES

TABLEAU I
FIXANT LE SIÈGE, LA COMPOSITION ET LE RESSORT DES COURS D'APPEL (C.A)

Siège	Premier président	Présidents de Chambre	Conseillers	Secrétaire général	Procureur général	Premier Avocat général	Avocats généraux	Substituts généraux	**RESSORT**
Dakar	1	12	40	1	1	1	5	10	Région de Dakar
Kaolack	1	10	25	1	1	1	3	5	Région de Kaolack Région de Fatick Région de Kaffrine
Saint louis	1	10	25	1	1	1	3	5	Région de Saint Louis Région de Louga Région de Matam
Thiès	1	10	25	1	1	1	3	5	Région de Thiès Région de Diourbel
Ziguin-chor	1	10	25	1	1	1	3	5	Région de Ziguinchor Région de Kolda Région de Sédhiou

Tamba-counda	1	10	25	1	1	1	3	5	Région de Tambacounda Région de Kédougou

TABLEAU II
FIXANT LE SIÈGE, LE CLASSEMENT, LA COMPOSITION ET LE RESSORT DES TRIBUNAUX DE GRANDE INSTANCE (T.G. I)

SIÈGE	CLASSE	COMPOSITION										RESSORT
		Président	1er Vice-président	Doyen des Juges	Vice-présidents	Juges	Juges d'instruction	Procureur	Procureur adjoint	Premier Substitut	Substituts	
Dakar	Hors classe	1	1	1	3	40	15	1	1	1	20	Département de Dakar
Kaolack	1ère classe	1		1	1	15	5	1		1	5	Région de Kaolack
Saint Louis	1ère classe	1		1	1	15	5	1		1	5	Région de Saint-Louis
Thiès	1ère classe	1		1	1	15	5	1		1	5	Département de Thiès

Ziguinchor	1ère classe	1		1	1	15	5	1		1	5	Région de Ziguinchor
Pikine-Guédiawaye	1ère classe	1		1	1	15	5	1		1	5	Départements de Pikine et Guédiawaye
Diourbel	2ème classe	1		1	1	10	4	1		1	3	Région de Diourbel
Louga	2ème classe	1		1	1	10	4	1		1	3	Région de Louga
Tambacounda	2ème classe	1		1	1	10	4	1		1	3	Région de Tambacounda
Fatick	2ème classe	1		1	1	10	4	1		1	3	Région de Fatick
Kolda	2ème classe	1		1	1	10	4	1		1	3	Région de Kolda
Matam	2ème classe	1		1	1	10	4	1		1	3	Région de Matam
Mbour	2ème classe	1		1	1	10	4	1		1	3	Département de Mbour
Sédhiou	2ème classe	1		1	1	6	2	1		1	3	Région de Sédhiou
Kaffrine	2ème classe	1		1	1	6	2	1		1	3	Région de Kaffrine

Mbacké	2ème classe	1		1	1	6	3	1		1	3	Département de Mbacké
Kédougou	2ème classe	1		1	1	6	2	1		1	3	Région de Kédougou
Rufisque	2ème classe	1		1	1	10	4	1		1	3	Département de Rufisque
Tivaouane	2ème classe	1		1	1	6	2	1		1	3	Département de Tivaouane

TABLEAU III

FIXANT LE SIÈGE, LE CLASSEMENT, LA COMPOSITIONET LE RESSORT DES TRIBUNAUX D'INSTANCE (T. I)

SIÈGE	Classe	Président	Juges	Délégué du Procureur	Adjoints au Délégué	RESSORT
RÉGION DE DAKAR						
Dakar	Hors classe	1	20	1	2	Département de Dakar
Pikine	1ère classe	1	10	1	2	Département de Pikine
Guédiawaye	1ère classe	1	10	1	2	Département de Guédiawaye
Rufisque	1ère classe	1	10	1	2	Département de Rufisque
REGION DE THIES						
Thiès	1ère classe	1	10	1	2	Département de Thiès
Mbour	1ère classe	1	10	1	2	Département de Mbour
Tivaouane	2ème classe	1	6	1	1	Département de Tivaouane
RÉGION DE DIOURBEL						
Diourbel	1ère classe	1	10	1	1	Département de Diourbel
Mbacké	1ère classe	1	10	1	1	Département de Mbacké
Bambey	2ème classe	1	4	1	1	Département de Bambey

RÉGION DE SAINT LOUIS						
Saint Louis	1ère classe	1	10	1	1	Département de St-Louis
Dagana	2ème classe	1	3	1	1	Département de Dagana
Podor	2ème classe	1	3	1	1	Département de Podor
REGION DE MATAM						
Matam	2ème classe	1	4	1	1	Département de Matam
Kanel	2ème classe	1	3	1	-	Département de Kanel
Ranérou	2ème classe	1	3	1	-	Département de Ranérou
REGION DE TAMBACOUNDA						
Tambacounda	2ème classe	1	6	1	-	Département de Tambacounda
Bakel	2ème classe	1	3	1	1	Département de Bakel
Goudiry	2ème classe	1	3	1	-	Département de Goudiry
Koumpentoum	2ème classe	1	3	1	-	Département de Koumpentoum
RÉGION DE KAOLACK						
Kaolack	1ère classe	1	10	1	1	Département de Kaolack
Nioro	2ème classe	1	4	1	-	Département de Nioro

RÉGION DE FATICK						
Fatick	2ème classe	1	6	1	1	Département de Fatick
Gossas	2ème classe	1	4	1	1	Département de Gossas
Foundioungne	2ème classe	1	4	1	1	Département de Foundiougne
RÉGION DE ZIGUINCHOR						
Ziguinchor	1ère classe	1	10	1	1	Département de Ziguinchor
Oussouye	2ème classe	1	4	1	-	Département d'Oussouye
Bignona	2ème classe	1	4	1	1	Département de Bignona
RÉGION DE KOLDA						
Kolda	1ère classe	1	10	1	1	Département de Kolda
Vélingara	2ème classe	1	4	1	1	Département de Vélingara
Médina Yoro Foulah	2ème classe	1	3	1	-	Département de Médina Yoro Foulah
REGION DE LOUGA						
Louga	1ère classe	1	10	1	1	Département de Louga
Kébémer	2ème classe	1	4	1	1	Département de Kébémer
Linguère	2ème classe	1	4	1	1	Département de Linguère

REGION DE SEDHIOU						
Sédhiou	1ère classe	1	6	1	1	Département de Sédhiou
Goudomp	2ème classe	1	3	1	-	Département de Goudomp
Bounkiling	2ème classe	1	3	1	-	Département de Bounkiling
RÉGION DE KEDOUGOU						
Kédougou	2ème classe	1	4	1	1	Département de Kédougou
Saraya	2ème classe	1	3	1	-	Département de Saraya
Salémata	2ème classe	1	3	1	-	Département de Salémata
RÉGION DE KAFFRINE						
Kaffrine	2ème classe	1	4	1	1	Département de Kaffrine
Birkélane	2ème classe	1	3	1	-	Département de Birkélane
Koungheul	2ème classe	1	3	1	-	Département de Koungheul
Malem Hoddar	2ème classe	1	3	1	-	Département de Malem Hoddar

TABLEAU IV
LE SIÈGE, LE RESSORT, LA COMPOSITION ET LE CLASSEMENT DES TRIBUNAUX DU TRAVAIL (T.T)

SIÈGE	CLASSE	COMPOSITION			RESSORT
		Président	Vice-Président	Juges	
Dakar	Hors classe	1	1	30	Département de Dakar
Pikine-Guédiawaye	1ère classe	1		6	Départements de Pikine et Guédiawaye
Mbour	1ère classe	1		10	Département de Mbour
Kaolack	2ème classe	1		6	Région de Kaolack
Saint Louis	2ème classe	1		6	Région de Saint Louis
Thiès	2ème classe	1		6	Département de Thiès

Ziguinchor	2ème classe	1		6	Région de Ziguinchor
Diourbel	2ème classe	1		6	Département de Diourbel et de Bambey
Louga	3ème classe	1		3	Région de Louga
Tambacounda	3ème classe	1		3	Région de Tambacounda
Fatick	3ème classe	1		3	Région de Fatick
Kolda	3ème classe	1		3	Région de Kolda
Matam	3ème classe	1		3	Région de Matam
Kaffrine	3ème classe	1		3	Région de Kaffrine
Sédhiou	3ème classe	1		3	Région de Sédhiou
Kédougou	3ème classe	1		3	Région de Kédougou

Mbacké	3ème classe	1		3	Département de Mbacké
Rufisque	3ème classe	1		3	Département de Rufisque
Tivaouane	3ème classe	1		3	Département deTivaouane

TABLEAU V
FIXANT LA COMPOSITION DES EMPLOIS DE L'ADMINISTRATION CENTRALE DU MINISTÈRE DE LA JUSTICE

EMPLOI	Nombres
Secrétaire général du ministère de la Justice	01
Inspecteur général de l'Administration de la Justice	01
Directeurs à l'administration centrale de la Justice	10
Inspecteur général adjoint de l'Administration de la Justice	02
Inspecteurs de l'Administration de la Justice	08
Directeurs adjoints à l'Administration centrale de la Justice	20

INDEX ALPHABÉTIQUE

Les chiffres renvoient aux numéros de paragraphes, et non aux numéros de pages.

A

Affaire Hissein HABRE, 15,**169 et s.,** 286.

Affaire Karim WADE, 29, 49, 50,**97 et s.,** 131, 143, 153.

Affaire Thione SECK, 95, 96 et 119.

Application judiciaire des lois, règlements et usages, 86 et s.

- des lois et règlement, 86
- des usages, 87
- des coutumes, 87

B

Bureaux d'accueil et d'orientation du justiciable (BAOJ), 332, 341

Bureaux d'information du Justiciable (BIJ), 332, 341.

C

Carte judiciaire, 11,**131 et s.,** 188.

- Concordance classique entre l'organisation judiciaire et le découpage administratif, 131
- Conséquences du divorce, 134
- Divorce entre l'organisation judiciaire et le découpage administratif, 132
- Avantages du divorce, 133
- Réaménagement des ressorts juridictionnels, 186, 321
- Remplacement des TR et des TI par les TGI et les TI, **131 et s.**, 327

Chambres africaines extraordinaires, 9, 137, 138, 139,**169 et s.**

- Administrateur des -, 177
- Contexte, 169
- Compétence, 178
- Composition et organisation, 177
- Création, 176
- État de la procédure, 180
- Intégration dans l'organisation judicaire, 9
- Procédure devant les -, 179
- Tribulations juridico-diplomatiques, **170 et s.**

Chambre criminelles, 11, **57 et s.,** 134, 138, 166, 191, 283, 319.

- Plénitude de juridiction, 138, 191 et 319.
- Institution, 57
- Formations non permanentes, 59
- Allégement de la procédure criminelle, 60 et 61

Chambre du conseil, 289.

Collégialité, 7, 11,**269 et s.**

- Introduction, 7 et 271.
- Intérêts de la – 272
- Extension, 273
- devant le TGI de Dakar en formation spéciale, 275
- devant le TT, 276
- Juge unique (maintien), 277.

Communication du Parquet, 288

Conciliation, 1, 274.

Conseil constitutionnel, 1, 5, 8, 11, 15, 28, 92,**144 et s.**

- Contrôle de constitutionnalité des lois, 145
- Contrôle de constitutionnalité des engagements internationaux, 146
- Compétences en matière électorale, 148
- Autres chefs de compétence, 149
- Réforme constitutionnelle de 2016, 147

Conseiller de la mise en état, 20, 21, 37, 39, 277.

Cour des comptes, 1, 6, 8, 15, 137, 139, 140,**150 et s.**, 255, 328.

Cours d'assises, **57 et s.,** 59, 60, 61, 319.

Cours d'assises militaire 58

Cour de répression de l'enrichissement illicite, 97, 99, 139, 143, **151et s.**
- Existence juridique, **152 et s.**
- Présence de l'avocat devant la -, 98
- Présomption d'innocence devant la – 99
- Renversement de la charge de la preuve, 99
- Égalité des armes et droit à un recours effectif, 100
- Compétence, 151

Cour suprême, 163, 190, 253
- De 1960, 1
- Restauration, 8
- Compétence d'exception, 195

D

Déféré, 21

Droit à un procès équitable, 12, 16, 18, 51, 55, 97, 100, 293.

Droit à un recours effectif, 100.

E

Echevinage, 276

Égalité des armes, 100

Emplois judiciaires, 326.

Exception d'inconstitutionnalité, 11, 15, 97, 147

Exception d'illégalité, **249 et s.**
- Mécanisme, 251
- En droit français, 252
- Question préjudicielle, 254
- Question préalable, 253
- Régime juridique, 257
- devant la Cour suprême, 255
- Causes d'illégalité, 256

F

Faculté de création de Chambres spécialisées, **164 et s.**
- Complexité juridique croissante, 165
- en matière civile et commerciale, 167
- en matière pénale, 168

Formule exécutoire des décisions juridictionnelles, **73 et s.**
- Concours de l'Etat à l'exécution des décisions, 74
- Modalités de l'assistance de la force publique, 75
- Responsabilité de l'Etat, 76, 79.
- Titre exécutoire définitif, 77
- Titres exécutoires provisoires, 78 et **81 et s.**

H

Haute Cour de Justice, 138, 139, 140, **141 et s.**
- Compétence, 142
- et procédure d'enrichissement illicite et la -, 143

Huis clos, 283, 289.

I

Inspection judiciaire, 3
- Inspection générale des Cours et tribunaux, 3
- Inspection générale des parquets, 3
- Inspection générale de l'Administration de la Justice, 3

Interprétation des décisions administratives, 250.

J

Juge de la mise en état, 20, 21, 64, 277, 295.

Juge unique, 277.

Justice :
- Pouvoir judiciaire, 14 et 15
- rendue au nom du Peuple sénégalais, 13 et 14
- Gouvernance (en crise), 10

Justice de proximité, 332 et s.
- Dispositif -, 332
- Mise en œuvre du dispositif, 341
- Prise en compte dans la chaîne judiciaire, 333

Juridictions,
- Création de nouveaux ordres de -, 327
- Création de nouvelles -, 328
- Classement des -, 324
- Composition des - 326
- de droit commun, 48, **189 et s.**, 192, 203
- d'exception, 142, 153, 189, 197, 201.
- Installation des -, 329
- Instauration de nouvelles Cours d'Appel, 325

K

Kéba MBAYE, 3

L

Liberté d'accès des avocats aux juridictions, 126 et s.
- Principe de la liberté d'accès, 126
- Limites, 127
- Troubles d'audience, 127.
- Liens avec les droits de la défense, 128.

M

Médiation, 334
- Définition, 334.
- Médiation pénale, 335
- Médiation civile, 336

Maisons de Justice,
- Modalités de création et de suppression, 333
- Comité de coordination, 339
- Coordonnateur, 340
- Fonctionnement, 338
- Secrétariat, 340

Motivation des décisions de justice 293 et s.
- Exception au principe, 295
- Obligation de motivation, 294
- Sanction, 296
- Vertu du principe, 293

Modalités de dévolution et de règlement des procédures, 318 et s.

O

Organisation judiciaire
- à l'indépendance 1
- Aménagement de – **323 et s.**
- Réforme en profondeur ? 11
- Notion **137 et s.**

- Instances de l'-, **138 et s.**
- Organigramme judiciaire, **140 et s.**
- Parachèvement de la spécialisation au sommet, 6
- Réforme du 2 février 1984, 2
- Réforme des hautes juridictions de 1992, 5

Organismes administratifs à caractère juridictionnel (compétence) 194, 196.

P

Plein contentieux, 193, 198.

Plénitude de juridiction, 138, 191 et 319.

Principe de célérité, 11,**51 et s.**
- Notion de délai raisonnable, 53
- Délai raisonnable et détention provisoire, 55
- Juridiction compétente statuant à bref délai, 63
- Obligation de statuer dans un délai raisonnable, 51
- Mécanismes d'accélération de l'instance civile, **62 et s.**
- Célérité en droit OHADA, 63-64
- Mécanismes d'accélération de l'instance pénale, 54
- Limitation de la durée de la détention, 56.
- Sanction du dépassement du délai raisonnable, 65

Principe des droits de la défense, 88 et s.
- Notion de -, 88
- en matière civile, 89
- en matière pénale, 91
- et exécution des décisions de justice, 90
- Extension du champ, 101
- Présence de l'avocat dans la garde à vue en droit sénégalais, **92 et s.**
- Présence de l'avocat dès l'interpellation en droit UEMOA, **94 et s.**
- Procédures pénales d'exception, 97
- Procédures disciplinaires, 102

Principe d'impartialité, 16 et s.
- Vertu du principe, 16
- Consécration, 17
- Notion, **18 et s.**
- Conséquences juridiques, 21
- Exercice successif des fonctions de poursuite et de jugement, **22 et s.**
- Exercice successif des fonctions d'instruction et de jugement, **25 et s.**
- Cumul des fonctions d'instruction et de jugement, 26.
- Les garanties de l'impartialité, **27 et s.**
- « Monstres judiciaires », 24

Publicité des débats, 283 et s.
- Principe, 283
- Domaine, 287
- Dérogations, 289.
- Sanction du principe, 290
- Virtualité du principe, 284
- Comptes rendus des débats d'audiences, 285
- Enregistrement et la diffusion des débats, 286

R

Recours pour excès de pouvoir, 5, 192, 193, 195, 251.

Règlement relatif à l'harmonisation des règles régissant la profession d'avocat dans l'espace UEMOA, 94 et s.

Renvoi d'une juridiction à une autre pour cause de suspicion légitime, 30

Récusation, 28 et s.
- Mécanisme, 28
- Procédure, 29

Réforme constitutionnelle de 2016, 11, 144, 148, 149.

S

Secrétaire général de la Cour d'appel, 4.

T

Tribunal pour enfants, 139, 328.

Tribunal militaire, 137, 328.

Tribunal de grande instance

Compétence de droit commun, **189 et s.**

- En matière civile et commerciale, 190
- En matière pénale, 191
- En matière administrative, 192 et 193
- Tribunal de grande instance de Dakar en formation spéciale, 275
- Compétence exclusive, 201

Tribunal du travail

- Composition, 276
- Compétences d'exception, **198 et s.**

Unité de juridiction, 1, 8, 166, 192, 253, 255.

TABLE DES MATIÈRES

Principales sigles et abréviations 7
Préface 11
Avant-propos 15

LOI N° 2014-26 DU 03 NOVEMBRE 2014 ABROGEANT ET REMPLAÇANT LA LOI N° 84-19 DU 02 FÉVRIER 1984 FIXANT L'ORGANISATION JUDICIAIRE. 19
Paragraphe I : Bibliographie générale 20
Paragraphe II : Commentaire général 24

Chapitre premier
Dispositions générales 39

Article premier 41
Section première : La justice est rendue au nom du Peuple sénégalais. 41
Paragraphe I : Bibliographie 41
Paragraphe II : Commentaire 42
Section II : Le principe d'impartialité. 47
Paragraphe : Bibliographie 47
Paragraphe II : Commentaire 48
Paragraphe III : Jurisprudence 68
Section III : Le principe de célérité. 74
Paragraphe I : Bibliographie 74
Paragraphe II : Commentaire 75
Paragraphe III : Jurisprudence 93
Section IV : La formule exécutoire des décisions juridictionnelles 96
Paragraphe I : Bibliographie 96
Paragraphe II : Commentaire 96
Paragraphe III : Jurisprudence 102

Article 2. -. 105
Section V : L'application judiciaire des lois, règlements et usages... 105
Paragraphe I : Bibliographie 105
Paragraphe II : Commentaire 105

Article 3. - 109

Section VI : Le principe des droits de la défense. 109

Paragraphe I : Bibliographie 109

Paragraphe II : Commentaire 111

Paragraphe III : Jurisprudence 143

Section VII : La liberté d'accès des avocats aux juridictions. 151

Paragraphe I : Bibliographie 151

Paragraphe II : Commentaire 151

Paragraphe III : Jurisprudence 154

Article 4. -. 155

Section VIII : Le remplacement des tribunaux régionaux et départementaux par les tribunaux de grande instance et d'instance. 155

Paragraphe I : Bibliographie 155

Paragraphe II : Commentaire 156

Paragraphe III : Jurisprudence 162

Article 5. - 163

Section IX : La nouvelle organisation judiciaire. 163

Paragraphe I : Bibliographie 163

Paragraphe II : Commentaire 165

Paragraphe III : Jurisprudence 196

Section X : La faculté de création de chambres spécialisées en matière civile et correctionnelle. 200

Paragraphe I : Bibliographie 200

Paragraphe II : Commentaire 201

Section XI : La création des Chambres Africaines Extraordinaires au sein des juridictions sénégalaises. 207

Paragraphe I : Bibliographie 207

Paragraphe II : Commentaire 208

Paragraphe III : Jurisprudence 223

Paragraphe IV : Législation 226

Article 6 - 241

Section XII : Le siège, le ressort, la composition et le classement des Cours et tribunaux 241

Paragraphe I : Bibliographie 241

Paragraphe II : Commentaire 242

Article 7. -. 243

Section XIII : Le tribunal de grande instance : juge de droit commun en première instance. 243

Paragraphe I : Bibliographie 243

Paragraphe II : Commentaire 244

Paragraphe III : Jurisprudence 263

Article 8. -. 275

Section XIV : L'interprétation et l'appréciation de la légalité des décisions administratives 275

Paragraphe I : Bibliographie 275

Paragraphe II : Commentaire 276

Paragraphe III : Jurisprudence 289

Article 9. - 293

Section XV : Le principe de la collégialité. 293

Paragraphe I : Bibliographie 293

Paragraphe II : Commentaire 294

Paragraphe III : Jurisprudence 306

Article 10. -. 309

Section XVI : Le principe de la publicité des débats 309

Paragraphe I : Bibliographie 309

Paragraphe II : Commentaire 310

Paragraphe III : Jurisprudence 318

Section XVII : L'obligation de motivation des décisions. 319

Paragraphe I : Bibliographie 319

Paragraphe II : Commentaire 320

Paragraphe III : Jurisprudence 325

Chapitre 2
Dispositions transitoires 331

Article 11 331

Article 12 331

Article 13 332

Section première : Les modalités de dévolution et de règlement des procédures. 333

Paragraphe I : Bibliographie 333

Paragraphe II : Commentaire 333

Paragraphe III : Législation. 337

Article 14 .... **339**
Section II : L'abrogation de la loi n° 84-19 du 02 février 1984. .... **339**
Paragraphe I : Bibliographie 339
Paragraphe II : Commentaire 339

DÉCRET N° 2015-1039 DU 20 JUILLET 2015 PORTANT AMÉNAGEMENT DE L'ORGANISATION JUDICIAIRE **341**

Article premier. **343**
Section première : L'aménagement de l'organisation judiciaire. **344**
Paragraphe I : Bibliographie 344
Paragraphe II : Commentaire 345

Article 2 .... **353**
Section II : L'installation des tribunaux par arrêté du Ministre de la Justice. **353**
Paragraphe I : Bibliographie 353
Paragraphe II : Commentaire 353
Paragraphe III : Jurisprudence 358

Article 3.-. **359**
Section III : Les modalités de création et de fonctionnement des maisons de justice. **359**
Paragraphe I : Bibliographie 359
Paragraphe II : Commentaire 360
Paragraphe III : Jurisprudence 370
Paragraphe IV : Législation 371

Article 4.-. **405**
Section IV : L'abrogation expresse du décret n° 84-1195 du 22 octobre 1984 .... **405**
Paragraphe I : Bibliographie 405
Paragraphe II : Commentaire 405

Article 5.-. **407**
Section V : Disposition d'exécution **407**
Paragraphe I : Commentaire 407

Annexes **409**
Index alphabétique **423**

L'HARMATTAN ITALIA
Via Degli Artisti 15; 10124 Torino
harmattan.italia@gmail.com

L'HARMATTAN HONGRIE
Könyvesbolt ; Kossuth L. u. 14-16
1053 Budapest

L'HARMATTAN KINSHASA
185, avenue Nyangwe
Commune de Lingwala
Kinshasa, R.D. Congo
(00243) 998697603 ou (00243) 999229662

L'HARMATTAN CONGO
67, av. E. P. Lumumba
Bât. – Congo Pharmacie (Bib. Nat.)
BP2874 Brazzaville
harmattan.congo@yahoo.fr

L'HARMATTAN GUINÉE
Almamya Rue KA 028, en face
du restaurant Le Cèdre
OKB agency BP 3470 Conakry
(00224) 657 20 85 08 / 664 28 91 96
harmattanguinee@yahoo.fr

L'HARMATTAN MALI
Rue 73, Porte 536, Niamakoro,
Cité Unicef, Bamako
Tél. 00 (223) 20205724 / +(223) 76378082
poudiougopaul@yahoo.fr
pp.harmattan@gmail.com

L'HARMATTAN CAMEROUN
BP 11486
Face à la SNI, immeuble Don Bosco
Yaoundé
(00237) 99 76 61 66
harmattancam@yahoo.fr

L'HARMATTAN CÔTE D'IVOIRE
Résidence Karl / cité des arts
Abidjan-Cocody 03 BP 1588 Abidjan 03
(00225) 05 77 87 31
etien_nda@yahoo.fr

L'HARMATTAN BURKINA
Penou Achille Some
Ouagadougou
(+226) 70 26 88 27

L'HARMATTAN SÉNÉGAL
10 VDN en face Mermoz, après le pont de Fann
BP 45034 Dakar Fann
33 825 98 58 / 33 860 9858
senharmattan@gmail.com / senlibraire@gmail.com
www.harmattansenegal.com

L'HARMATTAN BÉNIN
ISOR-BENIN
01 BP 359 COTONOU-RP
Quartier Gbèdjromèdé,
Rue Agbélenco, Lot 1247 I
Tél : 00 229 21 32 53 79
christian_dablaka123@yahoo.fr

www.ingramcontent.com/pod-product-compliance
Lightning Source LLC
LaVergne TN
LVHW021151061026
849535LV00002B/423
* 9 7 8 2 3 4 3 0 9 8 3 7 1 *